Bergbau und Grundbesitz

nach preußischem Recht

unter Berücksichtigung

der übrigen deutschen Berggesetze.

Von

Wilhelm Westhoff,

Rechtsanwalt und Notar zu Dortmund.

Band I.

Der Bergschaden.

Berlin 1904.

J. Guttentag, Verlagsbuchhandlung,

G. m. b. H.

Inhaltsverzeichnis.

*

Erläuterungen zu § 148 Abs. 2.

Erläuterungen zu § 149.

Erläuterungen zu § 150.

Erläuterungen zu § 151.

Literaturangabe.

Achenbach — Das Gemeine Deutsche Bergrecht. Erster Teil. Bonn 1871.

Arndt A.B.G. Handausgabe — Allgemeines Berggesetz. Handausgabe. Leipzig 1903.

Arndt A.B.G. — Allgemeines Berggesetz für die Preußischen Staaten. (Größerer Kommentar. 2. Aufl.) Halle 1888.

Becher Ausf.Ges. — Die Ausführungsgesetze zum Bürgerlichen Gesetzbuch. 2 Bände. München 1901.

Biermann — Sachenrecht des Bürgerlichen Gesetzbuches. Berlin 1898.

Brassert A.B.G. — Allgemeines Berggesetz für die Preußischen Staaten. I. Band. Bonn 1888; II. Band. Bonn 1894.

Brassert Materialien — Das Bergrecht des Allgemeinen Preußischen Landrechts in seinen Materialien. Bonn 1861.

Brassert Bergordnungen — Die Bergordnungen der Preußischen Lande. Köln 1858.

Crome, B.G.B. — System des Deutschen Bürgerlichen Rechts. Bisher 2 Bände. Berlin 1902.

Crusen und Müller — Preußisches Ausführungsgesetz zum Bürgerlichen Gesetzbuch. Berlin 1901.

Cosack — Lehrbuch des Deutschen Bürgerlichen Rechts. 2 Bände. Jena 1900.

Dannenberg — Sächsisches Berggesetz. Leipzig 1901.

Daubenspeck I und II, auch D. I und II citiert — Bergrechtliche Entscheidungen des Reichsgerichts.
Band I und II. Berlin 1893 und 1898.

Daubenspeck Bergschaden — Beiträge zur Lehre vom Bergschaden. Berlin 1885.

Daubenspeck Haftpflicht — Die Haftpflicht des Bergwerksbesitzers und die Beschädigung des Grundeigentümers. Berlin 1882.

Daubenspeck Schiedsgerichte — Die Schiedsgerichte zur Regulierung der Bergschäden. Berlin 1883.

Dernburg Pr.Pr. — Preußisches Privatrecht, Lehrbuch des Preußischen Privatrechts. 3. Auflage. Berlin 1881. 3 Bände.

Dernburg B.G.B. — Das Bürgerliche Gesetzbuch. 4 Bände, Band I 1902, Band II 1899, Band III 1898, Band IV 1903. Halle a./S.

Eck — Allgemeiner Teil des Entwurfes eines Bürgerlichen Gesetzbuches. Berlin 1896.

Endemann — Lehrbuch des bürgerlichen Rechts. Berlin, 3 Bände, 5. und 6. Auflage 1899, 1900.
Enneccerus und Lehmann — Das Bürgerliche Gesetzbuch. Marburg, 2 Bände. I. Band 2. Auflage 1901, II. Band 1. Auflage 1898.
Fischer und Schäfer R.Zv.G. — Reichszwangsversteigerungsgesetz. Berlin 1902.
Foerster-Eccius Pr.Pr. — Preußisches Privatrecht. 6. Auflage. Berlin. 4 Bände.
Eck — Allgemeiner Teil des B.G.B. Berlin 1896.
Fürst-Klostermann A.B.G. — Allgemeines Berggesetz. Berlin 1893.
Gaupp-Stein C.P.O. — Die Zivilprozeßordnung für das Deutsche Recht. 2 Bände. Tübingen und Leipzig 1901 und 1902.
Germershausen — Wegerecht. 2. Auflage, 2 Bände. Berlin 1900/02.
Glatzel-Sterneberg — Das Verfahren in Auseinandersetzungsangelegenheiten. Berlin. 2. Auflage. 1900.
Gräff — Handbuch des Preußischen Bergrechts. Breslau 1855.
Gruchot — Beiträge zur Erläuterung des Preußischen, später des Deutschen Rechtes, jetzt herausgegeben von Rassow, Künzel und Eccius. Band I bis XLVII. Hamm resp. Berlin 1857—1903.
Habicht — Die Einwirkung des Bürgerlichen Gesetzbuches auf zuvor entstandene Rechtsverhältnisse. 2. Auflage. Jena 1900.
Hodler — Preußisches Ausführungsgesetz zum Bürgerlichen Gesetzbuch. Berlin 1900.
Jaeckel — Das Reichsgesetz über Zwangsversteigerung und Zwangsverwaltung. Berlin 1901.
Juristische Wochenschrift. — Bisher XII Jahrgänge. Berlin.
Karsten — Grundriß der Deutschen Bergrechtslehre. Berlin 1828.
Kipp-Windscheid — Lehrbuch des Pandektenrechts. 3 Bände. 8. Auflage. Frankfurt 1900 und 1901.
Klostermann Lehrbuch — Lehrbuch des Preußischen Bergrechts. Berlin 1871.
Klostermann Übersicht — Übersicht der bergrechtlichen Entscheidungen des Obertribunals. Berlin 1864.
Kolisch — Gewerbe-Ordnung. Hannover 1898.
Kuhlenbeck — Das Bürgerliche Gesetzbuch. 3 Bände. Berlin 1900 und 1901.
K. G. Entsch. — Entscheidungen des Kammergerichts. Bisher 26 Bände. Berlin.
Landmann R. Go. — Deutsche Reichsgewerbe-Ordnung. 2 Bände 4. Auflage. München 1903.
Leske — Vergleichende Darstellung des Bürgerlichen Gesetzbuches. 1. und 2. Auflage. 2 Bände. Berlin 1900—1902.
Liszt — Die Deliktsobligation im System des Bürgerlichen Gesetzbuches. Berlin 1898.
Menzen A.B.G. — Allgemeines Berggesetz. Paderborn 1890.
Mommsen — Beiträge zum Obligationenrecht. 2. Abteilung zur Lehre vom Interesse. Braunschweig 1855.
Mugdan — Die gesamten Materialien zum Bürgerlichen Gesetzbuch. Berlin 1899. 5 Bände.
Neumann — Handausgabe des Bürgerlichen Gesetzbuches. 3 Bände. 3. Auflage. Berlin 1903.

Neumann Jahrbuch — Jahrbuch des Deutschen Rechtes. 1. Jahrgang. 1. bis 3. Lieferung. Berlin 1903.

Niedner Einf.Ges. — Das Einführungsgesetz zum Bürgerlichen Gesetzbuch. Berlin 1899.

Österreichisches A.B.G. — Allgemeines Berggesetz vom 23. Mai 1854. Wien, bei Manz 1897 nebst Nachtrag 1899.

Oertmann — Recht der Schuldverhältnisse des Bürgerlichen Gesetzbuches. Berlin 1899.

Oppenhoff — Das Allgemeine Berggesetz für die Preußischen Staaten. Berlin 1870.

Planck B.G.B. — Bürgerliches Gesetzbuch nebst Einführungsgesetz. 6 Bände. 1. und 2. Auflage. Berlin 1898—1902.

Rehbein — Das Bürgerliche Gesetzbuch. Bisher 2 Bände. Berlin 1899—1903.

Rehbein Entsch. — Entscheidungen des Preußischen Obertribunals. Berlin 1884. 4 Bände.

R.G.Entsch. — Entscheidungen des Reichsgerichts in Zivilsachen. Band I—LIV. Leipzig 1880—1903.

R.O.H.G.Entsch. — Entscheidungen des Reichsoberhandelsgerichts. Band I bis XXIII. Erlangen resp. Stuttgart 1871—1878.

Savigny System — System des heutigen Römischen Rechts. Berlin 1840—1849. 8 Bände.

Scherer — Das erste, zweite und dritte Jahr des Bürgerlichen Gesetzbuches. Erlangen 1901—1903.

Schollmeyer — Das Recht der einzelnen Schuldverhältnisse im Bürgerlichen Gesetzbuch. Berlin 1897.

Stammler — Das Recht der Schuldverhältnisse im Bürgerlichen Gesetzbuch. Berlin 1897.

Staub H.G.B. — Handelsgesetzbuch. 6. und 7. Auflage. Berlin 1900.

Stranz-Gerhard—Das Preußische Ausführungsgesetz zum B.G.B. Berlin 1900.

Strieth. — Striethorst-Archiv Band I—C. Berlin 1851—1880.

Struckmann-Koch C.P.O. — Zivilprozeßordnung. Berlin 1900.

Sydow-Busch C.P.O. — Zivilprozeßordnung. Handausgabe. Berlin 1901.

Turnau-Foerster — Das Liegenschaftsrecht. I. Band, 2. Auflage. Paderborn 1902. II. Band, 1. Auflage. Paderborn 1901.

Wahle — Das Allgemeine Berggesetz für das Königreich Sachsen. Freiberg 1891.

Westhoff Gewerkschaftsrecht — Preußisches Gewerkschaftsrecht. Bonn 1901.

Westhoff Bericht — Bericht an den Deutschen Anwaltstag von 1899 über die Frage eines Deutschen Reichsberggesetzes (Zeitschrift für Bergrecht Band 41, S. 36 ff. und Juristische Wochenschrift von 1899. S. 512 ff.)

Wilmowsky — Reichskonkursordnung. Berlin 1885.

Wolff — Desgl. 1900.

Wolff — Das Reichsgesetz über die Zwangsvollstreckung pp. Berlin 1901.

Brassert's Zeitschrift für Bergrecht, jetzt herausgegeben von den rechtskundigen, vortragenden Räten der Bergabteilung des Ministeriums für Handel und Gewerbe, bisher 44 Bände ist lediglich durch Anwendung lateinischer Buchstaben citiert, z. B. VI 189 = Band 6 der Zeitschrift S. 189.

Verzeichnis der hauptsächlichsten, für das Bergschädenrecht erheblichen Berggesetze, Novellen und Ausführungsgesetze.

Anhalt. B.G. vom 30. April 1875 §§ 137—151 XVI 281. Neue Redaktion desselben vom 20. März 1896 Ges. Sammlung No. 960. A.G. zum B.G.B. vom 18. April 1899. Art. 53. Becher I 24; Art. zum R.Zv.G. vom 20. April 1899 Art. 12—18 Becher I 55.

Baden. B.G. vom 22. Juli 1890 XXXI 483 ff. Nachtragsgesetz vom 22. Juni 1900 Gesetzs. S. 945.

Bayern. B.G. vom 20. März 1869 X 171 ff. ist am 30. Juni 1900 in neuer Fassung veröffentlicht. XLIII 269 ff. Art. 184—188.

Birkenfeld. B.G. vom 18. März 1891 XXXIII 48 ff. Nachtragsgesetz dazu vom 27. Dezember 1899 (Gesetzesblatt für Birkenfeld S. 403).

Braunschweig. B.G. vom 15. April 1867 §§ 152—156 VIII 273 ff. Ges. vom 16. April 1892 betr. den Grundeigentümerbergbau XXXIII 279. Außerdem ist in Braunschweig das Gesetz vom 12. Juni 1899 betr. Abänderung des B.G. ergangen. XLI 319 ff.

Coburg-Gotha. B.G. vom 23. Oktober 1899 §§ 166—170 XLI 158 ff.

Elsaß-Lothringen. B.G. für E.-L. vom 16. Dezember 1873 §§ 127—131 XV 2 ff.

Hessen. B.G. vom 28. Januar 1876 Art. 141—145 XVII 158 ff. Hessisches A.G. zum B.G.B. vom 17. Juli 1899 Art. 283. Auf Grund des Art. 290 des A.G. ist das B.G. vom 28. Januar 1876 am 30. November 1899 in neuer Fassung veröffentlicht. XLI 415 ff.

Lippe-Detmold. Bergordnung vom 30. September 1857 III. der Gesetzsammlung für Fürstentum Lippe 715 ff.

Lübeck. B.G. vom 28. Oktober 1895 §§ 157—161 XXXVII 421 ff. Nachtragsgesetz vom 22. Dezember 1899 (Sammlung der Verordnungen Lübecks Nr. 92).

Mecklenburg-Schwerin. Verordnung vom 16. Mai 1879 § 4. Gesetz vom 19. Juni 1896 betr. die Gewerkschaften. XXXVII 439 ff.

Meiningen. B.G. vom 17. April 1868 IX 315 ff. Nachtragsgesetz dazu vom 11. August 1869. (Sammlung der Landesherrlichen Verordnungen S. 392.)

Preußen. Allg.B.G. vom 24. Juni 1865 VI 235. Einf.-Verordnung für Nassau vom 22. Februar 1867 VIII 1. Einf.-Verordnung für Oberhessen etc. vom 22. Februar 1867 VIII 29. Einf.-Verordnung für Hannover vom 8. Mai 1867 VIII 145. Einf.-Verordnung für Kurhessen etc. vom 1. Juni 1867 VIII 197. Einf.-Gesetz für Lauenburg vom 6. Mai 1868 IX 289. Einf.-Gesetz für Schleswig-Holstein vom 12. März 1869 X 137. Einf. in das Jadegebiet (Ges. vom 23. März 1873) XIV 324. Gesetz vom 22. Februar 1869, Stein- und Braunkohlenbergbau im Bezirke des kurf.-sächs. Mandats X 115. Gesetz vom 8. April 1894, Abänderung des § 211 B.G. (Eisenerze in Schlesien). Gesetz vom 14. Juli 1895, Salzbergbau in der Provinz Hannover XXXVI. 420.

Reuß ä. L. Verordnung vom 1. April 1897 betr. den Bergbau. XXXVIII 280 ff.

Reuß j. L. B.G. vom 9. Oktober 1870 §§ 102—105 XII 278 ff. Gewerkschaftsgesetz vom 29. März 1895 XXXVIII 176 ff. A.G. zum B.G.B. vom 10. August 1899 Becher II 1 ff. § 66 A.G. zum R.Zv.G. vom 10. August 1899, Becher II 87 ff. § 15—25.

Schaumburg-Lippe. Gesetz vom 12. Dezember 1872 betr. den Betrieb der Kohlenwerke XIV 298 ff. hat die preußische Bergschädenklage auf den Betrieb des Kohlenwerkes, welches für gemeinsame Rechnung des Schaumburgischen Fürstenhauses und des Königl. Preuß. Bergfiskus geführt wird, ausgedehnt.

Schwarzburg-Rudolstadt. A.B.G. vom 20. März 1894 §§ 158 ff. XXXVII 391 ff. A.G. zum B.G.B. vom 11. Juli 1899 Art. 125. Becher II XXIII 5 ff. Art. 125 A.G. zum R.Zv.G. vom 28. Februar 1900. Becher a. a. O. S. 106 ff. Art. 12—17.

Schwarzburg-Sondershausen. B.G. vom 6. März 1894 §§ 158—163 XXXVII 261 ff. A.G. zum B.G.B. vom 19. Juli 1899. Becher II XXIV 1 ff. Art. 44 A.G. zum R.Zv.G. vom 19. Juli 1899. Becher a. a. O. S. 44 ff. §§ 9—13. A.G. vom 29. Juli 1899. Becher a. a. O. S. 89 ff. § 33.

Sachsen-Altenburg. A.B.G. vom 18. April 1872 §§ 141—145 B.G.B. XIII 156 ff. Gesetz über den Kohlenbergbau von demselben Tage. XIII 169 ff. Becher II XVIII 1 ff. § 52 A.G. zur R.Zv.O. vom 4. Mai 1898. Becher a. a. O. S. 41 ff. §§ 6—17.

Sachsen-Weimar. Gesetz über den Bergbau vom 22. Juni 1857. Weimarsches Regierungsblatt von 1857 S. 149 ff.

Königreich Sachsen. A.B.G. vom 16. Juni 1868 IX 488 ff. Dannenberg S. 3 ff. A.G. zum R.Zv.G. vom 5. Dezember 1898. Becher a. a. O. II XVII 102 ff. § 29.

Waldeck-Pyrmont. Ges. vom 1. Januar 1864 betr. Einführung des Preuß. A.B.G. X 143 A.G. zum R.Zv.G. vom 11. Dezember 1899. Becher a. a. O. S. 39 ff. Art. 13—25.

Württemberg. B.G. vom 7. Oktober 1874 Art. 136 ff. XV 431 ff. A.G. zum B.G.B. und den Nebengesetzen vom 28. Juli 1899 Art. 207 XLI 404 ff.

Gesetzestext.

Allgemeines Berggesetz für die Preußischen Staaten vom 24. Juni 1865.

Fünfter Titel.

Von den Rechtsverhältnissen zwischen den Bergbautreibenden und den Grundbesitzern.

Zweiter Abschnitt.

Von dem Schadensersatz für Beschädigungen des Grundeigentums §§ 148—152.

§ 148.

Der Bergwerksbesitzer ist verpflichtet, für allen Schaden, welcher dem Grundeigentume oder dessen Zubehörungen durch den unterirdisch oder mittelst Tagebaues geführten Betrieb des Bergwerks zugefügt wird, vollständige Entschädigung zu leisten, ohne Unterschied, ob der Betrieb unter dem beschädigten Grundstücke stattgefunden hat oder nicht, ob die Beschädigung von dem Bergwerksbesitzer verschuldet ist, und ob sie vorausgesehen werden konnte oder nicht.

Den Hypotheken-, Grundschuld- und Rentenschuldgläubigern wird eine besondere Entschädigung nicht gewährt.[1])

§ 149.

Ist der Schaden durch den Betrieb zweier oder mehrerer Bergwerke verursacht, so sind die Besitzer dieser Bergwerke als Gesamtschuldner zur Entschädigung verpflichtet.

---

[1]) Eingefügt durch Art. 37 X des Preuß. A.G. zum B.G.B.

Unter sich haften die Besitzer der als Schädiger ermittelten Bergwerke zu gleichen Teilen. Dabei ist jedoch der Nachweis eines anderen Teilnahmeverhältnisses nicht ausgeschlossen. Diese Bestimmungen finden auch dann Anwendung, wenn bei ihrem Inkrafttreten der Schaden schon verursacht war, die Klage auf Ersatz des Schadens aber noch nicht erhoben worden ist.[2])

§ 150.

Der Bergwerksbesitzer ist nicht zum Ersatze des Schadens verpflichtet, welcher an Gebäuden oder anderen Anlagen durch den Betrieb des Bergwerks entsteht, wenn solche Anlagen zu einer Zeit errichtet worden sind, wo die denselben durch den Bergbau drohende Gefahr dem Grundbesitzer bei Anwendung gewöhnlicher Aufmerksamkeit nicht unbekannt bleiben konnte.

Muß wegen einer derartigen Gefahr die Errichtung solcher Anlagen unterbleiben, so hat der Grundbesitzer auf die Vergütung der Wertsverminderung, welche sein Grundstück dadurch etwa erleidet, keinen Anspruch, wenn sich aus den Umständen ergibt, daß die Absicht, solche Anlagen zu errichten, nur kund gegeben wird, um jene Vergütung zu erzielen.

§ 151.

Ansprüche auf Ersatz eines durch den Bergbau verursachten Schadens (§§ 148, 149), welche sich nicht auf Vertrag gründen, müssen von dem Beschädigten innerhalb drei Jahren, nachdem das Dasein und der Urheber des Schadens zu seiner Wissenschaft gelangt sind, durch gerichtliche Klage geltend gemacht werden, widrigenfalls sie verjährt sind.

§ 152.

Auf Beschädigungen des Grundeigentums oder der Zubehörungen desselben durch die von Schürfern und Mutern ausgeführten Arbeiten finden die §§ 148 bis 151 ebenfalls Anwendung.

---

[2]) Fassung gemäß Berggesetznovelle vom 7. Juli 1902.

Einleitung.

I.

Der Bergschädenanspruch in derjenigen Gestalt, wie er dieselbe im § 148 des preußischen A.B.G. und den damit übereinstimmenden sonstigen Deutschen Berggesetzen gefunden hat, ist eine Schöpfung des neueren Bergrechts. Die älteren Deutschen Bergordnungen kannten eine besondere Legalobligation wegen Beschädigung des Grundeigentums durch Bergbau nicht. Nach ihnen erhielt vielmehr der Grundeigentümer für die Eingriffe des Bergbauberechtigten in seine Rechtssphäre ein für allemal die Abgeltung dadurch, daß man ihn, der damals herrschenden Naturalwirtschaft folgend, an der Ausbeute teilnehmen ließ (Daubenspeck Bergschaden S. 5). Durch den Grundkux, Erbkux, die Tradde, das Mitbaurecht zur Hälfte und durch andere Rechtsinstitutionen dieser Art wurden in der Regel alle diejenigen Benachteiligungen ausgeglichen, welche der Grundeigentümer infolge der Benutzung der Erdoberfläche für bergbauliche Anlagen oder der Beschädigung derselben durch den Bergbau erlitt. Der Bergschädenanspruch der §§ 148ff. A.B.G. ist in diesen älteren Bergordnungen bis zum Preußischen Landrecht hin überhaupt nicht einmal erwähnt. Wohl finden sich schon in den deutschen Bergordnungen des 16. Jahrhunderts Vorschriften, welche dem Grundeigentümer wenigstens wahlweise das Recht zugestehen, an Stelle des Freikux oder des Erbstammes Geldentschädigung zu beanspruchen, falls Teile seines Grundeigentums für bergbauliche Anlagen über Tage dauernd in Anspruch genommen werden. Es sei dieserhalb nur auf die Nassau-Catzenelnbogische Bergordnung vom

12./5. 1559 Art. 25 (Brassert Bergordnungen S. 122), die Kur-Trierische von 1564 (Art. 25 Brassert daselbst S. 122), sowie die Homburgische vom 25./1. 1570 Nr. 7 (Brassert a. a. O. S. 366) hingewiesen. Einen Schritt weiter machten noch die Bergrechtskodifikationen des 18. Jahrhunderts, indem sie dem Grundeigentümer neben und außer dem Erbkux bezw. dem Mitbaurecht zur Hälfte in dem vorwiederbezeichneten Falle den Anspruch auf eine Geldentschädigung zubilligten, so die Cleve-Märkische revidierte Bergordnung vom 29./4. 1766 (Kap. 30 u. 72 bei Brassert a. a. O. S. 858 u. S. 905), die Halberstädter vom 7./12. 1772 (Kap. 73 § 1 bei Brassert a. a. O. S. 1088) und die Schlesische vom 5./6. 1769 (Kap. 73 u. 74 bei Brassert a. a. O. S. 1033 u. 1035). Alle diese Bergordnungen billigten aber eine Geldentschädigung nur für die dauernde Inanspruchnahme der Tagesoberfläche für Grubengebäude, Schachtanlagen, Halden und dergl. zu. Dagegen fand auch in ihnen der Fall einer bloßen Beschädigung durch den unterirdischen Bergbaubetrieb keine Berücksichtigung.

Die gesetzliche Außerachtlassung eines solchen Schadensanspruches lag einmal daran, daß der ältere Deutsche Bergbau hauptsächlich in den Bergen betrieben wurde (Achenbach Bergrecht S. 74). Etwa eingetretene Schäden fielen schon aus diesem Grunde, wie auch mit Rücksicht auf die geringe Bewertung der Erträgnisse des Grundeigentums nicht erheblich ins Gewicht, ein Umstand, der am besten durch eine verbreitete Institution des älteren Deutschen Bergrechts, den sog. Holzkux (Karsten S. 323) illustriert wird. Darnach wurden für den Waldeigentümer, unter dessen Grundstück Bergbau betrieben wurde, vier Kuxe freigebaut, wofür er aber dann das gesamte benötigte Grubenholz unentgeltlich zu liefern verpflichtet war. Erst mit dem Übergang zur Geldwirtschaft und mit dem Augenblick, wo der Bergbau von den Bergen mehr in die Ebene herab stieg, gewann die Frage nach der Entschädigung des Grundeigentümers wegen bloßer Beschädigung durch den Bergbau eine stetig sich steigernde Bedeutung, bildete sich allmählich durch Gewohnheitsrecht der Satz aus, daß der Bergwerksbesitzer unter allen Umständen, also auch außer dem Falle des Verschuldens nicht bloß für die dauernde Entziehung, sondern auch für die bloße Beschädigung der Erdoberfläche dem Grundeigentümer Schadensersatz zu leisten habe. (Karsten S. 331, Daubenspeck Bergschaden S. 6; vergl. auch Celle 13./10. 70 XII S. 379). Dieser Rechtsentwicklung folgend enthielt speziell das Preußische A.L.R. bereits die Grundzüge des heutigen Bergschädenrechts, indem es im § 112 II 16 bestimmte, daß für „alles, was der Grundeigentümer zum Bau und Betriebe des Werks abgetreten und verloren hat, demselben vollständige Entschädigung nach Vorschrift des ersten Teils Tit. 6 § 7 geleistet werden" müsse (Graeff S. 86).

War in dieser Bestimmung auch die Entschädigung, welche der Grundeigentümer für die zwangsweise Abtretung von Grundeigentum zum Zwecke des Bergbaubetriebes von derjenigen, welche er für sonstige Beschädigung seines Grundeigentums zu beanspruchen hatte, nicht scharf auseinander gehalten, so ergab sich doch auch aus der Bestimmung des § 116b II 16, des Vorgängers des jetzigen § 150, wonach der Grundeigentümer unter den dort angegebenen Voraussetzungen bezüglich neuer Anlagen „wegen der durch den fortgehenden Bergbau daran entstehenden Schäden zu keiner Vergütung berechtigt" sein sollte, arg. e. contrario unzweideutig, daß der Gesetzgeber im § 112 auch diesen zweiten Fall des Eingriffes des Bergwerksbesitzers in die Rechtssphäre des Grundeigentümers durch bloße Beschädigung gesetzlich hatte regeln wollen.

Trotz der Zweifellosigkeit dieses gesetzgeberischen Willens wirkte aber die frühere Auffassung des Deutschen Bergrechts, welche bloß Schadensersatz für dauernde Entziehung des Grundeigentums kannte, noch derart nach, daß in den ersten Jahrzehnten des vorigen Jahrhunderts die herrschende Meinung der Bergrechtslehre den § 112 II 16 lediglich auf diesen letzteren Fall bezog, nicht dagegen ihn auch auf den Fall der sonstigen Beschädigung des Grundeigentums durch den Bergbau ausdehnte (vergl. die bei Funke Bd. 37 S. 298 abgedruckten Motive zu dem Pensum XI der Gesetzes-Revision von 1833). Erst der Rechtsprechung des Obertribunals blieb es vorbehalten, dem bereits in den vorwiedergegebenen Bestimmungen des Landrechts in seinem ersten Keim enthaltenen Rechtsgedanken zum klaren Ausdruck zu verhelfen und so auch hier, wie in manchen anderen Rechtsmaterien aus dem — wie Daubenspeck zutreffend (Bergschaden S. 7) bemerkt — »ungefügigen, wissenschaftlich vernachlässigten Rechtsstoff ein harmonisches Ganze zu schaffen und sich damit ein dauerndes, ehrenvolles Denkmal zu sichern«.

Die erste der in dieser Richtung bahnbrechenden Entscheidungen des Obertribunals war diejenige vom 16./3. 1839 (Entsch. IV S. 354), in welcher das Obertribunal rechtsgrundsätzlich aussprach, daß die Bergbauenden verpflichtet seien, den Grundeigentümern allen an ihren Grundstücken entstandenen Schaden zu ersetzen und zwar auch dann, wenn die Beschädigung bei gehöriger Aufmerksamkeit sich nicht vorhersehen ließ und gleichgültig, ob der schädigende Bergbau unter dem Grundstück selbst geführt sei (Funke a. a. O. S. 299). In demselben Sinne und damit im wesentlichen schon den Inhalt des jetzigen § 148 A.B.G. festlegend, erging sodann weiter der Plenarbeschluß des O.Tr. vom 18./4. 1843 (Graeff Anlage G. S. 23), wo diese Entscheidung besonders eingehend gerade unter Hinweis auf den Wortlaut des § 112 und § 116b gerechtfertigt wurde. An dieser Rechtsprechung hat das O.Tr. in seiner weiteren Judikatur fortgesetzt festgehalten (vergl. Entsch. vom 13./5. 1844 u. 21./5. 1847 bei Graeff a. a. O. S. 25, ebenso Klostermann Übersicht der bergrechtlichen Entscheidungen des O.Tr. 1864 S. 64ff.) und dabei den vorhandenen Rechtsstoff auch in seinen übrigen Teilen in einem Maße durchgebildet, daß der Gesetzgeber des jetzigen Preußischen Berggesetzes von 1865 den durch das Obertribunal entwickelten Rechtszustand einfach zu übernehmen in der Lage war. Die Regelung, welche der Bergschädenanspruch in den §§ 148—153 des A.B.G. in seiner ursprünglichen Form gefunden hat, ist deshalb im wesentlichen nichts anderes als die Wiedergabe der damaligen, bereits feststehenden Rechtsprechung des Obertribunals (Brassert Bd. 6 S. 170, Daubenspeck Bergschaden S. 8).

II.

Auch heute muß noch anerkannt werden, daß die gesetzgeberische Gestaltung das Bergschädenanspruchs in den §§ 148 ff. A.B.G., welche übrigens mit der Lehre des französischen Bergrechts übereinstimmt (Art. XV des Berggesetzes vom 21./4. 1810 Achenbach VIII S. 521, Daubenspeck Bergschaden S. 9), während das zweite, große außerdeutsche Berggesetz, das Österreichische bis heute den Bergschaden lediglich nach den allgemeinen Grundsätzen der Deliktsklage behandelt (§§ 106, 107 desselben, Daubenspeck Bergschaden S. 11), im wesentlichen denjenigen Rücksichten gerecht wird, welche nach den beiden Seiten der kollidierenden Interessen vom Grundbesitz und Bergbau genommen werden müssen (Westhoff Bericht XLI S. 77). Beweis dafür ist, daß die sämtlichen deutschen Bundesstaaten, welche seit 1865 zu einer Kodifikation ihres Bergrechts übergegangen sind, den Bergschädenanspruch durchweg in derselben Weise geregelt haben, wie das Preußische A.B.G.

Es gilt dies nicht bloß für die Staaten des strengen Preußischen Bergrechts (Bayern, Württemberg, Baden, Hessen, Oldenburg bezw. Fürstentum Birkenfeld, Braunschweig, Anhalt, Sachsen-Meiningen, Sachsen-Altenburg, Sachsen-Koburg-Gotha, Schwarzburg-Rudolstadt, Waldeck, Reuß j. L., Lübeck und Elsaß-Lothringen), sondern auch für die kleine Gruppe des Sächsischen Rechtes (Königreich Sachsen und Sachsen-Weimar) und das in der Mitte zwischen dem Preußischen und Sächsischen Bergrecht stehende Schwarzburg-Sondershausen, wie nicht minder für die Bergordnungen von Mecklenburg-Schwerin, Schaumburg-Lippe, Lippe-Detmold und Reuß ä. L., welche nur einzelne Materien des Bergrechts behandeln, die beiden ersteren im Anschluß an das Preußische Berggesetz von 1865, Reuß ä. L. im Anschluß an das ältere Sächsische, Lippe-Detmold unter Zugrundelegung des älteren preußischen und gemeinen Deutschen Bergrechts. Alle Berggesetze dieser deutschen Bundesstaaten stimmen darin überein, daß die bergrechtliche Schadensklage nur gegeben ist wegen Beschädigung von Grundeigentum und Zubehör, prinzipiell auch nur dann zutrifft, wenn der Schaden durch den Betrieb eines auf der Verleihung beruhenden Bergwerks verursacht ist, wovon allerdings bezüglich des Grundeigentümerbergbaus innerhalb und außerhalb Preußens zahlreiche Ausnahmen bestehen. Ebenso ist überall von dem Nachweis eines Verschuldens des Bergwerksbesitzers abgesehen, wie es auch durchweg für unerheblich erklärt ist, ob der schädigende Bergbau unter dem Grundstücke selbst betrieben ist oder nicht. Überall ist auch wegen der Schadensforderung in quali et quanto der Rechtsweg zugelassen, freilich mit Ausnahme von Sachsen, Sachsen-Weimar und Anhalt, wo eine Vorentscheidung im Verwaltungswege und von Lippe-Detmold, wo ein schiedsgerichtliches Verfahren vorgeschrieben bezw. zugelassen ist. Übereinstimmung herrscht ferner in fast allen Berggesetzen darüber, daß ein Anspruch auf Sicherheitsleistung wegen zukünftiger Bergschäden nicht besteht. Nur Meiningen, die beiden Schwarzburg und Lübeck machen hier eine Ausnahme. Ebenso ist, abgesehen von Sachsen, durchweg dem Grundeigentümer ein Recht, den Erwerb des durch Bergbau beschädigten Grundstückes von dem Bergwerkseigentümer verlangen zu können, versagt. Auch die Verjährung ist in allen deutschen Berggesetzen, soweit sie über dieselbe Spezialbestimmungen enthalten, was z. B. in der sächsischen Rechtsgruppe nicht der Fall ist, gleichmäßig geregelt, wie nicht minder der Einwand des § 150 das Preußischen Berggesetzes, letzterer allerdings wiederum mit der Modifikation für das sächsische Recht, daß dort darüber hinaus überhaupt bei Priorität des Grubenbaues ein Schadensanspruch dem Grundeigentümer versagt ist.

Endlich stimmten bisher alle deutschen Berggesetze auch darin überein, daß mehrere Bergwerkseigentümer nicht solidarisch, sondern nur anteilsweise hafteten.

Diese weitgehende materielle Rechtsübereinstimmung auf dem Gebiete der Bergschädenklage ist nicht bloß durch die Kaiserliche Verordnung vom 28. September 1879 und die Reichsgesetze vom 15. März 1881 u. 30. März 1893, welche die Revisibilität fast aller Deutschen Berggesetze begründeten, sondern nunmehr auch durch die Einführung des B.G.B.

(Art. 67 E.G. zum B.G.B.) noch weiter dadurch gefördert worden, daß jetzt gemäß Art. 4 E.G. zum B.G.B., soweit nicht die Sondervorschriften des jeweiligen Berggesetzes entgegenstehen, überall das B.G.B. ergänzend eintritt.

In den deutschen Berggesetzen ist zwar eine ausdrückliche Verweisung darauf, daß, soweit Spezialbestimmungen des Bergrechts nicht vorliegen, die allgemeinen Landesgesetze ergänzend einzutreten haben, durchweg nicht enthalten. Wohl aber sind die allgemeinen Landesgesetze überall stillschweigend als Grundlage und zur Ergänzung der speziell bergrechtlichen Vorschriften dienend vorausgesetzt worden. Speziell in der Begründung zum Preußischen Berggesetz (VI S. 65) ist diese Auffassung des Gesetzgebers deutlich zum Ausdruck gelangt, indem dort ausgeführt wird, daß das Berggesetz sich „auf das Bergrecht im eigentlichen Sinne, also auf diejenigen Gegenstände zu beschränken hat, welche wegen der eigentümlichen Natur des Bergbaues und seiner besonderen Bedürfnisse eine von dem allgemeinen Rechte abweichende Behandlung erheischen. Dagegen ist alles dasjenige, was mit den Eigentümlichkeiten des Bergbaues nichts gemein hat, auszuscheiden und den betreffenden Gebieten der allgemeinen Gesetzgebung zuzuweisen. Es entspricht auch dem eigenen Interesse des Bergbaues, den Regeln des Civilrechts überall unterworfen zu sein, wo seine Verhältnisse und Beziehungen nichts Eigentümliches aufzuweisen haben und sich namentlich nicht von demjenigen der übrigen Industriezweige unterscheiden."

Sind aber, wie überhaupt im Bergrecht, so auch in der Lehre vom Bergschaden die bisherigen Landesgesetze wenigstens stillschweigend als ergänzend eintretend vorausgesetzt worden und hat andererseits auch eine derartige stillschweigende Bezugnahme auf das bisherige Landesrecht als Verweisung im Sinne des Art. 4 E.G. zum B.G.B. zu gelten, so folgt daraus, daß nunmehr das B.G.B. soweit Platz greift, als bisher die Lücken des Bergschädenrechts durch die allgemeine Landesgesetzgebung auszufüllen waren (Planck Anm. 1 zu Art. 4, Kuhlenbeck desgleichen Anm. 1 dazu, Neumann Anm. 2b zu Art. 4).

Gegenüber dieser durch Art. 4 des E.G. herbeigeführten weiteren Vereinheitlichung des Bergschädenrechts ist aber andererseits nicht außer acht zu lassen, daß der Landesgesetzgebung durch die Art. 3 u. 218 E.G. die Möglichkeit gewährt ist, den Bergschädenanspruch auch in Zukunft verschiedenartig auszugestalten. Von dieser Befugnis ist speziell von Preußen unterdes schon nach zwei Richtungen hin Gebrauch gemacht worden, indem einmal durch Art. 37 XI des Preußischen A.G. zum B.G.B. dem Hypothekengläubiger ein selbständiger Schadensersatzanspruch abgesprochen, und indem ferner durch die Novelle vom 7./7. 1902 an Stelle der bisherigen bloß anteilsweisen Haftung mehrerer Bergwerksbesitzer für die von ihnen zugefügten Bergschäden die solidarische Haftbarkeit gesetzt wurde.

Die vom Verfasser bereits an anderer Stelle (vergl. Bericht LXI S. 41 u. 97) geäußerte »Besorgnis, daß infolge der nach dem E.G. zum B.G.B. der Landesgesetzgebung freistehenden Möglichkeit des Erlasses neuer berggesetzlicher Vorschriften der bisher auf dem mühsamen Wege der Landesgesetzgebung errungenen materiellen Rechtsgemeinschaft eine Rückbildung in der Richtung erneuten partikulären Auseinandergehend drohe,« hat durch diesen gesetzgeberischen Vorgang Preußens eine erneute Bestätigung gefunden. Die solidarische Haftung mehrerer Bergwerksbesitzer ist bisher noch von keinem der deutschen Bundesstaaten rezipiert worden, während eine dem jetzigen § 148 Abs. 2 des Preußischen A.B.G. entsprechende Bestimmung nur in den Berggesetzen von Bayern, Braunschweig, Birkenfeld, Lübeck, Waldeck und Württemberg, bei letzterem übrigens auch nur in nicht unbedenklicher Form, Aufnahme gefunden hat. In den übrigen deutschen Bundesstaaten ist dagegen auch hier bezüglich der Rechte der Hypothekengläubiger bei dem bisherigen Rechtszustande verblieben.

Erläuterungen zu § 148 Abs. 1.

Das A.B.G. gibt in dem § 148 keine erschöpfenden Bestimmungen über die Schadensersatzpflicht des Bergwerksbesitzers bei Beschädigung des Grundeigentums. Der Paragraph bezeichnet vielmehr nur das durch ihn geschützte Objekt, den Schadenspflichtigen und im allgemeinen den Umfang der zu leistenden Entschädigung. Daneben ist durch die §§ 149—151 A.B.G. die Frage der Haftung mehrerer Bergwerksbesitzer, des konkurrierenden Versehens des Beschädigten durch Errichtung neuer Bauten und der Verjährung mehr oder weniger geregelt. Es empfiehlt sich daher, die gesamte Lehre vom Bergschaden, abgesehen von den zu Abs. 2 des § 148, §§ 149—152 A.B.G. zu behandelnden, in denselben berührten Spezialfragen, zu Abs. 1 des § 148 A.B.G. zur Darstellung zu bringen. Es soll dies im Folgenden in nachstehender Reihenfolge geschehen:

A. Der Gläubiger;

B. Der Schuldner;

C. Das durch § 148 geschützte Objekt;

D. Das schädigende Ereignis (Bergbaubetrieb);

E. Der Schaden;

F. Der Kausalzusammenhang zwischen Bergbaubetrieb und Schaden;

G. Die Entschädigung;

H. Die Einwendungen des Bergwerksbesitzers gegen den Schadensanspruch;

J. Klagenkonkurrenz, negatorische und aquilische Klage;

K. Insbesondere die negatorische und aquilische Klage bei der Zuleitung von Grubenwassern;

L. Die prozessuale Geltendmachung des Bergschädenanspruches;

M. Zeitliche und örtliche Beziehungen des Bergschädenanspruches.

A. Der Gläubiger.

I. Allgemeines.

1. Bisheriges Recht.

Der § 148 A.B.G. regelt die Frage, wer als **Gläubiger** zur Erhebung des Bergschädenanspruchs berechtigt ist, in keiner irgendwie erschöpfenden Weise.

Nur rein negativ ergibt sich aus der Fassung des § 148, daß der Anspruch nicht etwa bloß dem Grundeigentümer zusteht. Nicht der dem „Grundeigentümer“, sondern der »dem Grundeigentum zugefügte Schaden« soll nach Inhalt dieses Paragraphen erstattet werden.

Aus dieser generellen Fassung des § 148 folgt, daß nach dem Willen des Gesetzgebers neben dem Eigentümer auch andere Personen schadensersatzberechtigt sein können. Mit diesem schon aus dem Wortlaut des § 148 gewonnenen Resultat stimmen auch die Motive zum Allgemeinen Berggesetz überein[1]) wenn sie ausführen, daß „zur Entschädigung berechtigt seien nicht bloß der Eigentümer, sondern auch jeder andere Nutzungsberechtigte des Grundstückes, sofern der Schaden sich auf das Nutzungsrecht erstreckt“, und dabei auf das fast wörtlich gleichlautende Präjudiz des Königl. O.Tr. Nr. 2055 vom 20. Oktober 1848, abgedruckt in Entsch. des O.Tr. Bd. 16 S. 518 verweisen.

Sollten daher nach der Wortfassung des Paragraphen und den Motiven des Gesetzgebers neben dem Eigentümer auch andere Personen, welche durch die Beschädigung des Grundeigentums Schaden erleiden, schadensersatzberechtigt sein, so konnte nach dem Allgemeinen Landrecht weiterhin nicht

[1]) Zeitschr. f. Bergr. Bd. 6 S. 171.

zweifelhaft sein, daß diejenigen Bestimmungen des Allgemeinen Landrechts, welche bezüglich der Person des Schadensberechtigten, wie überhaupt bezüglich der ganzen Bergschädenklage ergänzend einzutreten hatten, in erster Reihe diejenigen des Tit. 6 Teil I A.L.R. waren. Zwar qualifiziert sich die Bergschädenklage nicht als Deliktsklage. Der Bergbaubetrieb kann als eine unerlaubte Handlung schon mit Rücksicht auf § 54 A.B.G. nicht bezeichnet werden. Der Bergwerksbesitzer handelt darnach nicht widerrechtlich, wenn er den Bergbau betreibt, er bleibt auch innerhalb der Grenzen des ihm zustehenden Rechtes, wenn durch seinen Bergbaubetrieb das oberliegende Grundstück beschädigt wird.[1]) Die Verpflichtung zum Schadensersatz auf Grund der §§ 148ff. ist lediglich eine Verpflichtung ex lege, eine von Foerster-Eccius I 546 sogenannte „einfache" Entschädigungsforderung, gewissermaßen die aus Billigkeitsrücksichten dem Bergwerkseigentümer gemachte Auflage, unter welcher der Staat den Bergbaubetrieb konzessioniert.[2])

Wenn trotzdem nach preußischem Recht Tit. 6 Teil I als ergänzendes ius commune anzusehen war, so hatte dies darin seinen Grund, daß die allgemeinen Bestimmungen dieses Titels über den Begriff und Umfang des Schadens, sowie des entgangenen Gewinnes, das Interesse und den Ersatz des Schadens, nach der in Judikatur und Theorie herrschenden Auffassung nicht bloß für die unerlaubte Handlung sondern für alle Fälle außerkontraktlicher, ja sogar kontraktlicher Schadensersatzpflicht galten.[3])

Da aber der Tit. 6 Teil I A.L.R. seinerseits auch keinerlei Vorschriften über die Person des Schadensberechtigten enthielt, so mußte, abgesehen von dem vollständigen Besitzer des preußischen Rechtes, dem das Klagerecht auf Grund positiver Vorschrift des Allgemeinen Landrechts (§ 176 I 7), ohne weiteres zuzugestehen war, in dieser Frage im übrigen für das preußische Recht auf die römischen Quellen über

---

[1]) Wolff XXX 316 R.G., 24./5. 82 XXIII 511, 15./12. 83 XXVI 366.

[2]) Dernburg Pr. Pr. I S. 664, Daubenspeck, Haftpflicht S. 4, Bergschaden S. 16, Rehbein, B.G.B. II S. 48, Fürst-Klostermann S. 451, Brassert S. 389.

[3]) Rehbein, Entsch. des O.Tr. I S. 572 S. 448ff., S. 572ff.

den Gläubiger bei der aquilischen Klage zurückgegangen werden.[1]) Darnach war[2]) jedenfalls denjenigen, welche an der Sache dinglich berechtigt waren, also insbesondere, wenn hier von dem Hypothekengläubiger, dessen Rechte zu Abs. 2 dieses Paragraphen besonders behandelt werden müssen, abgesehen werden soll, dem Nießbraucher, dem Servitutberechtigten,[3]) dem Mieter und Pächter dem das Grundstück oder Gebäude übergeben war,[4]) ohne weiteres der Schadensanspruch zuzusprechen, weil und soweit sich diese Beschädigung als ein unmittelbarer Eingriff in die Rechtssphäre derselben darstellte. Dagegen war bezüglich derjenigen Personen, welche bloß die Detention der Sache hatten (z. B. Depositar, Leiher) jedenfalls nur dann ein selbständiger Schadenanspruch anzuerkennen, wenn sie dem dinglich Berechtigten gegenüber den Schaden gesetzlich oder vertraglich zu vertreten hatten, also durch die Beschädigung des Grundstücks ihnen ein Schaden erwuchs.[5])

Derjenige dagegen, der ohne Detention bloß einen rein persönlichen Anspruch auf die Erlangung des Besitzes einer Sache hatte, z. B. der Käufer, der noch nicht in den Besitz des Grundstücks gelangt war, hatte einen Schadensanspruch überhaupt nicht.[6])

Hervorgehoben sei noch, daß nicht nur die Partikulargesetze der Preußischen Bergrechtsgruppe, sondern auch das Königlich Sächsische Berggesetz vom 16. Juni 1878 einer besonderen Bestimmung darüber, ob auch neben dem Grund-

---

[1]) Gruchot IV S. 152ff., Daubenspeck Haftpflicht S. 8.

[2]) Foerster-Eccius I S. 542, O.Tr. Präjudiz Nr. 2055 a. a. O., Strohn VII S. 110, Rehbein Entsch. I S. 577 R.O.H.G. 14./6. 77 Entsch. Bd. XXII S. 296ff., Kipp-Windscheid II 913, Daubenspeck Haftpflicht S. 8ff., Bergschaden S. 22ff., Oppenhoff Anm. 840, Fürst-Klostermann S. 458, Brassert S. 392, Arndt S. 156.

[3]) O.Tr. 7./12. 65, Gruchot Bd. 10 S. 365, L.G. Essen 8./11. 81 XXIV S. 226, O.L.G. Hamm 16./3. 00 XLI S. 484.

[4]) A.G. Hamm 25./10. 60, Gruchot Bd. 5 S. 221, O.Tr. 12./12. 71, Striethorst Arch. 83 S. 207, Oppenhoff Anm. 840, A.G. Hamm 24./10. 62, O.L.G. Hamm 18./4. 82 XXIII S. 383, R.G. 25./10. 83 XXVI S. 114, O.Tr. 26./1. 72 bei Gruchot Bd. 17 S. 883, O.L.G. Hamm 28./2. 90 XXXIV S. 506, O.Tr. 12./12. 71, Strieth. 83 S. 207, Foerster-Eccius I S. 542.

[5]) Gruchot a. a. O. S. 152, Kipp-Windscheid II 913; a. M. Daubenspeck Haftpflicht S. 9, Bergschaden S. 23 erkannte dem persönlichen Berechtigten eine Schadensforderung nicht zu.

[6]) Gruchot IV 157.

eigentümer dritte Nutzungsberechtigte wegen Bergschadens selbständige Ansprüche zu erheben berechtigt sind, entbehren. In der Praxis des Sächsischen Rechtes wurde aber auch dritten Personen wesentlich im gleichen Umfange wie nach Preußischem Recht ein selbständiger Schadensanspruch zuerkannt.[1]) Durch die Sächsische Novelle vom 20. Juni 1898 und die Verordnung vom 24. Juli 1900 ist neuerdings bestimmt, daß an der zu zahlenden Entschädigung den Nutznießern, Realberechtigten und sonstigen Interessenten die im § 137 Sächsischen A.B.G. bezeichneten Rechte zustehen sollen. Die Bergordnung für Lippe-Detmold führt als Entschädigungsberechtigte außer dem Eigentümer den Pächter und Nießbraucher ausdrücklich auf (§ 66 B.O.).

2. Heutiges Recht.

Für das Recht des Bürgerlichen Gesetzbuchs muß davon ausgegangen werden, daß die Person des Schadensberechtigten nicht etwa sich nach den Bestimmungen des II. Buches 7. Absch. Tit. 25 über die unerlaubten Handlungen richtet. Denn diese Vorschriften beziehen sich nur auf die Deliktsklage und auf diejenigen rein gesetzlichen Verpflichtungen, welche in diesem Titel selbst behandelt sind.[2])

Die Frage, wer nach dem Bürgerlichen Gesetzbuch der Schadensberechtigte bei dem Bergschädenanspruch ist, kann deshalb für das heutige Recht lediglich nach allgemeinen Rechtsgrundsätzen beantwortet werden. Darnach und mit Rücksicht darauf, daß nach Inhalt des § 148 ausnahmslos aller Schaden ersetzt werden muß, welcher dem Grundeigentum oder dessen Zubehörungen durch den Bergbaubetrieb erwächst, muß angenommen werden, daß jeder, welcher durch die Beschädigung des Grundeigentums Schaden erleidet, auch zum Schadensanspruch gegenüber dem Bergwerksbesitzer berechtigt ist. Es kann dabei auch keinen Unterschied machen, ob es sich um die Verletzung eines dinglichen oder eines persönlichen Rechtes handelt.[3])

---

[1]) Wahle S. 649 Anm. 6.

[2]) Planck II S. 603 sub III u. S. 604 IV S. 3.

[3]) Foerster-Eccius I S. 542 Anm. 18, Brassert S. 393, Fürst-Klostermann S. 458.

Denn wenn auch in den letzteren Fällen der Anspruch auf die Gewährung oder auf die Benutzung des Grundstückes lediglich zwischen den Parteien selbst besteht, so wird doch durch die Beschädigung des Grundeigentums tatsächlich in die Rechtssphäre des Berechtigten insofern eingegriffen, als ihm das auf Nutzung oder Gewährung der Sache gegenüber dem Verpflichteten bestehende Recht geschmälert wird, vorausgesetzt natürlich, daß nach Lage des einzelnen Falles der persönlich Berechtigte, sei es ex lege, sei es auf Grund besonderer Abrede die Gefahr des Vertragsverhältnisses zu tragen hat.[1]) Die Rechtslage bezüglich der Aktivlegitimation zur Erhebung des Schadensanspruches ist darnach bei der Bergschädenklage im wesentlichen dieselbe, wie sie im Anschluß an den Wortlaut des § 823 „Eigentum oder sonstiges Recht“ und nach der Intention des Antrages, dem die jetzige Fassung des Paragraphen ihre Entstehung verdankt,[2]) auch für die Deliktsklage von vielen Seiten[3]) und von einer noch größeren Anzahl Schriftsteller für die Fälle vertreten wird, wo zu der persönlichen Berechtigung die Besitzübertragung, z. B. bei Pacht und Miete, Leihe, hinzugetreten ist.[4])

Immer muß es sich aber auch nach vorstehendem um die Verletzung eines wirklichen Rechtes handeln.[5]) Eine Schädigung bloß der tatsächlichen Vermögenslage allein, ohne daß ein privates Recht auf dieselbe, wenn auch nur persönlicher Natur besteht, kann niemals einen Schadensanspruch erzeugen.[6]) Daher kann der Anlieger eines durch den Bergbau ausgetrockneten Sees, auf dessen Existenz ihm keinerlei privater Anspruch zusteht, der aber tatsächlich den

---

[1]) Foerster-Eccius I S. 542 Anm. 18.

[2]) Dernburg II S. 610.

[3]) v. Liszt Deliktsklage S. 21, Kipp-Windscheid II 887, Kuhlenbeck § 823 Anm. 1, Stammler S. 11, Cosak I 590, Endemann I 908 Anm. 7; a. M. allerdings Planck II zu § 623, Oertmann Anm. 3c dazu, Neumann Anm. V zu § 823, Dernburg II 610, Schollmeyer 111, Enneccerus I 842, Crome II S. 1020, vergl. auch Mugdan II 405 u. 406.

[4]) Außer Liszt, Kipp, Kuhlenbeck auch Oertmann, Neumann, Dernburg a. a. O., ebenso Enneccerus und Crome.

[5]) Foerster-Eccius I S. 542, Dernburg I S. 577, Planck II S. 809, Rehbein Pr. Pr. I 575, B.G.B. II 50 R.G. 21./11. 85, Gruchot XXX 423 m. R.G. 12./5. 86 Entsch. XVI 169, R.O.H.G. 9./6. 74 Entsch. XIII 427.

[6]) Planck II 609, R.G. 10./11. 80 XXII 528ff.

Wert seines Grundbesitzes, z. B. seines anliegenden Restaurationslokals erhöht, wegen der Austrocknung einen Schadensanspruch nicht erheben; ebensowenig derjenige, der zwar tatsächlich bisher eine gewisse Wassermenge eines Gewässers benutzt hat, auf diese Benutzung einen Rechtsanspruch aber nicht besitzt.[1]) Auch eine Versicherungs-Gesellschaft, bei welcher sich z. B. der Grundeigentümer gegen alle Beschädigungen seines Grundstückes versichert haben sollte, kann ohne besondere Abtretung niemals selbständig den Anspruch gegen den Bergwerksbesitzer verfolgen, weil ihr auch nicht einmal gegenüber dem Grundstückseigentümer ein Recht auf die unbeschädigte Erhaltung des Grundstücks erwachsen ist.[2])

II. Die einzelnen Schadensberechtigten.

Nach dem vorstehend Ausgeführten kommen für das heutige Recht als schadensberechtigt die nachfolgenden Personen in Betracht:

1. Der **Eigentümer.**

Dieser ist regelmäßig zur Geltendmachung des gesamten Schadens berechtigt, der seinem Grundstücke, sowie dessen Bestandteilen und Zubehör zugefügt wird. Er kann also regelmäßig den Anspruch auf die Erstattung des Ertragsausfalles, auf möglichste Wiederherstellung des früheren Zustandes oder an dessen Stelle auf Zahlung des dazu erforderlichen Geldbetrages, ferner auf den verbleibenden Minderwert der beschädigten Grundfläche oder des beschädigten Hauses sowie auch, soweit dies zulässig, was an anderer Stelle unter J zu erörtern ist, mittels der negatorischen Klage (§ 1004 B.G.B.) auf Einstellung der Zuführung schädlicher Grubenwasser in den an seinem Grundstück vorbeifließenden Privatfluß erheben, ebenso auf Ersatz des Schadens klagen, der seinem Grundbesitz dadurch erwächst, daß dem vorbeifließenden Privatfluß das Wasser entzogen ist.[3]) Selbstredend hat er alle diese Rechte aber nur regelmäßig![4])

---

1) R.G. 10./1. 80 XXII 528ff.
2) R.O.H.G. 9./6. 74 Bd. 13 S. 427, Foerster-Eccius I S. 542 Anm. 18.
3) R.G. 11./11. 96 XXXVIII 230.
4) Daubenspeck Bergschaden S. 24.

Wo auf Grund besonderer Vertragsverhältnisse ausnahmsweise ihm der Schaden nicht erwächst, kann er auch einen Ersatzanspruch nicht geltend machen. Wenn z. B. der Grundeigentümer das Grundstück vermietet oder verpachtet hat, kann er Anspruch auf Ersatz eines Ertragsausfalles nur erheben, sobald er einen Miet- oder Pachtnachlaß auf Grund des Gesetzes oder des bestehenden Vertrages entweder bereits bewilligt hat oder doch zu gewähren verpflichtet ist.[1]) Ebenso würde er regelmäßig auch auf Wiederherstellung des früheren Zustandes nicht klagen können, wenn er mit dem Mieter oder Pächter vereinbart hätte, daß dieser unter allen Umständen die gemietete oder verpachtete Besitzung wieder in dem Zustande übergeben muß, in dem er dieselbe erhalten hat.

Die Eintragung des Schadensfordernden im Grundbuche als Eigentümer legitimiert denselben gemäß §§ 892, 893 B.G.B. regelmäßig zur Geltendmachung der oben angegebenen Schadensansprüche dergestalt, daß er die Schadensersatzleistungen mit befreiender Wirkung für den Bergwerkseigentümer in Empfang nehmen und über das im Eigentum liegende Recht der Klage aus § 1004 B.G.B. verfügen kann. Durch solche Leistung an den Eigentümer, bezw. durch vergleichsweisen Verzicht desselben auf das Klagerecht aus § 1004 B.G.B., z. B. durch Gestattung der Zuführung schädlicher Grubenwasser, werden aber die daneben einem anderen Berechtigten zustehenden Schadensansprüche nur soweit beseitigt,[2]) als es sich um Ansprüche aus eintragungsfähigen, aber nicht eingetragenen Rechten handelt.[3]) Bezüglich dieser eintragungsfähigen Rechte gilt der Inhalt des Grundbuches als richtig, d. h. auch als vollständig.[4]) Der Bergwerksbesitzer, welcher Schadensansprüche des eingetragenen Eigentümers befriedigt, befreit sich deshalb dadurch auch von den Schadensansprüchen dritter eintragungsfähiger, aber nicht eingetragenen Berechtigten (z. B. Nießbraucher,

---

[1]) O.L.G. Hamm 18./4. 72 XXIII 383; R.G. 25./10. 83 XXVI 114; O.Tr. 26./1. 72 Gruchot XVII 883, Daubenspeck Bergschaden S. 43.

[2]) Wolff XXX 310.

[3]) Turnau-Foerster I 226, §§ 892 893 B.G.B., Neumann Anm. II 1 α β zu § 892, Endemann II 243.

[4]) Biermann Sachenrecht S. 42, Turnau-Foerster I 209.

Dienstbarkeitsberechtigten), soweit deren daneben bestehende Schadensansprüche bereits in der dem Grundeigentümer geforderten Entschädigung mitenthalten sind (Biermann Anm. 2c zu § 893 B.G.B.) und soweit dem Bergwerksbesitzer nicht die Unrichtigkeit des Grundbuches bekannt ist, z. B. also bekannt ist, daß ein solches Nießbrauchsrecht oder eine solche Dienstbarkeit bei der Übertragung auf ein anderes Grundbuchblatt irrtümlich vom Richter nicht mitübertragen ist.[1]) Die Kenntnis des letzteren von dem persönlichen Anspruch eines Dritten auf Bestellung eines dinglichen Rechtes untersteht dagegen dem § 893 B.G.B. nicht, da eine solche Kenntnis persönlichen Rechtes nicht eine solche der „Unrichtigkeit", d. h. des dinglichen Rechtszustandes des Grundbuches begründet.[2]) Ob diejenigen, welche bloß einen persönlichen Anspruch auf Bestellung eines dinglichen Rechtes haben, überhaupt neben dem Eigentümer des Grundstücks einen selbständigen Schadensanspruch gegen den Bergwerksbesitzer haben, richtet sich nach der Natur ihres Anspruches und der Lage des einzelnen Falles und ist nach oben Gesagtem (vergl. S. 14 u. 15) davon abhängig, ob darnach in concreto angenommen werden kann, daß in ihre Rechtssphäre eingegriffen ist und sie Schaden erlitten haben.

Jedenfalls wird ihr Schadensanspruch durch eine Leistung an den Eigentümer des Grundstückes ebensowenig beseitigt, wie diejenige des Berechtigten zu einem nicht eintragungsfähigen Recht, z. B. eines Mieters und Pächters,[3]) weil § 893 B.G.B. den Dritten gegen solche Ansprüche überhaupt nicht schützt.

2. Der **Fideikommißbesitzer** und der **Lehngutsbesitzer** haben selbständigen Anspruch auf Ersatz der ihnen durch Bergschäden erwachsenen Ausfälle der Nutzungen der Fideikommiß- oder Lehngrundstücke.[4]) Ob sie darüber hinaus selbständige Ansprüche erheben können, oder ob speziell der Fideikommißbesitzer bei Geltendmachung solch weiter-

---

1) Turnau-Foerster I 234.

2) Turnau-Foerster I 217 234.

3) Turnau-Foerster I 230.

4) Art. 59 E.G. zum B.G.B. §§ 72ff. II, 4, §§ 6ff. I 18 A.L.R. Daubenspeck Haftpflicht S. 9.

gehender Rechte an die Zustimmung der nächsten Fideikommißanwärter gebunden ist (§ 15 des Gesetzes vom 15./2. 1840), kann zweifelhaft sein. Die Beantwortung dahin einschlägiger Fragen wird davon abhängen, inwieweit nach Lage des einzelnen Falles eine „Verfügung über die Substanz" im Sinne des A.L.R. § 10 I 8 vorliegt.[1]) Eine solche wird man als vorhanden anzunehmen haben und deshalb, falls nicht das Fideikommißstatut ein anderes bestimmt, die Zustimmung der beiden nächsten Fideikommißanwärter verlangen müssen, wenn z. B. etwa unter Verzicht auf Wiederherstellung des früheren Zustandes eine Kapitalentschädigung durch Vergleich festgesetzt oder in gleicher Weise gegen eine solche dauernd und über die Besitzzeit des kontrahierenden Fideikommißinhabers hinaus die Zuleitung schädlicher Grubenwasser erlaubt, also eine persönliche oder Grunddienstbarkeit am Flusse zu Gunsten des oberliegenden Bergwerksbesitzers konstituiert werden soll,[2]) wie denn auch in diesen Fällen die zu gewährende Kapitalentschädigung in den Fideikommißverband einzutreten hat.[3]) Die mangelnde Berechtigung zum Abschluß eines Vergleiches berührt aber die Aktivlegitimation des Fideikommißbesitzers zur Klageerhebung nicht, vielmehr ist er zu solcher unbeschränkt befugt. Nur entbehrt seine Prozeßführung, soweit sie sich als eine solche über die Substanz des Fideikommißgutes darstellt, der Rechtswirkung gegenüber der Familie.[4])

3. Der **Eigenbesitzer** hat als solcher m. D. nach dem Bürgerlichen Gesetzbuche regelmäßig kein Klagerecht, auch nicht auf Ersatz des Ertragsausfalles, es sei denn, daß der Eigenbesitzer aus besonderen Gründen, wie dies z. B. beim Käufer, dem das Grundstück schon vor der Auflassung über-

[1]) § 2 I 18, § 72 II 4 A.L.R., Rehbein Entsch. IV 683, Dernburg Pr. Pr. I 923ff.

[2]) Vergl. § 15 Ges. vom 15./2. 1840 §§ 80ff. II 4 A.L.R. Rehbein Entsch. IV 682ff., R.G. 2./7. 97 Entsch. Bd. 39 S. 181 für gemeines Recht.

[3]) Vergl. Rehbein a. a. O. O.-Tr. 67 S. 277, 61 S. 364, 63 S. 375; R.G. 15./12. 92 Entsch. Bd. 30 S. 278.

[4]) §§ 117ff. II 4 A.L.R.; R.G. 17./6. 91 R.G. Entsch. Bd. 28 S. 225, Dernburg B.G.B. III S. 369ff., Pr. Pr. I S. 924, Rehbein Entsch. IV S. 683 O.Tr. 3./7. 57, Strieth. Arch. XXVI S. 75, Koch-Hinschius 8. Aufl. Anm. 46 zu § 117 II 4 A.L.R. (vergl. über einen speziell bergrechtlichen Fall, wo die Fideikommißanwärter mitgeklagt haben R.G. 22./2. 99 XLI S. 487.

geben ist, der Fall, auch das Recht hat, das Grundstück zu besitzen und zu nutzen.[1])

Davon abgesehen ist davon auszugehen, daß der Eigenbesitzer, der ohne Rechtsgrund ein Grundstück besitzt, z. B. lediglich in der irrtümlichen Auffassung, daß eine Grundfläche grundbuchmäßig ihm gehöre, nicht schadensersatzberechtigt ist, und zwar deshalb nicht, weil er mangels eines vorhandenen und verletzten Rechtes auch keinen Schaden erleidet.[2]) Dies gilt insbesondere auch bezüglich der Erzeugnisse und sonstigen Früchte des Grundstücks. Denn wenn der Eigenbesitzer dieselben auch durch die Trennung erwirbt (§ 955 B.G.B. Neumann Anm. 5 dazu), so hat er doch vor derselben kein Recht auf dieselben. Er erwirbt sie nicht kraft eines ihm bereits vorher zustehenden Rechtes, sondern lediglich kraft der Tatsache seines gutgläubigen Eigenbesitzes. (Endemann II 336). So lange die Früchte und Erzeugnisse also noch Bestandteile des Grundstücks[3]) und als solche durch § 148 geschützt sind, hat er keinen Schadensanspruch, weil er in keinem Rechte verletzt ist und weil die Schädigung seiner bloß tatsächlichen Vermögenslage (vergl. oben S. 14) keine Schadenszufügung im Rechtssinne darstellt. Werden die Früchte aber erst nach der Trennung beschädigt, so hat er auf Grund des § 148 A.B.G. kein Klagerecht mehr, weil in diesem Augenblicke die Früchte, selbst wenn sie sich noch auf dem Grundstücke befinden sollten, nicht mehr Bestandteile desselben und regelmäßig auch nicht Zubehör desselben, somit durch § 148 A.B.G. nicht geschützt sind.[4]) Nur soweit § 98 Nr. 2 B.G.B. zutrifft, also wegen Beschädigung der landwirtschaftlichen Erzeugnisse und des Düngers hat der Eigenbesitzer ein selbständiges Klagerecht, wenn dieselben nach ihrer Gewinnung durch Bergbau beschädigt werden.

4. Dem **Nießbraucher**, wozu u. a. auch der Pfarrer bezüglich des Pfarrgutes zählt,[5]) gewährte auch schon das bis-

---

[1]) Planck Anm. 2b zu § 872 u. Anm. 2a zu § 955 B.G.B.
[2]) Kipp II S. 887.
[3]) Rehbein I S. 83.
[4]) Rehbein I S. 91, Turnau-Foerster I S. 23.
[5]) R.G. 15./6. 95 XXXVII S. 218.

herige Recht einen selbständigen Schadensanspruch auf Erstattung der entzogenen und künftig noch entgehenden Nutzungen.[1]) Auch nach dem Bürgerlichen Gesetzbuch wird er jedenfalls auf Ertragsausfall sowohl wegen Ausfalles an Früchten wie an Pacht- und Mietszinsen klagen können, weil er ein Recht auf deren Gewinnung hat. (§§ 1030, 100 und 99 B.G.B. Dasselbe gilt von der eigenen Benutzung des seinem Nießbrauche unterliegenden Grundstückes oder Gebäudes. Auch auf diese hat der Nießbraucher einen Rechtsanspruch. (§§ 1030, 100 B.G.B.) In diese Rechte greift der Bergwerkseigentümer durch die Verletzung der körperlichen Integrität des Nießbrauchsgrundstücks aber auch schädigend ein, da der Nießbraucher regelmäßig von dem Eigentümer die Wiederherstellung des durch den Bergbaubetrieb beschädigten Grundstückes nicht fordern kann.[2]) Der Nießbraucher ist deshalb regelmäßig nach den beiden oben angegebenen Richtungen hin schadensberechtigt. Er wird ebenso aber auch die Wiederherstellung des früheren Zustandes für die Dauer der Nießbrauchszeit oder Zahlung des zu dieser Wiederherstellung erforderlichen Geldbetrages verlangen können. Wie diese Rechte des Nießbrauchers sich bei einer etwaigen Kollision mit den daneben bestehenden selbständigen Schadensansprüchen des Eigentümers gestalten, ist weiter unten zu erörtern.

5. **Dem Berechtigten zu einer Grunddienstbarkeit** war für bisheriges Recht[3]) ein selbständiger Schadensanspruch gegenüber dem Bergwerksbesitzer zuzusprechen, wenn infolge der Einwirkung des Bergbaues auf das dienende Grundstück die Ausübung seiner Grundgerechtigkeit vereitelt oder erschwert wurde. Insbesondere ist deshalb schon nach bisherigem Recht der Servitutberechtigte für legitimiert erachtet, auf Wiederherstellung der beschädigten Anlage oder Ersatz

---

[1]) Daubenspeck, Haftpflicht S. 8, Bergschaden S. 43, Foerster Eccius I S. 542, Fürst-Klostermann S. 458, Gruchot IV S. 154 I. 17 § 3 D. 7, 1; I. 11 § 10 D. 9, 2; Kipp-Windscheid II S. 913.

[2]) §§ 1041—1043 B.G.B., Planck Anm. 5 zu § 1042, Turnau-Foerster I S. 436 Anm. 1, Kuhlenbeck Anm. 1 zu § 1043, Biermann Anm. zu § 1042, Neumann Anm. zu § 1044.

[3]) O.Tr. 7./22. 65 Gruchot X S. 365, L.G. Essen 8./11. 81 XXIV S. 226; O.L.G. Hamm 16./3. 00 XLI S. 484, R.G. 7./7. 97 XXXVIII S. 471, R.G. 10./11. 80 XXII S. 528.

der Herstellungskosten zu klagen, wenn er infolge der Einwirkung des Bergbaues auf das dienende Grundstück eine Wegegerechtigkeit nicht mehr ausüben konnte;[1]) wenn eine Röhrenleitung, die zur Ausübung seiner Grundgerechtigkeit in das beschädigte Grundstück gelegt war, nicht mehr funktionierte,[2]) wenn der Eigentümer einer Mühle eine derselben als Grundgerechtigkeit zustehende Wassergerechtsame infolge Wasserentziehung nicht mehr auszuüben imstande war;[3]) oder wenn eine an einem Privatflusse bestehende Grundgerechtigkeit zur Wasserentnahme durch Abtrocknung des Flußbettes beeinträchtigt wurde.[4]) Dasselbe muß auch für heutiges Recht gelten. Der Servitutberechtigte erleidet Schaden an seinem Rechte, weil er den Eigentümer im Falle solcher Schadenszufügung regelmäßig nicht auf Wiederherstellung oder auf Schadensersatz in Anspruch nehmen kann,[5]) und weil nach B.G.B. in der Beschädigung des dienenden Grundstücks regelmäßig auch eine des herrschenden liegt. (Vergl. unten S. 70—73.) Wo indes die Pflicht zur Unterhaltung einer Anlage auf dem belasteten Grundstück ausnahmsweise (§§ 1021, 1022 B.G.B.) den Eigentümer des letzteren trifft, steht insofern auch nur ihm der Schadensanspruch zu. Soweit der Servitutberechtigte hiernach klageberechtigt ist, kann er im Umfange des ihm zustehenden Rechtes seinen vollen Schaden gemäß §§ 249—254 B.G.B. geltend machen. Er kann also auf Wiederherstellung des früheren Zustandes oder nach seiner Wahl auf Zahlung der dazu erforderlichen oder von ihm bereits aufgewendeten Herstellungskosten, endlich auch im Falle des § 251 B.G.B. auf Zahlung des Kapitalwertes, den die Grundgerechtigkeit für ihn hat, klagen.

Die auch hier erhebliche Frage, wie sich im Falle der Kollision die Rechte der Servitutberechtigten mit denen des Eigentümers regeln, bestimmt sich nach den an anderer Stelle unter III zu erörternden Grundsätzen.

---

[1]) O.Tr. 7./12. 65 a. a. O.

[2]) L.G. Essen und O.L.G. Hamm a. a. O.

[3]) R.G. 10./11. 80 XXII S. 528.

[4]) R.G. 7./7. 97 XXXVIII S. 471.

[5]) §§ 1020—1022 B.G.B., Turnau-Foerster und Planck Anm. 1 dazu sowie Anm. 3 S. 301.

6. Als servitutarisch Berechtigter kommt auch der **Straßenanlieger** in Frage. Bekanntlich hat für das preußische Recht sowohl das Obertribunal[1]) wie das Reichsgericht[2]) angenommen, daß bei Anbau an einer Stadt- oder Dorfstraße durch gegenseitigen stillschweigenden Vertrag eine Grundgerechtigkeit für den Anbauenden dahingehend begründet wird, daß der erstere in seiner Eigenschaft als Hauseigentümer sich derjenigen Vorteile zu bedienen berechtigt wird, welche den Häusern aus dem Gebrauche der Straße erwachsen. Für das frühere Recht hatte man darnach m. D. gemäß dem vorstehend unter Nr. 5 bezüglich der Klagerechte des Servitutberechtigten Ausgeführten jedenfalls anzunehmen, daß der Hauseigentümer an einer solchen Straße im Falle deren Beschädigung durch den Bergbau selbständige Ansprüche wegen des seiner Hausbesitzung und der ihr anklebenden Grunddienstbarkeit dadurch zugefügten Schadens erheben könne. Darüber hinaus würde man also auch schon für das bisherige Recht einen selbständigen Schadensanspruch eines Wegeanliegers abzulehnen gehabt haben. Der Anlieger eines Ackergrundstücks an einem öffentlichen Wege z. B. konnte deshalb keine selbständigen Schadensansprüche gegen den Bergwerksbesitzer erheben, wenn auch durch die Beschädigung des Weges sein Grundstück unzugänglich geworden war. Es lag dann zwar eine Beeinträchtigung der tatsächlichen Vermögenslage des Grundeigentümers vor, die ihn aber nach dem oben Ausgeführten (S. 14) nicht zur Klage berechtigte, weil der Bergwerkseigentümer nicht schädigend in ein ihm zustehendes Recht eingegriffen hatte.

Für das jetzige Recht ist es aber auch darüber hinaus sehr zweifelhaft, ob, soweit dasselbe Anwendung findet, in solchen Fällen der Beschädigung einer Anbaustraße durch Bergbau derjenige Hauseigentümer, der nach dem 1. Januar 1900 angebaut hat, Schadensansprüche erheben kann, da nach § 873 B.G.B. eine Grundgerechtigkeit ohne Eintragung, bloß durch

[1]) 10./4. 96 Strieth. Arch. 62 S. 276.

[2]) 7./3. 1882 Entsch. Bd. 7 S. 213; 18./3. 96 Bd. 37 S. 252; 21./9. 95 Bd. 36 S. 272; 18./4. 99 Bd. 44 S. 283.

formlosen, stillschweigenden Vertrag nicht mehr entstehen kann.[1]) Man wird einen selbständigen Schadensanspruch des Anliegers nur begründen können, wenn man die Rechte des Anliegers entweder als solche öffentlich-rechtlichen Ursprungs, durch das Bürgerliche Gesetzbuch somit nicht berührte ansieht (so Enneccerus-Lehmann B.G.B. I S. 108) oder sie als landesgesetzliche nachbarliche Beschränkung im Sinne des Art. 124 E.G.[2]) oder als von den Vorschriften über „Regulierung der Wege" im Sinne des Art. 113 E.G. beherrscht (so Loebell bei Gruchot XLI S. 52) auffaßt. Alle diese Konstruktionen haben aber erhebliche Bedenken gegen sich.[3]) Man wird deshalb für das heutige Recht einen selbständigen Schadensanspruch für die Hauseigentümer an Anbaustraßen gegenüber dem Bergwerkseigentümer nicht mehr aufrecht erhalten können, selbst wenn das Wegegelände, was nach § 90 R.Gr.B.O. Art. 1 der preuß. Verordnung vom 13. November 1899 zulässig, nicht zum Grundbuche eingetragen ist. Denn auch in diesem Falle kann eine Grundgerechtigkeit ohne Eintragung nicht entstehen.[4]) Da die bestehenden Grunddienstbarkeiten nach Art. 184, 186, 187, 189, 191 E.G. zum B.G.B. durch die Einführung des Bürgerlichen Gesetzbuches nicht berührt werden (Neumann Anm. 1 zu Art. 187 E.G. zum B.G.B., Endemann II 386), so wird derjenige Hauseigentümer, der vor dem 1. Januar 1900 an einer Stadt- oder Dorfstraße angebaut hat, auch jetzt noch wegen Beschädigung einer solchen selbständige Schadensansprüche erheben können.

7. Klageberechtigt ist auch derjenige, dem an einem Grundstücke eine **beschränkte persönliche Dienstbarkeit** zusteht, z. B. eine Stadtgemeinde oder Eisenbahn-Gesellschaft, die für ihre Person das Recht hat,[5]) eine Rohrleitung in

---

[1]) Germershausen I S. 111.

[2]) Habicht S. 379, Bering bei Gruchot XLIV S. 394.

[3]) Vergl. Germershausen, Wegerecht II. Aufl. I S. 103ff., Neumann Anm. 6 zu § 909 B.G.B., Endemann I 122.

[4]) Turnau-Foerster II S. 348 I. Aufl. I S. 336 II. Aufl.

[5]) Vergl. die bereits oben zitierten Entscheidungen, deren Tatbestand nicht klar erkennen läßt, ob Grundgerechtigkeit oder persönliche Dienstbarkeit vorliegt: L.G. Essen 8./11. 81 XXIV S. 226, O.L.G. Hamm 16./3. 00 XLI S. 484.

einem fremden Grundstücke zu haben, einen Weg zu benutzen, Wasser zu entnehmen, da regelmäßig auch hier eine Unterhaltungspflicht des Eigentümers nicht besteht.[1])

Ähnliches gilt auch für denjenigen, der zu einem **Wohnungsrechte** berechtigt ist. Er hat selbständigen Anspruch auf Wiederherstellung des Gebäudes, event. auf Ersatz des Schadens durch die Nichtbewohnbarkeit, da er gegenüber dem Eigentümer einen Anspruch auf Wiederherstellung in den früheren Zustand nicht hat.[2])

8. Der **Superfiziar** hatte schon nach bisherigem Rechte einen selbständigen Schadensanspruch und zwar sowohl nach preußischem Recht, welches ihn als Eigentümer des Bauwerkes betrachtete, wie nach gemeinem und französischem Recht, welches ihm nur ein veräußerliches und vererbliches Recht an dem Gebäude auf vollständige, eigentumsgleiche Benutzung desselben zugestand.[3]) Dasselbe gilt für den **Erbbauberechtigten** des Bürgerlichen Gesetzbuches. (Vergl. auch S. 72.) Er hat dieselben Schadensansprüche bezüglich des Grundstückes wie der Eigentümer.[4])

Da im gesetzlichen Regelfalle der Erbbauberechtigte keinen Anspruch gegen den Eigentümer auf Erhaltung des Bauwerks hat (Planck 3c zu § 1012 Neumann Anm. 8 dazu), so trifft die Beschädigung des Bauwerks ihn allein, wenn er das Bauwerk nach der Bestellung des Erbbaurechtes selbst errichtet und dadurch Eigentümer desselben wird. Es trifft ihn neben dem Grundstückseigentümer, wenn das Bauwerk bereits zur Zeit der Bestellung des Erbbaurechtes besteht, deshalb Eigentum des Grundstückseigentümers bleibt und wie die Grundfläche selbst bloß dem dinglichen Recht des Erbbauberechtigten unterliegt.[5]) Im ersteren Falle kann er allein deshalb wegen der Beschädigung des Bauwerks An-

---

[1]) § 1090 B.G.B Planck Anm. 3 dazu.

[2]) §§ 1093, 1041, 1042 B.G.B., Planck Anm. 2 zu § 1093.

[3]) O.Tr. 20./3. 74 XV S. 396, Kipp-Windscheid II S. 913, Daubenspeck Bergschaden S. 35, Fürst-Klostermann S. 458.

[4]) Arg. §§ 1017, 823 B.G.B. Planck S. 294 Anm. 3c II S. 608, Turnau-Foerster I u. II zu § 1017 B.G.B., Neumann Anm. 3 dazu u. V 1a zu § 823 B.G.B.

[5]) Planck II Anm. I S. 293; sowie Anm. 3b zu § 1012, Biermann Anm. 2 dazu Turnau-Foerster I S. 437 unter Nr. 2, Endemann II 380.

sprüche erheben und zwar sowohl auf Wiederherstellung des Gebäudes, selbst wenn es ganz zerstört ist (§ 1016 B.G.B.), bezw. auf Zahlung des zur Wiederherstellung erforderlichen Geldbetrages, wie auf den Kapitalwert und Ersatz der Nutzungen und des Ertragsausfalles an Miete u. dergl. Auch wird er berechtigt sein, die Wiederherstellung der Grundfläche zu fordern, soweit dies zur Wiederherstellung des Bauwerks notwendig. Darüber hinaus wird wegen der Beschädigung der Grundfläche z. B. wegen Verlustes der Bauplatzqualität der Eigentümer die Schadensansprüche zu erheben haben, selbstredend abzüglich des Minderwertes der Fläche, welche dieselbe dadurch hat, daß sie mit dem Erbbaurechte dauernd oder auf Zeit[1]) belastet ist und nach Lage des Falles auch zuzüglich des Kapitalwertes der für die Bestellung des Erbbaurechtes etwa vereinbarten Vergütung.[2]) Auch wird der Grundstückseigentümer, falls er Eigentümer des Bauwerks ist, mit gleicher Beschränkung selbst Schadensansprüche wegen der Beschädigung des Bauwerks selbst erheben können. Die auch hier möglichen Kollisionsfälle zwischen dem Rechte des Grundstückseigentümers und des Erbbauberechtigten sind weiter unten unter III zu berühren.

9. **Wer auf fremdem Grund und Boden baute,** hatte, falls dem von ihm errichteten Gebäude durch Bergbau Schaden zugefügt wurde, nach gemeinem und französischem Rechte keinen selbständigen Schadensanspruch gegen den Bergwerksbesitzer, weil das Gebäude durch die Verbindung mit dem Boden Eigentum des Grundstückseigentümers wurde, durch die Beschädigung also auch nur in dessen Rechtssphäre eingegriffen wurde. Nach preußischem Recht war nach richtiger Ansicht zu unterscheiden, ob die Bebauung mit oder ohne Vorwissen des Grundstückseigentümers stattgefunden hatte. Ersteren Falles werde der Erbauer des Gebäudes nicht bloß Eigentümer desselben selbst, sondern auch des zum Bau benutzten Grund und Bodens. (§ 332 I 9 A.L.R.) Zur Entschädigungsklage gegen den Bergwerksbesitzer sowohl wegen

---

[1]) Planck II S. 392.
[2]) Planck Anm. 5 zu § 1042 B.G.B.

Beschädigung des Gebäudes selbst wie der Grundfläche war deshalb nach A.L.R. hier nur der Erbauer legitimiert. Im zweiten Falle hing es von der Entschließung des Grundeigentümers ab, ob er Wegschaffung des Gebäudes oder Erwerb desselben nebst dem zugehörigen Grund und Boden durch den Erwerber fordern oder das Gebäude selbst eigentümlich erhalten wollte. (§§ 327—331 I 9 A.L.R.) Je nach der Entschließung des Grundeigentümers regelten sich darnach von selbst die Schadensansprüche wegen einer Beschädigung des Gebäudes, die nach der Entschließung des Grundeigentümers eintraten. Während der Schwebezeit dagegen war das Gebäude nach richtiger, wenngleich nicht unbestrittener Ansicht Eigentum des Erbauenden. Er hatte deshalb auch für die während dieser Zeit eingetretene Beschädigung umsomehr den Anspruch auf Entschädigung, als ihm der Grundeigentümer nach § 330 I 9 A.L.R. niemals mehr zu zahlen hatte, als der Wert des Gebäudes zur Zeit der Übernahmeerklärung betrug.[1])

Nach jetzigem Recht hat der Erbauer regelmäßig keinen Schadensanspruch. Derselbe steht vielmehr abgesehen von besonderer, vertraglicher Abrede, lediglich dem Eigentümer des Grundstückes zu, da dieser regelmäßig auch Eigentümer des Gebäudes wird und ist.[2]) Nur beim **Bau über die Grenze** hat der Überbauende, wenn er nicht vorsätzlich oder grobfahrlässig gehandelt hat, nicht bloß wegen der Beschädigung des Gebäudeteils als dessen Eigentümer, sondern auch wegen Beschädigung der überbauten Grundfläche selbst, einen selbständigen Klageanspruch in gleichem Umfange wie der zu einer Grunddienstbarkeit Berechtigte, weil bis zur Ausübung des dem Grundstückseigentümer nach § 915 B.G.B. zustehenden Rechtes auf Erwerbung des Eigentums an der überbauten Fläche durch den Rentenpflichtigen letzterer an dieser Fläche ein servitutähnliches Recht hat.[3])

10. Ob der **Leiher** nach bisherigem Recht schadens-

---

[1]) Daubenspeck, Bergschaden S. 35ff.

[2]) §§ 94, 95 B.G.B. Turnau-Foerster II. Aufl. I S. 19ff. S. 26.

[3]) Turnau-Foerster a. a. O. I S. 312, Planck III S. 144, Neumann Anm. 5 zu § 912 B.G.B.

berechtigt war, war streitig, aber nach richtiger Ansicht wohl zu bejahen.[1] Für heutiges Recht wird gleiches anzunehmen sein, da der Leiher einerseits gegenüber dem Verleiher Anspruch auf Benutzung der geliehenen Sache während der Dauer des Leihvertrages hat, andererseits aber keine weitergehenden Ansprüche gegen den Eigentümer erheben kann, da dieser ihm nur den Gebrauch der Sache zu gestatten hat, ohne daß er für Beschaffenheit derselben, insbesondere für Beschädigung durch Zufall, und als solcher hat auch Bergschaden zu gelten,[2] haftet.[3]

Durch die Beschädigung des Grundstückes greift deshalb der Bergwerkseigentümer schädigend in ein Recht des Leihers ein und ist demgemäß demselben insoweit schadensersatzpflichtig, als der Leiher für die Dauer der Leihzeit von dem Grundstück nicht den Gebrauch machen kann, den er sonst davon hätte machen können.

11. Dem **Mieter** stand jedenfalls nach preußischem Recht ein selbständiger Schadensanspruch, soweit er in seinem Nutzungsrecht beeinträchtigt war, dann zu, wenn ihm das Mietobjekt übergeben war und dadurch sein bisher bloß persönliches Recht einen dinglichen Charakter gewonnen hatte.[4] Selbstredend hatte aber der Mieter auch nach Allgemeinem Landrecht bezüglich der ihm entzogenen Nutzung nur soweit einen Schadensanspruch, als er nicht bereits vom Vermieter schadlos gehalten werden, d. h. soweit ihm der Vermieter nicht wegen des vorgekommenen Bergschadens Mietnachlaß gewähren mußte. Dies war gemäß § 299 I 21 A.L.R. regelmäßig dann der Fall, wenn der Mieter infolge der Schädigungen durch den Bergbau oder der deshalb notwendig werdenden Reparaturen die Mietswohnung mehr wie einen Monat ganz oder zum Teil nicht benutzen konnte.[5] Andererseits konnte der Grundeigentümer nur soweit den

[1]) 1. 2 D. 9, 1; 1. 14 § 16 D. 47, 2; Gruchot IV S. 156, O.Tr. 2./11. 60 Strieth. Bd. 38 S. 347 bei Rehbein Entsch. Bd. 1 S. 597, Foerster-Eccius I S. 245; a. M. Daubenspeck Haftpflicht S. 9.

[2]) Vergl. § 323 B.G.B., Planck Anm. 2a zu § 446.

[3]) §§ 598, 599 B.G.B., Dernburg B.G.B. II S. 201.

[4]) Daubenspeck 9, O.L.G. Hamm 18./4. 82 XXIII S. 383; R.G. 25./10. 83 XXVI S. 114.

[5]) O.L.G. Hamm u. R.G. a. a. O.

dem Mieter erwachsenen Schaden seinerseits geltend machen, als er dem letzteren einen Mietsnachlaß schuldete oder der Mieter seine Schadensansprüche ihm abgetreten hatte.[1]) Das Rheinische Recht gewährte dem Mieter einen Anspruch auf Mietsnachlaß gegenüber dem Vermieter, wenn die Entziehung des Gebrauches der Mietsache mehr wie vierzig Tage dauerte (Art. 1727 C. c.), das gemeine Recht dagegen generell ohne solche Beschränkung, ließ aber eine unbedeutende oder bald vorübergehende Entziehung unberücksichtigt.[2]) Ob aber überhaupt für das Rheinische und das Gemeine Recht dem Mieter ein selbständiger Schadensanspruch wegen Schädigung des Grundstückes durch den Bergbau zuzugestehen war, war mit Rücksicht auf den rein persönlichen Charakter, den nach beiden Systemen das Recht des Mieters hatte, streitig, aber auch hier wohl richtiger zu bejahen.[3])

Nach Bürgerlichem Gesetzbuch wird der Mieter regelmäßig Schadensanspruch auf Wiederherstellung der Mietswohnung in den früheren Zustand oder Entschädigung wegen geringerer Tauglichkeit der Mietswohnung nicht erheben können, weil er dieserhalb regelmäßig von dem Vermieter, der auch den Zufall zu vertreten hat,[4]) durch Gewährung eines Mietsnachlasses schadlos gehalten werden muß, insoweit also keinen Schaden erleidet. (§§ 537, 538 B.G.B.)

Bei Bergschäden, welche bereits zur Zeit des Beginnes des Mietsverhältnisses vorhanden, gilt dies auch für darüber hinausgehende Schadensansprüche des Mieters, weil das Gesetz hier ein Garantieversprechen des Vermieters für die Gebrauchsfähigkeit der Mietssache zur Zeit des Vertragsabschlusses unterstellt.[5]) Entstehen solche Schäden an der Mietswohnung dagegen erst während der Mietszeit, so kann der Mieter insoweit einen selbständigen Schadensanspruch gegenüber dem Bergwerksbesitzer erheben, als ein Schaden durch den Nachlaß des Mietszinses nicht vollständig gedeckt

---

[1]) O.L.G. Hamm u. R.G. a. a. O.

[2]) Daubenspeck Bergschaden S. 117 Anm. 1, Dernburg Pr. Pr. II S. 450.

[3]) Brassert S. 393, Fürst-Klostermann S. 458; 1. 14 § 2 D. 47, 2; 1. 87 u. 1. 26 § 1; Gruchot IV S. 154; a. M. Daubenspeck Haftpflicht S. 9.

[4]) Planck Anm. 1 zu § 537, Oertmann Anm. 5 dazu, Dernburg II S. 150.

[5]) § 538 B.G.B. Planck Anm. 1 dazu, Neumann Anm. 1a dazu.

wird. Er hat z. B. einen selbständigen Schadensanspruch dann, wenn die Wohnung infolge des Bergbaubetriebes gesundheitsgefährlich wird und er infolgedessen ausziehen muß, soweit der Schaden über den wegfallenden Mietszins hinausgeht, er z. B. einstweilen eine teurere Wohnung in einem Hotel hat nehmen müssen. (§ 544 B.G.B.) Er wird ferner berechtigt sein, selbständig einen Schadensanspruch in vollem Umfange gegenüber dem Bergwerksbesitzer geltend zu machen, wenn er den Bergschaden dem Vermieter nicht rechtzeitig angezeigt hat, sodaß und soweit dieser einen Nachlaß nicht zu gewähren braucht. (§§ 505 Abs. 2. u. 538 B.G.B.) Der Bergwerksbesitzer kann sich darüber nicht beschweren, weil in derselben Höhe, in welcher der Mieter einen selbständigen Schadensanspruch geltend zu machen berechtigt ist, sich die Schadensforderung des Eigentümers ermäßigt bezw. wegfällt.

Ebenso wird der Mieter den über den Mietsausfall hinausgehenden weiteren Schaden, soweit er durch die Beschädigung des Grundstückes herbeigeführt ist, auch wenn er wohnen bleibt, insoweit geltend machen können, als der Vermieter nicht mit der Wiederherstellung des Hauses im Verzuge ist, z. B. wenn diese Reparatur wegen der fortgesetzten schädlichen Einwirkung des Bergbaues unmöglich ist.[1])

Aus dem Vorgesagten, wonach der Vermieter regelmäßig dem Mieter für die gänzliche oder teilweise Unbewohnbarkeit der Wohnung Mietsnachlaß auch dann gewähren muß, wenn dieselbe durch Bergbau herbeigeführt ist, ergibt sich andererseits, daß der Vermieter in Höhe dieses Mietsnachlasses, wenn er auch noch nicht von ihm gewährt ist, wofern er nur in seiner Höhe schon jetzt zu übersehen ist, regelmäßig zur Klage gegen den Bergwerksbesitzer legitimiert ist. Denn in Höhe dieser Beträge ist er nach dem Bürgerlichen Gesetzbuche infolge des Bergschadens den Mietern ohne weiteres verhaftet und es ist darnach nach Bürgerlichem Gesetzbuche regelmäßig auch Sache des beklagten Bergwerkseigentümers, den Nachweis zu führen, weshalb in

---

[1]) Planck II S. 62 Anm. e.

concreto eine solche Vermögensschädigung des Vermieters im Verhältnisse zum Mieter nicht eingetreten ist. Die oben wiedergegebenen Entscheidungen des Ober-Landesgerichts Hamm und des Reichsgerichts treffen daher für heutiges Recht auch insofern nicht mehr zu, als sie von dem Vermieter den besonderen substantiierten Nachweis fordern, daß und weshalb er einen Mietnachlaß gewährt habe bezw. werde gewähren müssen.

12. Bezüglich des **Pächters** galten nach bisherigem Recht ähnliche Grundsätze wie bezüglich des Mieters. Während für das gemeine und das französische Recht mit Rücksicht auf die bloße persönliche Natur der Rechte des Pächters dieselbe Streitfrage bestand, wie sie oben bezüglich des Mieters bereits berührt worden ist, ging für preußisches Recht die herrschende Ansicht dahin, daß der Pächter selbständige Schadensansprüche habe und für die Dauer des Pachtvertrages sowohl auf Ersatz des Ertragsausfalles, wie auch auf Wiederherstellung des Grundstücks gegen den Bergwerkseigentümer klagen könne, daß neben ihm aber auch der Grundeigentümer die Wiederherstellung der Substanz des Grundstücks selbständig fordern dürfe, während ihm der Anspruch auf Ersatz der Minderung des Ertrages für die Dauer der Pachtzeit versagt war.[1]) Für das Bürgerliche Gesetzbuch wird man anzunehmen haben, daß ein selbständiger Schadensanspruch des Pächters gegen den Bergwerkseigentümer auch bezüglich des Ertragsausfalles regelmäßig nicht besteht. Regelmäßig wird nämlich der Schaden, durch den der Ertragsausfall herbeigeführt wird, ein solcher sein, daß er nicht wie z. B. ein Hagelschlag lediglich die Früchte oder deren Entstehung betrifft, sondern er wird das Grundstück, selbst seine Ertragsfähigkeit treffen und damit die Möglichkeit der Fruchtziehung auf dem Grundstück ausschließen oder mindern, bestehe der Schaden nun in einer Senkung oder Versumpfung des Grundstückes oder in der Abtrocknung desselben. In solchen Fällen ist also das

[1]) Wolff XXX S, 311 ff., A.G. Hamm 25./10. 60 bei Gruchot Bd. 5 S. 221, O.-Tr. 12./12. 71 Strieth. Arch. Bd. 83 S. 207; O.L.G. Hamm 28./2. 90 XXXIV S. 506 O.-Tr. 26./1. 72 Gruchot XVII S. 883.

Grundstück selbst mit „einem Fehler behaftet, der seine Tauglichkeit zu dem vertragsmäßigen Gebrauche aufhebt oder mindert" und es stehen deshalb dem Pächter regelmäßig die Ansprüche aus §§ 537, 323 B.G.B. zu, d. h. er kann vom Verpächter entsprechenden Nachlaß vom Pachtzins beanspruchen.[1]) In Höhe dieses ihm zu gewährenden Nachlasses erleidet der Pächter also keinen Schaden und zwar gilt dies auch für den Fall, daß er aus Irrtum den Pachtzins bereits gezahlt haben sollte, weil ihm alsdann der Anspruch auf Rückforderung gemäß §§ 812ff., 323 Abs. 3 B.G.B. gegen den Verpächter zusteht. Dem Pächter kommt allerdings daneben auch Abs. 2 § 323 B.G.B. zugute. Er kann also auch Abtretung der Schadensersatzansprüche bezüglich des Ertragsausfalles von dem Verpächter verlangen, muß ihm aber dann die ganze Pacht zahlen. Abgesehen hiervon steht dem Pächter ein selbständiger Schadensanspruch gegen den Bergwerksbesitzer zu, falls sein Schaden mit dem Pachtnachlaß nicht gedeckt ist, er z. B. infolge von Afterverpachtung einen höheren Pachtzins erzielt haben würde, oder falls er seine Viehzucht oder Milchproduktion oder seinen Gewerbebetrieb (O.L.G. Hamm 28./2. 90 a. a. O.) hat einschränken müssen und dadurch weitergehenden Schaden erleidet. Auch hier kann aber der Schadensanspruch wieder durch § 538 B.G.B. ausgeschlossen sein, falls nämlich der Verpächter, obwohl er dazu aufgefordert und dazu imstande ist, das Grundstück nicht wieder unverzüglich in denselben Kulturzustand vor der Beschädigung zurückversetzt oder falls das Grundstück bereits zur Zeit des Vertragsabschlusses sich in einem durch den Bergbau in seiner Ertragsfähigkeit beschädigten Zustande befand. Häufig wird indes, was den ersteren Fall angeht, der Verpächter, namentlich bei fortwirkender Schädigung durch den Bergbaubetrieb zu einer Wiederherstellung nicht imstande sein, sodaß bezüglich des über den Pachtnachlaß hinausgehenden Schadensanspruches des Pächters, soweit die schädliche Einwirkung auf das Pachtgrundstück erst nach Abschluß des Pachtvertrages eintritt,

---

[1]) Planck Anm. 6 zu § 581, Oertmann S. 301 No. 3, Dernburg II S. 187, Neumann Anm. 4 zu § 581.

regelmäßig der Pächter einen selbständigen Schadensanspruch gegen den Bergwerkseigentümer hat.

Dagegen kann der Pächter regelmäßig daraus keinen Schadensanspruch herleiten, daß er infolge des Bergschadens die gepachteten Grundstücke nicht in dem empfangenen Zustande zurückgewähren kann, weil er dieserhalb nur für ordnungsmäßige Wirtschaft haftet, diese Substanzschädigung somit lediglich den Eigentümer trifft.[1]) Dasselbe gilt auch bezüglich des Rückgewährs der Wirtschaftsvorräte, weil der Pächter eines Landgutes nur das Vorhandene zurückgeben muß. (§ 593 B.G.B.)

Was die Beweislast anbetrifft, so wird nach dem Vorausgeführten wie der Vermieter, so auch der Verpächter den Pachtausfall regelmäßig bei der durch Bergbau herbeigeführten Ertragsminderung ohne weiteres geltend machen können. Es ist also auch hier im Gegensatz zum bisherigen Rechte Sache des Gegenbeweises des Beklagten, weshalb im einzelnen Falle der Verpächter diesen Ersatzanspruch zu erheben nicht berechtigt ist.

13. Auch sonst wird der **persönlich Berechtigte**, in dessen Rechtssphäre durch die Beschädigung des Grundstückes schädigend eingegriffen ist, berechtigt sein, selbständige Schadensansprüche erheben zu können, z. B. der Käufer, der ein Haus vorteilhaft gekauft hat, wenn vor Übergabe und Auflassung das Haus infolge des Bergbaubetriebes untergeht. Er wird dann insofern einen selbständigen Schadensanspruch haben, als er die Differenz zwischen dem Kaufpreise und dem höheren Werte des Grundstückes zu verlangen berechtigt ist. Auch hier kann sich der Bergwerksbesitzer über Doppelforderung nicht beklagen, da er einerseits dem Eigentümer nur den diesem erwachsenen Schaden, also den niedrigeren Kaufpreis zu vergüten hat und andererseits doch dem Verkäufer, falls der Verkauf nicht vorläge, nicht bloß den niedrigeren Kaufpreis, sondern den höheren Wert zu vergüten verpflichtet sein würde. Nicht zweifelhaft kann es auch sein, daß im vorliegenden Falle der Käufer auch berechtigt

---

[1]) Planck Anm. zu § 591 B.G.B.

ist, beim Kaufvertrage stehen zu bleiben, den Kaufpreis zu zahlen und dagegen Abtretung des Ersatzanspruches, soweit er nach Lage des Einzelfalles dem Verkäufer gegen den Bergwerksbesitzer zusteht, zu fordern.[1])

14. Bei den vorstehend sub 1 bis 13 geschilderten einzelnen Schadensberechtigungen ist überall von dem gesetzlichen Regelfalle ausgegangen. Es bedarf indes keiner besonderen Hervorhebung, daß diese Schadensberechtigungen **infolge besonderer vertraglicher Abrede** im einzelnen Falle eine anderweite Gestaltung annehmen können. Wenn z. B. der Eigentümer ein Gut verpachtet und in dem Pachtvertrage vorbedungen hat, daß der Pächter für Ertragsausfall niemals einen Abzug am Pachtzinse machen könne, möge der Grund des Ertragsausfalles sein, wer er wolle, so ist der Pächter berechtigt, diesen Ertragsausfall und den sonstigen infolge desselben ihm erwachsenen Schaden im vollen Umfange geltend zu machen,[2]) während der Eigentümer, welcher verpachtet hat, daneben nur den selbständigen Anspruch auf Wiederherstellung des früheren Zustandes bezw. Ersatz des dauernden Minderwertes hat, bei welch letzterem dann für die Bemessung noch der selbständige Anspruch des Pächters für den Ertragsausfall nach Maßgabe der Dauer der Pachtzeit in Abzug kommt.

III. Mehrheit verschiedenartiger Schadensansprüche.

Nach dem Vorausgeführten kann es sich ereignen, daß wegen der Beschädigung eines Grundstückes von mehreren Personen **verschiedenartige Schadensansprüche** geltend gemacht werden,[3]) z. B. von dem Eigentümer neben dem Nießbraucher,[4]) dem Verpächter neben dem Pächter.[5])

Regelmäßig wird dann jeder dieser Schadensberechtigten den ihm erwachsenen Schaden selbständig geltend zu machen berechtigt sein.

---

[1]) § 323 Abs. 2 B.G.B., Leske I 182, Planck Anm. 2a zu § 446; Oertmann S. 170 Nr. 6, Dernburg II 26.

[2]) R.G. II./6. 02 XLIV S. 144.

[3]) Daubenspeck Haftpflicht S. 11, Bergschaden S. 43, Planck III S. 1042 Anm. 5, Foerster-Eccius I S. 542.

[4]) R.G. 15./6. 95 XXXVII S. 218.

[5]) O.Tr. 26./1. 72, Gruchot Bd. 17 S. 883.

1. Daraus ergibt sich zunächst, daß, da der Grundstückseigentümer nur zur Geltendmachung seiner eigenen Vermögensverluste legitimiert ist, dem daneben vorhandenen, sonstigen Schadensberechtigten seitens des Bergwerksbesitzers regelmäßig nicht der Einwand entgegengesetzt werden kann, daß er für dessen Schäden schon dem Eigentümer Vergütung geleistet habe.[1]) Eine Ausnahme machen nur diejenigen Fälle, wo der öffentliche Glaube des Grundbuchs konkurriert (vergl. oben S. 16 ff).

Davon abgesehen mag der Bergwerksbesitzer, falls er dem Eigentümer in Unkenntnis anderweiter Berechtigungen, z. B. eines bestehenden Nießbrauches oder eines Pachtrechtes die volle Beschädigung des Grundstücks einschließlich des Ertragsausfalles vergütet hat, nun aber nachträglich auch noch den Nießbraucher und Pächter wegen eines nach Lage des Falles ausnahmsweise auch diesen treffenden Schadens entschädigen muß, das darnach irrtümlich dem Eigentümer zuviel Gezahlte gemäß §§ 812 ff. B.G.B. von diesem kondizieren können. Aber auch dieser Rückforderungsanspruch wird zessieren, wenn, wie regelmäßig, auf Grund Urteils oder Vergleiches gezahlt ist, sodaß die Mahnung zur Vorsicht bei Bergschädenregulierung[2]) sicherlich begründet ist.

2. Aus dem Satze, daß jeder der mehreren Schadensberechtigten einen selbständigen Schadensanspruch hat, würde an sich weiter folgen, daß jeder derselben auch selbständig entscheiden kann, welche der beiden Entschädigungsarten des § 249 B.G.B. er wählen und überhaupt wie er sich wegen seiner Schadensansprüche mit dem Bergwerksbesitzer vergleichen will. Wenn z. B. das dem Nießbrauch unterliegende Gebäude beschädigt ist, so würde an sich sowohl der Eigentümer den wahlweisen Anspruch auf Wiederherstellung des Gebäudes oder Zahlung des dazu erforderlichen Geldbetrages haben, wie andererseits der Nießbraucher, letzterer allerdings nur für die Dauer der Nießbrauchszeit.[3])

---

[1]) Daubenspeck Bergschaden S. 43.
[2]) Wolff XXX S. 310 ff.
[3]) Planck Anm. 5 zu § 1042.

Es bleibt aber demgegenüber zu beachten, daß dies Wahlrecht an § 432 B.G.B. seine Grenze findet. Soweit der dem Nießbraucher und dem Grundeigentümer zustehende Ersatzanspruch auf dieselbe, unteilbare Leistung geht, können sie jedenfalls nur gemeinschaftlich über den Schadensanspruch verfügen, nur gemeinsam an Stelle der prinzipaliter gemäß § 249 B.G.B. vom Bergwerksbesitzer geschuldeten Naturalwiederherstellung den zur Wiederherstellung erforderlichen Geldbetrag beanspruchen oder die Begleichung ihres Schadens durch Geldzahlung im Vergleichswege herbeiführen.[1] Ist z. B. ein Wohnhaus durch Bergbau zerstört, so hat sowohl der Eigentümer des Grundstückes den Anspruch auf dauernde Wiederherstellung des früheren Zustandes überhaupt gemäß § 823 B.G.B. in dieser seiner Eigenschaft, der Nießbraucher für die Dauer der Nießbrauchszeit ebenfalls auf Grund seines Rechts, die Leistung ist auch eine unteilbare. Es kann deshalb zunächst sowohl der Grundstückseigentümer wie der Nießbraucher jeder allein auf die Wiederherstellung des früheren Zustandes für die Dauer der Nießbrauchszeit klagen, ersterer auch auf dauernde Wiederherstellung des früheren Zustandes.[2] Nur durch die gemeinschaftliche Leistung an beide Gläubiger, d. h. also durch Wiederherstellung des früheren Zustandes des Hauses für die Dauer der Nießbrauchszeit wird der Bergwerkseigentümer beiden Gläubigern gegenüber hinsichtlich der Wiederherstellung für die Nießbrauchszeit befreit.[3] Ist das beschädigte Haus überhaupt dauernd wiederhergestellt, so ist damit der Schadensanspruch auch des Eigentümers vollständig beseitigt. Verlangt sowohl der Nießbraucher wie auch der Eigentümer den zur Herstellung erforderlichen Geldbetrag ausbezahlt, sind sie also einig über diese Art der Schadensbegleichung, so dürfte § 420 B.G.B. entscheiden, nur dürfte der Geldbetrag unter beide nicht gleichmäßig, sondern nach Verhältnis der Nießbrauchszeit und der voraussichtlichen Standdauer des reparierten Gebäudes zu teilen sein, da der Nießbraucher

---

[1]) Rehbein II S. 469 u. 471, Kipp-Windscheid II S. 215.
[2]) Oertmann Anm. 1b zu § 432 B.G.B., Planck Anm. 1 dazu.
[3]) Planck Anm. 1 u. 3 zu § 432.

nur für die Dauer seiner Nießbrauchszeit schadensersatzberechtigt ist.

Dasselbe gilt, wenn eine Wiederherstellung des früheren Zustandes ganz oder teilweise unmöglich ist und deshalb sowohl der Eigentümer wie der Nießbraucher nur noch Anspruch auf eine teilbare Leistung, die Geldzahlung gemäß § 251 B.G.B. hat. Man wird wenigstens bei der aktiven Solidarobligation des § 432 B.G.B. anzunehmen berechtigt sein, daß sie bei nachträglicher Veränderung des prinzipaliter unteilbaren Leistungsgegenstandes in einen teilbaren, im Gegensatz zu der passiven, ihren Charakter als Solidarobligation verliert.[1]) Ist das richtig, so tritt mit der Unmöglichkeit der Wiederherstellung des früheren Zustandes der selbständige Anspruch der beiden Schadensansprüche wieder unbehindert hervor. Der Eigentümer hat alsdann bei völliger Zerstörung des zum Nießbrauch gegebenen Hauses den Wert desselben nach Abzug des Wertes des Nießbrauchs, der Nießbraucher den Wert des letzteren zu beanspruchen.[2])

In ähnlicher Weise sind Kollisionsfälle zwischen den Schadensansprüchen des Eigentümers und sonstiger Schadensberechtigten, z. B. des Dienstbarkeitsberechtigten zu entscheiden.

3. Aus der Selbständigkeit des Schadensanspruches ergibt sich weiter, daß er einem Dritten **auch gegen den Eigentümer** des Grundstückes selbst zustehen kann, z. B. demjenigen, dem an einem Grundstücke der Bergwerksbesitzer selbst eine persönliche Dienstbarkeit oder eine Grunddienstbarkeit eingeräumt hat oder dem ein Grundstück vom Bergwerkseigentümer vermietet oder verpachtet ist.[3]) Dabei ist in einer Vereinbarung, wodurch die Gewährleistung dem Verpächter erlassen wird, nicht ohne weiteres auch ein Verzicht auf diejenigen Ersatzansprüche zu finden, welche gegen ihn als Bergwerksbesitzer auf Grund des § 148 A.B.G. erhoben werden können.[4])

---

[1]) Rehbein II S. 469, Cosack I S. 392, Kipp-Windscheid II S. 216, Enneccerus-Lehmann I S. 580, Crome II S. 393.

[2]) Planck Anm. 5 zu § 1042.

[3]) 1. 17 D. 9, 2 Gruchot IV S. 153, Kipp-Windscheid II S. 913, R.G. 11./6. 02 XLIV S. 144.

[4]) R.G. 11./6. 02 a. a. O.

IV. Mehrheit gleichartiger Schadensberechtigten.

Derselbe Schadensanspruch kann einer Personenmehrheit erwachsen sein. Dies ist der Fall, wenn das Grundstück oder die dinglichen bezw. persönlichen Rechte betreffs desselben mehreren Personen oder einer unter ihnen bestehenden Gemeinschaft zustehen, wenn also z. B. mehrere Miteigentümer, mehrere Nießbraucher, mehrere Servitutberechtigte, mehrere Mieter oder dergleichen vorhanden sind. Die Frage, wer alsdann zur Erhebung des Bergschädenanspruches berechtigt ist, hat nicht bloß Bedeutung für die Frage der Aktivlegitimation im Prozesse, sondern auch für die damit sich nicht immer deckende Frage der Berechtigung zum Vergleichsabschluß über die Schadensansprüche.

In allen diesen Fällen richtet sich die Aktivlegitimation zur Klageerhebung und zum Vergleichsabschluß nach denjenigen Vorschriften des allgemeinen Zivilrechts, denen das betreffende Rechtsinstitut untersteht. Soweit dabei die Assoziationsformen des Handelsgesetzbuches in Frage kommen, ist im Handelsgesetzbuche ausreichende Vorsorge getroffen. Dagegen bedürfen die nachfolgenden Fälle der näheren Erörterung:

1. Der Schadensanspruch gehört zu einer Gemeinschaft des Familienrechtes (gesetzlicher Güterstand, Gütergemeinschaft, Errungenschaftsgemeinschaft, Fahrnisgemeinschaft, Gütertrennung). Hier ist im einzelnen folgendes zu bemerken:

a) Bei dem **Güterstande der Verwaltungsgemeinschaft** ist zu unterscheiden bezüglich der Fähigkeit zum Vergleichsabschluß und der Legitimation zur Prozeßführung.

α) Was zunächst die erstere angeht, so kann der Ehemann bezüglich etwaiger Bergschäden an eingebrachten Grundstücken der Frau soweit selbständig **Vergleiche** abschließen, als er über den betreffenden Anspruch ohne Genehmigung der Frau verfügen kann.

Darnach kann er bezüglich des Ertragsausfalles an Früchten, Miet- und Pachtzinsen, sowie bezüglich einer Entschädigung für zeitweise Entziehung der Bewohnbarkeit eines zum Eingebrachten der Frau gehörigen Hauses für die Dauer seines ehemännlichen Verwaltungs- und Nießbrauchsrechts sich selbständig mit dem Bergwerksbesitzer vergleichen.[1]) Er wird aber nicht berechtigt sein, selbständig einen Vergleich bezüglich der Wiederherstellung des beschädigten Hauses abzuschließen, weil er damit über eine zum eingebrachten Gute gehörige Schadensforderung auf Wiederherstellung der Substanz des eingebrachten Gutes verfügt.[2]) Noch mehr würde solches zutreffen, wenn er z. B. vergleichsweise an Stelle der Wiederherstellung des Hauses den zur Herstellung erforderlichen Geldbetrag fordern oder wegen angeblicher Unmöglichkeit der Wiederherstellung oder zu großer Kostspieligkeit derselben Kapitalentschädigung gemäß § 251 B.G.B. fordern oder über die Dauer seines Verwaltungs- und Nießbrauchsrechtes hinaus die Zuführung schädlicher Grubenwasser gegen Zahlung einer jährlichen Rente oder gar dauernd gegen Kapitalentschädigung bewilligen wollte. Zu solchen Abkommen würde, weil sie eine Verfügung über eingebrachtes Gut enthalten, die über das Nießbrauchs- und Verwaltungsrecht des Mannes hinausgeht, die Zustimmung der Frau erforderlich sein.[3]) Dasselbe würde bezüglich der Empfangnahme einer darauf bezüglichen Vergleichssumme der Fall sein.[4])

Daß die Frau ihrerseits selbständig derartige Vergleiche auch nicht abschließen kann, ergibt sich für das eingebrachte Gut aus § 1395 B.G.B. (Neumann II S. 83 zu §§ 1395 ff.), wie umgekehrt bezüglich ihres Vorbehaltsgutes ihre freie Dispositionsbefugnis aus § 1365 B.G.B. folgt.[5]) Es ist also regelmäßig jetzt bei Vergleichsabschlüssen bezüglich Bergschäden die Zuziehung beider Ehegatten zu empfehlen.

β) Was die Aktivlegitimation zur **Klageerhebung** wegen Bergschäden angeht, so kann der Ehemann seine Schadensansprüche, über welche er durch Vergleich auch allein ver-

---

[1]) §§ 1383, 1030 B.G.B. Planck Anm. 1 zu § 1383, sowie Anm. 1 u. 2 zu § 1375.
[2]) Planck Anm. 2 zu § 1375.
[3]) § 1375 u. Planck Anm. 2 dazu, Neumann Anm. 2 dazu.
[4]) § 1375 B.G.B. Planck I S. 148.
[5]) Planck IV S. 99.

fügen kann, selbständig einklagen.[1]) Aber auch darüber hinaus ist er kraft seines Verwaltungsrechtes zu Bergschädenklagen jeder Art aktiv legitimiert, das Urteil ist jedoch soweit der Mann über den geltend gemachten Anspruch nicht selbständig verfügen kann, nur dann für und gegen die Frau wirksam, wenn sie zu dem Prozesse ihre Zustimmung erteilt hat.[2]) Würde also z. B. eine solche vom Manne ohne Zustimmung der Frau im eigenen Namen angestellte Klage abgewiesen werden, so stände nichts entgegen, daß die Frau mit Zustimmung des Mannes den Anspruch wiederum prozessualisch geltend macht. Solcher Klagewiederholung wird indes seitens des Bergwerksbesitzers zweckmäßig dadurch entgegengetreten werden können, daß er die Klage des Ehemannes mit einer negativen Feststellungsklage gegen die Frau beantwortet.[3]) Bemerkt sei endlich noch, daß der Ehemann auch in den Prozessen, die er ohne Zustimmung der Frau anstrengt, wenn sie ein Recht betreffen, über welches er selbständig nicht verfügen kann, die Streitsumme ohne Zustimmung der Frau nicht selbständig in Empfang nehmen und darüber auch nicht rechtsgültig quittieren kann.[4])

Die Frau kann Bergschädenforderungen nur mit Zustimmung des Mannes einklagen, widrigenfalls die Klage wegen mangelnder Aktivlegitimation der Frau abgewiesen werden muß.[5])

Die Zustimmung des Mannes kann aber in jedem Stadium des Prozesses, auch noch in der Berufungsinstanz erklärt werden.[6])

b) Bei der **allgemeinen Gütergemeinschaft** ist der Ehemann regelmäßig im vollen Umfange berechtigt, allein zu klagen und auch sich zu vergleichen über alle Bergschäden, welche ein zum gütergemeinschaftlichen Vermögen gehören-

---

[1]) Planck Anm. I zu § 1380.

[2]) Planck Anm. 1 u. 2 zu § 1380, Gaupp-Stein I S. 150, v. M. Neumann II 3bβ zu § 1380 B.G.B.

[3]) Neumann Anm. 5 zu § 1011 B.G.B.

[4]) Planck Anm. 2 zu § 1380 B.G.B.

[5]) § 1400 Planck Anm. 1 dazu, Neumann III zu § 1400, Gaupp-Stein I S. 150.

[6]) §§ 182, 184 B.G.B., Planck Anm. 1 zu § 1400, Neumann Anm. IIId dazu.

des Grundstück betroffen haben, nicht bloß wegen Ertragsausfalls, sondern auch wegen Minderwertes und Wiederherstellung des früheren Zustandes.[1]) § 1445 B.G.B. steht nicht entgegen, weil der Vergleich in allen diesen Fällen nicht über das Grundstück selbst verfügt, sondern lediglich über eine zum Gesamtgute gehörige persönliche Schadensforderung. Dagegen dürfte ein Vergleich über die Gestattung der Zuführung schädlicher Grubenwasser ohne Genehmigung der Frau mit Rücksicht auf § 1445 unzulässig sein, weil das damit aufgegebene Untersagungsrecht als Bestandteil des Grundstücks angesehen werden muß (§ 96 B.G.B.), oder, wenn die Befugnis des Verbots der Zuleitung von Grubenwassern als Recht aus dem Eigentum am Privatflusse aufgefaßt wird, in der Aufgabe dieses Verbotsrechts die Konstituierung einer beschränkten persönlichen Dienstbarkeit oder Grunddienstbarkeit liegt, in beiden Fällen also über ein Grundstück verfügt wird. Bei der fortgesetzten Gütergemeinschaft ist der überlebende Ehegatte, also auch die Witwe allein zum Vergleiche und zur Klage in demselben Umfange wie der Ehemann während stehender Ehe berechtigt. (§ 1487 Abs. 1 B.G.B.

c) Bei der **Errungenschaftsgemeinschaft** gilt bezüglich des Gesamtgutes das bezüglich der Gütergemeinschaft Gesagte (§ 1519 B.G.B.), bezüglich des Eingebrachten der Frau dasjenige, was bezüglich der Beschädigung von Grundstücken ausgeführt ist, welche zum Eingebrachten der Frau bei der Verwaltungsgemeinschaft gehören.[2])

d) Ebenso gilt bei der **Fahrnisgemeinschaft** bezüglich der Grundstücke, welche, weil nach Eintritt der Gütergemeinschaft durch entgeltlichen Vertrag erworben, zum Gesamtgute gehören, das bezüglich der Gütergemeinschaft Gesagte (§§ 1549, 1551 B.G.B.) im übrigen bezüglich derjenigen Grundstücke, welche zum Eingebrachten der Frau gehören, dasselbe, wie bezüglich des Eingebrachten bei der Verwaltungsgemeinschaft. (§ 1550 B.G.B. Leske S. 772).

---

[1]) § 1443 B.G.B. Planck Anm. 1 dazu, Neumann Anm. 3 zu § 1443 B.G.B.

[2]) § 1525 B.G.B. Leske II S. 763 u. 765, Neumann I zu § 1519 und II zu § 1525 B.G.B.

e) Bei der **Gütertrennung** ist jeder der Ehegatten bezüglich der ihm gehörigen Grundstücke allein dispositions- und klageberechtigt.[1])

2. Gehört das beschädigte Grundstück oder der bezüglich desselben bestehende Schadensanspruch einer **Gesellschaft** des B.G.B., so können die sämtlichen Bergschädenansprüche regelmäßig nur von den sämtlichen Gesellschaftern eingeklagt und durch Vergleich erledigt werden.[2]) Auch wenn mehrere geschäftsführende Gesellschafter bestellt worden sind, empfiehlt sich ein Vergleichsabschluß nur mit sämtlichen, auch den nicht geschäftsführenden Gesellschaftern, sofern nicht aus dem Gesellschaftsvertrage oder einer etwa ausgestellten Vollmachtsurkunde (§ 172 B.G.B.) die Befugnis der geschäftsführenden Gesellschafter zum Vergleichsabschluß erhellt. Denn nach § 714 B.G.B. reicht die Vertretungsbefugnis der geschäftsführenden Gesellschafter nur soweit, als ihnen Befugnis zur Geschäftsführung nach dem Gesellschaftsvertrage zusteht.[3]) Ebendieselbe Beschränkung gilt auch bezüglich der Prozeßführung.[4])

3. **Miterben** können nur gemeinschaftlich einen Vergleich über Bergschädenforderungen abschließen.[5]) Was das Recht zur Klage angeht, so ist bezüglich einer etwa gemäß § 251 B.G.B. zu fordernden Geldentschädigung § 2039 B.G.B. in Verbindung mit §§ 2032, 2038, 2039 B.G.B. entscheidend. Jeder Miterbe wird darnach auf Zahlung an alle Erben oder auf Hinterlegung des wegen Unmöglichkeit der Naturalrestitution zu zahlenden mit Rücksicht auf § 2038 Abs. 2 S. 2 aber auch bezüglich des Ertragsausfalles nicht auf Zahlung eines ratierlichen Teilbetrages klagen können.[6]) Wohl kann aber jeder Miterbe auf Wiederherstellung des beschädigten Grundstückes oder auf Unterlassung der Zuführung schädlicher Abwässer Klage er-

---

[1]) Leske II S. 727, Planck IV S. 183 Anm. 2.

[2]) §§ 709 u. 719 B.G.B., Planck II Anm. 1 zu § 714, Dernburg II 2. Abt. S. 540, Kipp-Windscheid II S. 733.

[3]) Kuhlenbeck Anm. 1 zu § 714, Planck desgl., Neumann Anm. 1 zu § 714 u. § 719 B.G.B., Dernburg II 2. Abt. S. 543, Endemann I 732.

[4]) Gaupp-Stein I S. 134 III zu § 50 C.P.O.

[5]) §§ 2032, 2038, 2040 B.G.B. Planck Anm. 5 zu § 2039, Kipp-Windscheid III S. 483.

[6]) Planck Anm. 4 zu § 2038 B.G.B.

heben, weil dies Klage auf Leistung an alle Miterben ist.[1]) Soweit aber die Klageerhebung auch eine Verfügung über einen gemeinschaftlichen Anspruch enthält, z. B. wenn anstatt Wiederherstellung Zahlung des dazu erforderlichen Geldbetrages gefordert wird, ist die Zustimmung sämtlicher Miterben erforderlich.[2]) Insoweit gelten die Miterben auch als notwendige Streitgenossen im Sinne des § 62 C.P.O.[3])

4. In allen anderen, vorstehend nicht berührten Fällen entscheiden, soweit es sich um mehrere Berechtigte an einem dinglichen oder persönlichen Rechte handelt (z. B. mehrere Nießbraucher, mehrere Berechtigte zu einer beschränkten persönlichen Dienstbarkeit oder Grunddienstbarkeit, mehrere Pächter und Mieter) die Vorschriften des B.G.B. über die **Gemeinschaft** (§§ 741 ff.) und soweit es sich um mehrere Miteigentümer handelt, z. B. mehrere Vermächtnisnehmer, denen das Eigentum an einem Grundstücke vermacht ist,[4]) außerdem die ergänzenden Vorschriften über **Miteigentum**.[5]) Darnach kann jeder der Mitberechtigten oder Miteigentümer, soweit es sich um die Geltendmachung eines Ertragsausfalles an Früchten, Miet- und Pachtzinsen oder dergl. handelt, seinen ratierlichen Anteil selbständig einklagen und darüber selbständig sich vergleichen.[6]) Auf Wiederherstellung des früheren Zustandes oder mittels der actio negatoria auf Einstellung der Zuführung schädlicher Grubenwasser kann jeder allein klagen, weil hier, wie auch sonst bei Durchführung dieses Anspruches der Natur der Sache gemäß immer die Leistung an alle Mitberechtigte erfolgt.[7]) Dagegen kann ein Vergleich dergestalt, daß an Stelle der Wiederherstellung des früheren Zustandes der dazu erforderliche Geldbetrag gemäß § 249 B.G.B. oder gemäß § 251 B.G.B. Kapitalent-

---

[1]) Planck Anm. 1 zu § 432.

[2]) Planck Anm. 5 zu § 2039.

[3]) Gaupp-Stein I S. 178.

[4]) § 2157 B.G.B., Planck II S. 483 u. Anm. 1 zu § 2157 B.G.B.

[5]) Planck III S. 285 Anm. 1, Kuhlenbeck Anm. 2 zu § 1008, Turnau-Foerster I S. 414 unter No. IV, Neumann I S. 663 Vorbemerkung zu §§ 1008 ff. B.G.B.

[6]) §§ 745 Abs. 3, 420 B.G.B. Dernburg S. 578, Planck Anm. 1 d zu § 1011.

[7]) §§ 1011, 432 B.G.B. Planck Anm. 1 c zu § 1011 B.G.B. und II S. 486.

schädigung gefordert oder daß gegen Rente oder Kapital die schädliche Einwirkung des Bergbaues gestattet wird, z. B. die Zuleitung von Grubenwassern, die, wie übrigens noch an anderer Stelle zu erörtern, nur in beschränktem Umfange dem § 148 A.B.G. unterfällt, nur gemeinschaftlich geschlossen werden, weil hier Rechte geändert werden, also eine „Verfügung" vorgenommen wird.[1]) Steht aber einmal durch Vergleich oder sonst (z. B. wegen allerseits anerkannten Vorliegens der Voraussetzungen des § 251 B.G.B.) fest, daß anstatt Wiederherstellung Kapitalentschädigung gewährt werden muß, so kann jeder der mehreren Gemeinschafter oder Miteigentümer seinen ratierlichen Anteil selbständig einklagen und darüber durch Vergleich verfügen.[2])

V. Zeitliche Beziehungen des Gläubigerrechts.

Was die **zeitlichen Beziehungen** des Eigentums oder der sonstigen Berechtigung am Grundeigentum hinsichtlich der Befugnis zur Erhebung des Schadensanspruches aus § 148 anbetrifft, so ist davon auszugehen, daß der Anspruch auf Schadensersatz gemäß diesem Paragraphen sowohl auf der aktiven wie auf der passiven Seite lediglich einen rein persönlichen Charakter hat. Im A.B.G. findet sich mit keinem Worte eine Andeutung dafür, daß der Schadensanspruch des § 148 A.B.G. einen subjektiv oder objektiv dinglichen Charakter tragen, daß er also etwa dem jeweiligen Eigentümer des beschädigten Grundstücks in dieser seiner Eigenschaft gegen den jeweiligen Eigentümer des Bergwerks als solchen zustehen soll. Die Schadensforderung entsteht und besteht deshalb sowohl auf der Gläubiger wie auf der Schuldner Seite lediglich zwischen denjenigen, welche zur Zeit des Eintrittes des Schadens wegen ihrer rechtlichen Beziehungen zu dem beschädigten Grundeigentum und zu dem Schaden zufügenden Bergwerke die Anspruchsberechtigten und Schadenspflichtigen sind. Dieser Auffassung stehen die Motive, wenngleich sie über diese Frage eine ausdrückliche Ausführung nicht enthalten, doch insofern zur Seite, als nach ihnen die

[1]) § 747 Planck Anm. 2 dazu und I S. 148.
[2]) Planck Anm. 1 d und 2 zu § 1011 B.G.B.

Absicht des Gesetzgebers dahin gegangen ist, den Bergschädenanspruch „im Anschluß an die geltenden Rechtsgrundsätze zu regeln". Die vorhergehende Judikatur des Obertribunals, die darnach durch die §§ 148ff. im wesentlichen hat aufrechterhalten werden sollen, ließ aber darüber keinen Zweifel, daß sie den Schadensanspruch wegen Bergschäden als einen rein persönlichen erachtete.[1])

Mit Recht ist deshalb Theorie und Praxis darüber einig, daß auch jetzt der Schadensanspruch aus § 148 nicht bloß nach der Seite des Pflichtigen, sondern auch des Berechtigten hin lediglich einen persönlichen Charakter hat.[2])

Aus vorstehendem folgt:

1. Daß zur Erhebung des Schadensanspruches nach § 148 A.B.G. allein derjenige Eigentümer des beschädigten Grundstückes oder der sonst an demselben oder bezüglich desselben Berechtigte legitimiert ist, der **zur Zeit der Entstehung des Schadensanspruches Eigentümer** des Grundstückes bezw. Berechtigter ist.[3]) Und zwar hat der damalige Eigentümer bezw. sonstige Schadensberechtigte, wie noch an anderer Stelle zu erörtern, den Anspruch auf Ersatz des ihm erwachsenen Schadens in vollem Umfange auch hinsichtlich der Folgen desselben, welche erst in Zukunft wirksam werden, speziell also auch wegen derjenigen wirtschaftlichen Folgen, welche erst in die Besitzzeit des neuen Eigentümers fallen, vorausgesetzt nur, daß der in diese spätere Zeit fallende Schaden nicht durch eine neue Beschädigung hervorgerufen

---

[1]) O.Tr. 3./5. 54 Strieth. Bd. 13 S. 328; desgl. 23./2. 66 VII S. 524 ff., ausführliche Literaturangabe über die frühere Judikatur bei O.Tr. 26./6. 72 XIII S. 547 u. bei L.G. Essen 4./10. 81 XXIV S. 224; vergl. auch Klostermann bergrechtl. Entsch. Bd. 1 S. 256ff. II S. 92.

[2]) Strieth. Arch. O.Tr. 3./5. 54 XIII S. 328; O.Tr. 26./6. 72 XIII S. 547, O.Tr. 24./1. 73 XIII S. 251, R.G. 1./5. 80 XXII S. 118; O.L.G. Hamm 14./2. 67, Gruchot 11 S. 784, L.G. Essen 4./10. 81 XXIV S. 224; L.G. Dortmund 10./4. 83 XXVII S. 91; O.Tr. 30./3. 74 XVI S. 107, O.Tr. 26./6. 72 Strieth. Arch. Bd. 85 S 285, R.G. 29./11. 90 XXXII S. 395; R.G. 21./12. 94 XXXIV S. 508, R.G. 2./11. 81, 5./6. 85, 17./4. 89 u. 29./5. 95, Daubenspeck I S. 204 u. 206, II S. 122; Daubenspeck Haftpflicht S. 10 u. Bergschaden S. 66, Oppenhoff S. 214 Anm. 838; Brassert I S. 389 u. 393, Fürst-Klostermann S. 458; vergl. auch O.Tr. Entsch. IV S. 354ff., IX S. 101ff., XV S. 379ff., XVIII S. 71ff.

[3]) R.G. 1./5. 80 XXII S. 118, L.G. Essen 3./10. 81 XXIV S. 224; O.Tr. 30./3. 74 XVI S. 107. R.G. 2./11. 81, 5./6. 85 u. 17./4. 89 Daubenspeck I S. 204 u. 206, R.G. 21./12. 92 XXXIV S. 514, R.G. 29./5. 95, Daubenspeck II S. 122.

sondern eine wirkliche Folge des bereits in die Eigentumszeit des früheren Eigentümers fallenden Schadenseintrittes ist, der erst in diese Folgezeit fallende Schaden also in Wahrheit auch schon zur Zeit des Vorbesitzers entstanden war. Darnach hat also der Eigentümer eines durch Bergbau in seinem Ertrage beschädigten Grundstückes auch den Ertragsausfall für die Zeit, wo er nicht mehr Eigentümer ist, zu beanspruchen, wenn die geringere Ertragsfähigkeit dieses Grundstückes, z. B. die Abtrocknung einer Wiese die Folge der Bildung von Löchern ist, die in die Eigentumszeit des früheren Besitzers fallen. Der Ertragsausfall der Wiese auch in den späteren Jahren ist dann lediglich eine Folge der verminderten Ertragsfähigkeit derselben und diese letztere ist während der Besitzzeit dieses früheren Eigentümers entstanden. Dieser ist also auch allein forderungsberechtigt wegen des ganzen Schadens, der durch diese Ertragsminderung entsteht.[1]) Hat ein Grundstück infolge drohenden Bergbaues die Bauplatzqualität verloren, so ist in gleicher Weise derjenige der Schadensberechtigte, welcher zur Zeit des Eintrittes des Verlustes der Eigentümer ist,[2]) auch wenn die körperliche Integrität des Grundstücks damals noch nicht verletzt war, er auch selbst das Grundstück noch nicht als Bauplatz hatte verwerten wollen und ihm selbst die Entwertung des Grundstücks noch nicht zum Bewußtsein gekommen war. Es genügt, daß dem Grundstück zu seiner Besitzzeit objektiv die Bauplatzqualität entzogen und dasselbe dadurch entwertet war, um dem damaligen Eigentümer den Anspruch auf Ersatz des Schadens für den Verlust der Bauplatzqualität zu erhalten. Daß anderes gelten muß, wenn der Schaden z. B. durch allmählich fortschreitende Verschlammung einer Wiese teilweise in die Eigentumszeit des Vorbesitzers und des jetzigen Eigentümers fällt, bedarf nicht der Hervorhebung. Der letztere kann dann wenigstens wegen der Folgen der in seine Eigentumszeit fallenden Verschlammung Schadensersatz fordern.[3]) In diesem Falle bildet

---

[1]) R.G. 1./5. 80 XXII S. 118.
[2]) R.G. 21./12. 92 XXXIV S. 314.
[3]) O.Tr. 30./3. 74 XVI S. 107.

eben jeder neue Akt der Verschlammung eine neue Beschädigung, die denjenigen zum Schadensanspruch berechtigt, der bei deren Eintritt Eigentümer ist (vergl. darüber auch die Ausführungen unter E).

2. Aus dem zu 1 Gesagten folgt, daß, wenn der neue Eigentümer Ansprüche wegen eines während der Eigentumszeit des früheren Eigentümers entstandenen Schadens geltend machen will, es einer **besonderen Übertragung** dieses Schadensanspruches bedarf.[1]) In dem bloßen Abschluß des Kaufvertrages über das Grundstück liegt im Zweifel eine Übertragung dieses rein persönlichen Schadensanspruches nicht.[2]) Auch wo die Intention der Parteien darauf gerichtet gewesen sein mag, diesen Schadensanspruch mit zu übertragen, dieselbe aber im Vertrag, etwa in der irrtümlichen Auffassung, mit dem Eigentum des Grundstückes gehe von selbst auch die Schadensersatzforderung auf den Käufer über, keinen Ausdruck gefunden hat, ist die Berechtigung des Besitznachfolgers zu dem Schadensanspruche nicht begründet. Es muß der Abtretungswille tatsächlich in irgend einer, wenn auch nur unvollkommenen Weise im Vertrage zum Ausdruck gekommen sein,[3]) oder aber es muß ausnahmsweise nach Lage des Falles angenommen werden können, daß die Entschädigung z. B. eine etwa durch Vergleich festgestellte Wasserrente als subjektiv dinglich dem jeweiligen Eigentümer des beschädigten Grundstückes zustehen solle.[4])

Abgesehen davon bedarf es, soweit nicht allgemeine Rechtsnachfolge, z. B. Erbschaft, Gütergemeinschaft vorliegt, eines besonderen Übertragsaktes, sei es einer speziellen Zession,[5]) sei es eines umfassenderen Rechtstitels, z. B. Übertragsvertrages oder einer sonstigen Übertragung einer ganzen Vermögensmasse (Einbringen in eine Gesellschaft oder dergl.). So ist z. B. der Eisenbahnfiskus auf Grund des mit der früher Cöln-Mindener und der Rheinischen Eisenbahn abgeschlossenen Vertrages, wonach dem Eisenbahnfiskus für ewige Zeiten

---

[1]) L.G. Essen 3./10. 81 XXIV S. 224; R.G. 1./5. 80 XXII S. 118.
[2]) L.G. Essen 3./10. 81 XXIV S. 224.
[3]) R.G. 5./6. 85 Daubenspeck I S. 204.
[4]) R.G. 2./11. 81 Daubenspeck I S. 206.
[5]) L.G. Essen 3./10. 81 XXIV S. 224; L.G. Dortmund 10./4. 83 XXVII S. 91.

Besitz und Verwaltung des gesamten Vermögens dieser beiden Bahnen überwiesen war, auch für die Bergschäden, die in der Zeit vor Abschluß dieses Vertrages an den Bahngrundstücken entstanden waren, zur Klage für berechtigt erachtet worden, weil angenommen wurde, daß nach dem Inhalte dieses Vertrages, wenn auch nicht direkte Zession solcher Schadensansprüche, so doch Ermächtigung zur selbständigen Erhebung derselben vorlag.[1]) Ebenso ist auch für bisheriges Recht zutreffend gültige Übertragung in einem Falle angenommen, wo bei der Subhastation nach den im Verkaufstermin abgegebenen Erklärungen sämtlicher Interessenten die Schadensforderungen als auf den Ersteher mit übergehend in die Kaufbedingungen aufgenommen waren.[2]) Endlich ist bei einer Separation, obwohl eine ausdrückliche Abtretung fehlte, aus dem Gesamtinhalt der Separationsverhandlung geschlossen worden, daß auch die Schadensforderung wegen Bergschäden als mit übertragen zu gelten habe.[3]) Lag aber eine solche — sei es auch nur stillschweigende — Abtretung nicht vor, so konnte nach bisherigem Rechte eine nach Klageerhebung erfolgte Zession den Mangel nicht beheben, die Klage mußte vielmehr wegen Klageänderung abgewiesen werden. Jetzt wird mit Rücksicht auf den jetzigen § 264 C.P.O. die Behebung des Mangels auch noch während des Prozesses regelmäßig unbedenklich sein.

3. Das unter 2 Ausgeführte galt, wie dort schon hervorgehoben, nach bisherigem Recht auch **für den Erwerb eines durch Bergbau beschädigten Grundstücks in der Zwangsversteigerung.** Es verblieb also die Forderung auf Ersatz des vorher entstandenen Schadens, falls in den Zuschlagsbedingungen nichts anderes ausgemacht war, dem Subhastaten.[4]) Nach jetzigem Recht ist aber mit Rücksicht auf die durch den neuen Abs. 2 des § 148 A.B.G. herbei-

---

[1]) R.G. 29./11. 90 XXXII S. 395.
[2]) R.G. 17./4. 89 Daubenspeck I S. 206.
[3]) O.Tr. 30./3. 74 XVI S. 107.
[4]) L.D. Dortmund 10/4. 83 XXVII S. 91; R.G. 17/4. 89 Daubenspeck I S. 206.

geführte Unterwerfung der Schadensforderung unter das Pfandrecht des Hypothekengläubigers im Gegenteil anzunehmen, daß der Ersteher durch den Zuschlagsbescheid mit dem Grundstück auch die Schadensforderung miterwirbt. Das Nähere ist weiter unten zu Abs. 2 des § 148 zu erörtern.

4. Gehört **eine nach Eröffnung des Konkurses entstehende Schadensforderung wegen Beschädigung eines zur Konkursmasse gehörigen Grundstücks zur Konkursmasse?** Die Frage dürfte zu bejahen sein. Denn wenn auch zur Konkursmasse nur dasjenige Vermögen zu rechnen ist, welches dem Gemeinschuldner zur Zeit der Eröffnung des Verfahrens gehört (§ 1 R.K.O.), so wird man doch als in die Konkursmasse fallend auch diejenigen erst nach Eröffnung des Konkurses entstandenen Ersatzansprüche anzusehen haben, welche, wie hier die Bergschädenforderung, bezüglich des zur Konkursmasse gehörigen Vermögens und als Surrogat desselben entstehen.[1])

VI. Vergleichsabschluß und grundbuchliche Sicherung gegen zukünftige Schadensansprüche.

Es läßt sich nicht verkennen, daß die unter V wiedergegebene Rechtslage bezüglich der zeitlichen Beziehungen des Schadensanspruches zu dem jeweiligen Eigentümer des Grundstückes bezw. dem sonst an demselben Berechtigten für den Bergwerksbesitzer zu erheblichen Unzuträglichkeiten führen kann. Denn aus der Tatsache, daß der Schadensanspruch auch nach seiner subjektiven Seite hin lediglich einen persönlichen Charakter hat, ergibt sich, daß **Vergleichsabschlüsse des Eigentümers** mit dem Bergwerksbesitzer lediglich die Schadensansprüche des gegenwärtigen Grundstückseigentümers beseitigen, bei einem vorgekommenen bezw. vorkommenden Eigentumswechsel aber dem Vorbesitzer und dem späteren Eigentümer des Grundstücks in keiner Weise präjudizieren. Wenn sich also auch der Bergwerkseigentümer z. B. mit dem jetzigen Eigentümer A darüber

---

[1]) Wolff R.K.O. Anm. 5 zu § 1.

vergleicht, daß derselbe durch eine bestimmte Summe für alle Bergschäden abgefunden sein solle, die dem Grundstück in der Vergangenheit bereits erwachsen sind und in der Zukunft noch erwachsen werden, so steht nichts entgegen, daß der Vorbesitzer B. die in seiner Besitzzeit entstandenen Schadensansprüche nochmals geltend macht und ebenso der spätere Eigentümer C., wenn neue Beschädigungen nach seinem Eigentumserwerb am Grundstücke eintreten.[1]) Die durch einen solchen Vergleich geschaffene Rechtslage ist dabei um so bedenklicher, als die Frage, ob und in welchem Umfange der Schaden tatsächlich während der Eigentumszeit des einen oder des anderen eingetreten ist, häufig in tatsächlicher und rechtlicher Beziehung schwierig zu entscheiden ist.

1. Im ersteren Falle, wenn es sich also darum handelt, die Schadensansprüche **früherer Eigentümer** durch den Vergleich mit dem jetzigen Eigentümer zu beseitigen, geht der Bergwerkseigentümer daher nur dann sicher, wenn er entweder diese früheren Eigentümer bei dem Vergleichsabschlusse mit zuzieht, oder wenn er sich von dem jetzigen Eigentümer eine Erklärung des früheren vorlegen läßt, daß er alle ihm etwa wegen Bergbau zustehenden Schadensansprüche an den gegenwärtigen Eigentümer abgetreten habe. Andernfalls ist ein Vergleichsabschluß nur dann ratsam, nachdem seitens des Bergwerkseigentümers festgestellt worden ist, daß die Bergschäden sich ausschließlich in der Besitzzeit des jetzigen Eigentümers gebildet haben.

2. Schwieriger ist nach Lage der derzeitigen Gesetzgebung die Frage, auf welche Weise sich der Bergwerksbesitzer dagegen schützen kann, daß nicht von einem **späteren Eigentümer** Schadensansprüche wegen zukünftiger Bergschäden gegen ihn erhoben werden. Daß durch den Vergleichsabschluß mit dem gegenwärtigen Eigentümer, durch welchen dieser auf Ersatz aller Schadensansprüche wegen zukünftiger Bergschäden verzichtet, ohne weiteres auch diejenigen Ersatzansprüche beseitigt sind, welche sich als wirkliche Folgen der jetzigen Beschädigung darstellen, auch wenn

[1]) Wolff XXX S. 309 ff.

der Schaden, z. B. zukünftiger Ertragsausfall, erst während der Besitzzeit des neuen Eigentümers in die Erscheinung tritt, ergibt sich aus dem oben (S. 43) Gesagten. Soweit es sich aber um solche tatsächliche Einwirkungen auf die Erdoberfläche handelt, die erst in die Besitzzeit des neuen Eigentümers fallen und nach Lage des einzelnen Falles sich als neue Beschädigungen darstellen, werden sie durch den Vergleichsabschluß des früheren Grundstückseigentümers mit dem Bergwerksbesitzer an und für sich nicht berührt. Die Frage, auf welche Weise es möglich gemacht werden kann, ob speziell durch eine Eintragung zum Grundbuche, dem Verzicht des Vorbesitzers auf Ersatz zukünftiger Bergschäden einen dinglichen Charakter zu verleihen und damit diesen Verzicht auch jedem Rechtsnachfolger gegenüber wirksam zu machen, hat deshalb für den Bergbau eine besondere Bedeutung. Denn erfahrungsgemäß hat der Bergwerksbesitzer namentlich dann den besonderen Wunsch, von Schadensansprüchen der späteren Grundeigentümer befreit zu sein, wenn er selbst ein Grundstück, welches in seinem verliehenen Felde liegt, zum Zwecke der Errichtung eines Wohnhauses verkauft, und zwar zu einem billigeren Preise, wohingegen dann der Erwerber auf alle Bergschädenansprüche Verzicht leisten soll.

Vielfach wird in solchen Fällen der § 150 Abs. 1 bezüglich der Schäden an den Gebäulichkeiten eine Handhabe geben, Schadensansprüche späterer Grundeigentümer zu beseitigen, da nach richtiger Ansicht, wie noch an anderer Stelle zu § 150 auszuführen, der dem früheren Eigentümer gegenüber begründete Einwand aus § 150 Abs. 1 auch dem selbst gutgläubigen späteren Eigentümer gegenüber begründet ist.

Wo aber § 150 Abs. 1 mangels des Vorhandenseins einer schon gegenwärtig drohenden Gefahr bezügl. der Gebäudebeschädigung nicht zutrifft und bezüglich des Schadensersatzes an der Grundfläche überhaupt ist seitens der Bergwerksbesitzer, um den Vergleich auch dem späteren Eigentümer gegenüber wirksam zu machen, vielfach eine Eintragung zum Grundbuche bewirkt bezw. versucht worden. In dieser Beziehung war die Rechtslage nach früherem Recht eine dem Bergwerksbesitzer günstige, da darnach ein Vertrag, durch welchen der Grundeigentümer sowohl für sich, wie für seine Rechtsnachfolger im Eigentum des Grundstückes gegen Zahlung einer bestimmten Summe sich wegen aller auch zukünftigen Bergschäden für abgefunden erklärte, zum Grundbuche eingetragen werden konnte. Die Judikatur ging davon aus, daß es sich dabei lediglich um die Eintragung einer Verfügungsbeschränkung handle, indem dadurch die jeweiligen Grundstückseigentümer in ihrer Verfügung in der Weise eingeschränkt wurden, daß sie bei Veräußerungen des Grundstückes dem neuen Erwerber den Verzicht auf Schadloshaltung für Bergschäden zur Bedingung seines Erwerbs machen und von Veräußerungen ohne eine solche Bedingung absehen mußten. Demgemäß nahm die Praxis an, daß eine derartige Vereinbarung als „Beschränkung des Eigentumsrechts am Grundstück" im Sinne des § 11 der Gr.B.O. in die II. Abteilung des Grundbuches eingetragen werden könne.[1]) Für das gegenwärtige Recht ist die Rechtslage bezüglich einer solchen Eintragung insofern eine schwierigere geworden, als der Kreis der eintragungsfähigen Rechte nach dem Bürgerlichen Gesetzbuch ein beschränkterer ist wie bisher. Die Beteiligten können nur noch solche Eintragungen herbeiführen, welche das Gesetz ausdrücklich zuläßt.[2]) Persönliche Rechte sind nach dem Bürgerlichen Gesetzbuche überhaupt nicht eintragungsfähig, vielmehr können nur solche Rechte als dingliche begründet und eingetragen werden, deren Begründung und Eintragung das Gesetz zuläßt. Als solche Rechte kommen aber nur in Betracht, abgesehen vom Eigentum und Erbbaurecht, die Dienstbarkeiten, das Pfandrecht, das dingliche Vorkaufsrecht, die Reallasten, die Hypothek, Grundschuld und die Rentenschuld. Schon daraus erhellt, daß eine Eintragung etwa dahin, daß der Eigentümer eines Grundstückes nicht berechtigt sein soll, wegen Bergschäden Schadensansprüche gegenüber dem betreffenden Bergwerksbesitzer zu erheben, unzulässig ist, weil sie sich unter keine der vorgedachten Kategorien von Rechten unterbringen läßt.

[1]) Beschluß des O.L.G. Cöln vom 28./10. 96 Bd. 38 S. 115 und der dort zit. Beschluß des Kammergerichts III S. 133.

[2]) Turnau-Foerster II S. 82.

Die einzige Möglichkeit, welche allenfalls in Frage kommen könnte, würde die Annahme einer Grundgerechtigkeit zu Gunsten des Bergwerks oder einer beschränkten persönlichen Dienstbarkeit zu Gunsten des bestimmten Bergwerksbesitzers sein.

Aber eine nähere Prüfung der §§ 1018 u. 1090 B.G.B. ergibt, daß das hier konstituierte Recht wenigstens regelmäßig nicht den Inhalt einer Grunddienstbarkeit oder einer beschränkten persönlichen Dienstbarkeit bilden kann. Nur dort, wo es sich um Beschädigung von Nachbargrundstücken durch Handlungen des Bergwerksbesitzers handelt, welche nicht unter den Bergwerksbetrieb § 148 A.B.G. fallen und deshalb auch mit der negatorischen Klage abgewehrt werden können, z. B. Immission von Rauch und Gasen aus den Kaminen der Zeche, kann die vergleichsweise Gestattung dieser Zuführung, bezw. der Ausschluß der negatorischen Klage zum Inhalt einer Grunddienstbarkeit oder persönlichen Dienstbarkeit gemacht werden.[1]) Ebenso wird sich dort, wo die Beschädigung des Grundstücks sich auch als eine Benutzung desselben darstellt, der Verzicht auf Schadensersatz in der Form der Bestellung einer Dienstbarkeit rechtlich zum Ausdruck bringen lassen. Wie sich aus §§ 135 ff. A.B.G. ergibt, ist der Bergwerkseigentümer zu einer Einwirkung auf die Erdoberfläche, welche sich als Benutzung derselben qualifiziert, ohne Durchführung des dort vorgesehenen Enteignungsverfahrens nicht berechtigt. Die erste der drei Belastungsformen, in welchen nach dem Bürgerlichen Gesetzbuch der Inhalt einer Grunddienstbarkeit oder persönlichen Dienstbarkeit bestehen kann, die Gestattung der „Benutzung eines fremden Grundstücks in einzelnen Beziehungen“ würde deshalb beim Bergbau, wenn die voraussichtliche Beschädigung die Form einer Benutzung, d. h. einer dauernden, unmittelbaren Einwirkung auf das Grundstück annimmt, vorliegen. Es ist das z. B. der Fall, wenn beim Braunkohlenbergbau die Erdoberfläche zum Zwecke des Bergbaubetriebes planmäßig zu Bruche gebaut wird oder

[1]) Neumann Anm. 2c zu § 1018 B.G.B.

wenn dauernde Anstalten zur Ableitung von Grubenwassern auf fremde Grundstücke oder in Privatflüsse getroffen werden. Es ist deshalb rechtlich möglich, das Recht auf solche Benutzung eines Grundstücks gegen eine einmalige Kapitalabfindung zu erwerben und durch Eintragung einer entsprechenden Grundgerechtigkeit gegenüber jedem Rechtsnachfolger im Eigentum des Grundstücks sicherzustellen. Von solchen Fällen abgesehen, würde dem Verzicht auf Bergschäden in der Form der Bestellung einer Grunddienstbarkeit oder einer beschränkten persönlichen Dienstbarkeit keine dingliche Wirksamkeit gegenüber einem späteren Eigentümer des Grundstücks gegeben werden können. Zwar kann eine solche Dienstbarkeit gemäß §§ 1018 u. 1090 auch darin bestehen, „daß die Ausübung eines Rechtes ausgeschlossen ist, das sich aus dem Eigentum an dem belasteten Grundstücke dem anderen Grundstücke gegenüber ergibt". Von dem Ausschlusse eines solchen Rechtes kann aber bei einer Vereinbarung der vorwiedergegebenen Art nicht die Rede sein. Die Befugnis des Bergwerkseigentümers durch Bergbaubetrieb im Sinne des § 148 A.B.G. das Grundstück zu beschädigen, besteht nach Inhalt des Berggesetzes §§ 54 und 148 ff. schon ohnehin. Das etwa sonst nach allgemeinen Rechtsgrundsätzen bestehende Recht des Grundstückseigentümers, auf Unterlassung solcher Beschädigung klagen zu dürfen, ist damit bereits durch diese gesetzlichen Bestimmungen ausgeschlossen (vergl. darüber unter K).

Soweit daher wirklich Betriebshandlungen im Umfange des § 148 A.B.G. in Frage stehen (vergl. darüber unter D) handelt es sich in Wahrheit nicht um eine etwa bedingungslose Gestattung dieses Rechtes, das Grundstück beschädigen zu dürfen, wie Wolff a. a. O. annimmt, sondern lediglich um den Ausschluß der Geltendmachung der gesetzlichen Entschädigungsforderung, die dem Eigentümer dem Bergwerksbesitzer gegenüber zusteht, als die dem letzteren gesetzlich obliegende Gegenleistung für die Gestattung der Beschädigung des Grundstückes. Der Antrag auf grundbuchliche Eintragung eines solchen Abkommens begehrt also in Wahrheit nur Eintragung des Verzichtes auf einen rein obligatorischen Schadensanspruch. Ein solcher obligatorischer Schadensanspruch kann aber nicht als ein Recht angesehen werden, welches sich „aus dem Eigentum an dem belasteten Grundstück" ergibt. Als solche können vielmehr im Sinne des § 1018 B.G.B. nach den Motiven des Gesetzes nur diejenigen Rechte in Betracht kommen, welche sich zu Gunsten des Eigentümers auf Grund der §§ 903—924 B.G.B. ergeben.[1]) Das Kammergericht hat denn auch in konstanter Rechtsprechung solche oder ähnliche Eintragungen abgelehnt.[2]) Auch eine Eintragung in der Form, daß der Eigentümer ohne Genehmigung des Bergwerksbesitzers nicht berechtigt sei, das Grundstück zu veräußern, wenn nicht der Rechtsnachfolger sich dem Bergwerksbesitzer gegenüber verpflichte, auf alle Schadensansprüche zu verzichten, würde mit Rücksicht auf § 137 B.G.B. unzulässig sein.[3]) Der einzige Weg, auf welchem der Bergwerksbesitzer gegen etwaige Bergschädenansprüche des zukünftigen Eigentümers sich schützen kann, wird darnach entweder die Eintragung eines Vorkaufsrechtes oder die Eintragung einer Sicherungshypothek sein. Läßt sich der Bergwerkseigentümer das Vorkaufsrecht bestellen, so hat er es in der Hand, einen etwaigen Verkauf an einen neuen Eigentümer zu verhindern, wenn diesem nicht auch diese Verpflichtung zum Verzicht auf Schadensersatz auferlegt wird. Die Sicherungshypothek[4]) ihrerseits wird zweckmäßig in der Weise bestellt, daß der jetzige Eigentümer sich verpflichtet, dem Bergwerkseigentümer dafür aufzukommen, daß auch von seinem Rechtsnachfolger Schadensansprüche wegen Bergschäden gegen den Bergwerkseigentümer nicht erhoben werden und daß er für den Fall, daß solche Schadensansprüche doch erhoben werden möchten, sich dem Bergwerksbesitzer gegenüber verpflichtet, diesem alle diejenigen Beträge zu ersetzen, welche der Bergwerksbesitzer an Schadenersatz dem späteren Eigentümer zahlen muß. Zur Sicherheit dieser letzteren An-

---

[1]) Planck Anm. 1c zu § 1018, Foerster-Turnau Anm. 1 dazu.

[2]) Vergl. Kammergericht 18./3. 01 K.G.Entsch. Bd. 21 S. 310 vom 13./5. 01 Bd. 22 S. 152, vom 16./6. 02 Bd. 24 S. 241, a. M. Bitta XLIV S. 121 ff.

[3]) Kammergerichtsbeschluß vom 5./11. 00 Entsch. Bd. 21 S. 137.

[4]) Neumann Anm. 2 zu § 1018 B.G.B.

sprüche hat dann der Grundeigentümer die Sicherungshypothek zu beantragen. Der eine oder der andere Weg dürfte immer praktisch zum Ziele führen, wobei bezüglich der Sicherungshypothek die Tatsache, daß eine solche, wenn auch nicht von übermäßiger Höhe eingetragen ist, dem verkaufenden Eigentümer schon Veranlassung sein wird, dem neuen Erwerber den Verzicht auf Bergschäden vertraglich aufzu erlegen.

B. Der Schuldner.

Hinsichtlich der Person des Schuldners beim Bergschädenanspruch bestimmt § 148, daß „der Bergwerksbesitzer" verpflichtet ist, für den Schaden aufzukommen, welcher durch den Betrieb des Bergwerks zugefügt wird.

1. Der Begriff des Bergwerksbesitzers.

Streitig ist, was unter Bergwerksbesitzer zu verstehen ist. Die Judikatur des Obertribunals und des Reichsgerichts will unter dem Bergwerksbesitzer im Sinne des § 148 A.B.G. nur den Bergwerkseigentümer begriffen haben. Nach ihr hat also der Bergwerkseigentümer auch dann allein für den Schaden aufzukommen, wenn das Bergwerk nicht von ihm selbst, sondern mit seiner Genehmigung von einem Dritten (z. B. Pächter) betrieben wird.[1])

Zur Begründung dieser Ansicht wird auf die Motive des Gesetzes, auf den gesetzgeberischen Zweck des § 148 die angebliche Tatsache, daß das A.B.G. die Begriffe Bergwerksbesitz und Bergwerkseigentum identisch verwertet, endlich auf die frühere Judikatur des O.Tr., die durch diesen Paragraph habe aufrecht erhalten werden sollen, hingewiesen. Meines Erachtens dürfte aber die entgegenstehende Ansicht, wonach nicht bloß der Eigentümer, sondern jeder Besitzer des Bergwerks im Sinne des A.L.R. schadens-

[1]) O.Tr. 22./9. 71 XIII 278, O.L.G. Hamm 6./5. 92 XXXIII S. 399; R.G. 16./11. 92 XXXIV S. 403; R.G. 2./6. 94 XXXV S. 373; R.G. 19./1. 95 Entsch. XXXV S. 164; Daubenspeck Haftpflicht S. 6; Bergschaden S. 57; Arndt S. 156.

ersatzpflichtig ist, den Vorzug verdienen.[1]) Maßgebend ist jedenfalls in erster Reihe der Wortlaut des Gesetzes, der ausdrücklich den Bergwerksbesitzer, also nicht den Bergwerkseigentümer als den Schadenspflichtigen bezeichnet. Die gegen diesen Wortlaut gerichteten Ausführungen des R.G. (XXXIV S. 407) erscheinen nicht überzeugend. Man kann allerdings zugeben, daß die Ausdrucksweise des A.B.G. nicht überall durch Prägnanz sich auszeichnet, daß im Gegenteil an mehreren Stellen sich direkt redaktionelle Unrichtigkeiten (z. B. §§ 104, 227 A.B.G.) im Gesetzestexte vorfinden. Aber diese letztere Tatsache würde doch nur dann gestatten, dem zweifellosen Wortlaut des Gesetzes gegenüber den Begriff des Bergwerksbesitzers durch den des Bergwerkseigentümers zu ersetzen, wenn Beweis dafür erbracht werden könnte, daß auch hier eine redaktionelle Ungenauigkeit vorliegt, daß der Ausdruck „Bergwerksbesitzer“ somit dem wahren Willen des Gesetzgebers nicht entspricht. Zur Annahme eines solchen Widerspruches zwischen gesetzgeberischem Willen und Ausdruck liegt aber nicht nur kein ausreichender Anlaß vor, sondern es steht im Gegenteil fest, daß der Gesetzgeber den Ausdruck „Bergwerksbesitzer“ im bewußten Gegensatz zum Begriff des „Bergwerkseigentümers“ im § 148 aufgenommen hat. Wie der Verfasser des A.B.G., Brassert, in der Kritik der Entscheidung des R.G. vom 16. November 1892 Bd. 34 S. 415 versichert, haben die Ausdrücke „Bergwerksbesitzer“ und „Bergwerkseigentümer“ im allgemeinen Berggesetze durchaus nicht identisch gemeint sein sollen, das A.B.G. hat vielmehr durchweg den Gegensatz zwischen den Begriffen des „Bergwerksbesitzers“ und „Bergwerkseigentümers“ auseinanderhalten wollen und diese Absicht auch wirklich durchgeführt. Der Entwurf des Berggesetzes ist speziell von der Kommission des Herrenhauses in Gemeinschaft mit Brassert, als dem damaligen Regierungskommissar selbst am Schlusse der Kommissionsverhandlungen noch einmal nach der sprachlichen Seite hin

---

[1]) A.G. Hamm 24./2. 71 XIII S. 278, Brassert XIII S. 279ff.; XXXIV S. 409ff.; Kommentar S. 394, Oppenhoff Nr. 837, Dernburg Pr. Pr. I S. 690; vergl. auch Fürst-Klostermann S. 452.

und namentlich auch daraufhin besonders geprüft worden, ob die Ausdrücke Bergwerksbesitzer und Bergwerkseigentümer der gewollten rechtlichen Unterscheidung entsprechend überall richtig gebraucht waren. Das Ergebnis dieser redaktionellen Schlußprüfung liegt in der jetzigen Fassung des A.B.G. vor. In der Tat läßt auch eine Durchsicht derjenigen Stellen des Berggesetzes, wo der Begriff des Bergwerksbesitzes und des Bergwerkseigentums in Frage steht, erkennen, daß dieser Gegensatz durchweg gewahrt ist und daß sich keine Stelle findet, welche die präzise Wiedergabe dieses Gegensatzes vermissen läßt. In den §§ 50—64 des A.B.G. III. Teil wird korrekt durchweg vom Bergwerkseigentum und Bergwerkseigentümer gesprochen. Dasselbe ist in den §§ 156ff. VI. Titel von der Aufhebung des Bergwerkseigentums der Fall. Der einzige Paragraph, der vom R.G. für die Richtigkeit seiner Auffassung, daß Bergwerksbesitz und Bergwerkseigentum im A.B.G. als gleichwertig gebraucht sei, angeführt werden konnte, ist die des § 65, wo im Abs. 1 vom Bergwerksbesitzer, im Abs. 2 vom Bergwerkseigentümer gesprochen wird. Mit Recht ist aber bereits von Brassert a. a. O. darauf hingewiesen worden, daß dieser Gegensatz durchaus dem Willen des Gesetzgebers entsprechend sei, daß § 65 Abs. 1 die öffentlich rechtliche Verpflichtung eines jeden Bergwerksbesitzers ausspreche, das Bergwerk zu betreiben. Diesem bedingten Betriebszwange hat nicht bloß der Eigentümer, sondern ein jeder unterworfen sein sollen, welcher einen — auch nur derivativen — Rechtstitel zum Betriebe des Bergwerks hat. Die Bergbehörde kann deshalb von jedem, der einen Rechtstitel zum Betriebe hat, auch verlangen, daß der Betrieb geführt werde und braucht sich mit diesem Verlangen nicht an den Eigentümer verweisen zu lassen. Andererseits versteht es sich aber von selbst, daß, wenn der dritte Pächter oder Nießbraucher des Bergwerks trotz Aufforderung des Oberbergamts den Betrieb desselben nicht aufnimmt, die Entziehung des Bergwerkseigentums lediglich gegenüber dem Eigentümer des Bergwerks erfolgen und deshalb auch nur diesem gegenüber das mit der sechsmonatlichen Aufforderungsfrist beginnende gesetzliche Verfahren durchgeführt werden kann. Gerade der § 65 ist deshalb ein direkter Beweis gegen die Richtigkeit der Auffassung des R.G. Gleiches gilt auch von dem vorhergehenden § 64 in Verbindung mit § 135 A.B.G. Wenn dort im § 64 der Bergwerkseigentümer für befugt erklärt wird, das bergrechtliche Expropriationsverfahren beantragen zu dürfen, während im § 135 als Berechtigter der Bergwerksbesitzer aufgeführt wird, so vertragen sich beide Bestimmungen wohl miteinander. § 64 enthält den allgemeinen Grundsatz, daß aus dem verliehenen Bergwerkseigentum auch die Befugnis zur Expropriation fließt, während § 135 die davon verschiedene Frage, ob, wenn das Bergwerkseigentum im einzelnen Falle nicht vom Eigentümer selbst, sondern von einem dritten Pächter oder Nießbraucher ausgeübt wird, letzterer ein selbständiges Recht zum Antrage auf Expropriation haben solle, behandelt und in bejahendem Sinne beantwortet. Muß man somit davon ausgehen, daß das A.B.G. den Begriff des Bergwerksbesitzes bewußtermaßen von dem des Bergwerkseigentums auseinandergehalten hat, so kommt noch hinzu, daß nicht bloß nach dem Wortlaut des § 148 A.B.G., sondern auch nach dem ganzen Inhalte der übrigen Bestimmungen des V. Titels bei allen Rechtsfolgen, welche an den Betrieb des Bergwerks geknüpft sind, die sich daraus ergebenden Rechte und Pflichten demjenigen haben zugewiesen sein sollen, der im Besitze des Bergwerkes sich befindet, das Bergwerk betreibt, sei es nun der Eigentümer selbst, sei es ein Dritter, der mit seiner Genehmigung für ihn das Bergwerkseigentum ausübt. So steht, wie schon oben erwähnt, nach den §§ 135ff. das bergrechtliche Enteignungsrecht nicht bloß dem Bergwerkseigentümer, sondern jedem Bergwerksbesitzer zu und ebenso ergibt sich aus §§ 153ff., daß die dort niedergelegten Verpflichtungen zum Schutze der öffentlichen Verkehrsanlagen nicht dem Bergwerkseigentümer, sondern dem „Bergbautreibenden" auferlegt sind. Gerade der enge Zusammenhang in dem, wie an anderer Stelle unter J noch zu erörtern, die §§ 153ff. zu den §§ 148ff. stehen, bildet ein wesentlich unterstützendes Moment für die Annahme, daß ebenso wie dort, so auch hier nicht bloß der Eigentümer, sondern der Besitzer bezw. der Bergbautreibende derjenige hat sein sollen, welcher vom Gesetze zum Schadensersatz verpflichtet wird. Auch die übrigen vom R.G. angeführten Gründe sind nicht geeignet, die entgegenstehende, allein dem Wortlaut des Gesetzes entsprechende Ansicht zu entkräften. Richtig ist, daß der Gesetzgeber nach den Motiven als alleinigen Verpflichtungsgrund der Schadenspflicht aus § 148 die Ausübung „des Bergwerkseigentums" angesehen hat (Motive Bd. 6 S. 170). Aber das Bergwerkseigentum wird auch durch den Pächter und Nießbraucher, welcher auf Grund der Ermächtigung des Bergwerkseigentümers den Bergbau betreibt, ausgeübt. Die bloße Begründung des Gesetzes, daß die Ausübung des Bergwerkseigentums der Verpflichtungsgrund der Schadenspflicht des § 148 sei, berechtigt daher noch nicht zu der Schlußfolgerung, daß darnach bloß der Bergwerkseigentümer und nicht auch derjenige, der auf Grund seiner Zustimmung das Bergwerkseigentum ausübt, schadensersatzpflichtig sei. Dasselbe gilt von dem Hinweis darauf, daß der Wille des Gesetzgebers dahin gegangen sei, in der Person des Eigentümers des Bergwerks einen durch die Tatsache des eingetretenen Schadensersatzes sofort erkennbaren Schuldner zu schaffen. Denn die durch den Wortlaut des Gesetzes begründete Annahme, daß auch der dritte Besitzer haftet, steht dem nicht entgegen, daß daneben ebenso der als Besitzer sofort erkennbare Eigentümer vom Grundeigentümer haftbar gemacht werden kann. Endlich ist auch der Hinweis des R.G. auf die Judikatur des O.Tr. verfehlt. Denn in der Rechtsprechung des O.Tr., welche dem A.B.G. vorangeht, ist die Frage, ob im Falle einer Verpachtung z. B. des Bergwerks der Pächter oder der Eigentümer haftet, überhaupt nicht behandelt worden.[1]) Aus allen diesen Gründen wird man annehmen müssen, daß keine Veranlassung vorliegt, eine dem Wortlaut des Gesetzes direkt widersprechende Interpretation in dasselbe

[1]) Vergl. O.Tr. 16./3. 39 Entsch. des O.Tr. Bd. 4 S. 355 ff.; 7./11. 49 Bd. 8 S. 72 ff.; 18./4. 43 Bd. 9 S. 101 ff., Brassert XXXIV S. 407.

hineinzutragen. Zugegeben werden muß allerdings dem R.G., daß der Ausdruck „Bergwerksbesitzer“ insofern ein nicht glücklich gewählter ist, als gerade in dem praktisch häufigsten Falle der Verpachtung des Bergwerks ein Besitz des Pächters nach französischem und gemeinem Rechte nicht gegeben war. Diesem Einwurfe ist aber damit zu begegnen, daß der Gesetzgeber[1]) bei der Abfassung des Berggesetzes zunächst die Terminologie des Preußischen Landrechts als des für das preußische Bergrecht vorzugsweise in Betracht kommenden Zivilrechtes im Auge gehabt hat.

Aus dem Vorgesagten ergibt sich demnach im einzelnen:

1. Unter **Bergwerksbesitzer** sind auch unter der Herrschaft des B.G.B. im Sinne des § 148 A.B.G. alle diejenigen Personen anzusehen, die nach der Begriffsabgrenzung des **Allgemeinen Landrechts** Besitzer des Bergwerks sind. Denn man wird nach der vorangegebenen Entstehungsgeschichte der Aufnahme des Begriffes „Bergwerks*besitzer*“ anzunehmen haben, daß der landrechtliche Begriff des „Besitzers“ damit einen Teil des Bergspezialrechts hat bilden sollen, sodaß eine „Verweisung“ im Sinne des Art. 4 E.G. zum B.G.B. nicht vorliegt.[2]) Da generell nach § 148 A.B.G. der Bergwerks*besitzer* haftet, so ist es weiterhin unerheblich, ob der Besitz im Sinne des A.L.R. ein vollständiger oder unvollständiger ist. Es haftet also insbesondere auch der Nießbraucher und Pächter.[3]) Derjenige dagegen, welcher nach A.L.R. bloß als Inhaber des Bergwerks gilt, haftet, nicht auf Grund des § 148 A.B.G. Insbesondere wird darnach nicht als Besitzer im Sinne des § 148 angesehen werden können derjenige, welcher fehlerhaft, d. h. gewaltsam, heimlich oder betrüglich sich in den Besitz des Bergwerks oder eines einzelnen Bergwerksteiles gesetzt hat (§§ 96ff. I 7 A.L.R.), z. B. derjenige, welcher von seinem benachbarten Bergwerk aus in fremdem Bergwerksfelde heimlich Raubbau treibt.[4]) Er haftet lediglich auf Grund der allgemeinen Vorschriften,

---

[1]) Vergl. Brassert Bd. 14 S. 414.
[2]) Niedner Anm. 3 zu Art. 4 E.G.
[3]) §§ 6, 7 I 7 A.L.R., Dernburg Pr. Pr. I S. 343, Foerster-Eccius III S. 19.
[4]) Dernburg Pr. Pr. Bd. I S. 342, Foerster-Eccius Bd. III S. 63ff.

jetzt also der §§ 823 ff. B.G.B. aus der von ihm begangenen unerlaubten Handlung, wie bei der Deliktsklage unten sub J noch weiter auszuführen sein wird.

2. Zweifelhaft kann sein, ob in letzterem Falle auch der Bergwerks**eigentümer für den durch Raubbau eines Dritten verursachten** Schaden dem Grundeigentümer aus § 148 A.B.G. haftet. Man wird die Frage aber wohl zu verneinen haben.

Der Bergwerkseigentümer haftet nach dem Wortlaut des § 148 nur dann, wenn der Schaden verursacht ist durch den Betrieb des Bergwerks.

Unter „Betrieb des Bergwerks" wird man die Ausübung des Bergwerkseigentums zu verstehen haben, also gemäß § 54 A.B.G. die Ausübung der ausschließlichen Befugnis, das in der Verleihungsurkunde benannte Mineral in seinem Felde aufzusuchen und zu gewinnen. Wo also im einzelnen Falle eine solche Ausübung des Bergwerkseigentums nicht vorliegt, die Entnahme der Mineralien nicht auf Grund der Befugnis des § 54 A.B.G. der dem Bergbautreibenden selbst oder seinem Autor durch die Verleihungsurkunde zuerteilten Berechtigung, sondern von einem Dritten auf Grund eines vermeintlichen anderen Rechtsgrundes oder sogar im Bewußtsein eines nicht vorhandenen Rechtes geschieht, braucht jedenfalls der Bergwerkseigentümer dem Grundeigentümer nicht aufzukommen. Mit Recht ist deshalb in einem Falle, wo seitens eines benachbarten Bergwerksbesitzers, sei es bewußt oder unbewußt, unter Überschreitung der eigenen Feldesgrenzen Mineralien aus einem fremden Bergwerksfelde wider den Willen des Bergwerkseigentümers entnommen und dadurch einem Grundeigentümer Schäden zugefügt waren, die gegen den Bergwerkseigentümer angestrengte Klage abgewiesen.[1])

3. Nach dem zu a Ausgeführten können für denselben Schaden als ersatzpflichtig **mehrere Bergwerksbesitzer** in Frage kommen, der vollständige neben dem unvollständigen,[2]) z. B. der Eigentümer des Bergwerks neben dem Pächter und Nießbraucher. Nach dem Wortlaute des § 148 A.B.G.

---

[1]) O.L.G. Hamm 15./5. 94 XXXV S. 506, R.G. 23./2. 95. XXXVI S. 354.
[2]) Foerster-Eccius III S. 23, Dernburg Pr. Pr. I. S. 343.

haften dann dem Grundeigentümer beide. Denn bezüglich jedes von ihnen treffen die Voraussetzungen des Klageanspruchs zu. Fraglich kann aber sein, ob die mehreren Besitzer desselben Bergwerks dem Grundeigentümer als Gesamtschuldner aufzukommen haben. Die Frage dürfte zu bejahen sein. Daß allerdings § 149 A.B.G. nicht zutrifft, bedarf bei seinem Wortlaut keiner Hervorhebung. Aber man wird auf Grund der allgemeinen Bestimmung des B.G.B. Gesamtschuldverhältnis anzunehmen haben. Ob freilich § 421 B.G.B. zutrifft, kann zweifelhaft sein. Zur Annahme eines gesetzlichen Gesamtschuldverhältnisses ist zwar nicht erforderlich, daß der Ausdruck „Gesamtschuldverhältnis" expressis verbis gebraucht ist. Es genügt, wenn nach Inhalt der betreffenden Gesetzesbestimmung angenommen werden muß, daß jeder Schuldner die ganze Leistung zu bewirken verpflichtet, der Gläubiger aber die Leistung nur einmal zu fordern berechtigt ist.[1]) Letzteres wird man beim Bergschädenanspruch ohne weiteres unterstellen dürfen. Dagegen ist nicht unbedenklich, ob aus dem Wortlaut des § 148 A.B.G. entnommen werden kann, daß darnach jeder, welcher Bergwerksbesitzer ist, den, d. h. den ganzen Schaden zu ersetzen verpflichtet sei.[2]) Jedenfalls dürfte aber mit Rücksicht auf § 431 B.G.B. Gesamtschuld anzunehmen sein, (vergl. S. 35, 100 u. 127) weil eine unteilbare Leistung, nämlich Wiederherstellung des früheren Zustandes von beiden Bergwerksbesitzern verschuldet wird, diese gesamtschuldnerische Haftung sich auch dann nicht ändert, wenn etwa mit Rücksicht auf § 251 B.G.B. Geldzahlung an Stelle der prinzipaliter geschuldeten Naturalleistung tritt.[3])

4. M. D. folgt weiter aus dem oben Entwickelten, daß auch sonst ein Unterschied zwischen der Haftung des Bergwerkseigentümers und der des bloßen Bergwerksbesitzers

---

[1]) Planck Anm. 1 Abs. 2 zu § 421, Rehbein II S. 445 unter III 6; Enneccerus-Lehmann I S. 572.

[2]) So auch L.G. Essen 25./9. 91 XXXIII S. 399; a. M. O.L.G. Hamm 6./5. 92 daselbst; vergl. übrigens als ähnlich liegenden Fall die Haftung der Preußisch-Hessischen Eisenbahngemeinschaft für Betriebsunfälle in R.G. 10./7. 02 Entsch. Bd. 52 S. 149.

[3]) Rehbein II S. 451 u. S. 34ff., 100 u. 127.

nicht besteht, daß nicht bloß der erstere für den vollen Schaden aufkommen muß, der dem Grundeigentum während seiner Besitzzeit durch den Bergwerksbetrieb erwächst, sei es auch nur infolge von Betriebshandlungen, die ein früherer Bergwerksbesitzer vorgenommen, sondern daß in gleichem Umfange auch derjenige Besitzer des Bergwerks haften muß, welcher nicht Eigentümer ist. M. D. entbehrt die von Einzelnen (z. B. Brassert a. a. O.) verteidigte Ansicht, daß der letztere nur für diejenigen Bergschäden aufzukommen habe, die auf seinen eigenen Betrieb zurückzuführen seien, der gesetzlichen Grundlage. Aus dem § 148 A.B.G. läßt sich, wenn man ihn einmal auf jeden Bergwerksbesitzer anwendet, eine derartige Unterscheidung zwischen dem Inhalt der Haftpflicht des Bergwerkseigentümers und des bloßen Bergwerksbesitzers nicht begründen.

5. Nach Königl. Sächsischem Berggesetz § 139 B.G.B. haftet bloß der Bergwerksunternehmer, d. h. also derjenige, auf dessen Rechnung der Betrieb während der für die Haftung maßgebenden Zeit geführt wird.[1])

II. Zeitliche Beziehungen des Bergwerksbesitzers zur Verpflichtung des Schadensersatzes aus § 148 A.B.G.

Schon an anderer Stelle ist hervorgehoben (S. 43), daß der Bergschädenanspruch aktiv und passiv einen rein persönlichen Charakter hat, daß er also auch nur gegenüber demjenigen Bergwerksbesitzer, diesem gegenüber aber in vollem Umfange geltend gemacht werden kann, welcher zur Zeit des Schadenseintritts das Bergwerk „besitzt". Wann und in welchem Umfange ein Schaden als eingetreten anzusehen ist, ist unten (sub E) näher zu erörtern.

Dagegen muß hier schon hervorgehoben werden, daß es für die Verpflichtung des Bergwerksbesitzers unerheblich ist, ob er auch die Betriebshandlung selbst vorgenommen hat, welche den Schaden später verursacht hat. Das ergibt sich klar aus dem Wortlaut des § 148 A.B.G. Der Bergwerks-

---

[1]) Wahle Anm. 8 zu § 139.

besitzer haftet darnach für den Schaden, welcher durch den Betrieb des Bergwerks verursacht ist. Es wird also vom Gesetze nicht verlangt, daß der beklagte Bergwerksbesitzer den Betrieb geführt hat, es genügt, daß dasjenige Bergwerk betrieben worden ist, welches den Schaden verursacht hat und von ihm jetzt besessen wird. Wann und von wem dieser Betrieb des Bergwerks ausgeübt worden ist, ist dagegen für die Verpflichtung des Bergwerksbesitzers gleichgültig. Es gilt dies auch für Sächsisches Recht.[1]) Daraus folgt:

1. Da Voraussetzung des Schadensanspruches gegenüber dem konkreten Beklagten lediglich die Tatsache ist, daß zu seiner Besitzzeit der Schaden entstanden ist, so ist es zunächst unerheblich, ob der beklagte Bergwerksbesitzer zur Zeit der Entstehung des Schadens in dem betr. Felde noch Bergbau betreibt oder auch den Bergbaubetrieb in seinem ganzen Bergwerk eingestellt hat.

Der Bergwerksbesitzer muß vielmehr auch dann für den Schaden aufkommen, wenn derselbe infolge früheren Betriebes erst eintritt, nachdem der Betrieb in dem betreffenden Felde bereits eingestellt ist, wofern er sich nur zur Zeit des Schadenseintritts im Besitze des Bergwerks noch befindet.[2]) Tritt der Schaden allerdings erst ein, nachdem auf das Bergwerk oder den betreffenden Teil desselben in gesetzmäßiger Weise, d. h. jetzt in den Formen der §§ 161 ff. Verzicht geleistet oder nachdem das Bergwerk seinem bisherigen Eigentümer zwangsweise gemäß §§ 156 ff. A.B.G. entzogen ist, oder wo sein früherer Eigentümer nicht mehr zu ermitteln ist, so ist, da ein gemäß § 148 A.B.G. haftpflichtiger Bergwerksbesitzer nicht mehr vorhanden, die alsdann erst eintretende, schädliche Folge des Betriebes eines solchen Bergwerks als durch Zufall verübt anzusehen und demgemäß rechtlich zu behandeln.[3]) Mit dem Augenblick der Rechtsgültigkeit des Verzichtes oder der Entziehung des Bergwerks tritt deshalb auch die Folge ein, daß fortab ent-

[1]) Wahle Anm. 8 zu § 139 A.B.G.
[2]) Daubenspeck Haftpflicht S. 5; O.L.G. Hamm 11./2. 81 XXII S. 392.
[3]) R.G. 28./1. 86 XXVII S. 381 ff., vergl. auch unten zu E.

stehender Bergschaden von dem bisherigen Besitzer nicht mehr ersetzt zu werden braucht. Nur das Berggesetz für Meiningen Art. 128 läßt den Bergwerkseigentümer auch für solche Schäden noch haften, welche nach Erlöschen des Bergwerkseigentums innerhalb fünf Jahre existent werden.[1])

2. Der jetzige Bergwerksbesitzer muß aber nach Preußischem Bergrecht für allen durch den Bergwerksbetrieb entstandenen Schaden in vollem Umfange aufkommen, wenn nur der Schaden während seiner Besitztumszeit entstanden ist, also auch dann, wenn der den Schaden verursachende Betrieb von seinem **Vorbesitzer** geführt worden ist und wenn diese Schadensursache noch so weit in der Vergangenheit zurückliegt.[2]) Mit Recht ist daher z. B. der jetzige Bergwerkseigentümer für haftbar erklärt, den Schaden zu ersetzen, welcher durch eine zur Zeit seines Eigentums eintretende Brunnenabtrocknung entstanden war, wenngleich die Ursache der Abtrocknung der vom Vorbesitzer des Bergwerks geführte Abbau war.[3])

Im Berggesetz für Anhalt § 137 ist diese Verpflichtung des jetzigen Bergwerksbesitzers auch für diejenigen, während seiner Besitzzeit entstehenden Bergschäden, welche von dem Vorbesitzer des Bergwerks verschuldet sind, aufkommen zu müssen, besonders zum Ausdruck gebracht.

3. Voraussetzung dafür, daß der jetzige Bergwerksbesitzer für die Folgen des Betriebes seines Vorbesitzers, welche erst während seiner Besitzzeit schädigend auf die Erdoberfläche einwirken, ist aber *Identität des vom jetzigen Bergbaubetreibenden besessenen Bergwerks mit demjenigen, dessen Betrieb aus früherer Zeit den Schaden verursacht hat.*

Der Bergwerksbesitzer hat nach dem Wortlaut des § 148 A.B.G. nur aufzukommen für den Schaden, welcher

---

1) Vergl. Brassert dazu IX S. 346.
2) R.G. 7./5. 84 Daubenspeck I S. 220, 3./4. 97 daselbst II S. 122, Fürst-Klostermann S. 453, Daubenspeck Haftpflicht S. 5.
3) R.G. 18./10. 90 XXXII S. 125.

durch den Betrieb des Bergwerks entstanden ist, d. h. er braucht für Schäden nur aufzukommen; wenn sie infolge von Betriebshandlungen in demjenigen Bergwerke entstanden sind, welches jetzt von ihm besessen wird, wenn das jetzt von ihm besessene Bergwerk rechtlich identisch ist mit demjenigen Bergwerke, welches sein Vorbesitzer besessen hat.[1]) Das ist aber nur der Fall, wenn das jetzige Bergwerk auf demselben konstitutiven Staatshoheitsakt, insbesondere also soweit das A.B.G. in Frage steht, auf derselben Verleihung beruht wie dasjenige, welches in der Hand seines Vorbesitzers gewesen ist, somit lediglich durch derivativen Titel, sei derselbe ein genereller oder spezieller (Testament, Gütergemeinschaft, gesetzliche Erbfolge, Vertrag unter Lebenden) aus der Hand des früheren Eigentümers in den Besitz der jetzigen Bergbautreibenden gelangt ist. Identität liegt aber nicht vor, wenn das jetzige Bergwerk einem anderen staatlichen Verleihungsakte seine Entstehung verdankt, und zwar dies selbst dann nicht, wenn auch das jetzt verliehene Feld sich räumlich mit demjenigen decken sollte, welches in der Hand des Vorbesitzers gewesen ist. Denn auch in diesem Falle, wenn z. B. das gemäß §§ 156 ff. entzogene Bergwerkseigentum demnächst auf Grund neuer Mutung wieder genau im alten, räumlichen Umfange neu verliehen wird, liegt rechtlich ein neues Bergwerkseigentum vor, das mit dem früheren in keiner Weise als dasselbe Rechtsobjekt gedacht werden kann, wie sich schon aus den im § 160 festgesetzten Rechtsfolgen von selbst ergibt.[2]) Daß noch weniger von Identität des Bergwerks die Rede sein kann, wenn das neu verliehene Feld sich nicht einmal räumlich mit dem früheren deckt, ist erst recht unbedenklich. Zutreffend ist daher die Klage gegen einen Bergwerksbesitzer abgewiesen worden, als der Schade auf das Zusammenbrechen eines unter seinem Vorbesitzer abgebauten Feldesteiles zurückgeführt wurde in einem Falle, wo dieser Feldesteil nur einen Teil des jetzigen und ebenso nur einen Teil

---

[1]) O.L.G. Hamm 4./10. 81 XXIII 244; R.G. 23./1. 86 XXVII S. 380.

[2]) Vergl. O.L.G. Hamm 4./10. 81 XXIII S. 244, Fürst-Klostermann S. 489 Anm. 3.

eines früheren, im übrigen von dem jetzigen Bergwerksfelde verschiedenen Bergwerks sich darstellte.[1])

Identität des Bergwerks kann auch nicht angenommen werden, wenn das jetzige Bergwerksfeld durch Konsolidation oder reale Feldesteilung aus früheren anderen Bergwerksfeldern entstanden ist. Denn das durch Konsolidation oder reale Feldesteilung entstehende neue Bergwerksfeld ist juristisch gleichfalls ein ganz neues Rechtsobjekt, welches mit den früheren Bergwerksfeldern nicht identifiziert werden kann.[2]) Es liegt deshalb auch hier kein Betrieb des Bergwerks vor, selbst wenn der Schaden durch die Einwirkung eines Flötzes, welches sowohl zu dem alten wie dem neuen Bergwerksfelde gehört, entstanden sein sollte.

4. Andererseits muß der jetzige Bergwerksbesitzer auch für alle Folgen der Beschädigung aufkommen, welche erst in der Besitzzeit seines **Rechtsnachfolgers** sichtbar in die Erscheinung treten, bezw. zum Bewußtsein des Geschädigten kommen, vorausgesetzt nur, daß auch die später erst in die Erscheinung gelangenden Folgen der jetzigen Beschädigung wirkliche Folgen des jetzt eingetretenen Schadens sind. In welchem Umfange deshalb der Bergwerksbesitzer, was die Person seines Rechtsnachfolgers im Besitze des Bergwerks angeht, für Bergschäden zu haften hat, richtet sich lediglich nach der an anderer Stelle unter E (S. 100ff.) zu erörternden Frage, ob und in welchem Umfange ein Schaden während seiner Besitzzeit existent geworden ist.

5. **Der neue Erwerber eines Bergwerkes haftet seinerseits nicht für die während der Eigentumszeit seines Vorbesitzers entstandenen Bergschäden,** auch nicht etwa neben denselben, er tritt insbesondere durch den bloßen Eigentumserwerb am Bergwerk nicht in die Bergschädenverpflichtungen seines Vorbesitzers ein.[3]) Es gilt dies nicht nur nach Preußischem, sondern auch nach Sächsischem Bergrecht.[4]) Der neue

1) R.G. 23./1. 86 XXVII S. 380.

2) Fürst-Klostermann S. 104ff. und dortige Literaturangabe.

3) Hamm 14./2. 67 bei Gruchot Bd. XI S. 784; R.G. 21./12. 92 XXXIV S. 508; R.G. 29./5. 95 Daubenspeck II S. 122, O.Tr. 26./6. 72 XIII S. 550, Oppenhoff Nr. 838, Fürst-Klostermann S. 453.

4) Wahle Anm. 8 zu § 139 A.B.G.

Erwerber haftet deshalb dem Grundeigentümer für den von seinem Vorbesitzer verursachten Bergschaden nur, sei es statt seiner oder neben ihm, wenn ein besonderer Rechtstitel vorliegt, der ihn auf Grund allgemeiner zivilrechtlicher Vorschriften dem Schadensberechtigten direkt haftbar macht. Das kann, abgesehen von den Fällen der §§ 414, 415, 329 B.G.B. namentlich auch aus § 419 B.G.B. begründet sein, wenn z. B. der bisher alleinige Gewerke einer Gewerkschaft die letztere zur Auflösung bringt oder wenn der bisherige Bergwerkseigentümer, sei dies auch eine Gewerkschaft oder Aktiengesellschaft, ihr ganzes Vermögen einer dritten physischen oder juristischen Person überträgt.[1]) Ebenso ist eine direkte Haftung des neuen Erwerbers gegeben, falls der § 25 H.G.B. zutrifft. Denn auch die Bergschäden würden in solchem Falle zu den Geschäftsschulden gehören.[2])

C. Das durch § 148 geschützte Objekt.

Gegenstand des durch § 148 verliehenen Rechtsschutzes ist nach Inhalt des Paragraphen nur das **„Grundeigentum und dessen Zubehörungen“**.

Diese Beschränkung gilt für alle deutsche Berggesetze, auch für das königlich Sächsische, dessen Wortlaut allerdings zu Zweifeln Anlaß geben kann.[3]) Aus dem obigen Satze ergibt sich im einzelnen das Folgende:

I. Den besonderen Rechtsschutz des § 148 A.B.G. genießen **die Grundstücke selbst und deren Zubehörungen im vollen, gesetzlichen Umfange.** Insbesondere sind also durch § 148 geschützt:

1. das Grundstück in seinem ganzen tatsächlichen und rechtlichen Umfange, insbesondere also mit allen seinen **Bestandteilen.** Was als Bestandteil des Grundstückes zu

---

[1]) Vergl. Westhoff Gewerkschaftsrecht S. 64.
[2]) Westhoff Gewerkschaftsrecht S. 64, Staub Anm. 21 zu § 22 H.G.B.
[3]) Wahle Anm. 6 zu § 139; a. M. Daubenspeck, Bergschaden S. 10.

gelten hat, richtet sich nunmehr nach den §§ 93—96 B.G.B. Bestandteile des Grund und Bodens sind darnach gemäß § 94 vor allem die mit dem Grund und Boden fest verbundenen Sachen. Speziell gehören darnach zu den Bestandteilen eines Grundstücks:

a) der im Boden sitzende Lehm, Torf, Mergel, Kies, Sand u. dergl., die stehende und hängende Frucht, sowie die auf dem Grundstücke stehenden Bäume,[1]) der mit dem Grundstücke verbundene Samen und zwar gleichgültig, ob die Aussaat vom Eigentümer oder einem Dritten (Nießbraucher, Pächter) vorgenommen ist, da sie ihrer Natur nach dauernd mit dem Grund und Boden verbunden sein soll.[2]) Dagegen gelten nicht als Bestandteil solche Pflanzen und Bäume, die nur vorübergehend mit dem Boden in Verbindung gebracht sind. Werden daher z. B. Bäume einer Baumschule oder Pflanzen, welche von einem Handelsgärtner zum Verkauf bestimmt sind, durch Bergbau beschädigt, so kann dieserhalb Schadensersatz auf Grund des § 148 A.B.G. nicht verlangt werden.[3])

b) Zu den wesentlichen Bestandteilen des Grundstücks gehören auch die auf demselben errichteten **Gebäude**, jedoch mit den aus § 95 sich ergebenden Ausnahmen bezüglich derjenigen Gebäude, welche nur zu einem vorübergehenden Zwecke oder kraft eines Rechtes am Grundstück auf demselben errichtet sind. Ausstellungsgebäude, Zirkus, Tribünen, Schaubuden, Karussells, provisorische Unterkunftshäuser für Arbeiter[4]) genießen daher aus ersterem Grunde nicht den Schutz des § 148 A.B.G. und zwar gleichgültig, ob sie von dem Grundeigentümer oder von einem Dritten (Mieter, Pächter, Nießbraucher) errichtet worden sind.[5]) Ebensowenig dürfte der Nießbraucher, der für seine Zwecke ein

---

[1]) §§ 94, 95 B.G.B., Rehbein I S. 82 u. 85, Foerster-Turnau I S. 23 u. 24, Neumann Anm. III 1 zu § 94; Leonhard S. 162; Endemann I S. 234; Enneccerus-Lehmann I S. 125.

[2]) Planck Anm. 2 zu § 95, Neumann Anm. 3 dazu.

[3]) Planck Anm. 2 zu § 95 B.G.B., Neumann Anm. 2 dazu.

[4]) Rehbein I S. 84, Neumann Anm. 2 zu § 95.

[5]) Planck Anm. 2 zu § 95 B.G.B., Neumann Anm. 2 dazu, Foerster-Turnau I S. 26.

Haus auf dem Nießbrauchsgrundstücke errichtet, wegen Beschädigung desselben durch den Bergbau auf Grund des § 148 A.B.G. Klage erheben können, weil die Beschädigung dieses Hauses keine solche des Grundstücks darstellt.[1]) Dagegen dürfte Beschädigung am Grundeigentum im Sinne des § 148 A.B.G. gegeben sein, wenn von einem bloß persönlich Berechtigten (Pächter, Mieter) Gebäude für dauernde Zwecke auf dem Grundstücke errichtet werden,[2]) was z. B. anzunehmen sein wird, wenn einmal die Konstruktion der Gebäude auf dauernden Bestand schließen läßt und andererseits im Pacht- oder Mietsvertrage vorgesehen ist, daß diese Gebäude nach Ablauf der Vertragszeit dem Eigentümer von selbst zufallen sollen, oder wenn dieser sonst, sei es vertraglich, sei es gesetzlich (§ 547 B.G.B.) das Recht hat, das Gebäude zu übernehmen oder dem Pächter bezw. Mieter die Wegnahme zu untersagen. Zu den „Gebäuden" wird man übrigens jede gebäudeähnliche Anlage zu rechnen haben, also z. B. auch Brücken, Häfen und Wasserbauten und dergl.[3])

c) Da **die Bestandteile des Gebäudes** als Bestandteil des Grundstücks selbst gelten,[4]) so genießen auch die zur Herstellung desselben eingefügten Sachen den Schutz des § 148 A.B.G. Dabei für ist die Frage, was zur Herstellung eines Gebäudes eingefügt, entscheidend, wie das Gebäude als wirtschaftliches Ganze objektiv erscheint, insbesondere was sein in seiner objektiven Beschaffenheit sich ausdrückender Zweck ist.[5]) Sachen, die nicht zur Herstellung des Gebäudes in diesem Sinne, sondern für den persönlichen Gebrauch desjenigen eingefügt sind, der das Gebäude zeitweilig benutzt, gelten nicht als Bestandteile und fallen daher auch nicht unter den Begriff des Grundeigentums im Sinne des § 148 A.B.G.[6]) Dagegen sind als Bestandteile des Gebäudes

---

[1]) Rehbein I S. 84, Planck Anm. 4 zu § 95.

[2]) Vergl. Planck Anm. 4 zu § 95: Neumann Anm. 3 zu § 95; a. M. Dernburg III S. 17; Cosack § 170 Anm. 11, Eck Vorträge S. 27.

[3]) Vergl. Paech in Neumanns Jahrbuch I S. 54.

[4]) Rehbein I S. 85.

[5]) Neumann in seinem Jahrbuch I S. 54.

[6]) Planck Anm. 6 zu § 94 B.G.B.

vor allem die fest vermauerten Maschinen eines als solches eingerichteten Fabrikgebäudes, die eingemauerten Badewannen und die Dampfmaschinen einer als solche sich auch äußerlich darstellenden Badeanstalt[1]) bei einer Brennerei, Brauerei, die zur Herstellung des so qualifizierten Gebäudes eingefügten Apparate[2]) anzusehen. Mit Recht ist daher der Bergwerkseigentümer zum Ersatz der Schäden auf Grund des § 148 des A.B.G. verurteilt worden, als er durch seinen Bergbau die auf einem Grundstück angelegte Bleicherei,[3]) die Maschinen und Kessel eines Fabrikgebäudes,[4]) den zu einem Fabrikbetriebe gehörigen Brunnen beschädigt hatte.[5]) Ähnliches gilt von allen anderen Anlagen, die mit dem Grundstücke selbst fest verbunden sind. (§ 94 Abs. 1 B.G.B.) So sind Rohrleitungen für Wasser, Gas und Elektrizität, telegraphische und andere Leitungen im Grund und Boden, Schienengeleise, die in Ausübung eines Rechtes an einem fremden Grundstücke mit demselben von dem Berechtigten verbunden werden, zwar nicht Bestandteile des letzteren, wohl aber desjenigen Grundstückes, auf welchem das Gas- oder Elektrizitätswerk oder der Mittelpunkt der Eisenbahnanlage sich befindet.[6]) Denn diese Leitungen sind ohne die Anstalt, von der aus sie mit Gas, Elektrizität gespeist werden oder deren Betriebe sie dienen, nichts. Sie werden durch die Trennung von diesem Hauptgrundstück in ihrem Wesen verändert.[7]) Werden derartige Rohrleitungen oder Schienengeleise beschädigt, so liegt somit nicht bloß eine Schädigung des durch die Beschädigung unmittelbar betroffenen Grundstücks vor, sondern daneben auch eine Beschädigung des Grundstücks, zu dessen Bestandteil diese Leitungen gehören. Zutreffend ist daher unter diesem Gesichtspunkt die Klage einer Gasgesellschaft

---

[1]) Rehbein I S. 82, Foerster-Turnau I S. 24; vergl. auch Neumanns Jahrbuch I S. 54 u. 55.
[2]) Rehbein I S. 85.
[3]) R.G. 9./10. 82 XXXIV S. 300.
[4]) R.G. 1./7. 99 XL S. 479; 15./3. 02 XLIV S. 141.
[5]) R.G. 1./7. 99 XI S. 479.
[6]) Rehbein I S. 84 S. 87, R.G. 7./11. 00 Entsch. Bd. 48 S. 267.
[7]) §§ 93, 94 B.G.B. Rehbein I S. 89.

gegen den Bergwerkseigentümer durchgedrungen, als der letztere durch seinen Bergbaubetrieb die von der ersteren in fremden Grund und Boden gelegten Rohre beschädigt hatte,[1]) ebenso die Klage einer Gemeinde, deren in gleicher Weise beschädigte Wasserableitungsrohre auf einem Nachbargrundstück sich befanden.[2])

Voraussetzung für alle solche und ähnliche Fragen ist aber, daß die betreffenden Sachen dauernd und für die Zwecke gerade des betreffenden Gebäudes und Grundstücks selbst denselben eingefügt bezw. mit demselben sonst fest verbunden sind.

Gegenstände, welche nur zu vorübergehenden Zwecken in ein Gebäude eingefügt sind, z. B. Badewannen, elektrische Leitungen, die der Mieter, Pächter, Nießbraucher zu seinem Gebrauche oder auch der Eigentümer nicht für das Gebäude, sondern für sich selbst zeitweilig hergestellt oder eingerichtet, unterliegen dem Schutze des § 148 nicht.[3])

d) Kraft positiver Vorschrift des Gesetzes hat ferner die Beschädigung des **Erbbaurechts** als Beschädigung am Grundeigentum im Sinne des § 148 A.B.G. zu gelten. Es folgt dies aus der generellen Vorschrift des § 1017 B.G.B., die nicht bloß für das B.G.B., sondern auch für die durch das E.G. zum B.G.B. aufrecht erhaltenen Landesgesetze gilt.[4]) Da das vom Erbbauberechtigten errichtete Gebäude als Bestandteil des Erbbaurechts selbst anzusehen sein wird,[5]) so ist deshalb auch die Beschädigung eines solchen Gebäudes, obwohl es nach § 95 Abs. 1 S. 2 nicht Teil des Grundstücks ist, dennoch aus dem vorwiedergegebenen Gesichtspunkt durch § 148 A.B.G. geschützt.

e) Ähnliches wird anzunehmen sein, wenn eine **Grunddienstbarkeit** durch den Bergbau geschädigt wird. Denn eine solche „gilt" als Bestandteil des herrschenden Grund-

---

[1]) R.G. 24./6. 85 XXVII S. 100.
[2]) O.L.G. Hamm 1./2. 98 XXXIX S. 472.
[3]) § 95 Abs. 2 B.G.B., Rehbein I S. 86, Neumann Anm. 2 zu § 95 B.G.B.
[4]) Turnau-Foerster u. Planck Anm. 1 zu § 1017 B.G.B.
[5]) Vergl. Justiz-Ministerialblatt de 1902 S. 6ff.; Kipp-Windscheid I S. 611; Turnau-Foerster I S. 437 Anm. 2, 444 u. 445 Anm. 1 und 2.

stücks gemäß § 96 B.G.B., d. h. sie ist in ihrer rechtlichen Behandlung dem Grundstücke gleichgestellt.[1]) Man wird also eine auf Grund einer Grunddienstbarkeit gemachte Anlage als Bestandteil oder Zubehör des herrschenden Grundstückes anzusehen,[2]) und deshalb anzunehmen haben, daß die Beschädigung einer solchen Anlage sich als eine solche des herrschenden Grundstücks auch dann darstellt, wenn sie nicht schon nach dem zu c Ausgeführten Bestandteil desselben ist.

f) Ebenso liegt Schädigung am Grundeigentum im Sinne des § 148 A.B.G. vor, wenn einem **Privatflusse** durch den Bergbau **Wasser entzogen** wird. Wie noch an anderer Stelle unter K auszuführen, gilt der Privatfluß nach der herrschenden Ansicht als Bestandteil der anliegenden Ufergrundstücke bis zur Mittellinie, nach anderer, weniger verbreiteter Auffassung steht den Anliegern wenigstens eine Grundgerechtigkeit am Privatflusse zu. Daß vom Standpunkte der ersteren Auffassung bei der Wasserentziehung Beschädigung am Grundeigentum vorliegt, bedarf keiner Hervorhebung. Aber auch für die zweite Ansicht würde mit Rücksicht auf das unter e Ausgeführte Gleiches anzunehmen sein.[3])

2. Nach ausdrücklicher Bestimmung des § 148 A.B.G. ist durch denselben ferner auch das **Zubehör** des Grundstücks geschützt. Was als solches anzusehen ist, bestimmen nunmehr die §§ 97 u. 98 B.G.B. Darnach sind Zubehör des Grundstücks alle beweglichen Sachen, die nicht Bestandteile der Hauptsache, sondern für sich Sache sind, aber räumlich mit der Hauptsache zur dauernden Benutzung für deren wirtschaftliche Zwecke in Verbindung gebracht sind. Werden daher solche Sachen durch den Bergbau beschädigt, so haftet der Bergwerkseigentümer gemäß § 148 A.B.G. Dabei macht es keinen Unterschied, ob die beschädigte Sache Zubehör

---

[1]) Turnau-Foerster I S. 27, Neumann Anm. 1 zu § 96, Endemann I S. 235, Enneccerus-Lehmann I S. 128.

[2]) Kipp-Windscheid S. 612; vergl. auch R.G. 10./6. 03 Jur. Wochenbeilage S. 90.

[3]) O.L.G. Hamm 28./2. 90 XXXIV S. 506.

des Grundstücks selbst oder eines seiner Bestandteile, z. B. eines darauf errichteten Gebäudes ist. Denn das Zubehör des Gebäudes ist auch Zubehör des Grundstücks, weil ersteres einen Bestandteil des letzteren bildet.[1]) Darnach und nach der speziellen Vorschrift des § 98 genießen deshalb den Rechtsschutz des § 148 A.B.G.:

a) Als **Zubehör eines Gebäudes, welches für einen gewerblichen Betrieb** dauernd objektiv eingerichtet ist,[2]) die zum Betriebe desselben bestimmten Maschinen und sonstigen Gerätschaften, soweit sie nach obigem nicht Bestandteile sind.[3]) Insbesondere gehört dazu bei einem Apothekergrundstück die Einrichtung der Apotheke, bei einem Gasthofe die gesamten Zimmereinrichtungen, Bettwäsche u. dgl., bei einer Restauration die dem Wirtschaftsbetriebe gewidmeten Tische, Stühle, Flaschen, Gläser, bei einem offenen Geschäft die Ladentische, Repositorien, Buffets, bei einer Elektrizitätsanlage, die mit ihr nur lose verbundenen Akkumulatorenbatterien,[4]) bei einer Brauerei oder Brennerei auch die zum Betiebe benötigten Pferde, Wagen, die Brauereigerätschaften.[5]) Dabei macht es keinen Unterschied, ob die Sachen in das gemäß § 97 erforderliche „räumliche Verhältnis" zur Hauptsache durch den Eigentümer oder einen Dritten auf Grund eines dinglichen oder persönlichen Rechts gebracht sind, vorausgesetzt nur, daß die Sache dauernd dem wirtschaftlichen Zwecke der Hauptsache zu dienen bestimmt sind.[6]) Im Zweifel wird man bei Maschinen und dergl., die der Mieter eines Fabrikgebäudes z. B. in dasselbe eingebracht hat, anzunehmen haben, daß sie nur zur vorübergehenden Benutzung, nämlich für die Dauer der Mietszeit in das Gebäude eingebracht wurden.[7]) Werden solche Maschinen deshalb durch Bergbau beschädigt, so hat der Mieter

---

[1]) Turnau-Foerster I S. 36.
[2]) R.G. 22./5. 01. Jur. Wochenschrift de 1901 S. 493. Planck Anm. 3a zu § 97.
[3]) Rehbein I S. 88.
[4]) R.G. 25./11. 02 Jur. Wochenschrift de 1903 Beilage S. 4.
[5]) Rehbein I S. 88, Foerster-Turnau I S. 36, Planck Anm. 2 zu § 98 B.G.B.
[6]) Neumann Anm. 1c zu § 97.
[7]) Planck Anm. 2 zu § 98 B.G.B.

dieserhalb keinen Schadensanspruch auf Grund des § 148 A.B.G.

b) Bei **sonstigen Gebäuden** ist die Frage des Vorhandenseins und des Umfangs des Zubehörs und der dadurch bedingte Rechtsschutz des § 148 A.B.G. davon abhängig, ob das betreffende Gebäude seiner ganzen Einrichtung nach für einen bestimmten wirtschaftlichen Zweck eingerichtet ist und dies auch objektiv hervortritt, sowie ferner, ob die betreffende Nebensache dauernd diesem wirtschaftlichen Zwecke der Hauptsache zu dienen bestimmt und zu ihr in ein entsprechendes äußerliches Verhältnis gebracht ist. Namentlich der erstere Moment wird häufig Anlaß zu Zweifeln geben können. So ist durch Urteil des O.Tr. vom 5./3. 58 Strieth. Bd. 29 S. 183 entschieden, daß Gebäude, in denen Gericht gehalten wird, als solche keine ausschließliche Bestimmung ihrer Einrichtung nach hätten, die Aktenrepositorien und sonstigen Einrichtungsgegenstände deshalb auch nicht den Zwecken des Gebäudes dienten und daher auch nicht als Zubehör desselben anzusehen seien. M. E. dürfte indeß die Entscheidung in ihrer generellen Fassung zu weit gehen, es kommt auf die Einrichtung des einzelnen Gerichtsgebäudes an, ob darin sich der Charakter als eines der Rechtspflege gewidmeten Gebäudes auch äußerlich (z. B. durch Einrichtung der Korridore, Sitzungssäle usw.) objektiv ausprägt. Ist das der Fall, so verschlägt der Gesichtspunkt nichts, daß das Gebäude auch allenfalls zu anderen Zwecken, z. B. als Kaserne benutzt werden könnte.[1] Wird daher ein solches Gebäude durch Bergbau beschädigt, so kann auch wegen Beschädigung der Gerichtsutensilien aus § 148 A.B.G. Schadensersatz beansprucht werden. Aus ähnlichen Gründen werden deshalb auch nach B.G.B. als Zubehör anzusehen sein und nötigenfalls dem Schutze des § 148 A.B.G. unterliegen die Schulbänke bei einer Schule,[2] Glocken, Uhr und Orgel bei einer Kirche.[3]

c) Nach § 98 No. 2 gilt als **Zubehör eines Landgutes,**

---

1) R.G. 22./5. 01 Jur. Wochenschrift de 1901 S. 493.
2) O.T. 9./11. 63 Strieth. Bd. 52 S. 87.
3) O.T. 5./2. 61 Strieth. Bd. 39 S. 351.

d. h. eines zum selbständigen Betrieb der Landwirtschaft eingerichteten Grundstücks,[1]) das zum Wirtschaftsbetrieb bestimmte Gerät und Vieh, die landwirtschaftlichen Erzeugnisse, soweit sie zur Fortführung der Wirtschaft bis zu der Zeit erforderlich sind, zu welcher gleiche oder ähnliche Erzeugnisse voraussichtlich gewonnen werden, sowie der vorhandene, auf dem Gute gewonnene Dünger. In demselben Umfange sind also auch diese auf einem Landgute vorhandenen beweglichen Gegenstände, wenn sie durch Bergbau beschädigt werden, dem Schutze des § 148 unterworfen. Stürzt also z. B. ein Stallgebäude ein und es wird bei dieser Gelegenheit das darin befindliche Vieh getötet oder verletzt, so muß der Bergwerkseigentümer dafür nach § 148 A.B.G. aufkommen, soweit dieses Vieh zur Bearbeitung des Ackerlandes, Düngergewinn, zur Milchwirtschaft, zur Ernährung der Hofesleute oder zu Nebenbetrieben des Landgutes, z. B. Pferde zum Betrieb des Milchhandels gehalten wird.[2]) Dasselbe gilt, wenn durch den Bergwerksbetrieb die zur Landwirtschaft benötigten Wirtschaftsgeräte (Eggen, Pflüge, Maschinen, Gespanne) oder das zur Wirtschaftsführung bis zur nächsten Ernte erforderliche, bereits abgeerntete Saat-, Brot- und Futterkorn, Heuvorräte oder sonstige Erzeugnisse beschädigt werden.[3]) Ebenso haftet der Bergwerksbesitzer für den Verlust der auf dem Gute gewonnenen Jauche, wenn dieselbe infolge des durch den Bergbau bewirkten Bruches der Düngergrube ausfließt.[4]) Bei den Gerätschaften und dem Vieh macht es auch an sich keinen Unterschied, ob es dem Eigentümer des Landgutes gehört oder einem dritten persönlich oder dinglich Berechtigten (Pächter, Nießbraucher), vorausgesetzt nur auch hier, daß die übrigen Erfordernisse der Zubehöreigenschaft vorliegen, namentlich die dauernde Anschaffung für die Zwecke des Landgutes selbst. Regelmäßig wird man allerdings auch hier beim Pächter und Nießbraucher wohl zu unterstellen haben, daß nur eine vor-

[1]) Rehbein I S. 90, Planck Anm. 3 zu § 98.
[2]) Rehbein I S. 90.
[3]) Rehbein a. a. O.
[4]) R.G. 19./1. 98 XXXIX S. 239.

übergehende Benutzung für die Dauer des Nießbrauchs und Pachtzeit beabsichtigt ist.[1]) Das ihnen gehörige Gutsinventar wird deshalb des Schutzes des § 148 A.B.G. regelmäßig entbehren.

II. Aus dem Satze, daß nur das Grundeigentum seine Bestandteile und Zubehörungen dem § 148 unterliegen, ergibt sich, daß darüber hinaus der Bergwerksbesitzer auf Grund des § 148 nicht haftet. Er haftet also insbesondere nicht, wenn bei Gelegenheit der Beschädigung eines Grundstückes **Personen** verletzt oder **bewegliche Gegenstände** beschädigt werden, die nicht ein Zubehör des Grundstückes bilden.[2]) Gehen deshalb beim Zusammensturz eines Stalles, der zu einem herrschaftlichen Wohnhause gehört, Wagen oder Pferde zugrunde, werden auf einem Landgute bei der Beschädigung des Grund und Bodens Pferde verletzt, die, wie Mastvieh, Luxusvieh (Rennpferde), von Dritten zur Weide eingestelltes Vieh[3]) nicht zum Zubehör des Landgutes gehören, werden abgeerntete Früchte, die nicht zur Wirtschaftsführung und Einsaat benötigt werden, sondern zum Verkauf bestimmt sind, beschädigt, so haftet der Bergwerksbesitzer auf Grund des § 148 A.B.G. nicht. Dasselbe gilt, wenn bei der Beschädigung von Rohrleitungen weitergehender Schaden zugefügt wird, der sich nicht als Schaden an den Bestandteilen oder Zubehörungen des Grundstückes qualifiziert, z. B. wenn bei der Beschädigung einer Gasrohrleitung Gas entweicht, bei Bruch einer Ölzisterne das in derselben befindliche Öl ausläuft, bei Beschädigung der elektrischen Kabelleitungen elektrische Kraft verloren geht oder dergl. In allen diesen Fällen handelt es sich um Beschädigungen an beweglichen Sachen, bezw. bei der Elektrizität um Verhinderung einer sonst in Geld umzusetzenden Leistung.[4]) Es ist deshalb m. D. bedenklich, wenn das R.G. in der Entscheidung vom 24./6. 85 XXVII S. 100 den Bergwerkseigentümer

---

[1]) Planck Anm. 3a zu § 97, Rehbein I S. 90.
[2]) O.L.G. Hamm 18./4. 82 XXIII S. 363.
[3]) Rehbein I S. 90.
[4]) Rehbein I S. 77; vergl. auch bezüglich der rechtlichen Natur des elektrischen Stromes Neumann Jahrbuch I Anm. 3 zu § 90.

für das Gas, welches der Leitung bei deren Bruch verloren gegangen ist, in Höhe und unter Zugrundelegung des Wertes desselben verantwortlich macht. M. D. würde die Entscheidung sich nur dann rechtfertigen lassen, wenn man annehmen könnte, daß das Gas einen Bestandteil der Gasrohrleitungen, mit ihr wirtschaftlich einen einzigen Gegenstand bildete.[1]) Einer solchen Annahme wird aber entgegenstehen, daß von einer einheitlichen Sache im Sinne des B.G.B. nur dann gesprochen werden kann, wenn nach der Auffassung des Verkehrs oder der Bestimmung der Beteiligten ein aus mehreren zusammengesetzter körperlicher Gegenstand als Einzelsache aufgefaßt wird. Regelmäßig wird das indeß auch im Sinne des A.B.G.[2]) nur dann der Fall sein, wenn die Einzelsachen dauernd oder gar untrennbar miteinander verbunden sein sollen bezw. sind. Das ist aber bei einer Gasrohrleitung bezüglich des durch dieselbe laufenden Gases nicht der Fall. Denn die Gasrohrleitung hat zweifellos nicht den Zweck, der dauernden Aufbewahrung des Gases, sondern im Gegenteil, den der Fortleitung desselben zu dienen. In solchen und ähnlichen Fällen wird der Verlust von Gas, Öl, Elektrizität nur insofern und insoweit dem Bergwerkseigentümer auf Grund des § 148 B.G.B. belastet werden können, wenn sich dieser Verlust gleichzeitig als Schädigung des Gasgrundstücks, bezw. der Fabrik oder des Elektrizitätswerks selbst darstellt, etwa in erhöhten Betriebsunkosten resp. entgangenem Geschäftsgewinn der einen Bestandteil dieses Grundstücks bildenden industriellen Anlage zum Ausdruck kommt und in dieser Weise berechnet wird. So konnte vielleicht in dem oben behandelten Falle die Gasanstalt dem Bergwerkseigentümer ihren entgangenen Geschäftsgewinn, bestehend in etwaigen Mehrausgaben für Heizmaterial, die durch den Bruch der Gasrohre notwendig geworden waren, oder die erweislich darauf zurückzuführende Mindereinnahme im Gasabsatz zur Last setzen.

---

[1]) Vergl. Planck I S. 127 Anm. 3, Endemann I S. 235.
[2]) Arg. §§ 95. 97, 947, 948, Rehbein I S. 83.

III. Nach denselben Grundsätzen wie sub II ist m. D. auch die praktisch wichtige Frage zu entscheiden, ob und in welchem Umfang der Verlust an **Geschäftsgewinn** auf Grund des § 148 A.B.G. geltend gemacht werden kann, der dem Eigentümer eines Grundstücks dadurch erwächst, daß er vorübergehend oder dauernd an der Ausübung seines auf dem Grundstück betriebenen Gewerbes infolge der Beschädigung der Grundfläche durch Bergbau behindert ist. Auch hier ist die prinzipielle Beantwortung der Frage, inwieweit der Bergwerksbesitzer für diesen Gewinnausfall haftet, leicht dahin zu geben, daß der Bergwerksbesitzer nur insofern für den Ausfall am Geschäftsgewinn haftet, als derselbe nach Lage der Sache sich als entgangener Gewinn aus dem Grundstück selbst darstellt, daß er aber insofern nicht vom Bergwerksbesitzer vertreten zu werden braucht, als der Gewinn durch die Unmöglichkeit der Verwertung anderer Faktoren, welche für seine Erzielung maßgebend sind, eingebüßt ist.[1] Praktisch wird es aber, da der, durch die Nichtverwertbarkeit der letzteren Faktoren und diejenige der Grundstücke selbst entstandene Schaden sich dem äußeren Anscheine nach als untrennbarer Gesamtschaden darstellt, häufig schwierig sein, auseinander zu halten, welcher Teil dieses Gesamtschadens auf die Beschädigung des Grundeigentums, welcher auf die Beschädigung sonstiger Rechte oder Möglichkeiten des Grundeigentümers verrechnet werden muß. Jedenfalls kommt es darnach für die Frage, ob und inwieweit der Geschäftsgewinn zu vergüten ist, auf die Lage des einzelnen Falles an.

1. Der Geschäftsgewinn ist bei **Detailgeschäften** regelmäßig ein gemeinsames Produkt der persönlichen Tätigkeit des Grundeigentümers, wie der örtlichen Lage seines Geschäftslokales. Beide Faktoren wirken zusammen bei dem Ergebnisse des Geschäftes. Ein im Besitz einer physischen Einzelperson befindliches Spezereiwarengeschäft, Manufakturwarengeschäft, eine Wirtschaft oder dergl. ist bezüglich seines Erfolges, wie die tägliche Erfahrung lehrt, ebensowohl

---

[1]) Daubenspeck Bergschaden S. 21.

abhängig von seiner lokalen Lage, wie von der Tüchtigkeit seines Geschäftsinhabers. Sowohl ein Wechsel des ersteren, wie des letzteren kann einen nachteiligen Einfluß auf den Geschäftsgewinn äußern. Für die Bergschädenklage aus § 148 aber kommt, wenn durch den Bergbaubetrieb der Geschäftsbetrieb in einem solchen Hause dauernd oder auf Zeit unmöglich gemacht ist, nur derjenige Teil des Geschäftsverlustes in Frage, welchen der Geschäftseigentümer dadurch erleidet, daß er gerade in diesem Lokale seine geschäftliche Tätigkeit nicht weiter ausüben kann.[1]) Die Tatsache, daß er seine Arbeitskraft überhaupt nicht in dem in Betracht kommenden Zeitpunkte hat verwerten können, scheidet dagegen aus, da es sich insofern jedenfalls nicht um einen Schaden bezüglich seines Grundeigentums handelt. In der Regel wird deshalb der Mietszins, der für ein derartiges Geschäftslokal nach den örtlichen Verhältnissen zu erzielen ist, den Maßstab des Minimums abgeben, welches als der gemäß § 148 A.B.G. zu vertretende Ertragsausfall bei dem betreffenden Grundstücke anzusehen ist. Von dem darüber hinausreichenden voraussichtlichen Geschäftsverlust ist zunächst ein, dem ortsüblichen Satze für die Vergütung der Leitung eines solchen Geschäftes entsprechender Abzug zu machen, welcher als Vergütung für die persönliche Tätigkeit des Geschäftsinhabers zu rechnen und als solcher vom Bergwerkseigentümer nicht zu vergüten ist. Der dann noch übrig bleibende Betrag des Geschäftsverlustes ist derjenige Betrag, der dadurch an Schaden erwachsen ist, daß dieser Kaufmann in diesem Geschäftslokal seine Tätigkeit nicht hat ausüben können. Er ist also zum Teil auf die Lage, zum Teil auf die persönliche Tüchtigkeit des Geschäftsinhabers zu verrechnen und demgemäß angemessen zu verteilen, regelmäßig also wohl nur zur Hälfte von dem Bergwerksbesitzer zu ersetzen. Der bisherigen Judikatur, welche die vorstehenden Unterschiede nicht gemacht, sondern bald den Anspruch wegen Geschäftsverlust bei solchen Detailgeschäften

---

[1]) R.G. 11./6. 74 Entsch. XXXII 303.

ganz abgelehnt,[1]) bald ganz zugesprochen hat,[2]) kann deshalb nicht überall beigetreten werden.

2. Ähnliche Grundsätze müssen m. D. auch gelten, wenn es sich um eine mit **dem Grundstück verbundene Gewerbeberechtigung,** bezw. ein dem ähnliches Verhältnis z. B. um eine Apotheke handelt. Auch in diesem Falle muß von dem Geschäftsgewinn zunächst dasjenige abgezogen werden, was als angemessene Vergütung, für die persönliche Tätigkeit des Apothekers zu rechnen ist, also z. B. die Vergütung, die er einem Provisor zahlen müßte, wenn derselbe in seiner Abwesenheit die Apotheke leitete. Dagegen ist es in diesem Falle durchweg ausgeschlossen, einen Teil des dann noch übrig bleibenden Geschäftsgewinnes auf die persönliche Tüchtigkeit des Apothekenbesitzers zu verrechnen. Denn bei einer regelmäßig konkurrenzlosen Apotheke kommt es bezüglich ihrer Einträglichkeit wesentlich nur auf die Lage derselben an. Der Geschäftsverlust ist also nach Abzug der Vergütung für die Tätigkeit eines Provisors lediglich darauf zurückzuführen, daß in diesem Lokale die Gewerbetätigkeit des Apothekers nicht hat ausgeübt werden können.

3. Dasselbe wie ad 2 gilt m. D. bezüglich solcher **industriellen Anlagen, bei denen der Betrieb eines Gewerbes in einer besonderen Beziehung zu einem Grundstücke steht** und von der Beschaffenheit desselben, z. B. von besonderen Anlagen und Einrichtungen auf demselben abhängig ist, z. B. einer Mühle,[3]) Zuckerfabrik.[4]) In diesem Falle muß der Schaden in höherem Umfange, wie bei einem Detailgeschäft ersetzt werden, weil die industrielle Anlage sich einmal stets entweder als Zubehör oder als Bestandteil des Bodens charakterisiert und der dem Geschäftsbetrieb zugefügte Schaden somit direkt als Beschädigung eines dem § 148 A.B.G. unterliegenden Objekts sich darstellt, außerdem — speziell bei

---

[1]) R.G. 25./10. 83 XXVI S. 115 betr. ein Manufakturwarengeschäft, O.L.G. Hamm 18./4. 82 XXIII S. 389 betr. eine Wirtschaft.

[2]) R.G. 20./12. 82 XXV S. 397 betr. Schankwirtschaft, vgl. auch O.Tr. 18./9. 74 betr. Bäckerei.

[3]) O.L.G. Hamm 28./2. 90 XXXIV 506.

[4]) R.G. 15./1. 98 u. Daubenspeck II 178; R.G. 1./7. 99 XL 479; 15./3. 02 XLIV S. 141.

vorübergehender Beschädigung — eine Verlegung des Geschäftsbetriebes in ein anderes Gebäude unmöglich ist. Hier wird regelmäßig der volle Gewinnausfall für die Dauer der Betriebsstörung zu vergüten sein, freilich auch hier, wenn es sich um das gewerbliche Unternehmen einer physischen Person handelt, nach Abzug eines Betrages für deren persönliche Tätigkeit, welche auch hier aus den oben entwickelten Gründen nicht ersetzt zu werden braucht. Bei einer juristischen Person, bei der das Gehalt des Leiters ohnehin schon bei der Berechnung des Reingewinnes als Teil der Geschäftsunkosten in Rücksicht gezogen ist, wird auch ein solcher Abzug entfallen.

IV. Aus dem Satze, daß durch § 148 nur das Grundeigentum geschützt ist, ergibt sich ferner, daß § 148 keine Anwendung findet, wo durch den Bergbaubetrieb ein fremdes **Bergwerkseigentum geschädigt** wird.[1]) Führt deshalb ein Bergwerkseigentümer einem anderen Bergwerk Grubenwasser in schädlicher Qualität oder Menge zu, so haftet er für den entstandenen Schaden nur nach allgemeinen Grundsätzen, speziell also jetzt nach Maßgabe der §§ 823ff. B.G.B.[2])

1. Selbstredend bezieht sich aber Vorstehendes nur auf das verliehene Bergwerkseigentum selbst. Wird durch den Bergbaubetrieb des Bergwerksbesitzers A. **ein dem Bergwerksbesitzer** B. **gehöriges Grundstück** beschädigt, so kann letzterer Schadenersatz gemäß § 148 fordern und zwar auch dann, wenn das beschädigte Grundstück, z. B. ein Flutgraben, dem Bergbaubetrieb des B. dienen sollte.[3]) Aus letzterem Grunde dem B. den Schadensanspruch des § 148 zu versagen, würde deshalb verfehlt sein, weil aus dem Schweigen des § 148 folgt, daß es darauf, welchem Zwecke das betreffende Grundstück dient oder wem es gehört, nicht ankommt. Eine Ausnahme können nur solche Grundstücke bilden, welche, was auch nach B.G.B.

---

[1]) Fürst-Klostermann S. 455, Brassert S. 390, Oppenhoff Nr. 836, Arndt S. 157.

[2]) R.G. 28./1. 82 Daubenspeck I S. 209.

[3]) R.G. 14./10. 91 XXXIII S. 226.

noch möglich ist,[1]) als Bestandteile einem Bergwerke zugeschrieben sind. Man **muß** annehmen, daß solche Grundstücke dadurch ihre selbständige Eigenschaft als Grundstücke verlieren, nur noch als Teile des Bergwerkseigentums gelten und infolgedessen auch den Rechtsschutz des § 148 nicht mehr genießen.

2. Dagegen wird man weiter anzunehmen haben, daß auch der **Grundeigentümerbergbau** durch § 148 geschützt ist. Wenn also der Grundeigentümer in seinem eigenen Grundstück im sächsischen Mandatsbezirk Kohlenbergbau treibt und in diesem Betriebe durch den Betrieb eines benachbarten Bergwerksbesitzers beschädigt wird, so ist er berechtigt, von dem letzteren Schadensersatz auf Grund des § 148 zu beanspruchen. Das muß m. D. auch dann gelten, wenn gemäß dem Gesetze vom 22./2. 69 (X S. 115ff.), sei es zu Gunsten des Grundeigentümers, sei es zu Gunsten eines Dritten, das Recht des Kohlenabbaues durch Zuschreibung auf ein besonderes Grundbuchblatt den Charakter einer selbständigen Kohlenabbaugerechtigkeit bekommen hat. M. D. hören dadurch die betreffenden Mineralien nicht auf, Bestandteile des Grund und Bodens zu bilden. Es ist nur eine subjektiv persönliche, objektiv dingliche Berechtigung konstituiert worden, der zufolge der Eigentümer des Grundstücks das an sich aus seinem Eigentum fließende Recht zur Gewinnung der in dem Grundstücke anstehenden Kohlen entzogen und dem Dritten bezw. ihm selbst als besonderes Recht zugeteilt ist. Bis zur Entnahme bilden die Kohlen aber noch einen Bestandteil des Grund und Bodens und genießen damit auch den Schutz des § 148 A.B.G.[2]) Es muß das um so mehr angenommen werden, als die Tendenz des vorgenannten Gesetzes dahin gegangen ist, das Prinzip der Zugehörigkeit der Kohlen zum Grundeigentum konsequent durchzuführen (Motive des Gesetzes X S. 122), sodaß die Rechte des Grundeigentümers nur insoweit durch dieses Gesetz als beseitigt angesehen werden können, wo dies in

[1]) Turnau-Foerster II S. 413.

[2]) Arndt Anm. 4 zu § 148, vergl. auch Fürst-Klostermann S. 827 Anm. 3 u. O.Tr. 3./12. 75 XVII S. 80; a. M. R.G. 28./1. 82 Daubenspeck I S. 209.

dem Gesetze besonders zum Ausdruck gebracht ist. Dafür spricht auch die Fassung des § 5 Art. 38 E.G. zum B.G.B., der im Gegensatz zum Erbbaurecht (§ 1017 B.G.B.) nicht auch die auf Grundstücke sich beziehenden Vorschriften der Landesgesetze auf die Kohlenbaugerechtigkeiten zur Anwendung bringt, sondern dies auf die bezüglichen Vorschriften des B.G.B. beschränkt.

V. **Der Bergwerksbesitzer ist seinerseits gegen Handlungen des Grundeigentümers,** die auf sein Bergwerkseigentum schädlich einwirken, durch eine besondere Klage nicht geschützt. Es ist dies auch dann nicht der Fall, wenn der Grundeigentümer in dem verliehenen Felde des Bergwerksbesitzers auf das dem Grundeigentümer verbliebene Mineral Abbau treibt und dadurch den Bergwerksbesitzer schädigt.[1]) Der Bergwerkseigentümer kann also gegen den Grundeigentümer wegen schädlicher Einwirkungen auf sein Bergwerkseigentum Schadensansprüche nur auf Grund der §§ 823ff. B.G.B. Klage erheben. Dabei ist zu bemerken, daß der Grundeigentümer seinerseits an und für sich trotz des kollidierenden Bergwerkseigentums berechtigt ist, über sein Grundstück frei zu verfügen. Er kann also an sich Entwässerungsanlagen einrichten, Brunnen graben, Steinbrüche anlegen, selbst wenn dadurch der Bergwerkseigentümer geschädigt wird.[2]) Es muß daher dem Grundeigentümer Widerrechtlichkeit, eine Überschreitung der aus seinem Eigentum sich ergebenden Befugnisse und Vorsätzlichkeit oder Fahrlässigkeit seiner Handlung nachgewiesen werden, wenn er auf Grund der §§ 823ff. B.G.B. ersatzpflichtig werden soll. Das war gegeben in einem Falle, wo der Grundstückseigentümer rechtswidrig und fahrlässiger Weise das Wasser eines Baches künstlich den Grubenbauen des Bergwerksbesitzers zugeführt hatte, um wie er erklärte, das Bergwerk, durch das er seinen Grundbesitz beschädigt glaubte, zum Ersaufen zu bringen.[3]) Auch für das B.G.B. würde m. D. der dortige

---

[1]) R.G. 8./1. 97 XXXVIII S. 354; a. M. bezügl. des früher französischen Rechtsgebietes (O.L.G. Köln 19./5. 96 XXXVII S. 358).

[2]) Oppenhoff Nr. 833, Arndt S. 157.

[3]) R.G. 8./6. 98 XL S. 81, O.L.G. Hamm 7./11. 97 XXXIX S. 104.

Fall in gleicher Weise entschieden werden müssen. Denn auch für diesen wird man anzunehmen haben, daß der Grundstückseigentümer widerrechtlich handelt, wenn er den bergbaulichen Anlagen des Bergwerksbesitzers Flüssigkeiten oder dergleichen künstlich zuleitet. Das aus dem Eigentum am Grundstück fließende Recht des Grundeigentümers, mit demselben nach Belieben zu verfahren, findet seine Grenze an dem entgegenstehenden Bergwerkseigentum und der daraus gemäß § 54 A.B.G. resultierenden Befugnis des Bergwerkseigentümers, das ihm verliehene Mineral in seinem Felde aufzusuchen und zu gewinnen, sowie alle hierzu erforderlichen Anlagen über und unter Tage zu treffen. (§ 902 B.G.B.) Zuführung von Wasser und sonstigen Gegenständen braucht der Bergwerksbesitzer, soweit er in diesen seinen gesetzlichen Rechten verletzt wird, daher ebensowenig zu dulden, wie in gleichem Falle der Grundeigentümer. Er kann deshalb solchen Eingriffen gegenüber nicht bloß die aquilische, sondern auch die negatorische Klage des § 1004 B.G.B. erheben.[1])

D. Die Schadensursache.

Der Schaden muß, um die Klage aus § 148 A.B.G. zu begründen, durch **Bergwerksbetrieb** zugefügt sein.

Daraus ergibt sich im einzelnen folgendes:

I. Der Schaden muß entstanden sein durch den Betrieb eines **Bergwerkes,** d. h. regelmäßig eines Bergwerkes im Sinne des A.B.G., also eines auf staatlicher Verleihung beruhenden Bergwerkes. Gleichgültig ist dabei, ob das Bergwerk unter der Herrschaft des A.B.G. verliehen ist oder nach früherem Recht, auch wenn der damalige Titel, z. B. Distriktsverleihung, Konzession dem heutigen Rechte unbekannt ist oder das nach früherem Recht verliehene Mineral nach

---

[1]) Vergl. Art. 37 unter I A.G. zum B.G.B.; Stranz u. Gerhard Anm. 6 zu Art. 37 u. Anm. 12ff. zu Art. 40 E.G.; Neumann Anm. 1 zu § 906, Foerster-Turnau Anm. 11 dazu; amtliche Motive zum Pr. A.G. S. 59.

heutigem Recht nicht mehr der Bergbaufreiheit unterfällt.[1]) Dagegen finden die §§ 148 ff. bei Schäden, welche durch **Grundeigentümerbergbau** verursacht werden, regelmäßig keine Anwendung, mag es sich dabei nun um den Abbau von Mineralien handeln, welche überhaupt nicht der Bergbaufreiheit unterliegen, wie z. B. der Stronzianit, oder um die Gewinnung solcher Mineralien, die an sich regelmäßig dem § 1 A.B.G. unterfallen, ausnahmsweise aber in dem betreffenden Bundesstaate oder Landesteil Preußens dem Grundeigentümer vorbehalten sind.

1. Der Grundeigentümerbergbau haftet darnach für Bergschäden nicht auf Grund des § 148 A.B.G., sondern lediglich nach allgemeinen Rechtsgrundsätzen:

a) regelmäßig in Westpreußen, wo nur Steinsalz und Soolquellen bergbaufrei sind (§ 210 A.B.G.);

b) bezüglich des Eisenerzbaues in den im § 211 A.B.G. benannten Landesteilen;[2])

c) bezüglich der Soolquellen in der Provinz Hannover.[3])

2. Dagegen ist in folgenden Bezirken Preußens **ausnahmsweise auf Schäden, welche durch den Grundeigentümerbergbau hervorgerufen sind, die Bergschädenklage** ausgedehnt:

a) Durch das E.G. für die Provinz Hannover vom 8./5. 67 Art. 13 auf den Stein- und Braunkohlenbergbau im Fürstentum Calenberg und der Grafschaft Spiegelberg;

b) durch Gesetz vom 22./2. 69 auf den Braunkohlen- und Steinkohlenbergbau im sog. Sächsischen Mandatsbezirk (§ 9 X S. 119);

c) durch das Gesetz vom 14./7. 95 auch auf den Stein- und Kalisalzbergbau in der Provinz Hannover (§ 1 XXXVI S. 421);

d) durch Gesetz vom 7./7. 1902 (XLIII S. 385) auf die unterirdisch betriebenen Dachschieferbrüche in den linksrheinischen Landesteilen.

---

[1]) §§ 215, 222 A.B.G. Westhoff Gewerkschaftsrecht S. 12; vergl. auch R.G. 8./1. 97 XXXVIII S. 355.

[2]) Vergl. auch Art. I des Gesetzes vom 8. April 1894 XXXV S. 277.

[3]) Art. II des E.G. für Hannover VIII S. 149, vergl. auch XXXVI S. 423.

3. Ebenso unterliegt in den nachfolgenden, außerpreußischen Bundesstaaten der Grundeigentümerbergbau der Bergschädenklage:

a) in Sachsen-Altenburg der Bergbau auf die dort dem Grundeigentümer vorbehaltenen Stein- und Braunkohlen, sowie Graphit und Torf (vergl. Gesetz vom 18./4. 72 XIII S. 169);

b) in Schwarzburg-Sondershausen der gesamte Grundeigentümerbergbau, der dort namentlich auch die Braunkohle umfaßt (§ 223 des Sondershausener A.B.G.);

c) in Braunschweig der gesamte Grundeigentümerbergbau gemäß Gesetz vom 16./4. 92 § 4);

d) im Königreich Sachsen findet der Abbau von Stein- und Braunkohlen, die nach sächsischem Recht dem Grundeigentümer vorbehalten sind, Anwendung (§ 2 des B.G. für Sachsen).

II. Der Schade muß eine Folge des **Betriebes** des Bergwerks sein.

Der Begriff des Bergwerks*betriebes* im Sinne des § 148 A.B.G. ist kein unstreitiger. Das Reichsgericht hat demselben zuerst in der Entscheidung vom 3. April 1886[1]) eine weitgehende Ausdehnung gegeben. Dort handelte es sich um einen Schaden, der infolge einer brennenden Halde entstanden war. Die Aufschüttung der letzteren ist in diesem Urteil als zum Betriebe des Bergwerks gehörig erachtet, weil die Herausschaffung des mit dem verliehenen Mineral brechenden Gesteins für die Gewinnung des Minerals selbst notwendig sei, auch die Anhäufung dieser zur Zeit nicht verwendbaren Massen an dem Schachte als nächstliegende Folge der Förderung sich ergebe, ohne daß damit ein über die Gewinnung des Minerals hinausgehender Zweck verbunden wäre. Nach Inhalt dieser Entscheidung würden also alle Handlungen als zum Betriebe des Bergwerks im Sinne des § 148 gehörig anzusehen sein, welche zur Gewinnung des Minerals, sei es auch nur vorbereitend oder nachfolgend, in irgend einer Weise notwendig sind.

---

[1]) Brassert XXVII S. 370.

M. E. kann diese Ansicht als zutreffend nicht anerkannt werden. Die Konsequenz derselben würde zu unhaltbaren Resultaten führen. Man würde darnach z. B. auch „Betrieb des Bergwerks" annehmen müssen, wenn etwa stundenweit vom Schachte entfernt eine für mehrere Bergwerke bestimmte Dynamitladung, die gewöhnlich zum Schachte gefahren wird, explodiert. Denn auch die Zufuhr des Dynamits ist für die Gewinnung des Minerals notwendig, ohne daß damit ein weitgehender Zweck verbunden ist. Die mehreren Bergwerksbesitzer würden deshalb in Konsequenz der obigen Entscheidung des Reichsgerichts nunmehr nach § 149 A.B.G. solidarisch für den entstehenden Schaden auch dann haftbar sein, wenn irgend ein Verschulden ihrerseits bezüglich der Explosion nicht vorläge. Ebenso würde z. B. die Zuführung von Rauch aus den Schornsteinen derjenigen Kesselanlagen, welche für die Wasserhaltung verwendet werden, unter § 148 fallen, weil auch die Wasserhaltung zur Gewinnung des Minerals notwendig ist. Offenbar ist es aber nicht die Absicht des Gesetzgebers gewesen, Tatbestände, die bei jedem anderen Fabrikbetrieb in gleicher Weise auch vorkommen, durch § 148 besonders zu treffen, sondern es kann nach Inhalt und Wortlaut des § 148 A.B.G., nach der Entstehungsgeschichte desselben, wie nicht minder nach den leitenden Prinzipien, welche dem A.B.G. zugrunde liegen, nicht zweifelhaft sein, daß nur der Bergbaubetrieb im engsten Sinne durch § 148 hat betroffen werden sollen. Es soll auf Grund dieses Paragraphen nur derjenige Schade vergütet werden, welcher dem Bergbaubetrieb als solchen eigentümlich ist und welcher darin besteht, daß die Mineralien entnommen werden aus einer Grundstücksfläche, auf welche sich an und für sich das Eigentumsrecht des Grundstücksbesitzers mitbezieht. Nicht jeder Bergwerksbetrieb, sondern **nur der „unterirdisch oder mittels Tagebaues geführte** Betrieb" unterfällt daher dem § 148 A.B.G. Schon aus diesem Wortlaut des Paragraphen ergibt sich, namentlich im Hinblick auf den Gegensatz zu dem nachfolgenden Passus: „ohne Unterschied, ob der Bergbaubetrieb unter dem beschädigten Grundstücke stattgefunden hat oder nicht usw.", daß der

Betrieb des Bergwerkes als Voraussetzung des Anspruchs aus § 148 nur insoweit in Frage kommt, als er mittels unterirdischen oder mittels Tagebaues geführt ist. Es muß deshalb schon nach diesem Wortlaut angenommen werden, daß unter dem Betrieb des Bergwerks nur die unmittelbare, auf die Gewinnung des Minerals selbst gerichtete, bei dem unterirdischen Bergbau sich in diesem unterirdischen Betriebe selbst erschöpfende Tätigkeit zu verstehen ist.[1]) Daß diese Interpretation des Gesetzes allein dem Willen des Gesetzgebers entspricht, ergibt sich aber auch aus dem Kommissionsbericht des Abgeordnetenhauses, welcher jeden Zweifel darüber beseitigt, daß der Begriff des Bergwerksbetriebes in dem so beschränkten Sinne zu verstehen ist. Dort wird nämlich zu der hier in Rede stehenden Frage folgendes ausgeführt:

„Das in der Kommission hervorgehobene Bedenken, ob nicht der Entwurf in betreff des Schadensersatzes für den auch nur zufällig durch **Tagebau** zugefügten Schaden zu weit gehe, wurde als erledigt erachtet, nachdem die Kommission und die anwesenden Regierungskommissarien ihre Ansicht übereinstimmend dahin aussprachen, daß hier die Schadensersatzverbindlichkeit des Bergwerksbesitzers nur soweit geregelt sei, als der Schaden eine unmittelbare Folge des Betriebes sei oder mit dem Betriebe in unmittelbarer Verbindung stehe, sodaß also Beschädigungen durch die Anlagen, Maschinen, Kessel u. dergl. **über Tage** den allgemeinen gesetzlichen Bestimmungen unterliegen."

Kein Schade, welcher durch Anlagen über Tage herbeigeführt wurde (Maschinen, Kessel oder dergl.), sollte darnach, wie aus diesem Bericht zu entnehmen, dem § 148 A.B.G. unterliegen, und zwar ausnahmslos, ohne daß dabei ein Unterschied gemacht werde, ob diese Anlagen der Mineralgewinnung oder weitergehenden Zwecken des Bergwerksbesitzers dienten.[2])

---

[1]) Daubenspeck Bergschaden S. 49.
[2]) Funke XXXVII S. 322.

Die diesseitige Auffassung entspricht endlich aber auch allein den allgemeinen Gesichtspunkten, von denen der Gesetzgeber sich bei der Emanation des A.B.G. hat leiten lassen, und die, wie bereits oben S. 7 angeführt, dahin gingen, den Bergbau nur dort Spezialbestimmungen zu unterwerfen, wo „die eigentümliche Natur des Bergbaues dies erforderte“, während im übrigen der „Bergbau aber überall den Regeln des Zivilrechts unterworfen bleiben solle, wo seine Verhältnisse und Beziehungen nichts Eigentümliches aufzuweisen haben und sich namentlich nicht von denjenigen der übrigen Industriezweige unterscheiden.“

Bergschaden im Sinne des § 148 ist also, falls der Bergbau, wie z. B. im rheinisch-westfälischen Industriebezirk, fast ausnahmslos unterirdisch betrieben wird, nur dann vorhanden, wenn infolge dieses unterirdischen Betriebes, also der Lösung des Minerals auf seiner natürlichen Lagerstatt und seiner unterirdischen Fortschaffung an die Tagesoberfläche Schäden entstehen, und Betrieb des Bergwerks im Sinne des § 148 umfaßt deshalb auch nur diejenige Tätigkeit, welche auf diese Lösung innerhalb dieser Grenze selbst gerichtet ist. Lockerung und Schädigung des Grund und Bodens, z. B. durch die Entnahme der Kohlen, Abtrocknung der Oberfläche infolge unterirdischer Anschneidung von Wasseradern, Schädigung der Oberfläche durch die Niederbringung von Schächten[1]), welche zur Erreichung des Minerals, zur Förderung desselben, zur Fortschaffung des Grubenwassers, zur Bewetterung der Grube angelegt sind, bilden darnach zweifellos einen Teil des Bergbaubetriebes auch in dem engeren Sinne des § 148 A.B.G.

Dagegen fällt alle Tätigkeit über Tage beim unterirdisch geführten Bergbau überhaupt nicht unter § 148 A.B.G. Die Anlegung eines Kohlenabfuhrweges, von welchem aus Schlamm in Gräben oder sonstige Wasserläufe gelangt und wodurch die anliegenden Grundstücke beschädigt werden,[2])

---

[1]) R.G. 15./3. 02 XLIV 141.
[2]) R.G. 10./11. 80 XXII 528.

eine Entwässerungsanlage, auch wenn sie vom Bergwerksbesitzer auf Grund bergpolizeilicher Verfügung zur Entwässerung von Gelände, welches durch seinen Bergwerksbetrieb beschädigt ist, zur Vermeidung der Betriebseinstellung durchgeführt werden muß,[1]) Sperrung des beim Braunkohlenbergbau zum Bruchbau verwendeten Geländes,[2]) die Anlage eines Brunnens, wenn derselbe nicht der Hebung der Grubenwasser, sondern anderen wirtschaftlichen Zwecken des Bergwerksbesitzers[3]) oder der Wasserversorgung von solchen Grundstücken Dritter, denen der Bergwerksbesitzer das Wasser entzogen hat, dient,[4]) Kamine und Schornsteine einer Zeche, welche durch Zuführung von Rauch und Ruß die Nachbargrundstücke schädigen,[5]) gelten nicht als zum Betrieb des Bergwerks gehörig; ebensowenig aber auch eine Haldenanschüttung, durch welche infolge der Zuführung von Dämpfen und Rauch[6]) oder infolge der Entziehung des Mahlwindes benachbarte Grundstücke oder Mühlen[7]) beschädigt werden.

Im einzelnen ergibt sich aus dem Vorgesagten noch folgendes:

1. Alle diejenigen Schäden, welche der Bergwerksbesitzer den Nachbargrundstücken durch solche Veranstaltungen zufügt, welche lediglich die **Aufbereitung** der bereits gewonnenen Mineralien betreffen (also Aufbereitungsanstalten, einschließlich der zu diesen gehörigen Halden,[8]) Kohlenwäschen, Separationen, Hüttenwerke, Koksbrennereien, Gasanstalten, Teer-Amoniak- und Brikett-Fabriken u. dergl.)[9]) unterliegen überall lediglich den Vorschriften des betreffenden allgemeinen Zivilrechts, da hier überall kein Betrieb des Bergwerks im Sinne des § 148 A.B.G. angenommen werden kann.[10])

---

1) R.G. 8./2. 90 XXXI 381.
2) R.G. 4./5. 87 XXVIII 394.
3) O.L.G. Hamm 22./3. 95 XXXVII 241.
4) R.G. 6./3. 95 XXXVI 357.
5) R.G. 12./12. 00 XLII 333.
6) Funke XXXVII 321; a. M. R.G. 3./4. 86 XXVII 369.
7) A. M. R.G. 27./6. 01 XLIII S. 223.
8) O.L.G. Hamm 30./1. 95 XXXVI S. 401.
9) L.G. Kassel 9./10. 94 XXXVI 507.
10) Daubenspeck, Bergschaden S. 49.

2. Aber auch die **Zuleitung von Grubenwassern** wird regelmäßig nicht unter den Betrieb des Bergwerks im Sinne des § 148 A.B.G. fallen.[1]) Denn regelmäßig findet die Zuleitung von Grubenwassern in der Weise statt, daß die an die Erdoberfläche geschafften unterirdischen Abwässer erst von dieser aus vermittels künstlicher Zuleitung und regelmäßig auch erst, nachdem sie zuvor noch durch Klärbassins u. dergl. geleitet worden sind, den Bächen, Flüssen, Teichen oder Grundstücken zugeführt werden, also durch eine Betriebshandlung, die nicht mehr unterirdisch vorgenommen wird und deshalb nach dem oben (S. 90) Ausgeführten nicht unter den Begriff des unterirdischen Bergwerksbetriebes zu bringen ist.[2]) Bergwerksbetrieb im Sinne des § 148 würde aus diesem Grunde schon nur in den verhältnismäßig seltenen Fällen vorliegen, wo die Abwässer des Bergwerks unmittelbar aus dem Bergwerk heraus vermittels unterirdischer Vorkehrungen (durch einen Stollen[3]) oder vermittels einer Wasserhaltungsmaschine[4]) dem beschädigten Grundstück oder Wasserlauf zugeführt werden.[5]) Es kommt aber noch ein weiteres Moment hinzu, welches die Anwendung des § 148 A.B.G. regelmäßig ausschließt. Das ist m. D. der Umstand, daß die Zuleitung der Grubenwasser sich durchweg als eine Benutzung der Erdoberfläche darstellt. Der § 148 A.B.G. enthält, wie noch unter J zu diesem Absatz näher darzutun, nicht bloß eine positive Vorschrift, insofern er dem Grubeneigentümer einen den allgemeinen Grundsätzen des Zivilrechts gegenüber erweiterten Rechtsschutz gewährt, sondern hat auch eine damit

[1]) A. M. die herrschende Judikatur und Theorie, in der vielfach Bergwerksbetrieb angenommen wird, wenn die Ableitung des Grubenwassers nötig war, um die Gewinnung des Minerals zu ermöglichen, so O.L.G. Hamm 3./5. 92 XXXIII S. 397; ebenso Daubenspeck Bergschaden S. 59 u. Haftpflicht S. 24; vergl. auch O.Tr. 6./3. 74 XV S. 527; R.G. 7./7. 97 XXXVIII S. 471; R.G. 16./11. 96 XXXVIII S. 233 ff.; R.G. 1./7. 99 XL S. 479; R.G. 9./10. 82 bei Daubenspeck I S. 277.

[2]) O.L.G. Hamm 23./2. 94 XXXV S. 362 u. 30./1. 95 XXXVI S. 401. Fürst-Klostermann S. 455; vergl. auch R.G. 3./4. 89 Daubenspeck I S. 170 ff.

[3]) O.L.G. Hamm 30./1. 95 XXXVI S. 398; R.G. 1./7. 99 XL S. 479; O.A.G. Berlin 30./11. 72 XIV S. 253 ff.

[4]) O.Tr. 6./5. 74 XV S. 527.

[5]) O.Tr. 6./5. 74 XV S. 527.

korrespondierende, negative Bedeutung, insofern er den sonst begründeten, negatorischen Anspruch des Grundstückseigentümers gegenüber den dem § 148 A.B.G. unterliegenden Betriebshandlungen ausschließt. Das durch das A.B.G. konstituierte Recht des Bergwerkbesitzers, durch seinen Bergwerksbetrieb schädigend auf die Erdoberfläche eingreifen zu dürfen, mit der Wirkung, daß er dafür nur nach Maßgabe des § 148, also für den entstandenen Schaden aufzukommen hat, während ihm der Betrieb oder die einzelne Betriebshandlung selbst nicht verwehrt werden kann, findet aber dort seine Grenze, wo eine Benutzung der Erdoberfläche, d. h. eine dauernde unmittelbare Herrschaft über einen Teil der Erdoberfläche in Anspruch genommen wird. Denn hier ergibt sich aus §§ 135 ff. klar, daß diese Einwirkung, solange nicht das dort vorgesehene Enteignungsverfahren durchgeführt, unzulässig ist und als rechtswidrig erscheint, sonach auch die gewöhnlichen Klageansprüche des bürgerlichen Rechts erzeugt, insbesondere also auch die negatorische Klage und nicht weniger die Deliktsklage. Eine solche unzulässige „Benutzung“ der Erdoberfläche ist aber regelmäßig bei der Wasserzuleitung anzunehmen, da dieselbe durchweg eine dauernde unmittelbare Einwirkung auf die Erdoberfläche herbeiführt und herbeizuführen beabsichtigt[1]). Nur dort, wo, wie oben angegeben, durch unterirdischen Bergwerksbetrieb, z. B. unmittelbar vermittels eines unterirdischen Stollens nicht dauernd, sondern vorübergehend im einzelnen Falle schädliche Grubenwasser fremden Grundstücken zugeführt werden, wird deshalb der Klageanspruch lediglich aus § 148 begründet sein.

Noch weniger trifft nach dem schon zu 1 Gesagten § 148 A.B.G. dort zu, wo es sich um die Zuleitung von Abwässern von Aufbereitungsanstalten handelt. Auch § 26 R.G.O. kann für diese nicht das Recht der Zuleitung und bloßen Beschränkung des Klägers auf Schadensansprüche begründen, weil § 26 R.G.O. wie noch an anderer Stelle unter J aus-

---

[1]) Vergl. R.G. 3./4. 89 Daubenspeck I S. 170 ff. u. Fürst-Klostermann S. 457.

zuführen, auf diese Aufbereitungsanstalten überhaupt nicht Anwendung findet.[1]) Nur dort, wo es sich um wirklich dem § 26 R.G.O. unterliegende und konzessionierte Hüttenwerke handelt, kann der negatorischen Klage nach Lage des Einzelfalles der Einwand aus § 26 R.G.O. entgegengestellt werden, daß nur auf Entschädigung geklagt werden könne. Die Aufbereitungsanstalten sind gegenüber derartigen negatorischen Ansprüchen lediglich durch die Möglichkeit der Enteignung gemäß §§ 135 ff. A.B.G. geschützt.

Wie sich im einzelnen die Klageansprüche des Grundeigentümers gegenüber der Einleitung von Grubenwassern gestalten, ist unten unter K noch näher zu erörtern.

E. Der Schaden.

Der Bergwerksbesitzer hat nach § 148 A.B.G. **allen Schaden** zu ersetzen, welcher dem Grundeigentümer nebst Zubehör **zugefügt wird.**

I. Über den **Begriff des Schadens,** der weder im A.B.G., noch im B.G.B. definiert ist, entscheiden allgemeine Rechtsgrundsätze. Man hat darnach unter Schaden die Verschlechterung der Vermögenslage einer Person, den durch eine Rechtsverletzung herbeigeführten Unterschied zu begreifen zwischen dem Stande des Vermögens einer Person, wie derselbe in einem gegebenen Zeitpunkte ist, und dem Stande, wie derselbe ohne die Dazwischenkunft des beschädigenden Ereignisses in demselben Zeitpunkte sein würde.[2])

Daraus ergibt sich:

1. Daß nicht jede körperliche Einwirkung des Bergbaues auf die Erdoberfläche schon einen Schadensanspruch erzeugt.

---

[1]) O.L.G. Hamm 30./1. 95 XXXVI S. 400.

[2]) Mommsen S. 3, Daubenspeck Haftpflicht S. 11, Foerster-Eccius S. 715, Rehbein II S. 50, Planck Anm. 1 zu § 252 B.G.B., R.G.12./5. 86 Entsch. 16 S. 168, 5./2. 91 R.G. 28 S. 194; Kipp-Windscheid II S. 49, Endemann I S. 557, Enneccerus-Lehmann I S. 401.

Es muß vielmehr diese Einwirkung eine derartige sein, daß dadurch auch die **Vermögenslage** des Grundeigentümers **verschlechtert** wird.[1])

Ist dies nicht der Fall, ist z. B. eine Wiese und ein Ackerland zwar gesunken, aber derartig gleichmäßig, daß ein Ertragsausfall oder ein Minderwert nicht zu beklagen, so ist trotz Veränderung der körperlichen Integrität des Grundstücks ein Schaden nicht entstanden. Ebenso ist ein an einem Privatfluß anliegendes Ackergrundstück nicht schon dann beschädigt, wenn schädliche Abwasser eines Bergwerkes in den Privatfluß eingeführt, sondern erst dann, wenn sie dem Grundstück schädlich werden, d. h. auf dasselbe gelangen.[2]) Wohl ist dagegen schon mit der Einleitung der Grubenwasser die Beschädigung des anliegenden Grundstücks herbeigeführt, wenn dasselbe ein Wiesengrundstück ist, welches infolge der Zuführung nicht mehr ohne Gefahr beflößt werden kann. Wenn ferner einem Bache und damit einer Mühle das zum Betrieb der letzteren erforderliche Wasser durch den Bergbau entzogen, gleichzeitig aber dem Bache von demselben Bergwerksbesitzer Grubenwasser in solcher Menge und Beschaffenheit zugeführt werden, daß der Bach tatsächlich wieder dieselben Wassermassen wie früher führt, so ist ein Schaden für den Mühlenbesitzer noch nicht entstanden.[3])

2. Aus dem zu 1 Gesagten ergibt sich, daß, wenn darnach auf der einen Seite die Existenz eines Schadens eine Verschlechterung der Vermögenslage zur notwendigen Voraussetzung hat, dazu andererseits **jede** Veränderung der Vermögenslage des Grundeigentümers genügt. Schaden liegt deshalb vor, wenn der Gebrauchswert oder der Tauschwert des Grundstückes, überhaupt sein Wert, dauernd oder vorübergehend in irgend einer Beziehung[4]) gemindert worden ist.

Darnach kann also z. B. auch für eine Kirche, welche durch Bergbau beschädigt und deshalb durch eine Veranke-

---

1) Mommsen a. a. O. S. 118, R.G. 13./11. 86 XXVIII S. 507.
2) O.T. 30./9. 72 XV S. 115 ff.
3) R.G. 11./11. 96 XXXVIII S. 232.
4) Vergl. R.G. 21./12. 92 XXXIV S. 508.

rung und sonstige Vorsichtsmaßregeln nach Möglichkeit wiederhergestellt ist, Schadensersatz verlangt werden, lediglich deshalb, weil ein derartig geflicktes Gebäude nicht mehr denjenigen Vermögenswert hat, wie ein nicht mit Verankerung versehenes Kirchengebäude. Die Tatsache, daß die Kirche als solche zurzeit keinen Verkaufswert hat, steht dem Schadensanspruche ebensowenig entgegen, wie der Umstand, daß der Bergbau eine Verminderung der Standdauer der Kirche oder eine Erhöhung der zukünftigen Reparaturkosten noch nicht herbeigeführt hat.[1]) Noch unbedenklicher kann der Eigentümer eines sonstigen Hauses Ersatz des dauernden Minderwertes verlangen, auch wenn durch die Vornahme der Reparatur die Haltbarkeit und Ertragsfähigkeit des Hauses wiederhergestellt ist, wofern nur durch die geschehene Reparatur und Verankerung eine geringere Verkäuflichkeit und Beleihbarkeit des Hauses eingetreten ist.[2]) Ebenso kann eine Eisenbahn mit Recht Entschädigung beanspruchen für eine Geleissenkung, wenn ihr auch infolgedessen Aufwendungen noch nicht entstanden sind, wofern solche nur nach dem gewöhnlichen Laufe der Dinge mit Sicherheit in absehbarer Zukunft durch die als notwendig feststehende Höherlegung der Geleise entstehen werden. Die Tatsache, daß ein solcher einzelner Teil eines Eisenbahnnetzes einen selbständigen Verkaufswert nicht hat, steht nicht entgegen, weil jedenfalls die Geleissenkung den Vermögenswert des Bahnkörpers nachteilig beeinflußt hat.[3]) Das ist selbst dann anzunehmen, wenn zur Zeit der Senkung der Eisenbahnkörper als solcher nicht benutzt wird, wofern er nur zur Zeit der Beschädigung noch als solcher tatsächlich erkennbar daliegt und in Zukunft mit Sicherheit als solcher wieder benutzt werden wird oder späterhin tatsächlich benutzt worden ist.[4])

3. Ist nach dem zu 1 Ausgeführten eine Einwirkung auf die körperliche Integrität des Grundstücks unter Umständen allein nicht ausreichend, um die Existenz eines Schadens als

---

[1]) R.G. 22./10. 87, Daubenspeck I S. 317.
[2]) R.G. 2./6. 94 XXXV S. 377.
[3]) So im wesentlichen R.G. 14./12. 92 XXXIV 253, 2./12. 99 XLI 213.
[4]) O.L.G. Hamm 2./10. 00 XLII 232.

vorhanden annehmen zu können, so ist eine solche **körperliche Veränderung des Grundstücks andererseits für den Begriff des Schadens auch nicht notwendig.** Es kann auch ein Schaden am Grundstück eintreten, ohne daß sich derselbe in Rissen, Senkungen oder dergl. auf dem Grundstück bemerkbar macht. Es genügt für die Annahme eines Schadenseintritts, wenn die Entwertung des beschädigten Grundstücks auch auf irgend eine andere Weise stattgefunden hat, z. B. durch bloße Verschlechterung des zum Fabrikbetriebe benötigten Wassers auf einem Grundstück.[1]) Ein besonders wichtiger, hierhin gehöriger Fall ist dort gegeben, wo die Bauplatzqualität eines Grundstücks infolge der dem Grundstück durch den Bergbaubetrieb drohenden Gefahr verloren ging, ohne daß zugleich ein Schaden am Grundstück bereits körperlich in die Erscheinung trat.[2]) Die Frage, ob ein dem Grundeigentum zugefügter Schaden im Sinne des § 148 auch ohne Verletzung der körperlichen Integrität des Grundstücks eintreten kann oder ob unbedingt eine körperliche Einwirkung auf dasselbe stattgefunden haben muß, um den Schaden aus § 148 zu begründen, ist allerdings keineswegs unstreitig. Die entgegenstehende Meinung[3]) nimmt zu ihrer Begründung vor allem auf den Wortlaut des Gesetzes Bezug, wo „von Beschädigung des Grundeigentums" gesprochen und es für unerheblich erklärt wird, ob der Betrieb „unter dem beschädigten Grundstücke" stattgefunden hat. M. E. aber ist dieser Wortlaut nicht so unzweideutig, um daraus nach der einen oder anderen Richtung hin einen entscheidenden Schluß ziehen zu können. Man muß daher auch bezüglich der Frage, ob nur Verletzung der körperlichen Integrität des Grundstücks Schaden im Sinne des § 148 A.B.G. ist, von dem allgemeinen Begriff des Schadens ausgehen. Das führt aber nach Obigem (vergl. S. 94) dahin, daß jede Verschlechterung des Vermögenswertes eines Grundstücks, soweit sie durch Berg-

[1]) R.G. 15./3. 02 XLIV S. 141.

[2]) R.G. 21./12. 92 XXXIV S. 508, 8./1. 98 XXXIX S. 226, 15./1. 02 XLIII S. 355, 15./3. 02 XLIV S. 142, 15./3. 02 XLIV S. 141; a. M. R.G. 13./2. 92 Daubenspeck I S. 384, R.G. 2./3. 87 Daubenspeck I S. 251, 1./7. 82 Daubenspeck I S. 246.

[3]) Vergl. Funke XXXVII S. 297 ff. u. XXXVIII S. 437 ff.

baubetrieb verursacht ist, Schaden im Sinne des § 148 A.B.G. darstellt und nicht bloß diejenige Entwertung des Grundstücks, welche auch äußerlich in einer körperlichen Veränderung desselben erkennbar geworden ist. Diese Auffassung wird durch den Zusammenhang der §§ 148ff. A.B.G. und ihre Entstehungsgeschichte nicht nur nicht widerlegt, sondern im Gegenteil noch weiter bestätigt. Denn wenn § 148 den allgemeinen Rechtsgrundsatz bezüglich des Bergschadensersatzes aufstellt und daran anschließend § 150 Abs. 2 negativ bestimmt, daß in dem Falle, wo bloß Gefahr droht, ausnahmsweise für die Entwertung der Grundfläche unter der dort vorgesehenen Bedingung nichts gefordert werden könne, so muß darin nach dem Zusammenhange der beiden Paragraphen der Ausdruck dafür gefunden werden, einmal, daß der Gesetzgeber bei Nichtvorhandensein einer bloß chikanösen Kundgebung einer tatsächlich nicht vorhandenen Bebauungsabsicht im übrigen bezüglich einer dem § 150 Abs. 1 unterliegenden Grundfläche einen Schadensanspruch generell gewährt, also auch dann, wenn eine körperliche Einwirkung auf die Oberfläche noch nicht stattgefunden, dieselbe vielmehr nur „droht“, und weiter, daß der Gesetzgeber auch diesen Anspruch auf Grund der allgemeinen Bestimmung des § 148 A.B.G. als begründet erachtet. Ist aber der Fall des § 150 Abs. 2 in seiner positiven Umkehrung nichts anderes als eine Spezialanwendung eines im § 148 niedergelegten allgemeineren Rechtssatzes, so folgt daraus auch, daß nach dem Willen des Gesetzgebers schon dann Schadenersatz beansprucht werden kann, wenn eine körperliche Einwirkung des Bergbaues auf das Grundstück noch nicht stattgefunden hat, die Entwertung vielmehr nur dadurch herbeigeführt ist, daß infolge der drohenden, d. h. im Sinne des § 150 Abs. 1 drohenden Gefahr das Grundstück entwertet ist. Damit stehen die Motive des Gesetzes und speziell auch die Entstehungsgeschichte des § 150 Abs. 2 m. E. mindestens nicht in Widerspruch. Wenn dort die Herrenhauskommission, die den § 150 Abs. 2 wie zu diesem Paragraph noch unten näher zu besprechen, eingeführt hat, dabei ausführt, daß nach „allgemeinen Rechtsgrundsätzen“ (Brassert VI 342), dort wo der jetzige § 150 Abs. 1 zutrifft, dem Grundeigentümer für die Entziehung der Bebauungsmöglichkeit Entschädigung gewährt werden müsse und wenn damit übereinstimmend die Kommission des Abgeordnetenhauses ausführt, daß der Entschädigungsanspruch des Grundstückseigentümers im Falle des § 150 Abs. 1 bezüglich der Grundfläche selbst sich „nach den allgemeinen Grundsätzen der allgemeinen Gesetzgebung"[1]) richtet, so ist damit m. D. unzweideutig gesagt, daß für den im A.B.G. nicht definierten Begriff des „Schadens" lediglich die allgemeinen Grundsätze der Zivilgesetzgebung maßgebend sein sollen und daß deshalb gemäß §§ 148, 150 A.B.G. wegen Beschädigung des Grundstücks in jedem Falle Entschädigung gewährt werden muß, wo ein „Schaden" im Sinne dieser allgemeinen Gesetzgebung vorliegt, also mit anderen Worten: bei jeder Entwertung des Grundstücks, nicht bloß bei der in einer körperlichen Veränderung desselben sich ausdrückenden. Daraus ergibt sich weiter, daß der Grundeigentümer, sobald ein Grundstück die Bauplatzqualität infolge drohender Gefahr seitens umgehenden Bergbaues verloren hat, Schadensansprüche geltend machen kann, wenn er auch noch nicht beabsichtigt, selbst zu bauen oder zu Bauzwecken zu verkaufen. Es genügt also auch, um Schadensersatz wegen Beschädigung der Besitzung fordern zu dürfen, die Tatsache, daß wirklich eine Wertsverminderung des Grundstücks stattgefunden hat, die in irgend einer Weise, z. B. auch durch den vergeblichen Versuch einer Beleihung oder sonstwie in der öffentlichen Wertschätzung sich bemerkbar macht.[2]) Voraussetzung ist aber, daß ein wirkliches objektives Drohen im Sinne des § 150 Abs. 1 vorliegt, worüber das Erforderliche zu diesem Paragraph näher nachzulesen. Die bloße unbegründete Meinung des Publikums, daß demnächst mal möglicherweise ein Schaden eintreten werde, kann als bereits eingetretener Schaden nicht angesehen werden.[3])

4. Der Anspruch auf Schadensersatz ist die Forderung

[1]) Brassert a. a. O.
[2]) R.G. 2./6. 94 XXXV S. 377. 15./6. 95 XXXVII S. 217.
[3]) Daubenspeck Haftpflicht S. 32.

einer **unteilbaren** Leistung, da er prinzipaliter auf Naturalwiederherstellung, also auf eine regelmäßig unteilbare Handlung gerichtet ist. Er verliert diesen seinen Charakter als eines auf eine unteilbare Leistung gerichteten Anspruches auch dadurch nicht, daß er sich nachträglich gemäß §§ 249 oder 251 B.G.B. in einen solchen auf eine Zahlung, also ein regelmäßig teilbares Geben umwandelt.[1]) Die aus diesem Satze sich ergebenden Konsequenzen sind an anderer Stelle (oben S. 35 und zu F dieses Absatzes) erörtert. Aus dieser Unteilbarkeit des Leistungsanspruches folgt aber weiter auch seine **Einheitlichkeit.** Wenn deshalb durch den Bergbau ein Hausgrundstück in der Weise beschädigt ist, daß dem Hause Risse, Verletzungen der Wände, Fenster, Tapeten usw. zugefügt, daneben der bebauten Fläche selbst und dem nicht bebauten Teile, dem dazu gehörigen Hofraum die Bauplatzqualität entzogen ist, so sind nicht mehrere selbständige Schadensforderungen bezüglich des Hauses als ganzen oder seiner einzelnen Teile, der bebauten Fläche andererseits und daneben noch an der unbebauten Fläche entstanden, sondern es liegt ein einheitlicher Anspruch vor, wenngleich bezüglich seiner Abschätzung auch die einzelnen Teile desselben besonders berücksichtigt und berechnet werden. Daraus ergibt sich, daß der Berufungsrichter, auch wenn seitens des Klägers keine Berufung eingelegt ist, dennoch berechtigt ist, einzelne Positionen dieses Gesamtschadens zu erhöhen, andere dagegen zu erniedrigen, wofern nur die Höhe des Gesamtschadens nicht über den Gesamtjudikatbetrag des erstinstanzlichen Urteils hinausgeht.[2])

II. Der Schaden muß **zugefügt**, es muß schon wirklich ein Schaden entstanden sein. Die bloße Möglichkeit oder auch Wahrscheinlichkeit einer Schadenszufügung genügt deshalb nicht, um einen Ersatzanspruch zu erzeugen.[3]) Die Frage, wann und in welchem Umfange der Schaden

---

[1]) Rehbein II S. 451 Anm. 10; Crome II S. 39, Kipp-Windscheid II S. 15 Anm. 2 S. 210 Anm. 7, Enneccerus-Lehmann I S. 580, Neumann Anm. 2 zu § 431.

[2]) R.G. 21./6. 84 XXVI 378.

[3]) R.G. 26./11. 87 XXX 96, 1./11. 90 XXXII 257, 22./6. 01 XLIII 219, Mommsen a. a. O. S. 118, Oertmann Anm. 2 zu § 252.

entstanden ist, ist aber nicht bloß nach der Richtung hin, daß erst mit der Existenz des Schadens auch der Anspruch auf Ersatz begründet wird, sondern für eine ganze Reihe weiterer Fragen von Bedeutung. **Der Zeitpunkt des Schadenseintritts** ist sowohl für die Person des Gläubigers wie des Schuldners bestimmend.[1]) Auch für die Höhe des Schadens und seine Abschätzung ist regelmäßig der Zeitpunkt des Eintritts der Beschädigung maßgebend.[2]) Die Verjährung des Schadensanspruches beginnt frühestens zu laufen mit dem Zeitpunkte der eingetretenen Beschädigung. Der Zeitpunkt des Schadenseintritts ist auch entscheidend für die Frage, ob der Schadensanspruch der Hypothek des eingetragenen Gläubigers unterliegt. Die Festsetzung desjenigen Augenblickes, wo und in welchem Umfange der Schaden als existent geworden gilt, ist deshalb von besonderer Bedeutung.

Als dieser Zeitpunkt ist nach dem unter I Erörterten allein derjenige Moment anzusehen, wo auf das Grundstück ein nachteiliger Einfluß in vermögensrechtlicher Beziehung ausgeübt wird.[3])

1. Daraus ergibt sich schon in negativer Beziehung, daß es für die Festsetzung des Zeitpunktes des Eintritts der Beschädigung **niemals** darauf ankommen kann, **wann die Ursache** der Schadenszufügung eingetreten, d. h. wann die Betriebshandlung des Bergwerksbesitzers vorgenommen ist, welche demnächst den nachteiligen Einfluß auf die Erdoberfläche wirklich geäußert hat. Der Verpflichtungsgrund für die Ersatzverbindlichkeit des Bergwerksbesitzers ist nicht die bloße Handlung des Betriebes, sondern die Tatsache des Bergwerksbesitzes in Verbindung mit der weiteren Tatsache, daß durch den zu irgend einer Zeit stattgehabten Betrieb dieses Bergwerks ein nachteiliger Einfluß auf die Erdoberfläche ausgeübt ist. Erst in dem letzteren Moment ist der Schaden eingetreten und damit der Schadensanspruch begründet. Bei einem, an einem Privatfluß anliegenden Ackergrundstück ist deshalb, wie schon hervorgehoben, nicht be-

---

[1]) Vergl. hierüber oben S. 43ff. u. S. 63ff.
[2]) Vergl. hierüber unter G dieses Absatzes.
[3]) Daubenspeck Haftpflicht S. 5.

reits mit der Einleitung der schädlichen Grubenwasser in den Privatfluß der Schaden entstanden, sondern erst dann, wenn die Abwasser auf das Grundstück gelangen und dasselbe beschädigen.[1]) Ebenso ist dem Besitzer der an einem Privatflusse liegenden Mühle, wenn diesem Privatflusse durch Bergbau natürliche Wasserzuflüsse entzogen, andererseits aber Abwasser des Bergwerks in genügender Qualität und Quantität wieder zugeführt werden, ein Schaden erst erwachsen, wenn die Zuführung dieser bergbaulichen Abwasser nachträglich wieder aufhört, bezw. eingestellt wird.[2]) Es kommt, wie gleichfalls schon an anderer Stelle (S. 64ff.) berührt, auch nicht darauf an, ob das Bergwerk zur Zeit der Beschädigung noch betrieben wird oder nicht. Ebenso ist es gleichgültig, wann der Betrieb des Bergwerkes eingestellt ist. Selbst wenn seit dem Betriebe mehr als 30 Jahre verflossen sind und ein Zubruchegehen der Baue nunmehr eine Beschädigung der Erdoberfläche hervorruft, ist der Bergwerksbesitzer, und zwar bei einem Wechsel im Eigentum des Bergwerks der jetzige für den Schaden verantwortlich. Denn **allein maßgeblich ist das Ereignis der Beschädigung, mag die wirkende, in dem Betriebe des Bergbaues liegende Ursache zeitlich noch soweit zurückliegen.**[3])

2. **Mit diesem Zeitpunkte ist aber auch der Schaden in seinem vollen Umfange, d. h. mit allen seinen wirtschaftlichen Folgen entstanden,** mögen dieselben auch noch so weit in die Zukunft sich erstrecken. Alle diejenigen Fragen, für welche der Zeitpunkt des Eintritts des Schadens nach dem oben Gesagten von Erheblichkeit ist, haben bezüglich aller dieser wirtschaftlichen Folgen an diesen Zeitpunkt anzuknüpfen, vorausgesetzt nur, daß diese Folgen wirklich in derselben Beschädigung ihren Ursprung haben. Denn alle diese in die Zukunft sich erstreckenden Folgen beeinflussen unter dieser Voraussetzung schon jetzt nachteilig den Wert des Grundstücks, jeder vorsichtige Hausvater wird bei der Bewertung desselben auch diese in der Zukunft

---

[1]) O.Tr. 30./9. 72 XV S. 115ff.
[2]) R.G. 11./11. 96 XXXVIII S. 233.
[3]) Daubenspeck Haftpflicht S. 6 und oben S. 64.

ihn treffenden Nachteile mit in Rechnung setzen. Auch diese dem ersten Anscheine nach zukünftigen Nachteile sind deshalb in Wahrheit gegenwärtiger Schaden.

Im einzelnen Falle wird es allerdings häufig zweifelhaft sein können, ob Folge früherer Beschädigung oder im Gegensatz dazu neuer Schaden vorliegt. Auch hier muß davon ausgegangen werden, daß die Tatsache, ob dieselbe Betriebshandlung den früheren oder späteren Schaden verursacht hat, nicht entscheidend ist, sondern allein die Art und der Umfang, wie die Betriebshandlung auf die Erdoberfläche eingewirkt hat. Da der Schaden nicht in der ihn verursachenden Tatsache existent wird, sondern erst mit demjenigen Augenblicke und dadurch, daß diese Tatsache auf die Erdoberfläche schädlich einwirkt, so folgt daraus, daß die Identität der Schadensursache nicht schon auch die Identität des Schadens selbst bedingt.

a) Daraus ergibt sich, daß **in folgenden Fällen nicht Folge früherer Beschädigung, sondern neuer Schaden vorliegt:**

α) wenn **eine neue Betriebshandlung** Schaden hervorruft, wenn z. B. neuer Abbau in anderen Flötzpartien oder gar in einem ganz anderen Bergwerksfelde seitens desselben Bergwerksbesitzers betrieben,[1]) wenn sich fortgesetzt erneuernd neue schädliche Abwässer einem Privatflusse oder Nachbargrundstücken zugeführt werden;[2]) wenn durch fortgesetzt neues Auspumpen von Grubenwassern das Mergelgebirge stets von neuem abgetrocknet wird.[3])

Daß in allen diesen Fällen, wo durch ein von dem früheren verschiedenes Ereignis eine neue Einwirkung auf die Erdoberfläche hervorgerufen wird, dieselbe nicht als Folge der früheren Schadenszufügung bezeichnet werden kann, ist selbstredend.

β) Aber auch dann ist neuer Schaden entstanden, **wenn dieselbe Betriebshandlung neue schädliche Einwirkungen** auf die Erdoberfläche ausübt, wenn z. B. infolge desselben

---

1) R.G. 11./11. 91 XXXIII 233; O.L.G. Hamm 14./4. 91 XXXII S. 373.
2) O.Tr. 30./9. 72 XV S. 115 ff., R.G. 9./10. 82 XXIV S. 504.
3) O.Tr. 22./2. 75 XVII S. 266; O.L.G. Hamm 5./12. 99 XLI S. 239.

Abbaues, der bereits früher Bodensenkungen verursacht hat, in einem späteren Zeitpunkte von neuem Erdmassen in Bewegung gesetzt werden, ins Rutschen kommen und dadurch neuen schädlichen Einfluß auf die Erdoberfläche ausüben, neue Risse an Gebäuden[1]) oder neue Geleisesenkungen eines Bahngeländes herbeiführen.[2])

In allen diesen und ähnlichen Fällen ist deshalb die Person des Schuldners, die Berechnung des Schadens, der Einwand der Verjährung unter dem Gesichtspunkt zu beurteilen, daß es sich nicht um eine weitere Folge des früher bereits eingetretenen Schadens, sondern um einen ganz neuen selbständigen Schadensanspruch handelt. Dasselbe ist dort anzunehmen, **wo eine früher bewirkte Beschädigung ohne neuen Abbau in Wegfall gekommen wäre**, wenn z. B. in einen Brunnen, dem durch Bergbau in früheren Jahren das Wasser entzogen worden ist, dasselbe ohne die neue Betriebshandlung wieder zurückgekehrt sein würde. Hier ist neue Beschädigung von demjenigen Zeitpunkte ab anzunehmen, wo ohne den Hinzutritt des neuen Abbaues das Wasser wieder zurückgekehrt sein würde.[3])

b) **Nur dort** kann also von einem **einheitlichen Schaden** gesprochen werden, wo auch die in die Zukunft sich erstreckenden Folgen einer Einwirkung des Bergwerks auf die Erdoberfläche nicht bloß auf dieselbe Ursache, dieselbe oder eine gleichzeitige Betriebshandlung zurückzuführen, sondern, wo weiter auch der spätere Schaden in einem solchen Zusammenhange mit dem früheren steht, daß er lediglich als eine Fortsetzung oder Erneuerung desselben sich darstellt.[4]) Dieser letztere Fall liegt bezüglich des zukünftigen Ertragsausfalles vor, wenn durch Zuleitung von Wasser eine Wiese dauernd versumpft und ihr Ertrag dadurch dauernd vermindert, oder wenn sonst durch Zuleitung von schädlichen,

---

1) O.L.G. Hamm 6./6. 99 XLI S. 117.

2) R.G. 11./11. 91 XXXIII S. 233, 14./12. 92 XXXIV S. 253. O.L.G. Hamm 14./4. 91 XXXII S. 373.

3) O.L.G. Hamm 5./12. 99 XLI S. 239.

4) O.Tr. 22./2. 75 XVII S. 365; R.G. 11./11. 91 XXXIII S. 233; 14./12. 92 XXXIV S. 253.

salz- oder säurehaltigen Grubenwassern dauernd die Ertragsfähigkeit eines Grundstücks beeinträchtigt,[1]) wenn durch den Betrieb des Bergwerks eine Quelle, Teich oder Brunnen dauernd trocken gelegt und dadurch ein jährlich wiederkehrender Schaden für die Wirtschaft verursacht,[2]) wenn durch Zuleitung von Grubenwasser in einen Fischteich der ganze Bestand desselben an Fischen und seine Verwendbarkeit als Fischteich dauernd ganz oder teilweise vernichtet und dadurch auch für die zukünftigen Jahre die Einnahme aus der Fischzucht aufgehoben oder verringert, wenn durch Entziehung von Wasser der Betrieb einer Mühle dauernd oder zeitweise gestört und dadurch auch für zukünftige Jahre die Einnahme aus dem Müllereigewerbe beeinträchtigt ist, wenn durch die stattgehabte Bodenbewegung die Standfestigkeit eines Hauses derart gelitten hat, daß in Zukunft fortdauernd jährlich größere Reparaturen notwendig sind.[3]) In allen diesen Fällen gilt der Schaden in seinem vollen Umfange und mit seinen späteren Folgen als in dem Augenblicke entstanden, wo der Schaden in seinem auch die späteren Folgen begründenden Zustande eingetreten ist. Derjenige Bergwerksbesitzer, zu dessen Eigentumszeit durch den Bergwerksbetrieb die Versumpfung der Wiese, die Zuleitung des Salzwassers auf das Grundstück, der schädlichen Abwasser in den Privatfluß, die Abtrocknung der Quelle, des Teiches oder des Brunnens, die Beschädigung des Hauses durch Beeinträchtigung seiner Standfestigkeit herbeigeführt ist, muß auch für alle diese späteren Folgen aufkommen. Nach dem Zeitpunkt dieses ersten Schadenseintrittes richtet sich Umfang und Höhe der Schadensberechnung auch für seine zukünftigen Folgen. Mit diesem Zeitpunkt beginnt auch für die zukünftigen, erst nach Jahren in die Erscheinung tretenden Ertragsausfälle die Verjährung, letztere allerdings unter der Voraussetzung, daß auch im übrigen die Voraussetzungen

[1]) O.Tr. 14./9. 77, vergl. auch O.Tr. 10./6. 69 XVII S. 266 XIX S. 123.

[2]) O.Tr. Plenarbeschluß 20./3. 46 Entsch. Bd. XIII S. 19; O.Tr. 13./10. 76 XIX S. 232; R.G. 21./12. 95 XXXVII S. 345.

[3]) O.L.G. Hamm 18./4. 82 XXIII S. 383, R.G. 18./10. 90 XXXII S. 125, 21./2. 91 XXXII S. 378; O.L.G. Hamm 6./4. 00 XLI S. 487ff., Rehbein B.G.B. II S. 59, R.G. 2./3. 87 Daubenspeck I S. 251.

des Beginnes derselben vorliegen, worüber noch an anderer Stelle zu § 150 zu handeln.

3. Aus der reichhaltigen Judikatur über die unter Nr. 2 behandelte Frage mögen noch einige besonders typische Fälle hervorgehoben sein:

a) Bei der **Zuführung von Grubenwassern,** die allerdings regelmäßig nicht dem § 148 A.B.G., sondern der Deliktsklage unterfällt, wird man davon auszugehen haben, daß regelmäßig jede Zuführung schädlichen Wassers bezw. die unterlassene Beseitigung der schädlichen Stoffe sich als eine neue Schadenszufügung darstellt. [1]) Namentlich gilt dies dann, wenn, wie oft, die Grubenwasser nicht direkt dem Privatfluß zugehen, sondern erst durch Klärvorrichtungen geleitet werden, welche den Zweck haben, diese Abwasser ihrer schädlichen Bestandteile zu entkleiden, diesen Zweck aber nur dann erreichen, wenn sie stets sorgfältig behandelt und nicht durch außergewöhnliche Umstände in ihrer Funktion gestört werden. Daß in solchen Fällen, wo bald die Zuflüsse unschädlich, bald wieder schädlich sind, von einer einzigen Schadenszufügung nicht die Rede sein kann, ist selbstredend. [2]) Dasselbe gilt, wenn die Hebung der Grubenwasser und ihre Zuleitung in den Privatfluß durch künstliche Vorrichtungen, z. B. durch Maschinen bewirkt wird. Hier bildet jede neue Hebung wieder eine neue schädliche Handlung und die Verjährungsfrist läuft deshalb von jeder Hebung wieder von Neuem. [3])

Andererseits ist aber auch der Fall denkbar, daß die Zuführung schädlicher Grubenwasser einen einheitlichen, dauernden Gesamtschaden hervorrufen kann. Ist z. B. durch die erstmalige Zuführung des schädlichen Wassers und die dadurch bewirkte Ueberschwemmung der anliegenden Grundstücke die Ertragsfähigkeit der letzteren mit einem Schlage dauernd vernichtet, dergestalt, daß sie auch bei bloßer Unterlassung der weiteren Zuführung sich nicht von selbst

---

1) R.G. 9./10. 82 XXIV S. 501, 6./11. 96 XXXVIII S. 233ff.
2) O.Tr. 30./9. 72 XV S. 115ff.
3) R.G. 9./10. 82 XXIV S. 505.

wieder erholen können, so wird man anzunehmen haben, daß in diesem Falle der Schaden in vollem Umfange auch bezüglich des Ertragsausfalles für die zukünftigen Jahre mit dieser ersten Wassereinleitung eingetreten und demgemäß zu vertreten ist.

b) Ähnliches, wie bezüglich der Zuführung schädlicher Grubenwasser, gilt von der **Wasserentziehung.** Auch hier entscheidet die Lage des einzelnen Falles, ob einmalige Schädigung oder sich wiederholende vorliegt.

Hat die Wasserentziehung ihre Ursache darin, daß durch den unterirdischen Abbau eine Quelle dauernd versiegt ist, so liegt eine einmalige Beschädigung vor, der Schaden gilt in vollem Umfange, auch bezüglich des Ertragsausfalles der zukünftigen Jahre mit diesem Zeitpunkt als entstanden. Besteht dahingegen die Wasserentziehung darin, daß durch unterirdische Vorkehrungen, z. B. Wasserhaltungsmaschinen das Wasser täglich ausgepumpt wird und würde dasselbe, wenn diese täglich erneute Hebung unterbliebe, wieder auf sein früheres Niveau zurückkehren, so ist die Ursache das tägliche Auspumpen und es liegt dann eine täglich sich wiederholende Schadenszufügung vor.[1])

4. Endlich mag auch noch hervorgehoben sein, daß bei der Beurteilung dieser unter Nr. 1—3 behandelten Fragen es **keinen Unterschied macht, ob der Schaden ein dauernder oder ein temporärer ist.** Auch bei dem temporären Schaden gilt daher nicht bloß bezüglich der Person von Gläubiger und Schuldner, sowie der Schadensberechnung, sondern auch bezüglich der Verjährung das oben Ausgeführte. Auch hier muß also, wenn Dauer oder Mindestdauer der Schadenszufügung feststeht, die Klage auf die für die einzelnen Jahre zu gewährende Rente oder die für die Gesamtzeit zu zahlende Kapitalentschädigung bei Vermeidung der Verjährung sofort mit der ersten Entstehung des Schadens soweit eingeklagt werden, als sich der Schaden in minimo übersehen läßt.

III. **Aller Schaden** muß ersetzt werden, also in dem **vollen Umfange**, in dem er entstanden ist. Es ergibt sich

---

[1]) Daubenspeck Haftpflicht S. 94, O.Tr. 22./2. 75 XVII S. 266.

das nicht bloß aus dem Wortlaut des § 148 A.B.G., sondern auch aus dem Begriff des Schadensersatzes, wonach der Schadensberechtigte Anspruch darauf hat, daß seine Vermögenslage wieder in den Status versetzt werde, in dem sie sich vor Beschädigung befand. Diese Wiederherstellung der früheren Vermögenslage ist aber begrifflich nur dann gegeben, wenn sie einmal in vollem Umfange und ferner, wenn sie sofort erfolgt.[1]) Zu beidem ist deshalb auch der Bergwerksbesitzer beim Bergschädenanspruch verpflichtet. Aus diesem Prinzip ergeben sich folgende Einzelsätze:

1. Aus dem Grundsatz, daß die frühere Vermögenslage des Beschädigten wiederhergestellt werden muß, folgt zunächst, daß der Umfang des Schadens durch den Umfang des Rechts der beschädigten Person am Grundstück auf das Erheblichste beeinflußt wird.[2]) Je nachdem der Eigentümer in seinem Eigentum durch Rechte Dritter beschränkt ist oder nicht, z. B. dadurch, daß an dem Grundstücke zu Gunsten Dritter Nießbrauchsrechte, beschränkte persönliche Dienstbarkeiten, Miete, Pacht u. dergl. bestehen, ist der Umfang seines Schadens größer oder geringer. Das darüber Erforderliche ist bereits oben im einzelnen unter A S. 15ff. u. 33 ausgeführt. Einzelheiten sind bezüglich der Bemessung der Entschädigung noch unter G zu erörtern.

2. Innerhalb der durch den Umfang des Rechts des Beschädigten gegebenen Grenzen ist aber der ihm erwachsene Schaden ganz zu ersetzen. Es kann deshalb nicht zweifelhaft sein, daß bei der Festsetzung des Schadens **alle Benutzungsarten**, deren das Grundstück fähig ist, in Rücksicht gezogen werden müssen, vorausgesetzt, daß sie schon jetzt auf die Bewertung des Grundstücks im Verkehr von Einfluß, schon jetzt in das allgemeine Bewußtsein eingedrungen sind, und dadurch den Wert des Grundstücks bestimmen. Denn nur dann ist die Wiederherstellung der früheren Vermögenslage des früheren Beschädigten gegeben, wenn seiner Schadensberechnung jede, speziell also auch die für ihn günstigste

[1]) Planck Anm. 2a zu § 249 B.G.B., Endemann S. 559ff., Kipp-Windscheid II S. 51.

[2]) Vergl. Mommsen S. 137 u. 138.

Benutzungsart des beschädigten Grundstücks zugrunde gelegt wird.[1])

3. Daraus, daß der Ersatz des Schadens in vollem Umfange begehrt werden kann, ergibt sich aber weiter, daß **nicht bloß die unmittelbaren, sondern auch die mittelbaren Folgen** des Schadens ersetzt werden müssen. Es gilt dies sowohl für früheres,[2]) wie für jetziges Recht.[3]) Es hat allerdings die abweichende Auffassung, daß der Bergwerksbesitzer nur für die unmittelbaren Folgen seines Betriebes hafte, gleichfalls Vertreter gefunden.[4]) Richtig ist auch, daß bei der Beratung des Abgeordnetenhauses der Ansicht Ausdruck gegeben wurde, daß durch den § 148 A.B.G. nur die „unmittelbaren Folgen des Betriebes" betroffen sein sollten. Nach dem ganzen Zusammenhange der dortigen, oben (S. 88 ff.) bereits besprochenen Verhandlungen hat man aber damit nur den Begriff des Bergwerks*betriebes* möglichst einschränken und nur diejenigen Handlungen als zum Schadensersatz verpflichtende festlegen wollen, die unmittelbar auf die Gewinnung des Minerals selbst gerichtet sind und mit denselben nicht etwa bloß durch das Mittelglied einer den Betrieb vorbereitenden oder ihm nachfolgenden Tätigkeit in Verbindung stehen.[5])

Jedenfalls ist — worauf es allein ankommt! — im Gesetz selbst in keiner Weise zum Ausdruck gekommen, daß die Schadensersatzpflicht des Bergwerksbesitzers sich im Gegensatz zu den Grundsätzen des allgemeinen Zivilrechts bloß auf den unmittelbaren Schaden beschränken soll.

Weiteres zu dieser Frage ist unter F zur Lehre vom Kausalzusammenhange und unter G zu erörtern.

4. Da aller Schaden vergütet werden muß, so hat der Bergwerksbesitzer auch **nicht bloß den unmittelbaren, sondern auch den mittelbaren** Schaden zu ersetzen, d. h. denjenigen Schaden, den der Eigentümer zwar als unmittelbare Folge

---

1) Mommsen a. a. O. S. 16, Daubenspeck Haftpflicht S. 76.
2) Daubenspeck Haftpflicht S. 14, Mommsen a. a. O. S. 144.
3) Rehbein II S. 45 ff., Cosack I S. 321, Planck Anm. 2 zu § 249 B.G.B.
4) Vergl. Funke XXXVII S. 313.
5) Vergl. Brassert VI 338. Daubenspeck II 180 Anm.

des Bergbaues, aber nur dadurch erleidet, daß bei der Schadenszufügung neben dem Bergbau andere Ursachen, ein anderes Ereignis oder eine besondere Beschaffenheit des beschädigten Grundstückes oder Gebäudes, z. B. mangelhafte Konstruktion des Hauses,[1]) mangelhafte Beschaffenheit des Baugrundes[2]) mitgewirkt haben.[3]) Auch hier ist das Nähere bei der Lehre vom Kausalzusammenhang zu erörtern.

5. Es kann ferner nicht zweifelhaft sein, daß nicht bloß der gemeine Wert der Sache dem beschädigten Eigentümer zu vergüten ist, sondern der **außerordentliche Wert**, wie dies übrigens in der Bergordnung für Lippe-Detmold (§ 65) ausdrücklich bestimmt ist. Für die übrigen Berggesetze ergibt sich dasselbe nicht bloß aus dem Wortlaut des § 148 A.B.G. und den §§ 249 u. 251 B.G.B.,[4]) sondern auch aus allgemeinen Rechtsgrundsätzen. Denn wenn dem Berechtigten der ihm erwachsene Schaden vergütet werden soll, so folgt daraus von selbst, daß ihm derjenige Wert der Sache vergütet werden muß, den die Sache nicht bloß für jeden Dritten, sondern gerade speziell für ihn hat.[5]) Während also in quali für die Frage, ob überhaupt ein Schaden entstanden ist, nur die Rechtslage massgebend ist, nur die Verletzung eines Rechtes, nicht die der bloß tatsächlichen Vermögenslage den Schadensanspruch in quali begründen kann, ist für die Bemessung der Höhe des Schadens auch die letztere mit zu berücksichtigen. Schon die römischen Quellen[6]) drückten dies zutreffend dahin aus: Quatenus cuius intersit, in facto, non in iure consistit.[7])

So ist deshalb mit Recht der Schadensanspruch eines Grundeigentümers im vollen Umfange als begründet angenommen worden, wo infolge einer Senkung auf seinem Grundstück, die ihn schon an sich zu einem Schadensanspruche

---

[1]) O.L.G. Hamm 18./4. 82 XXIII 383.
[2]) 11./11. 96 XXXVIII 228.
[3]) Kipp-Windscheid II 54, Mommsen S. 134ff.
[4]) Planck Anm. 2 zu § 251 B.G.B.
[5]) Mommsen a. a. O. S. 16, Kipp-Windscheid II S. 58, Cosack II S. 71, Endemann I S. 559, Neumann Anm. 1 zu § 252 B.G.B.
[6]) Paulus in l. 24 D. 50, 17.
[7]) Mommsen a. a. O. S. 138.

berechtigte, u. a. auch einer über sein Grundstück fließenden Quelle das Wasser benommen war, obwohl er gegenüber dem Eigentümer des Grundstücks, auf welchem die Quelle entsprang, keinen Anspruch auf Bestand der Quelle hatte.[1]) Gleiches ist in einem andern Falle angenommen, wo in die Rechte des Klägers als Adjazent eines Privatflusses durch den Bergbau schädigend eingegriffen, der Schaden aber noch dadurch vergrössert war, daß einem in der Nähe befindlichen See das Wasser entzogen war, bezüglich dessen dem Kläger keine besonderen Rechte zustanden.[2]) Unter allen Umständen muß deshalb auch der tatsächlich vorhandene, wirtschaftliche Zusammenhang, in welchem das beschädigte Grundstück zu dem übrigen Grundbesitz des Klägers gehört, bei der Bemessung der Höhe des Schadens mitberücksichtigt werden.[3]) Ist daher z. B. eine Wiese durch den Bergbaubetrieb des Bergwerksbesitzers versumpft worden, so kann es nicht zweifelhaft sein, daß der Eigentümer der Wiese nicht bloß den landesüblichen Wert der Wiese ersetzt verlangen kann, sondern auch denjenigen höheren Wert, den die Wiese als alleinige Grundlage seiner darauf bisher betriebenen Viehzucht für ihn hatte.

6. Nicht bloß der positive Schaden, sondern auch der **entgangene Gewinn** ist, wie nach bisherigem Recht,[4]) so auch nach B.G.B. zu vergüten, aber mit derjenigen Begrenzung, welche durch § 252 B.G.B. gegeben ist, d. h. es ist nur derjenige Gewinn zu vergüten, welcher in dem Augenblicke der Beschädigung durch den Bergbau nach dem gewöhnlichen Laufe der Dinge oder nach den besonderen Umständen, insbesondere nach den getroffenen Anstalten mit Wahrscheinlichkeit erwartet werden konnte. Konnte er darnach in diesem Augenblicke nicht erwartet werden, so braucht er also selbst dann nicht ersetzt zu werden, wenn sein späterer Verlust trotzdem erweislich eine Folge des

---

1) R.G. 10./11. 88 XXX S. 116.

2) R.G. 15./1. 98 Daubenspeck II S. 179.

3) R.G. 23./3. 92 XXXIII S. 405.

4) Vergl. Daubenspeck Haftpflicht S. 34ff., R.G. 24./1. 80 XXII S. 99, O.L.G. Hamm 20./6. 82 XXIV S. 102, Mommsen S. 34ff. u. 186ff., R.G. 2./10. 82 XXIV S. 500.

Bergbaubetriebes der Beklagten ist.[1]) Die Frage ist allerdings nicht unstreitig.[2]) Vor allem von Enneccerus-Lehmann I S. 408ff. wird speziell unter Hinweis auf die Entstehungsgeschichte des § 252 B.G.B. die Auffassung vertreten, daß nicht bloß in den Fällen des Satz 2 des § 252 B.G.B., sondern überhaupt der Beschädigte in allen Fällen den Ersatz des entgangenen Gewinnes beanspruchen kann, falls nachgewiesen wird, daß er denselben hätte machen können und gemacht haben würde, wenn der zum Schadensersatz verpflichtende Umstand nicht dazwischengetreten wäre.[3]) M. D. wird aber der Wortlaut des § 252 B.G.B. für die Plancksche Ansicht entscheiden müssen. Denn wenn im § 252 Satz 1 ausgesprochen ist, daß der Schädiger auch den entgangenen Gewinn vergüten muß, und dann Satz 2 fortfährt: „Als entgangen gilt der Gewinn" usw., ohne daß durch ein „insbesondere" oder dergl. zum Ausdruck gebracht ist, daß die sich dort anschließenden Fälle des Gewinnes nur beispielsweise gemeint seien, so wird man den zweiten Satz des § 252 B.G.B. nur dahin verstehen können, daß nur in den dort näher begrenzten Fällen der Gewinn zu vergüten ist. Wenn also z. B. bezüglich eines Grundstücks, welches zur Zeit als Ackerland benutzt wird, Schadensersatz dafür beansprucht werden soll, daß es als Baugelände nicht mehr verwertbar und verkäuflich ist, so muß bereits zur Zeit der Beschädigung durch den Bergbau feststehen, daß es nach dem gewöhnlichen Laufe der Dinge oder nach bereits vorliegenden Verkaufsverhandlungen mit Wahrscheinlichkeit als Bauplatz (abstrakte Berechnung) hätte Verwertung finden können oder, falls der Grundeigentümer selbst bauen wollte (konkrete Schadensberechnung), daß er diese Absicht nicht bloß ausgesprochen, sondern auch bereits tatsächlich Vorkehrungen und Anstalten getroffen hat, diese Absicht zu verwirklichen.[4]) Hat es in diesem Sinne zur Zeit der Be-

[1]) Planck Anm. 2 zu § 252, Oertmann Anm. 2 desgl., Endemann I S. 558 Crome II S. 73.

[2]) Vergl. Rehbein II S. 52.

[3]) So auch O.L.G. Hamburg 12./7. 01 bei Scherer III S. 155.

[4]) Für bisheriges Recht wesentlich übereinstimmend Daubenspeck Haftpflicht S. 34ff., Mommsen a. a. O. S. 175ff., R.G. 12./4. 02 bei Gruchot Bd. 46 S. 1077.

schädigung noch keine Bauplatzqualität, so kann der spätere Eintritt derselben nicht mehr zur Grundlage einer Forderung für entgangenen Gewinn gemacht werden, selbst wenn der Eigentümer nachzuweisen vermöchte, daß er tatsächlich aus bestimmten Gründen das Grundstück nicht eher verkauft und deshalb ohne Eintritt des Schadens den höheren Preis für Bauplatzgelände erzielt haben würde.

Nach Inhalt des § 252 braucht aber, um den entgangenen Gewinn verlangen zu können, nur der Gewinn überhaupt als solcher, d. h. ein Gewinn der Art, wie er sich später als wirklich entgangen herausstellt, voraussehbar gewesen sein, nicht dagegen ist erforderlich, daß er auch in der Höhe voraussehbar war, wie er sich später als entgangen herausstellt. Es genügt also, um bei dem vorerwähnten Falle zu bleiben, daß das Grundstück zur Zeit der Beschädigung Bauplatzqualität hatte, um auch den besonders hohen Preis fordern zu können, der infolge nachträglich eingetretener, aber nach dem gewöhnlichen Laufe der Dinge voraussehbarer Umstände, wie dies z. B. bei der fortschreitenden Entwickelung einer Industriestadt der Fall ist, für das Grundstück zu erzielen gewesen wäre. Dagegen kann eine Wertsteigerung infolge eines Umstandes, der nach dem gewöhnlichen Laufe der Dinge nicht vorauszusehen war, z. B. die zur Zeit der Schadenszufügung nicht voraussehbare spätere Anlage eines Bahnhofes in der Nähe des durch Bergbau beschädigten Grundstücks, bei der Schadensberechnung nicht in Rechnung gestellt werden.[1])

Im einzelnen ist bezüglich des Ersatzes des entgangenen Gewinnes noch folgendes hervorzuheben:

a) Der § 252 B.G.B. schließt den Gegenbeweis nicht aus, daß dem Grundeigentümer der von ihm liquidierte Gewinnausfall infolge des Bergwerksbetriebes nicht entgangen ist, daß er ihn tatsächlich nicht gemacht hätte, auch wenn der Bergschaden nicht dazwischengetreten wäre. Es genügt also nicht, daß der Gewinn als solcher zur Zeit der Beschädigung erwartet werden konnte, um einen Anspruch auf

---

[1]) Planck Anm. 2b zu § 252 B.G.B.

seinen Ersatz zu begründen, wenn sich später herausstellt, daß er in Wahrheit infolge des Bergbaubetriebes nicht entgangen ist. Der § 252 will nicht eine Fiktion dafür aufstellen, daß ein in Wirklichkeit nicht entgangener Gewinn dennoch als entgangen betrachtet werden soll, sondern er will nur die Grenze bezeichnen, bis zu welcher entgangener Gewinn höchstens liquidiert werden kann.[1]) Andrerseits hat aber der Gesetzgeber durch § 252 B.G.B. auch eine Beweiserleichterung für den Beschädigten schaffen wollen.[2]) Der Grundeigentümer braucht also, wenn der Gewinn zur Zeit des Eintritts der Schädigung erwartet werden konnte, nicht noch weiter darzutun, daß er wirklich infolge der Schädigung durch den Bergbau verloren gegangen, sondern der Bergwerksbesitzer muß den Gegenbeweis führen, daß der Gewinn auch ohne Eintritt des Bergschadens nicht erzielt wäre. Noch weniger braucht der Grundeigentümer, sofern von ihm entgangener Gewinn nur deshalb gefordert wird, weil nach dem gewöhnlichen Laufe der Dinge derselbe zu erwarten war, auch nachzuweisen, daß er subjektiv die Gelegenheit, diesen Gewinn zu machen, benutzt haben würde. Denn es muß nach dem gewöhnlichen Laufe der Dinge in subjektiver Beziehung ohne weiteres praesumiert werden, daß der Grundeigentümer als verständiger Hausvater die ihm objektiv gebotene Gelegenheit, einen Gewinn zu erzielen, auch gemacht haben würde.[3])

b) Die Begrenzung des § 252 B.G.B. gilt nur für den entgangenen Gewinn, nicht auch für den positiven Schaden. Dieser muß also, soweit er auf den Bergbaubetrieb zurückzuführen ist und in den Grenzen des § 148 A.B.G. sich hält, in vollem Umfange ersetzt werden, auch wenn er zur Zeit des Schadenseintrittes nicht voraussehbar war. Der Wert eines Gebäudes z. B. muß deshalb vollständig ersetzt werden, selbst wenn zur Zeit des Eintrittes der Schädigung durch den Bergbaubetrieb sich der vollständige Zusammenbruch

---

[1]) Planck Anm. 2 zu § 252 B.G.B., Staub H.G.B. S. 1061 Anm. 16.
[2]) Neumann Anm. 1 zu § 252 B.G.B.
[3]) Mommsen a. a. O. S. 181, Daubenspeck Haftpflicht S. 34, Staub H.G.B. Anm. 17 zu § 347.

des Hauses infolge der damals eingetretenen Risse noch nicht übersehen ließ.[1])

7. Bereits oben ist ausgeführt, daß aus dem Begriff des Schadensersatzes ohne weiteres auch folgt, daß der Schaden möglichst **sofort** vergütet werden muß. Der einmal entstandene Schaden muß deshalb in seinem vollen Umfange, sei er dauernder oder temporärer, sei es durch Naturalrestitution, sei es durch Geldzahlung, sofort ersetzt werden, soweit er nach dem oben (S. 100ff.) Ausgeführten als entstanden zu gelten hat.

a) Es gilt dies speziell also auch von denjenigen Folgen der Beschädigung, die sich in die Zukunft erstrecken, vorausgesetzt, daß es sich dabei nicht um bloß mögliche Folgen, sondern um solche handelt, die nach dem gewöhnlichen Laufe der Dinge mindestens mit Wahrscheinlichkeit als eintretend erwartet werden können.[2]) Wie schon oben (S. 100ff.) hervorgehoben, ist auch für das B.G.B., wie früher für das A.L.R. anzunehmen, daß der eingetretene Schaden im vollen Umfange als existent geworden zu erachten ist, ohne Unterschied, ob die Folgen desselben sich auch noch in die Zukunft erstrecken, sich periodisch erneuern oder nicht. Entweder ist das Grundstück für irgend eine Verwendung ganz oder teilweise unbrauchbar geworden, oder durch gänzlichen Verlust oder Schmälerung seiner Ertragsfähigkeit in seinem Werte als fruchttragendes Grundstück gesunken. In beiden Fällen kann der Schaden sofort in seinem ganzen Umfange festgestellt und durch eine Summe abgefunden werden. So liegt die Sache in den oben (S. 105) erwähnten Fällen, wo durch Zuleitung von Grubenwasser ein Grundstück versumpft und der jährliche Ertrag vermindert, durch den Betrieb des Bergwerks eine Quelle, ein Teich, ein Brunnen trocken gelegt und dadurch ein jährlich wiederkehrender Schaden für die Wirtschaft verursacht, durch Entziehung von Wasser der Betrieb einer

---

[1]) Planck a. a. O.

[2]) Mommsen a. a. O S. 121, Daubenspeck Haftpflicht S. 18, R.G. 2./3. 87 Daubenspeck I 251, O.L.G. Hamm 24./10. 79 XXII 379, Planck Anm. 1 zu § 252.

Mühle dauernd oder zeitweilig gestört ist, durch die stattgehabten Bodenbewegungen die Standfestigkeit eines Hauses derart gelitten hat, daß in Zukunft fortdauernd jährliche größere Reparaturen notwendig sind. In allen diesen Fällen handelt es sich nicht um Ersatz zukünftigen Schadens, sondern gegenwärtigen. Denn die Tatsache, daß nach dem gewöhnlichen Laufe der Dinge mit Wahrscheinlichkeit oder gar Notwendigkeit diese Folgen der Beschädigung eintreten oder sich wiederholen müssen, vermindern oder vernichten schon jetzt den Tauschwert des Grundstückes.[1]) Alle diese erst in der Zukunft sich äußernden Folgen müssen deshalb auch, ihrem Geldwert nach auf den Eintritt des Schadens zurückgerechnet, sofort ersetzt werden, weil sie das gesetzliche Surrogat für den prinzipiell in erster Reihe gegebenen Anspruch auf sofortige Wiederherstellung des früheren Zustandes bilden. Unter diesem letzteren Gesichtspunkte erscheinen gewissermaßen als utilitas temporis[2]) auch z. B. die Kosten der Räumung oder des Mietsausfalles während einer zur Wiederherstellung des Gebäudes notwendigen Reparatur. Denn auch dieser zukünftige, nach dem gewöhnlichen Laufe der Dinge notwendig eintretende Verlust wird schon jetzt den Verkaufswert des Grundstücks nachteilig beeinflussen, weil jeder Käufer damit rechnen wird, daß ihm dieser Ausfall bezw. dieser Kostenbetrag erwachsen muß. Diese Kosten sind aber auch deshalb gegenwärtiger Schaden, weil sie das Interesse für die Unmöglichkeit der sofortigen Wiederherstellung darstellen, weil die Wiederherstellung begrifflich sofort erfolgen müßte und deshalb auch diejenige Forderung als schon jetzt existent geworden anzusehen ist, die daraus entsteht, daß die Wiederherstellung wegen objektiver Unmöglichkeit nicht sofort erfolgen kann. Freilich werden diese Kosten, wenn sie als konkreter Schaden in quanto schon jetzt vor ihrer wirklichen Verauslegung geltend gemacht werden sollen, nur gefordert werden können, wenn nicht bloß die Notwendigkeit des Mietsaus-

---

[1]) R.G. 18./10. 90 XXXII S. 125, O.L.G. Hamm 6./4. 00 XLI S. 487, Rehbein II S. 59, Daubenspeck Haftpflicht S. 19.

[2]) Mommsen a. a. O. S. 42.

falles oder der Räumungskosten an sich, sondern auch ihre Höhe mit Sicherheit feststeht.[1]) Wollte man aber auch diese Kosten als wirklich erst zukünftig entstehenden Schaden ansehen, so steht auch von diesem Standpunkt aus der sofortigen Geltendmachung desselben nichts entgegen, weil nach allgemeinen Rechtsgrundsätzen auch ein zukünftiger Schaden dann eingeklagt werden kann, wenn derselbe infolge desselben Ereignisses, auf Grund dessen bereits ein anderer Teil des Schadens eingetreten ist, in Zukunft erwachsen wird.[2])

b) Alles sub a gilt speziell bezüglich eines **dauernden Schadens.** Auch dieser, z. B. der Schaden für dauernde Entziehung der Bauplatzqualität ist deshalb sofort und in einer Summe zu vergüten. Insofern bietet dieser Fall also keine Besonderheit, wohl aber bedarf er noch nach einer anderen Richtung hin der Besprechung, nämlich bezüglich der Lage der **Beweislast.** Muß der Beschädigte beweisen, daß der Schaden ein dauernder sein wird oder hat der Bergwerksbesitzer den Gegenbeweis zu führen, daß der eingetretene Schadenszustand wieder aufhören werde? Nach allgemeinen Rechtsgrundsätzen wird man anzunehmen haben, daß die demnächst zu erwartende Änderung des zur Zeit vorhandenen Zustandes von dem Behauptenden, d. h. dem Bergwerksbesitzer zu erweisen ist. Der Grundeigentümer, welcher Schadensersatz für Verlust z. B. der Bauplatzqualität fordert, hat seiner Beweispflicht genügt, wenn er dartut, daß das Grundstück tatsächlich die Bauplatzqualität jetzt verloren hat.[3]) Es ist deshalb nicht Sache des Klägers darzutun, daß der Schaden, welcher eingetreten ist, auch andauernd sei, vielmehr umgekehrt Sache des Gegenbeweises des Beklagten, daß der jetzt minderwertige Zustand des Grundstücks sich wieder in den früheren normalen umwandeln werde.[4]) Dieser

---

[1]) R.G. 7./5. 84 XXV 400, 21./5. 84 XXVI 371, 17./5. 84 Daubenspeck I S. 311, 7./2. 94 D. II S. 206.

[2]) Mommsen 121 a. a. O.

[3]) Vergl. Crome I S. 561.

[4]) R.G. 14./12. 86 Entsch. Bd. 17 S. 51, R./G. 8./1. 98 XXXIX S. 226, Rehbein II S. 51, R.G. 8./1. 98 Daubenspeck II S. 205: a. M. R.G. 17./2. 00 XLI, wo anscheinend dem Kläger die Beweislast dafür aufgebürdet wird, daß der Verlust ein dauernder sei; ebenso R.G. 15./1. 02 XLIII S. 357.

dem Beklagten obliegende Gegenbeweis kann auch nicht dadurch geführt werden, daß die bloße Möglichkeit des Aufhörens des Schadens dargetan wird. Sondern ebenso, wie zur Geltendmachung eines Schadensanspruches nicht der Nachweis einer bloßen Möglichkeit eines Schadens genügt, so bedarf es auch hier des Nachweises, daß die Beseitigung des jetzigen minderwertigen Zustandes nicht bloß möglich, sondern nach dem gewöhnlichen Laufe der Dinge mit Sicherheit zu erwarten steht.[1]) Es entspricht das auch den Anschauungen des Verkehrs über den Wert eines Grundstückes, da niemand für ein beschädigtes Grundstück den vollen früheren Wert zahlen wird, auf die hloße Möglichkeit hin, daß dasselbe in Zukunft die jetzt verloren gegangenen Eigenschaften mal wieder erhalten wird.

8. **Der Umfang des Schadensanspruches** erfährt nach positiver Vorschrift des Gesetzes eine **Begrenzung** nach folgenden Richtungen hin:

a) Nach § 253 B.G.B., wie auch schon bisher nach allgemeinen Rechtsgrundsätzen braucht **nur der Vermögensschaden** ersetzt werden. Ein etwaiges **Affektions-Interesse** des Berechtigten an dem beschädigten Grundstücke oder Gebäude scheidet damit aus.[2])

b) Auch der Schaden braucht nicht ersetzt zu werden, dessen Geltendmachung und Zubilligung, wie dies z. B. bei dem entgehenden Geschäftsgewinn eines durch Bergbau beschädigten Bordells der Fall, gegen die **guten Sitten** verstoßen würde.[3])

c) Durch § 148 ist der Schaden **begrenzt auf dem dem Grundeigentum und dessen Zubehörungen zugefügten Schaden.**

Das in dieser Beziehung Wesentliche, insbesondere bezüglich des Ersatzes des entgangenen Geschäftsgewinnes ist bereits oben unter C S. 79ff. ausgeführt.

---

[1]) Vergl. die obigen Erkenntnisse.

[2]) Oertmann Anm. 3 zu § 253 B.G.B. Rehbein II 50, Daubenspeck Haftpflicht S. 16, Mommsen a. a. O. S. 112.

[3]) Rehbein II 50.

IV. **Ein Vorzugsrecht im Konkurse des Bergwerksbesitzers oder bei der Zwangsversteigerung des Bergwerks** genießt die Schadensforderung des Grundeigentümers nicht. Nur das Berggesetz für Anhalt gewährte nach beiden Richtungen ein Recht auf abgesonderte resp. vorzugsweise Befriedigung. (§ 137 Abs. 2.) Dieses Recht dürfte jetzt als beseitigt gelten. Es würde zwar nichts im Wege gestanden haben, dasselbe gegenüber der R.K.O. und dem R.Zv.G. aufrecht zu erhalten. (§ 48 R.K.O., § 2 R.Zv.G., § 2 E.G. zum R.Zv.G.) Das Anhaltische Ausführungsgesetz zum R.Zv.G. Art. 12—18 hat aber von solcher Befugnis keinen Gebrauch gemacht.[1])

F. Kausalzusammenhang zwischen Bergwerksbetrieb und Schaden.

Um die Klage aus § 148 A.B.G. zu begründen, ist weiter Erfordernis, daß der Schaden „**durch**" den Bergwerksbetrieb zugefügt ist, d. h. es muß der kausale Zusammenhang zwischen Bergwerksbetrieb und Schädigung dargetan werden.

I. Allgemeines.

Wann dieser Kausalzusammenhang gegeben ist, ist weder durch A.B.G., noch durch B.G.B. bestimmt, vielmehr auch unter Herrschaft des letzteren lediglich Sache der Wissenschaft einerseits und der freien richterlichen Prüfung im einzelnen Falle andererseits.[2]) Auch für den Bergschadenanspruch muß man deshalb bezüglich der Frage des Kausalzusammenhanges von dem durch die Wissenschaft festgestellten Grundsatze ausgehen, daß der eingetretene Schaden, wenn und soweit er von dem Bergwerksbesitzer ersetzt werden soll, die **erweislich wirkliche Folge des Bergwerksbetriebes**

[1]) Becher I S. 55.
[2]) Rehbein II 45, Planck Anm. 2 zu § 249, Kuhlenbeck Anm. 1 zu § 249.

gewesen sein muß, d. h. der Bergwerksbesitzer muß allen denjenigen Schaden ersetzen, der nicht eingetreten wäre, wenn die Einwirkung seines Bergwerksbetriebes nicht stattgefunden hätte.[1]) Aus diesem Satze ergibt sich einerseits, daß nur der Schaden vergütet zu werden braucht, welcher wirkliche Folge des Bergwerksbetriebes ist, und andererseits, daß jeder Schaden, welcher sich als wirkliche Folge des Bergwerksbetriebes dartun läßt, erstattet werden muß.

Aus diesen beiden Sätzen rechtfertigen sich die nachfolgenden Schlußfolgerungen im Einzelnen:

1. **Bloße Möglichkeiten** genügen nicht, um in kausaler Beziehung die Schadenspflicht des Bergwerksbesitzers zu begründen. Mit Recht ist deshalb die Klage des früheren Grundstückseigentümers, dessen Besitzung subhastiert war und der die Differenz zwischen dem erzielten Meistgebot und dem angeblich höheren Wert der Besitzung als Schaden einklagte, abgewiesen worden, weil nicht feststand, daß das geringere Meistgebot eine Folge der Beschädigung durch den Bergbau war.[2]) Dagegen sind diejenigen Folgen des Betriebes, welche in dem regelmäßigen Laufe der Dinge liegen, auf denselben als Ursache zu beziehen. Es genügt also namentlich mit Rücksicht auf § 287 C.P.O. zur Feststellung des Kausalzusammenhanges der Beweis, daß nach der Erfahrung des Lebens und der gesamten Sachlage eine andere Ursache der Schadenszufügung, als der Betrieb des Bergwerks ausgeschlossen erscheint.[3])

Wirkliche Folge des Bergwerksbetriebes liegt dagegen **nicht** vor, wo der Schaden nur mit dem Bergbau rein äußerlich zusammenhängt, indem nur bei Gelegenheit des bergbaulichen Schadens ein anderer Nachteil aus einem anderen davon unabhängigen Rechtsgrunde eintritt. Eine Klage des Eisenbahnfiskus ist deshalb zutreffend in Höhe von 4000 M.

---

[1]) Mommsen a. a. O. S. 141, Rehbein II S. 45ff., Kipp-Windscheid II S. 54, Oertmann S. 11, Daubenspeck Haftpflicht S. 22ff., Bergschaden S. 51ff., Cosack I S. 320, Foerster-Eccius I S. 543.

[2]) L.G. Essen 29./3. 81 XXIV S. 219.

[3]) R.G. 24./4. 01 XLII 488, 18./6. 92, Daubenspeck I 230, Dernburg II 66, Rehbein II 47, Mommsen a. a. O. S. 141, R.G. 2./10. 03 Jur. Wochenschrift S. 384 No. 9; R.G. 27./5. 92 Entsch. Bd. 29 S. 139.

abgewiesen worden, als infolge bergbaulicher Beschädigung die Anlegung eines neuen Verbindungsweges notwendig wurde, die in alter Verfassung 8000 M. gekostet hätte, jetzt aber einen Kostenaufwand von 12000 M. erforderte, weil die zuständige Regierung bei derselben Gelegenheit den Eisenbahnfiskus zwang, aus Verkehrsgründen den Verbindungsweg breiter anzulegen, wie er früher gewesen war.[1])

Wirkliche Folge des Bergwerksbetriebes liegt aber vor und muß deshalb gemäß § 148 A.B.G. ersetzt werden, wenn durch den Bergbau der Eintritt des Schadens auch nur beschleunigt ist, wenn der Schaden also auch ohne den Bergbau, aber erst in einem späteren Zeitpunkt eingetreten sein würde.[2]) Denn auch in diesem Falle ist es klar, daß der jetzige Schaden durch den Bergwerksbesitzer verursacht ist und deshalb als solcher ersetzt werden muß. Die Tatsache, daß der Schaden, z. B. der Zusammenbruch des Hauses infolge schlechter Konstruktion oder schlechter Beschaffenheit des Baugrundes in einigen Jahren auch sonst eingetreten wäre, unterbricht deshalb den Kausalzusammenhang zwischen Bergwerksbetrieb und Schaden nicht, mindert aber den Schadensbetrag, der dem Bergwerksbesitzer zur Last fällt, da naturgemäß ein dem Zusammenbruch ohnehin drohendes Gebäude nicht den Wert hat, wie ein wohlkonstruiertes Haus von nicht bedrohter Standdauer. Die einzige Ausnahme von dem Satze, daß der Bergwerksbesitzer durch das Hinzutreten einer anderen Tatsache, welche für sich allein Schaden nicht hervorgerufen haben würde, ganz oder teilweise von seiner Schadenspflicht auch dort befreit wird, wo eine Unterbrechung des Kausalzusammenhanges nicht vorliegt, bildet konkurrierendes Versehen des Grundstückseigentümers (§ 254 B.G.B.), worüber unten weiter zu handeln.[3])

2. Daraus, daß der Schaden als die wirkliche Folge des Betriebes nachgewiesen werden muß, folgt weiter, daß **nicht** etwa noch darüber hinaus der Beweis erbracht werden muß,

---

[1]) R.G. 7./3. 96 XXXVII S. 349.

[2]) Foerster-Eccius I S. 543 Anm. 27, O.Tr. 6./3. 76, Strieth. Arch. XLLV 281, Rehbein Pr. Pr. I S. 581, A.G. Hamm 28./4. 76 XIX S. 240.

[3]) Rehbein II S. 61 ff.

daß er auch die **notwendige und unvermeidliche Folge** des Betriebes gewesen ist.[1])

a) Es ist insbesondere deshalb, wie schon oben S. 110 hervorgehoben, auch nicht notwendig, daß der Bergwerksbetrieb **allein ohne Mitwirkung anderer Umstände den Schaden** verursacht hat. Bestehen deshalb diese anderen Umstände in der vertretbaren Handlung eines Dritten, möge dessen Haftung nun ex lege oder ex delicto gegeben sein, so wird durch diese Mithaft eines Dritten der Kausalzusammenhang nicht berührt, sondern nur die Frage, ob dadurch die Haftung des Bergwerksbesitzers gemildert wird oder ob sie trotz dieser Mithaftung eines Dritten dem Grundeigentümer gegenüber eine solidarische bleibt. Darüber ist weiter unten S. 126ff. und zu § 149 A.B.G. zu handeln.

Aber auch wenn zur Herbeiführung des Schadens neben dem Bergwerksbetrieb andere Tatsachen als die vertretbare Handlung eines Dritten (Zufall, nicht vertretbare Handlungen Dritter, eine die Schadenszufügung des Bergbaues ermöglichende oder befördernde Beschaffenheit des Grundstücks oder Gebäudes, Konstruktionsfehler des Gebäudes oder geognostische Eigentümlichkeiten des unterliegenden Bodens) mitgewirkt haben, ist der Kausalzusammenhang zwischen Bergwerksbetrieb und Schaden gegeben, der erstere ist für den vollen Schaden verantwortlich, wenn diese letzteren Tatsachen allein den in concreto entstandenen Schaden nicht herbeigeführt hätten. Dabei verschlägt es nichts, ob solche dem Bergwerksbetrieb bei der Schadenszufügung hinzutretenden, für sich allein nicht schädliche Tatsachen durch den Bergwerksbetrieb bedingt waren, oder ob sie völlig unabhängig von demselben eingetreten sind, insbesondere auch, ob sie bereits vor der verpflichtenden Tatsache eingetreten waren oder erst später hinzugekommen sind.[2]) Immer muß aber

---

[1]) R.G. 21./11. 83 Entsch. Bd. 13 S. 66; Mommsen a. a. O. S. 142ff., Oertmann S. 11, Daubenspeck Haftpflicht S. 25, Kipp-Windscheid II S. 54, Rehbein II S. 47, Enneccerus-Lehmann I S. 403, Foerster-Eccius I S. 543, Dernburg II S. 80.

[2]) Mommsen a. a. O. S. 143, O.L.G. Hamm 11./2. 81 XXII S. 389, O.Tr. 11./5. 77 XIX S. 235.

der Bergbau die Ursache oder Mitursache des Schadens bleiben, d. h. der konkrete Schaden muß überhaupt nicht oder nicht in dem vorliegenden Umfange eingetreten sein, wenn nicht der Bergbau bei der Schadenszufügung mitgewirkt hätte. Wo durch das Eintreten des anderen Umstandes der Kausalzusammenhang zwischen Bergwerksbetrieb und Schaden aufgehoben wird, bleibt der Bergbau außer Betracht. Abgesehen davon kann nach der besonderen Lage des einzelnen Falles der mitwirkende Umstand, z. B. die fehlerhafte Konstruktion des Hauses auf die Höhe der zu leistenden Entschädigung von Einfluß sein, wie bereits oben (S. 121) erwähnt und unten sub II noch weiter zu erörtern ist. Wo aber solche besonderen Umstände, welche den Wert der beschädigten Besitzung an sich mindern, nicht vorliegen, muß der Bergwerksbesitzer den ganzen auch bloß mittelbaren Schaden ersetzen, wenn auch der Schaden durch eine besondere geognostische Beschaffenheit des Grund und Bodens in seinem Umfange mitbeeinflußt ist, vorausgesetzt nur, daß diese geognostische Beschaffenheit des Grund und Bodens, z. B. das Vorhandensein sog. Schlotten allein den Schaden nicht verursacht haben würde.[1] Ebenso ist zutreffend der Bergwerksbesitzer zum Ersatze des ganzen Schadens verurteilt, wo die schädlichen Grubenwasser eine Bleicherei des Klägers beschädigt hatten, bei der Beschädigung aber die eigenen chemischen Niederschläge des klägerischen Betriebes, die allein Schaden nicht verursacht hätten, mitgewirkt hatten.[2]

Noch weniger können solche dritte Umstände den Kausalzusammenhang unterbrechen, wenn sie erst eintreten, nachdem der Schaden bereits existent geworden ist. Ist z. B. ein Haus durch den Bergbaubetrieb bereits gänzlich entwertet und brennt daraufhin durch Zufall ab,[3] ist die Frucht eines Ackerlandes durch Bergbau beschädigt und demnächst durch zufällige Ueberschwemmung ganz vernichtet,[4] so

---

[1]) R.G. 15./1. 98 XXXIX S. 228.
[2]) R.G. 9./10. 82 XXIV 500.
[3]) Rehbein II S. 46.
[4]) R.G. 26./11. 87 XXX S. 96.

muss der Bergwerksbesitzer trotzdem entschädigen. Denn der Schadensanspruch des Grundeigentümers war bereits vor dem Brande bezw. der Ueberschwemmung gegeben und kann ihm durch denselben nicht mehr entzogen werden.[1])

b) Es ist auch, wie gleichfalls oben S. 109 bereits unter Widerlegung der entgegenstehenden Auffassung ausgeführt, nicht erforderlich, daß der Schaden **die unmittelbare** Folge des Betriebes ist. Es genügt, wenn er mit dem Betriebe auch nur in mittelbarem Zusammenhange steht.[2])

Der Bergwerksbesitzer haftet also, wenn durch seinen Bergbau dem Boden das Wasser entzogen, dadurch dessen Tragfähigkeit untergraben und in weiterer Folge ein darauf errichtetes Gebäude geschädigt wird.[3]) Er haftet ebenso, wenn durch seinen Betrieb zunächst ein Kohlenflötz in Brand gerät, dieser Brand sich zunächst auf ein Haus und von diesem auf ein zweites Haus ausdehnt, auch für den dem letzteren zugefügten Schaden.[4]) Er haftet auch für den Schaden an dem Grundstück des B, der demselben dadurch erwächst, daß das Grundstück des A durch den Bergwerksbetrieb versumpft und infolgedessen durch die von dem Grundstück des A ausgehenden Dünste das Grundstück des B entwertet wird.[5]) Der Bergwerksbesitzer ist weiter ersatzpflichtig, wenn durch Zuführung seiner Grubenwasser das Wasser, welches zum Betriebe einer Zuckerfabrik benutzt wird, schädlich beeinflußt wird, auch für den Schaden, welcher durch die Verwendung des Wassers zur Speisung der Kessel und der Herstellung des Zuckers an dem ersteren und, soweit dieserhalb überhaupt § 148 A.B.G. zutrifft (vergl. oben S. 77ff.) dem Zuckerprodukt entsteht[6]). Er haftet ebenso wenn er durch seinen Bergbau alte verlassene Bergwerke zum Zu-

---

[1]) Rehbein II S. 46, Oertmann S. 11; a. M. Kipp-Windscheid II S. 55 Anm. 15.

[2]) Mommsen a. a. O. S. 144, Daubenspeck Haftpflicht S. 30, Foerster-Eccius I 543, Enneccerus-Lehmann I S. 403, Oertmann S. 11, O.L.G. Hamm 22/3. 95 XXXVII S. 240, R.G. 7./3. 96, Daubenspeck II S. 128, 18/6. 92.

[3]) O.L.G. Hamm 18./11. 98. XL S. 351.

[4]) O.Tr. 20./3. 74 Strieth. Arch. XLLI 180.

[5]) L.G. Essen 17./3. 90 in Sachen Wilhelmi c/a Pluto bei Funke XXXVII 337.

[6]) R.G. 17./3. 02. XLIV 141, 1./7. 99 XL 479.

sammenbruch bringt und dadurch den Schaden herbeiführt; nicht minder, wenn zur Beseitigung von Bergschäden an einem Grundstück Reparaturen oder sonstige Maßnahmen vorgenommen werden, auch für die durch letztere entstandenen Schäden, z. B. wenn infolge einer Anlage zur Entwässerung eines durch den Bergbau versumpften Geländes nachträglich eine zu große Abtrocknung desselben eintritt.[1])

3. **Die Beweislast für den Kausalzusammenhang liegt beim Beschädigten.** Vermutungen über den Zusammenhang zwischen Betrieb und Schaden stellt das A.B.G. zu Gunsten des Grundeigentümers nicht auf. Nur die Verordnung von Mecklenburg-Schwerin über den Salzbergbau vom 16./5. 79 (XXXIII 201) enthält den Satz (§ 4 No. 2), daß, wenn auf einem Grundstücke, unter welchem Bergbau betrieben wird, Bodensenkungen oder Erdspalten eintreten, oder Quellen oder Brunnen versiegen, bis zum Beweise des Gegenteils vermutet wird, daß der Bergbau diese Schädigung verursacht habe.

II. Einzelnes.

Die allgemeinen Erörterungen unter I ergeben, welche rechtliche Beurteilung diejenigen Fälle erfordern, welche bezüglich des Kausalzusammenhanges bei der Bergschädenklage mehr oder weniger stereotyp sind. Auch der Bergschädenanspruch bietet, wie überhaupt regelmäßig jeder Schadensanspruch,[2]) in der Gestalt, wie er sich praktisch darstellt, das Bild, daß er das Ergebnis einer Reihe zusammenwirkender Bedingungen bildet, die bei dem Eintritt, dem Umfange und dem Zeitpunkt der Schadenszufügung mehr oder weniger erheblich ins Gewicht fallen.

Es lassen sich in dieser Beziehung folgende fünf verschiedene Gruppen von praktischen Fällen unterscheiden:

1. **Neben dem Bergbaubetrieb des Beklagten kann ein anderes Ereignis, sei es Bergwerksbetrieb, sei es die**

---

[1]) O.L.G. Hamm 22./10. 01 XLIII S. 508.
[2]) Vergl. R.G. 5./11. 98 Entsch. Bd. 42 S. 291.

Handlung eines Dritten oder Zufall, bei der Schadenszufügung dergestalt mitgewirkt haben, daß der Bergwerksbetrieb des Beklagten oder die sonst beschädigende Tatsache jeder einen räumlich oder zeitlich gesonderten Schaden demselben Grundstück zugefügt hat.

Es ist z. B. der eine Teil einer Wiese durch den Bergbau des A, der andere durch den Bergbau des B gesenkt; einem Teil der Wiese ist durch den Bergbau von A das Grundwasser entzogen, ein anderer Teil durch das Grubenwasser des B versumpft; ein Gebäudeschaden ist in früheren Jahren durch den Bergbau an der Zeche A, in späteren Jahren durch den Bergbau der Zeche B verursacht.[1]) In allen diesen Fällen hat jeder Schädiger, soweit er für den Schaden überhaupt gesetzlich verantwortlich ist, für den von ihm verursachten Teil des Schadens aufzukommen. Es liegen dann zwei verschiedene selbständige Schadens-Obligationen vor.

2. Jedes Ereignis, sowohl der Bergbaubetrieb des Beklagten, wie ein anderer Umstand haben bei der Zufügung desselben Schadens mitgewirkt, keines der beiden verpflichtenden Ereignisse hat allein Schaden verursacht, der Schaden ist vielmehr durch das Zusammenwirken beider Umstände hervorgerufen.

Z. B. die Schlammzuführung ist durch den Betrieb des einen Bergwerksbesitzers, die Niederschlagung derselben auf den Grund und Boden durch die Zuleitung der Abwasser seitens einen anderen Bergwerks oder sonstiger Dritter geschehen;[2]) die Risse und Bodensenkungen auf einem Grundstücke sind auf die Abtrocknung des Mergelgebirges durch den Bergbau mehrerer Zechen zurückzuführen;[3]) eine Wiese ist dadurch beschädigt, daß sie durch den Bergbau der Zeche A gesenkt, durch denjenigen der Zeche B mit schädlichen Grubenwassern überschwemmt ist, die ohne die Senkung nicht auf die Wiese hätten gelangen können,

---

[1]) Vergl. R.G. 10./3. 83 XXV S. 122.
[2]) O.Tr. 30./9. 72 XV 118.
[3]) O.L.G. Hamm 3./4. 00 XLI S. 366.

während bei Nichtschädlichkeit der Wasser auch die Senkung der Wiese nichts geschadet hätte.[1]) Falls solche oder ähnliche Ereignisse nur durch ihr Zusammenwirken den Schaden verursacht haben, muß unterschieden werden, ob das neben dem Bergwerksbetrieb des Beklagten, mitwirkende Ereignis der Betrieb eines zweiten Bergwerks gewesen ist oder eine vertretbare Handlung eines Dritten oder ein Zufall bezw. eine nicht vertretbare Handlung eines Dritten, oder endlich Verschulden des Beschädigten selbst.[2])

a) Im ersten dieser Fällc trifft § 149 A.B.G. zu,[3]) d. h. beide Bergwerksbesitzer haften nunmehr solidarisch, wie zu diesem Paragraphen noch näher zu erörtern.

b) Wie der zweite Fall, wo vertretbare, also regelmäßig schuldhafte Handlung eines Dritten mitgewirkt hat, zu behandeln, kann nach B.G.B. zweifelhaft sein. § 830 B.G.B. ist jedenfalls nicht entscheidend, weil eine „von mehreren gemeinschaftlich begangene unerlaubte Handlung" nicht vorliegt, da der Bergbaubetrieb, wie schon oben (S. 11) dargetan, keine unerlaubte Handlung darstellt. Wohl aber dürfte § 431 B.G.B. zutreffen. Denn man wird in den vorgeschilderten Fällen, wo keiner der Beklagten den Schaden allein verursacht haben würde, der Schaden vielmehr nur durch das Zusammenwirken aller möglich geworden ist, anzunehmen haben, daß es sich bei den verschiedenen Beteiligten nicht um verschiedene selbständige Obligationen, sondern bei allen nur um eine einzige Leistung, nämlich um den Ersatz des einheitlichen, von ihnen gemeinsam zugefügten Schadens handelt.[4]) Es liegt, wie bereits oben (S. 35 u. S. 100) hervorgehoben, auch Unteilbarkeit der Leistung vor. Bei dem Anspruche auf Wiederherstellung des früheren Zustandes kann dies nicht zweifelhaft sein.[5]) Der Bergwerksbesitzer und der Dritte werden aber auch dann als Gesamtschuldner zu haften haben,

---

[1]) O.L.G. Hamm 23./2. 94 XXXV S. 365.
[2]) O.L.G. Hamm 11./2. 81 XXII 389.
[3]) O.L.G. Hamm 11./2. 81 XXII S. 389; Daubenspeck Haftpflicht S. 27.
[4]) Vergl. auch Oertmann S. 141 Anm. 5c.
[5]) Rehbein II S. 451 Anm. 10, Crome II S. 39, Kipp-Windscheid II S. 15 Anm. 2.

wenn an Stelle der Naturalwiederherstellung Geldentschädigung, sei es auf Grund des § 49 oder des § 251 B.G.B., gefordert wird. Denn nach richtiger, wenngleich nicht unbestrittener Ansicht wird man auch für B.G.B anzunehmen haben, daß die gesamtschuldnerische Haftung sich nicht in eine Teilhaftung umwandelt, wenn an Stelle der ursprünglichen, unteilbaren Leistung eine teilbare tritt.[1])

Die darnach anzunehmende gesamtschuldnerische Haftung des Bergwerksbesitzers und des Dritten, welcher ex delicto verantwortlich ist, bildet eine wesentliche Neuerung gegenüber dem bisherigen Rechtszustand, wonach jeder der beiden Schädiger bloß für den ihm besonders nachzuweisenden Anteil haftet.[2]) Die Rechtsfolgen, die sich aus dieser gesamtschuldnerischen Haftung sowohl im Verhältnis der mehreren Schuldner zu einander, wie zu dem beschädigten Grundeigentümer ergeben, sind nach jetzigem Recht im wesentlichen dieselben, wie sie nunmehr durch die Novelle vom 7. Juli 1902 für das Preußische Berggesetz bezüglich der mehreren, an einer Schadenszufügung beteiligten Bergwerksbesitzer gelten. Das dort bei § 149 zu Erörternde gilt daher auch hier.

Im einzelnen mag indes an dieser Stelle noch folgendes bemerkt sein:

α) Die Mitwirkung eines Dritten durch eine vertretbare Handlung wird selbstredend ebenso wie die Mitwirkung eines Zufalles nur dann als vorhanden angenommen werden können, wenn es sich um eine irgendwie **erhebliche Beteiligung** an der Schadenszufügung handelt. Ist die Mitwirkung eine nur ganz unwesentliche, ist z. B. die Schlammzuführung in einen Privatfluß seitens der anstoßenden Wege nur eine minimale oder ist die Mitwirkung anderer Umstände z. B. bei der Abtrocknung eines Grundstücks bezgl. der Verminderung des Grundwasserstandes in einer ganzen Gegend eine un-

[1]) Crome II S. 392, Rehbein II S. 451 Anm. 10; Enneccerus-Lehmann I S. 580, Planck Anm. 2 zu § 431 B.G.B., Neumann desgl. Anm. 2; vergl. auch Kipp-Windscheid II S. 210 Anm. 7.

[2]) Daubenspeck Bergschaden S. 78; R.G. 7./5. 90 D. I S. 314; 11./10. 84 D. I S. 241.

wesentliche,[1]) so wird der Bergwerksbesitzer, wenn gegen ihn überhaupt § 148 A.B.G. zutrifft, trotz der Mitwirkung eines solchen Umstandes wegen seiner Unerheblichkeit als alleiniger Schädiger haften.[2])

β) Dagegen treffen die oben entwickelten Grundsätze auch zu, wenn der **eigene Bergbaubetrieb des Beschädigten unter den oben angegebenen Voraussetzungen an der Schadenszufügung mitgewirkt hat**, wenn z. B. die Beschädigung eines dem Bergwerkseigentümer gehörigen Grundstücks durch das gemeinsame Zusammenwirken seines Bergbaues mit anderen industriellen nicht bergbaulichen Betrieben oder sonstigen vertretbaren Handlungen Dritter verursacht ist.[3]) Der klagende Bergwerksbesitzer wird aber mit Rücksicht auf seine gegenüber den anderen Schuldnern gemäß §§ 149 A.B.G., 426, 431 B.G.B. bestehende Regreßpflicht nur auf den Schadensbetrag klagen können, der nach Abzug seines Anteils an der Schadenszufügung den übrigen Beteiligten zur Last fällt.

c) Ist das neben dem Bergbau mitwirkende Ereignis ein **Zufall** (z. B. Erdbeben, Zusammenstürzen alter verlassener Bergwerke,[4]) besondere geognostische Beschaffenheit des Grund und Bodens), oder die nicht vertretbare, weil nicht kulpose Handlung eines Dritten (z. B. erlaubte Anlage von Senkgruben), so haftet der Bergwerksbesitzer allein für den ganzen Schaden. Denn wenn es auch richtig ist, daß er allein ohne den Hinzutritt des Zufalles nicht den Schaden in diesem Umfange verursacht haben würde, so steht auf der anderen Seite fest, daß nur durch seinen Bergwerksbetrieb der an sich unschädlich verlaufene Zufall oder die an sich unschädliche, nicht vertretbare Handlung eines Dritten dem Grundbesitzer schädlich geworden ist. Sein Bergwerksbetrieb hat also den Schaden verursacht, wenngleich nur als mittelbaren, er muß für den Schaden aufkommen, da er nach dem oben Ausgeführten für allen

---

1) Vergl. auch O.L.G. Hamm 3./4. 00 XLI S. 366.
2) Vergl. für bisheriges Recht O.Tr. 30./9. 72 XV 114.
3) Vergl. für bisheriges Recht O.Tr. 30./9. 72 XV 114.
4) R.G. 28./1. 86 XXVII 381 ff.

wirklichen und nicht bloß für den unmittelbaren Schaden aufzukommen hat.[1])

Nach dieser Ansicht, die sich auch aus den römischen Quellen[2]) positiv erweisen läßt, haftet daher der Bergwerksbesitzer auch für den vollen Schaden, wenn derselbe nur durch die Mitwirkung des schlechten Baugrundes möglich geworden, vorausgesetzt nur, daß derselbe ohne den Bergbau tragfähig geblieben wäre;[3]) er haftet ebenso, wenn seine Grubenwasser dem Grundstück des Klägers nur dadurch schädlich geworden sind, daß chemische Niederschläge der eigenen Fabrik des Klägers hinzutraten, vorausgesetzt, daß dieselben allein den Schaden nicht verursacht hätten.[4])

Alles Vorgesagte galt auch schon bisher vor Einführung des B.G.B. für Sächsisches Recht.[5])

d) Hinzutretendes Verschulden des Grundeigentümers entbindet den Bergwerksbesitzer, sowohl nach jetzigem Recht,[6]) wie gemäß § 254 B.G.B. ganz oder teilweise von seiner Ersatzpflicht, wie noch weiter unter H zu erörtern.

3. **Jedes Ereignis, sowohl der Bergbaubetrieb des Beklagten, wie ein anderer Umstand, welcher bei der Zufügung desselben Schadens mitgewirkt hat, würde auch allein Schaden zugefügt haben, durch ihr Zusammenwirken ist aber ein größerer einheitlicher, zeitlich oder räumlich nicht zu sondernder Gesamtschaden entstanden.**

Der Bergwerksbetrieb würde z. B. ein Grundstück abgetrocknet und dadurch Risse herbeigeführt haben, seitens benachbarter Senkgruben würde in gleicher Weise auf das Grundstück schädigend eingewirkt sein, jetzt hat durch Zusammenwirken beider eine stärkere Abtrocknung des Grundstücks stattgefunden, wie sie durch alleinige Einwirkung eines

---

[1]) Daubenspeck Bergschaden S. 54, Mommsen a. a. O. S. 143; a. M. v. Beughem Kommentar S. 214.

[2]) Vergl. z. B. die von Mommsen zitierte l. 29 § 5 D. 9. 2 ad legem Aquiliam, wonach derjenige, welcher ein Schiffstau kulposer Weise durchschneidet, für den Verlust des Schiffes aufkommen muß, wenn dasselbe infolge eines hinzutretenden Sturmes untergeht.

[3]) R.G. 11./11. 96, Daubenspeck II 131.

[4]) R.G. 9./10. 82 XXIV S. 500.

[5]) Vergl. O.L.G. Dresden 5.4. 92 XXXIV S. 374.

[6]) Mommsen a. a. O. S. 157.

jeden der Schädiger eingetreten wäre. Mehrere Bergwerke haben an der Abtrocknung des Mergelgebirges mitgewirkt, jedes würde beschädigt haben, jetzt ist größerer Schaden durch die gemeinsame Abtrocknung hervorgerufen, ohne daß festgestellt werden kann, welcher räumliche oder zeitliche Teil dem einen oder anderen Bergbau zur Last fällt.[1]) Der Bergbau von A hat auf einer Flößwiese Senkungen hervorgerufen, die auch an und für sich der Wiese schädlich gewesen wären. Daneben sind aber auch die an sich gleichfalls schädlich gewesenen Grubenwasser des B auf die Flößwiese gelangt, und es ist dadurch ein nicht zu sondernder Gesamtschaden entstanden.[2])

Hier sind dieselben vier Fälle gerade so zu unterscheiden und zu beantworten, wie oben unter Nr. 2. Voraussetzung ist dabei allerdings, daß es sich um einen einheitlichen Schaden handelt, der sich weder räumlich noch zeitlich trennen läßt. Ist letzteres wohl möglich, so treffen die Ausführungen sub 1 zu, d. h. der Bergwerksbesitzer haftet nur für den durch ihn selbst verursachten Schaden. Ist aber der Schaden in dieser Weise nicht zu sondern, sind z. B. die Risse an einem Hause, die Senkungen auf einer Wiese, die sonst geringer gewesen, aber dieselben Stellen des Hauses und der Wiese betroffen haben, in ihrer jetzigen Gestalt durch den Bergbau der beiden Bergwerksbesitzer A und B oder durch den Bergbau von A und den vertretbaren Fabrikbetrieb des B entstanden, so haftet A und B in beiden Fällen gesamtschuldnerisch. Denn der in casu vorliegende, individuelle Schaden, d. h. der ganze Schaden, wie er vorliegt, würde in diesem Umfange nicht entstanden sein, wenn nicht die beiderseitigen Betriebshandlungen vorgenommen wären. Der vorliegende konkrete Schaden ist deshalb durch A und B verursacht und sowohl nach § 149 A.B.G., wie nach § 431 B.G.B., letzteren Falles weil eine unteilbare Prinzipalleistung, Wiederherstellung des früheren Zustandes vorliegt, gesamtschuldnerisch zu vertreten.

---

1) Vergl. O.L.G. Hamm 3./4. 00 XLI S. 366.

2) O.L.G. Hamm 23./2. 94 XXXV S. 364.

Ist aber der den Schaden in diesem Umfange durch Vergrößerung desselben mitverursachende Umstand ein Zufall, so rechtfertigt sich die Alleinhaftung des Bergwerksbesitzers deshalb, weil er nach Obigem auch für den mittelbaren Schaden aufkommen muß.[1])

4. **Das neben dem Bergbau mitwirkende Ereignis würde für sich allein keinen Schaden verursacht haben, es hat den Schaden aber vergrößert.**

Hier ist dieselbe Entscheidung wie zu 3 zu fällen und zwar aus denselben, auch hier zutreffenden Gründen.

a) Der Bergwerksbesitzer haftet also allein, wenn der Schaden, den sein Bergwerksbetrieb auch schon allein verursacht haben würde, durch Umstände, welche allein keinen Schaden herbeigeführt hätten, und nicht in der vertretbaren Handlung eines Dritten bestehen, durch Anlage einer Senkgrube, durch geognostische Vorgänge, z. B. Vorhandensein sog. Schlotten,[2]) Beschaffenheit des Baugrundes,[3]) bauliche Konstruktionsfehler an einem Hause,[4]) oder einer Brücke[5]) vergrößert ist. Die schlechte Beschaffenheit des Baugrundes oder des Gebäudes ist aber bei der Schadensbemessung in der Weise zu gunsten des Bergwerksbesitzers in Rücksicht zu ziehen, daß dadurch der von ihm zu ersetzende Wert des beschädigten Grundstücks oder Hauses vor Eintritt der Beschädigung niedriger angenommen werden muß als derjenige eines normalen Bauwerkes.[6])

b) Der Bergwerksbesitzer haftet gesamtschuldnerisch für den ganzen Schaden, wenn das mitwirkende Ereignis nicht ein Zufall, sondern der Betrieb eines anderen Bergwerks oder die vertretbare Handlung eines Dritten ist.[7]) Daß, wenn die Mitwirkung des zweiten Bergwerks oder des Dritten eine

---

1) Vergl. oben S. 122, R.G. 27./4. 89 XXX S. 355, Daubenspeck Bergschaden S. 75.

2) R.G. 8./1. 98 XXXIX S. 230.

3) R.G. 11./11. 96 D. II S. 131.

4) O.L.G. Hamm 18./4. 82 XXIII S. 387 u. 13./6. 82 XXIV S. 233.

5) R.G. 20./12. 99 XLI S. 221.

6) Daubenspeck Haftpflicht S. 28. O.L.G. Hamm 18./4. 82 XXIII S. 387, 13./6. 82 XXIV S. 233.

7) Vergl. O.Tr. 30./9. 72 XV S. 119, R.G. 20./12. 99 XLI S. 221.

unerhebliche ist, eine Mithaftung desselben wegfällt, ist hier ebenso anzunehmen, wie oben unter Nr. 2. Der Fall der Unerheblichkeit der Mitwirkung ist hier speziell auch dann gegeben, wenn die Schadenszufügung seitens des ersten Bergwerks schon in so vollständigem Umfang den Schaden erzeugt hat, daß die erst später eintretende Mitwirkung des zweiten Bergwerks oder des Dritten aus diesem Grunde den Schaden überhaupt nicht mehr vergrößern konnte.[1])

5. **Das Bergwerk allein würde den Schaden nicht verursacht haben, der Schaden würde vielmehr auch schon durch das dritte Ereignis, sei es die vertretbare Handlung eines Dritten, sei es eine nicht vertretbare Handlung oder ein sonstiger Zufall, verursacht sein, er ist aber durch den Bergwerksbetrieb vergrößert worden.**

Hier gelten vice versa dieselben Grundsätze wie sub 4, d. h. der Besitzer des den Schaden bloß vergrößernden Bergwerks haftet bezüglich des Schadens, wenn es sich um Mitwirkung neben einem anderen Bergwerksbetrieb und der vertretbaren Handlung eines Dritten handelt und wenn der Schaden sich zeitlich oder räumlich nicht sondern läßt, als Gesamtschuldner, weil dieser Schaden in diesem Umfange nicht eingetreten wäre, wenn sein Bergbaubetrieb nicht mitgewirkt hätte. Wenn dagegen bezüglich der Schadenszufügung das Bergwerk mit einem Zufall konkurriert, haftet der Bergwerksbesitzer allein, aber nur in Höhe des Mehrschadens. Denn einmal würde dieser Mehrschaden auch bei Eintritt des Zufalles, nicht entstanden sein, wenn der Bergwerksbetrieb nicht hinzugetreten wäre; er ist also insoweit auf diesen als Ursache zurückzuführen und von dem Bergwerksbesitzer gleichfalls als unmittelbarer Schaden zu vergüten. Andererseits fehlt es, soweit die Folgen des Zufalls durch sonst nicht schädlichen Bergbau vergrößert werden, an einer, dem § 431 B.G.B. entsprechenden gesetzlichen Bestimmung, welche seine Schadenspflicht über die wirklich nachweisbaren Folgen seines Bergbaues hinaus ausdehnt und ebensowenig läßt sich der auch sonst entstandene Schaden als durch den Berg-

---

[1]) Daubenspeck Haftpflicht S. 30.

werksbesitzer wenigstens mittelbar veranlaßt ansehen. Läßt sich nicht nachweisen, welcher Mehrschaden in quanto auf den Bergbaubetrieb des Beklagten zurückzuführen ist, so muß der Anspruch abgewiesen werden.[1])

6. Was die **Beweislast** angeht, so hat der Grundeigentümer, wie bereits oben hervorgehoben, den Nachweis zu führen, daß der ihm erwachsene Schaden die wirkliche Folge des Bergwerksbetriebes des beklagten Bergwerksbesitzers ist.[2]) Haben bei der Schadenszufügung andere Umstände mitgewirkt, so kommt es darauf an, worin diese Umstände bestehen.

a) Ist der mitwirkende Umstand der Betrieb eines anderen Bergwerks oder die vertretbare Handlung eines Dritten, so hat der Grundeigentümer für das jetzige Recht in den Fällen II 2—5 nur darzutun, daß der Betrieb des beklagten Bergwerksbesitzers jedenfalls die Schadenszufügung mitverursacht resp. vergrößert hat, um den vollen Schaden beanspruchen zu können.

b) Ist der mitwirkende Umstand ein Zufall bezw. die nicht vertretbare Handlung eines Dritten, so gilt in den Fällen sub II 2—4 dasselbe wie ad a. Im Falle der Nr. 5 muß er dagegen dartun, in welchem Umfange der Schaden durch den Hinzutritt des Bergwerksbetriebes des beklagten Bergwerksbesitzers vergrößert ist.

G. Die Entschädigung.

I. Nach Inhalt des § 148 hat der Grundeigentümer Anspruch auf „vollständige Entschädigung“, d. h. er hat Anspruch darauf, daß seine Vermögenslage in **vollem Umfange** wieder in denjenigen Stand zurückversetzt werde, in welchem sie sich vor Eintritt des Schadens befand.[3]) Der **Umfang**

---

[1]) O.Tr. 11./11. 77 XIV S. 243.
[2]) Mommsen a. a. O. S. 171.
[3]) Planck Anm. 2a zu § 249 B.G.B., Mommsen a. a. O. S. 40.

der Entschädigung richtet sich daher nach dem Umfange der Schadensforderung selbst. Soweit der eingetretene Schaden reicht, soweit reicht auch die Entschädigungspflicht. Inwieweit ersteres der Fall ist, ob speziell bloß positiver Schaden oder auch entgangener Gewinn, bloß der unmittelbare oder auch der mittelbare Schaden, bloß die unmittelbaren oder auch die mittelbaren Folgen des Bergbaues, bloß der gemeine Wert oder der außerordentliche Wert Schaden im Sinne des § 148 A.B.G. ist, ist bereits oben unter E erörtert. Die dortigen Ausführungen gelten deshalb auch für den Umfang des Entschädigungsanspruches. Hier bleibt deshalb nur zu erörtern, in welcher **Form** die Entschädigung zu gewähren, insbesondere ob sie durch Naturalrestitution oder durch Geldzahlung vom Bergwerksbesitzer zu leisten ist. Das A.B.G. enthält darüber keine Bestimmung. Es entscheiden daher die allgemeinen Vorschriften des Zivilrechts.

II. Nach **bisherigem Recht** war die Rechtslage in den drei Rechtsgebieten eine verschiedene.

1. Nach gemeinem Recht konnte der Grundeigentümer stets auf Geldentschädigung klagen, brauchte sich also die Wiederherstellung des früheren Zustandes durch den Bergwerkseigentümer nicht aufdrängen zu lassen,[1] soweit nicht etwa partikularrechtliche Vorschriften entgegenstanden. Das war z. B. anscheinend in Braunschweig der Fall, wo regelmäßig in erster Reihe Naturalrestitution angenommen werden mußte.[2]

2. Für das französische Recht bestand über diese Frage Streit. Nach der einen Ansicht mußte in erster Reihe Wiederherstellung gefordert werden,[3] nach der anderen konnte direkt auf Geldentschädigung geklagt werden.[4]

3. Für das Preußische Recht waren bestimmend die §§ 79—81 I 6 A.L.R. Auf Grund derselben ging die weit-

---

[1]) O.A.G. Berlin 30./11. 72 XIV 253, Daubenspeck Bergschaden S. 94, Hense XXXIV S. 205.

[2]) R.G. 8./1. 86 Daubenspeck I 299.

[3]) A.G. Köln 2./6. 76 XVII 415; R.G. 12./6 91 Daubenspeck I 302.

[4]) O.L.G. Köln 24./6. 96 XXXVIII 80; vergl. auch O.L.G. Köln 21./10. 82 u. 17./3. 83 XXV 382.

aus überwiegende Ansicht dahin, daß der Grundeigentümer in erster Reihe nur Wiederherstellung des früheren Zustandes beanspruchen, die ihm in gehöriger Form angebotene deshalb annehmen mußte und falls nicht besondere Gründe ihm zur Seite standen, nicht berechtigt war, Geldentschädigung zu fordern.[1]) In der Literatur blieb diese Auffassung aber insofern nicht unbestritten, als vielfach angenommen wurde, daß der Grundeigentümer die Wiederherstellung durch den Bergwerksbesitzer nicht anzunehmen gezwungen war, sondern seinerseits auf Zahlung des zur Wiederherstellung erforderlichen Geldbetrages klagen konnte.[2]) Das Reichsgericht hat sich dieser letzteren Ansicht in einzelnen Erkenntnissen insofern genähert, als es dahingestellt sein ließ, ob nicht die §§ 79 ff. a. a. O. auch die letzterwähnte Auslegung zuließen.[3]) Einverständnis herrschte aber im Preußischen Rechtsgebiet darüber, daß ein Anspruch auf Geldentschädigung dann gegeben war, wenn die Wiederherstellung unmöglich,[4]) oder mit unverhältnismäßigen Kosten verknüpft war,[5]) wenn sie nicht mit dauerndem Erfolge,[6]) oder nicht sofort bewirkt werden konnte resp. nicht bewirkt wurde, der Bergwerksbesitzer sich also mit seiner Leistung im Verzuge befand,[7]) endlich, wenn die Wiederherstellung des früheren Zustandes die gänzliche oder teilweise Betriebseinstellung des Bergwerks herbeigeführt haben würde.[8]) Auch wurde es für zulässig erachtet, wenn der Grundeigentümer alternativ auf Wiederherstellung oder Geldentschädigung

---

[1]) O.Tr. 14./9. 77 XIX 123, 22./11. 78 XXI 371; O.L.G. Hamm 10./6. 98 XL 90; R.G. 5./7. 82 Daubenspeck I 302; 9./12. 82, 21./5. 84, 17./5. 84 Daubenspeck I 293, 303, 311, 18./3. 72 XXIV 97; 29./10. 90 XXXII; L.G. Essen 9./3. 80 XXIII 103; O.L.G. Hamm 18./4. 82 XXIII 383, 4./7. 82 XXIV 236; R.G. 9./12. 82 XXIV 237, 16./9. 85 XXVII 87; O.L.G. Hamm 24./2. 93 XXXV 112; R.G. 18./12. 95 XXXVII 345, O.L.G. Hamm 17./1. 96 XXXVII 355, 30./11. 97 XXXIX 467; Daubenspeck Bergschaden S. 105 ff., Haftpflicht S. 58.

[2]) Daubenspeck Bergschaden S. 96, Hense XXXIV S. 212.

[3]) R.G. 20./2. 84 XXV S. 398, 23./4. 84 XXVI S. 369.

[4]) O.Tr. 14./9. 77 XIX 123; L.G. Essen 9./3. 80 XXIII 103, R.G. 29./10. 90 XXIII 249, R.G. 21./6. 84 XXVI 369; 18./12. 95 XXXVII 345.

[5]) O.Tr. 22./11. 78 XXI 371, O.L.G. Hamm 10./6. 98 XL 90.

[6]) O.L.G. Hamm 30./11. 97 XXXIX 467.

[7]) O.Tr. 22./11. 78 XXI 371, O.L.G. Hamm 18./4. 82 XXIII 383, 4./7. 82 XXIV 236; R.G. 20./2. 84 XXV 398, O.L.G. Hamm 30./11. 97 XXXIX 467.

[8]) O.Tr. 22./11. 78 XXI 371; O.L.G. Hamm 10./6. 98 XL 90.

nach Wahl des Bergwerksbesitzers klagte, weil darin ein minus des gesetzlichen Anspruches lag.[1]) Endlich war die Judikatur darüber einig, daß im Falle der Zulässigkeit des Anspruches auf eine Geldentschädigung regelmäßig Kapitalentschädigung zu gewähren war, eine Rente nur bei vorübergehendem, in seiner Dauer nicht übersehbarem Schaden zugebilligt werden durfte.[2])

III. Für **jetziges Recht** richtet sich die Form der Entschädigung nach §§ 249—255 B.G.B., die im wesentlichen den geltenden Rechtszustand des Preußischen Rechts wiedergeben, gleichzeitig aber eine Reihe von praktischen Zweifelsfragen, wie sie für die verschiedenen Rechtsgebiete bestanden, beseitigen.

Im einzelnen ist nunmehr für das heutige Recht folgendes bezüglich der Art und des Umfanges der Entschädigung zu bemerken:

1. Aus dem Begriff des Schadenersatzes und der Bestimmung des § 148 A.B.G., wonach „vollständige Entschädigung" geleistet werden muß, wie nicht minder aus § 271 B.G.B. ergibt sich, wie auch oben (S. 108) bereits hervorgehoben, von selbst, daß dem Beschädigten **sofort** nach dem Hervortreten des Schadens alles dasjenige gewährt werden muß, was ihn wieder in den Vollgenuß seines früheren Rechtes setzen soll.[3]) Das Einzelne hierzu ist bereits oben (S. 115ff.) erörtert. An dieser Stelle ist nur noch Folgendes zu erwähnen:

a) An der Pflicht zur sofortigen Leistung der Entschädigung ändert nichts der Umstand, daß regelmäßig der Schaden nicht sofort im Zeitpunkt seiner Entstehung wieder beseitigt werden kann, daß zwischen der Entstehung des Schadens und seiner Beseitigung regelmäßig die Aufforderung zur Schadensbeseitigung seitens des Beschädigten an den Schädiger, die Vergewisserung des letzteren über Art und Umfang des Schadens, die Vorbereitung der Ent-

---

[1]) R.G. 29./11. 90 XXXII 241; O.L.G. Hamm 10./6. 98 XL 98; Daubenspeck Haftpflicht S. 59.

[2]) O.Tr. 14./9. 77 XIX 123; R.G. 5./7. 82, 9./12. 82, 21./5. 84, 17./5. 84; Daubenspeck I 302, 293, 303 u. 311.

[3]) O.Tr. 22./11. 78 XXI 371 R.G. 21./2. 91 XXXII 379.

schädigungsmaßregeln dazwischentreten muß. Diese durch die Verhältnisse des Lebens notwendig gebotene Differenz zwischen dem Zeitpunkt des Schadenseintrittes und der Beseitigung desselben hat nur Einfluß auf die Art der Entschädigungsleistung, insofern es regelmäßig unmöglich sein wird, rückwärts hin Geschehenes ungeschehen zu machen. Für diese utilitas temporis, für die Tatsache, daß der schädigende Zustand auch im Falle seiner im übrigen möglichen Naturalbeseitigung immerhin eine gewisse Zeit hindurch bestehen wird, muß deshalb stets nach § 251 B.G.B. in Geld entschädigt werden.[1])

b) Aus dem Satze, daß der Schaden in vollem Umfange sofort ersetzt werden muß, ergibt sich weiter, daß der Bergwerkseigentümer, der auf möglichste Wiederherstellung des früheren Zustandes und gleichzeitig auf Ersatz des alsdann verbleibenden Minderwertes eingeklagt ist, nicht Ablehnung des letzteren Anspruches mit der Behauptung begehren kann, daß zunächst nur das beschädigte Grundstück bezw. Haus nach Möglichkeit wieder herzustellen sei und erst, nachdem dies geschehen, in einem weiteren Prozesse die Zubilligung des Minderwertes zu erfolgen habe, dies umsoweniger als die Sachverständigen auch vor durchgeführter Wiederherstellung regelmäßig sehr wohl imstande sind, den Umfang der Wirkung derselben nach ihrer technischen Kenntnis und Erfahrung zu übersehen.[2])

2. Nach § 249 B.G.B. kann in erster Reihe von dem Bergwerksbesitzer die **Wiederherstellung** des früheren Zustandes verlangt werden, also die Naturalrestitution des Zustandes, der bestehen würde, wenn die schädigende Einwirkung des Bergbaues auf die Erdoberfläche nicht eingetreten wäre.

a) Unter Wiederherstellung des früheren Zustandes ist dabei, da es sich, wie bereits oben (S. 95) ausgeführt, nur um die Beseitigung der Beeinträchtigung der Vermögenslage des Beschädigten handelt, nur zu verstehen, daß der

---

[1]) Planck Anm. 2c zu § 249, Mommsen a. a. O. S. 42.
[2]) R.G. 21./2. 91 XXXII 380.

gleiche wirtschaftliche Zustand des beschädigten Grundstückes wiederhergestellt wird, dem beschädigten Grundstücke seine früheren, seinen vermögensrechtlichen Wert bestimmenden, wirtschaftlichen Eigenschaften im wesentlichen wiedergegeben werden,[1]) nicht auch etwa, daß darüber hinaus das Grundstück genau wieder in diejenige körperliche Verfassung gebracht wird, die es vor der Beschädigung hatte. Eine durch Bergbau gesenkte Wiese oder ein gesenktes Ackerland braucht deshalb nicht unbedingt wieder auf dieselbe Höhenlage gebracht zu werden, in welcher es sich vor der Beschädigung befand. Die Veränderung der Höhenlage allein bildet noch keinen Vermögensschaden. Wenn ein Grundstück gleichmäßig sinkt, erwächst dem Grundeigentümer regelmäßig kein Schaden. Durch die Niveauveränderung tritt erst dann ein Vermögensschaden ein, wenn sie so ungleichmäßig erfolgt, daß dadurch der Gebrauchs- oder Tauschwert des Grundstückes nachteilig beeinflußt wird. Der Bergwerksbesitzer tut deshalb genug und der Grundeigentümer hat keinen weiteren Schadensanspruch als den, daß die Wiese oder das Ackerland wieder in den früheren Kulturzustand einer guten Wiese oder eines guten Ackergeländes zurückversetzt wird.[2]) Wenn dies nur durch Erhöhung der Höhenlage geschehen kann, muß dieselbe stattfinden; wo dieselbe aber im einzelnen Falle auch auf einem anderen Wege hergestellt werden kann, z. B. durch Anlegung einer Drainage oder Bewässerungsanlage ohne Wiederherstellung der früheren Höhenlage, muß sich der Grundeigentümer damit begnügen.

In gleicher Weise hat bei der Wasserentziehung der Grundeigentümer nur Anspruch auf Wiederbeschaffung des Wassers in gleicher Quantität und Qualität.[3]) Er kann also nicht beanspruchen, daß das Wasser ihm in seinem Brunnen wiederbeschafft werde, wenn das Wasser in gleichwertiger Menge und Beschaffenheit billiger auf andere Weise,

---

[1]) Daubenspeck Haftpflicht S. 56, Oertmann Anm. 2 zu § 249 Planck Anm. 1 dazu.

[2]) O.Tr. 22./11. 78 XXI 371.

[3]) R.G. 23./12. 93 XXXV 369.

z. B. durch Anschluß an eine Wasserleitung zugeführt werden kann. Denn der Beklagte genügt der ihm obliegenden Pflicht der Wiederherstellung des gleichen wirtschaftlichen Zustandes auch dann, wenn er ihr auf dem **für ihn billigsten Wege** genügt. Weiter geht der Anspruch des Beschädigten nicht und zwar schon aus dem Grunde, weil er nur Anspruch auf Wiederherstellung des früheren Zustandes an sich hat, während die Entscheidung darüber, wie diese Wiederherstellung im einzelnen Falle zu bewirken, Sache des Bergwerksbesitzers so lange ist, als nicht der Beschädigte von seinem Wahlrecht, die Beschädigung selbst zu beseitigen, Gebrauch macht. Überdies würde aber auch der Anspruch des Beschädigten auf eine möglichst teure Form der Wiederherstellung den Grundsätzen von Treu und Glauben widersprechen, welche nach § 242 B.G.B. jeden Leistungsanspruch beherrschen.[1]) Anspruch auf möglichste Wiederherstellung des früheren wirtschaftlichen Zustandes liegt auch dann vor, wenn ein Wasserverlauf verschlämmt ist und die Wegschaffung der Schlämme beansprucht wird, oder wenn eine Verankerung eines beschädigten Hauses neben der Beseitigung der sonstigen Risse und Senkungen begehrt wird.

b) Braucht nach dem zu a Gesagten regelmäßig der Bergwerksbesitzer die Wiederherstellung nur auf die für ihn billigste Weise zu bewirken, so kann doch andererseits nach Lage des einzelnen Falles der Grundeigentümer auch berechtigt sein, die **Herstellung eines besseren Zustandes** wie bisher zu beanspruchen, wenn der mindestens gleiche wirtschaftliche Zustand nur dadurch wiederhergestellt werden kann, daß gleichzeitig eine Verbesserung desselben vorgenommen wird. Der Grundeigentümer kann z. B. statt einer gemauerten Düngergrube die Anbringung eines eisernen Bassins beanspruchen, wenn ein bloß gemauertes mit Rücksicht auf die noch fortdauernde Bodenbewegung nicht die Garantie dauernden Bestandes bietet.[2]) Er kann die Zuleitung des Wassers vermittelst einer Wasserleitung nicht

---

[1]) Crome II S. 71 u. 73, Neumann Anm. 2 zu § 242 B.G.B.
[2]) R.G. 16./6. 94 XXXVI S. 95.

bloß bis in den Brunnen, sondern bis in das Haus verlangen, weil der gleiche wirtschaftliche Zustand der Wasserwiederbeschaffung erheischt, daß das Wasser wieder dorthin geliefert wird, wo dies bei der jeweiligen Art der Wasserversorgung üblich ist.

Zu weit gehende Anforderungen des Grundeigentümers finden in dieser Richtung ihre Begrenzung in § 251 Abs. 2 B.G.B.

c) Eine Wiederherstellung des früheren wirtschaftlichen Zustandes ist, wie sich aus seinem Begriffe von selbst ergibt, nur dann gegeben, wenn dem Grundstück wieder **dauernd seine frühere Qualität** verschafft worden ist.[1]) Kann ihm dieselbe nicht dauernd verschafft werden, so ist die Restitution desjenigen, was der Gläubiger beanspruchen kann, nämlich die Wiederverschaffung der Eigenschaft des Grundstückes: dauernd als Bauplatz, Ackerland oder Wiese benutzt werden zu können, unmöglich und es tritt § 251 B.G.B. Abs. 1 ein.[2]) Es ist also auch nicht teilweise Wiederherstellung des früheren Zustandes, wenn einem Grundstücke für eine kurze Dauer wieder die frühere Eigenschaft beschafft wird. Ist einem Brunnen das Wasser entzogen, so kann und braucht deshalb der Beschädigte nur dann auf Anlage eines neuen Brunnens zu klagen, wenn derselbe die Gewähr der dauernden Wasserzuführung bietet.[3]) Sollte er freilich trotzdem ein darauf lautendes Urteil erwirkt haben und der Brunnen demnächst das Wasser verlieren, so wird das Urteil im Zweifel dahin zu interpretieren sein, daß der Bergwerksbesitzer auch dafür Sorge tragen muß, daß der Brunnen dauernd das Wasser behält, und er es wieder beschaffen muß, wenn es in der Folgezeit in dem neuen Brunnen wieder verschwindet.[4]) Hat sich die Beklagte dagegen lediglich durch Vergleich verpflichtet, einen neuen Brunnen anzulegen und es verschwindet nachher das Wasser aus demselben, so wird, auch wenn der Vergleich nicht

---

[1]) Crome II S. 67.
[2]) Dernburg II 1 S. 78.
[3]) R.G. 18./12. 95 XXXVII 345.
[4]) O.L.G. Hamm 11./6. 01 XLIII 508.

ohnehin dahin zu verstehen ist, daß er eine weitergehende Verpflichtung in sich begreift, der Grundeigentümer die Anlage eines neuen Brunnens oder Kapitalentschädigung doch fordern können, weil das Verschwinden des Wassers regelmäßig als neuer Schaden anzusehen sein wird.

3. **Statt der Wiederherstellung kann der Grundeigentümer nach § 249 B.G.B. regelmäßig auch die Zahlung desjenigen Geldbetrages, welcher zur Wiederherstellung des gleichen wirtschaftlichen Zustandes erforderlich ist, fordern.**

Im Einzelnen ist dazu folgendes zu bemerken:

a) Dieser Anspruch schafft **keine Alternativ-Obligation** im Sinne der §§ 262 ff. B.G.B. Es wird vielmehr dem Gläubiger dadurch lediglich eine fakultas alternativa eingeräumt. Denn es wird von Anfang an nur ein Gegenstand, die Naturalwiederherstellung durch den Schuldner geschuldet und der Gläubiger ist nur berechtigt, an Stelle der prinzipiell allein geschuldeten Wiederherstellung,[1] Geldzahlung zu fordern.[2] Die §§ 262 ff. insbesondere § 263 Abs. 2, wodurch das ius variandi ausgeschlossen und § 264 Abs. 2, wonach der Schuldner das Wahlrecht unter den dort angegebenen Voraussetzungen ausüben kann, treffen deshalb auf die Befugnis des § 249 B.G.B. nicht zu.[3] Das **Wahlrecht** steht also immer dem Grundeigentümer zu und kann nicht, wie die Alternativobligation im Falle des § 264 Abs. 2 auf den Bergwerksbesitzer übergehen. Zweifelhaft kann dagegen sein, mit welchem Zeitpunkte der Gläubiger an die von ihm getroffene Wahl gebunden ist. Er ist unzweifelhaft gebunden, wenn er wegen des einen oder anderen Anspruches **befriedigt** worden ist. Das Recht des Gläubigers, die Wiederherstellung des früheren Zustandes zu fordern, dürfte aber auch schon dadurch ausgeschlossen sein, daß der Gläubiger dem Schuldner gegenüber erklärt hat, er verlange den zur

---

[1]) Kuhlenbeck Anm. 1 dazu.

[2]) Planck Anm. 3 zu § 249, Rehbein II 73, Neumann Anm. 1 zu § 262 B.G.B.

[3]) Planck Anm. 3 zu § 249 B.G.B.

Wiederherstellung erforderlichen Geldbetrag.[1]) Gleiches wurde auch schon für bisheriges Recht angenommen.[2]) Hat dagegen der Gläubiger Wiederherstellung des früheren Zustandes gefordert, so wird er davon jederzeit zurücktreten und an Stelle desselben den Geldbetrag fordern können. § 250 B.G.B. dürfte nur auf den Fall des § 249 Satz 1 B.G.B. sich beziehen und bei Sachbeschädigung deshalb keine Anwendung finden.[3])

b) Der **Anspruch auf Zahlung** des zur Wiederherstellung erforderlichen Betrages gemäß § 249 B.G.B. ist kein Interesseanspruch des gleichen Inhalts, wie der im § 251 B.G.B. unter den dort angegebenen Voraussetzungen vorgesehene Anspruch auf Schadenersatz an Stelle der Wiederherstellung des beschädigten Grundstücks. Der Gläubiger, welcher Geldzahlung auf Grund des § 249 B.G.B. fordert, wählt und muß Wiederherstellung wählen, sein Wahlrecht gibt ihm nur die Möglichkeit, die Wiederherstellung selbst statt durch den Schuldner zu bewirken.[4]) Der beschädigte Grundeigentümer ist deshalb m. D. auch nicht etwa berechtigt, von vornherein von jeder Wiederherstellung, auch soweit sie möglich ist, abzusehen und statt dessen den Ersatz des Minderwertes des Hauses in seinem durch den Bergbau geschaffenen gegenwärtigen Zustande zu beanspruchen. Er ist vielmehr, wie sich m. D. aus §§ 249, 251 B.G.B. ergibt, nur berechtigt, die Kosten der Wiederherstellung, soweit dieselbe möglich ist, zu beanspruchen und nur darüber hinaus, soweit die Wiederherstellung unmöglich, Schadensersatz in Form eines Kapitals. Selbst wenn also der Grundeigentümer garnicht die Absicht hat, das Gebäude oder die Wiese oder das Ackerland wiederherzustellen, muß die Gesamtentschädigung derart bemessen werden, daß zunächst die Kosten der Wiederherstellung, soweit dieselbe möglich, berechnet und dann die Kapitalentschädigung für den Minderwert festgestellt wird, der nach möglichster Wiederherstellung verbleibt.

---

[1]) Planck Anm. 3 zu § 249, Kipp-Windscheid II 60.
[2]) O.L.G. Hamm 30./5. 99 XL 487.
[3]) Planck Anm. 1 zu § 250, vergl. auch Daubenspeck Haftpflicht S. 60.
[4]) Planck Anm. 3 zu § 249 B.G.B.

Die gänzliche oder teilweise Wiederherstellung muß also, soviel sie möglich, in solchen Fällen fingiert werden. Die Festhaltung dieses Unterschiedes zwischen §§ 249 und 251 B.G.B. ist für die praktische Schadensberechnung von großer Bedeutung.

c) Daraus, daß nach § 249 B.G.B. der Gläubiger berechtigt ist, die Wiederherstellung zu bewirken und den dazu erforderlichen Betrag vom Beklagten zu fordern, ergibt sich, daß der Grundstückseigentümer berechtigt ist, denjenigen Betrag zu fordern, den **ihm die Wiederherstellung des früheren Zustandes kostet.** Der Bergwerksbesitzer ist also nicht berechtigt, den Einwand zu erheben, daß er in der Lage sei, die Wiederherstellung etwa deshalb, weil er billigere Selbstkosten hat, zu einem niedrigeren Betrage bewirken zu können, wie der Grundeigentümer.[1]) Wohl aber muß der Grundstückseigentümer aus demselben Grunde, wie dies bereits oben bezüglich des Bergwerkseigentümers ausgeführt ist, unter den ihm selbst möglichen Wiederherstellungsarten diejenige wählen, welche für ihn die billigere ist. Aus dem Satze, daß der Beschädigte den Ersatz der Kosten beanspruchen kann, die ihm die Wiederherstellung kostet, ist m. D. weiter zu folgern, daß der Beschädigte nur seine Selbstkosten, nicht darüber hinaus auch noch den Unternehmergewinn fordern darf, den er sonst Dritten gegenüber liquidieren könnte. Die Eisenbahn kann deshalb, wenn sie z. B. ihre Waggons zur Beseitigung von Bergschäden benutzt, nicht die tarifmäßigen Sätze liquidieren, sondern muß daran einen ihrem Reingewinn entsprechenden Abzug machen. Noch unrichtiger würde es sein, wenn sie außer den tarifmäßigen Sätzen noch generelle Verwaltungskosten berechnen wollte, es sei denn, daß infolge der Geleisesenkungen diese generellen Unkosten sich auch wirklich vermehrt haben oder sicher vermehren werden. Bloß darauf, daß etats- oder buchmäßig bei der Eisenbahn die sog. generellen Verwaltungskosten einen bestimmten Prozentsatz der baren Löhne und Materialaufwendungen ausmachen, läßt sich m. D. eine

---

[1]) Planck Anm. 3 zu § 249 B.G.B., Crome II 71 Anm. 14.

Schadensforderung neben den sonstigen Selbstkosten der Bahn nicht basieren. Es muß vielmehr der Nachweis geführt werden, daß der Eisenbahneigentümer tatsächlich mehr Beamte infolge der bergbaulichen Beschädigungen in einem Bezirk hat anstellen müssen oder doch größere Auslagen an Reisetagegeldern oder dergl. gehabt hat.[1]) Abgesehen davon, kann die Eisenbahn hier überall nur die erweislichen Selbstkosten liquidieren, oder aber die tarifmäßigen Gebühren nach Abzug eines entsprechenden Prozentsatzes, welcher als durchschnittlicher Reingewinn, nach Maßgabe der jeweiligen Lage des betr. Eisenbahnetats, zu erachten ist. Ähnliche Grundsätze kommen auch für die Berechnung der Kosten der Wasserzufuhr in Frage, wenn dieselbe durch den Besitzer selbst bewirkt ist. (Vergl. S. 171 ff.)

4. **Der Grundstückseigentümer, welcher die Schäden selbst beseitigt hat, kann Ersatz des von ihm angemessen Aufgewendeten von dem Bergwerkseigentümer beanspruchen,** und zwar nicht bloß auf Grund des § 249 B.G.B., weil in der tatsächlichen Selbstwiederherstellung des früheren Zustandes die Ausübung des Wahlrechtes, von dem Bergwerksbesitzer die Zahlung des dazu erforderlichen Geldbetrages zu verlangen, liegt, wie auf Grund des § 812 B.G.B. Denn das „Erlangen“ des § 812 B.G.B. kann auch, wie hier, darin bestehen, daß dem Beklagten Aufwendungen und Auslagen erspart werden, die ihm sonst erwachsen wären, bezw. darin, daß er von einer Verbindlichkeit, hier der Pflicht zur Wiederherstellung des früheren Zustandes, durch den Beschädigten selbst befreit wird.[2]) Für das bisherige Recht war die Ersatzpflicht des Bergwerkseigentümers in solchen Fällen gleichfalls außer Zweifel.[3]) Da im Falle der Grundstückeigentümer das Grundstück oder Gebäude selbst wieder instandgesetzt hat, eine Herausgabe wegen der Beschaffenheit des Erlangten nicht möglich ist“, so ist nach § 818 Abs. 2 B.G.B. der Wert, also derjenige Betrag der Reparaturkosten

---

[1]) Anscheinend abweichend hiervon O.L.G. Hamm 11./12 91 XXXIII 249.

[2]) Planck Anm. 1 a zu § 812 B.G.B., Oertmann Anm. 2 a S. 548, Dernburg II Abt. II S. 590 Anm. 3, Crome II S. 999.

[3]) R.G. 11./12. 91 XXXIII 249, O.L.G. Hamm 16./12. 90 XXXIV 518.

zu ersetzen, welcher vom Grundstückseigentümer angemessen aufgewendet ist.[1]) Eine Verzinsung der aufgewendeten Beiträge tritt, soweit bloß B.G.B. und nicht etwa auch H.G.B. in Frage kommt, mit dem Augenblick des Verzuges und jedenfalls mit dem der Klagebehändigung ein.[2]) Der Eisenbahneigentümer kann deshalb aus dem Fundamente der Bereicherung nicht Zinsen der gezahlten Rottenlöhne, Fracht und Wagenmiete vom Tage der Verausgabung bezw. Verwendung fordern. Wohl aber wird er als Kaufmann[3]) 5 % Zinsen bereits von diesem letzteren Zeitpunkte an fordern können. Einmal liegt eine „andere Verwendung" im Sinne des § 354 Abs. 2 H.G.B. vor, andererseits ist dieselbe auch „in Ausübung des Handelsgewerbes" erfolgt, da durch die Beseitigung der Geleisesenkung zweifellos die Zwecke des Eisenbahntransportunternehmens gefördert werden.[4]) Ob darüber hinaus, z. B. der Nichtkaufmann, welcher sein Haus selbst repariert, Zinsen vom Tage der Verausgabung an als entgangenen Gewinn fordern kann,[5]) ist zu verneinen, weil die Entziehung der anderweitigen Verwertung des Kapitals sich nicht als Beschädigung des Grundeigentums wird begründen lassen. Auch hier kann m. D. nur auf die Grundsätze von der rechtlosen Bereicherung zurückgegangen werden. Der Grundeigentümer muß deshalb an Stelle des Zinsverlustes des Kapitals seinen Schadensanspruch dahin substantiieren, daß er den Bergwerkseigentümer durch seine Reparatur von weiteren Schadensansprüchen, z. B. wegen Verlust an Mietseinnahmen, befreit habe.

5. In folgenden Fällen ist der **Gläubiger auf eine Geldentschädigung beschränkt** und kann die Natural-Restitution seitens des Beklagten nicht fordern.

---

[1]) Planck Anm. 2c zu § 818 B.G.B., Oertmann 2α dazu; Endemann I S. 901, Crome II S. 1008.

[2]) § 291 B.G.B., Planck Anm. 3b zu § 818 B.G.B. Crome II S. 1010, Oertmann Anm. 4.

[3]) Staub Anm. 70 zu § 1.

[4]) Staub Anm. 1 zu § 354, Anm. 9 zu § 343 H.G.B.

[5]) So O.L.G. Hamm 16./12. 90 XXXIV 518, Daubenspeck Bergschaden S. 131, vergl. auch die dort zitierten Erkenntnisse des O.Tr. 16./6. 62 IV 116, R.G. 12./12. 82 Entsch. VIII 236.

a) **Soweit die Wiederherstellung des früheren Zustandes nicht möglich ist.** (§ 251 B.G.B.). Dieser Fall wird bei der Bergschädenklage besonders oft zutreffen.

Im einzelnen ist dazu folgendes hervorzuheben:

α) Die Unmöglichkeit muß eine objektive sein, d. h. eine solche, die von niemandem beseitigt werden kann.[1]) Objektive Unmöglichkeit liegt namentlich dann vor, wenn der Boden noch nicht zur Ruhe gekommen ist und sich deshalb der frühere wirtschaftliche Zustand des Ackerlandes, der Wiese oder des beschädigten Gebäudes überhaupt nicht oder jedenfalls nicht sofort oder nicht dauernd wiederherstellen läßt.[2]) Dasselbe gilt auch, wenn der beschädigte Hausbesitzer durch polizeiliche Versagung des Baukonsenses an dem Wiederaufbau verhindert ist.[3])

Subjektive Unmöglichkeit wird dagegen regelmäßig nicht ausreichen, um einen Geldanspruch zu erzeugen. Ist daher zur Wiederherstellung der früheren Vorflut die Genehmigung eines Dritten, z. B. des Grundstücksnachbars erforderlich,[4]) so wird der Beschädigte regelmäßig auf Wiederherstellung klagen können. Die subjektive Unmöglichkeit wird aber hier zur objektiven, wenn der Dritte erklärt, überhaupt unter keinen Umständen sein Grundstück zur Beschaffung der Vorflut herzugeben. Denn dann ist tatsächlich die Naturalrestitution für niemanden möglich.[5]) In solchem Falle kann daher ebensowenig Naturalrestitution verlangt werden, wie, mit Rücksicht auf § 251 Abs. 2 B.G.B., in dem Falle, wo die Genehmigung des Dritten nur unter Aufwendung unverhältnismäßiger Kosten zu erlangen ist.

β) Ob die Unmöglichkeit **dauernd** oder bloß **vorübergehend** besteht, kommt regelmäßig nicht in Betracht.[6]) Denn mit dem Eintritt des Schadens ist die Verpflichtung des Bergwerksbesitzers existent, sein Anspruch auf sofortige

---

[1]) Daubenspeck Bergschaden S. 99, Planck Anm. 1 c. zu § 249 B.G.B. Rehbein II, S. 110.
[2]) O.Tr. 22./11. 78 XXI 373.
[3]) Daubenspeck Bergschaden S. 99, R.G. 17./1. 91 XXXII 384.
[4]) R.G. 13./2. 92 D. I 385.
[5]) Rehbein II 112, Mommsen I 28.
[6]) Daubenspeck Bergschaden S. 100.

Wiederherstellung des früheren Zustandes ist damit gegeben (vergl. oben S. 108ff.) und es folgt daraus ohne weiteres, daß, wenn diese sofortige Wiederherstellung nicht gewährt werden kann, damit die Leistung desjenigen unmöglich ist, worauf der Grundeigentümer Anspruch hat. Damit verträgt sich wohl, daß schon mit Rücksicht auf § 242 B.G.B., dem auch der Leistungsanspruch des Grundeigentümers, wie jeder andere gesetzliche, unterliegt,[1]) unter Umständen dem Bergwerksbesitzer eine angemessene Frist zur Wiederherstellung des früheren Zustandes gewährt werden muß. Mit Recht wird man z. B. einem Bergwerksbesitzer, durch dessen Bergbau ein vollständiger See entstanden ist, eine angemessene Zeit gestatten müssen, um die umfassenden Vorarbeiten zur Beseitigung des Sees, wie Nivellements und Kanalanlagen, herzustellen und die zur Ableitung des Sees erforderlichen Grundstücke zu erwerben.[2])

γ) Nach § 251 B.G.B. ist der Anspruch des Eigentümers auf Wiederherstellung des früheren Zustandes **nur soweit** ausgeschlossen, **als die Herstellung nicht möglich** oder zur Entschädigung des Gläubigers nicht ausreichend ist. Schon daraus ergibt sich, daß, soweit die Herstellung des früheren Zustandes möglich, dieselbe auch vom Grundeigentümer beansprucht werden kann, und daß der Bergwerkseigentümer nicht berechtigt ist, die Natural-Restitution deshalb zu verweigern, weil durch dieselbe der Schaden des Grundeigentümers nicht vollständig beseitigt wird, gerade so wie umgekehrt der Grundeigentümer die mögliche partielle Wiederherstellung des früheren Zustandes oder deren Kosten gemäß § 249 B.G.B. fordern muß und das Interesse aus § 251 B.G.B. nur in Höhe des Fehlenden beanspruchen kann.[3]) Es kann und muß darnach also bei

---

[1]) Neumann Anm. 2 dazu, Crome II S. 71.

[2]) Vergl. das Urteil des R.G. vom 18./3. 82, XXIV 98, das Daubenspeck Bergschaden S. 104 allerdings mit Recht als verfehlt bezeichnet, weil es dem Bergwerksbesitzer, der schon 10 Jahre über die Beseitigung des Schadens hatte verstreichen lassen, ohne irgend welche Anstalten zur Beseitigung des Wassers zu machen, noch wieder eine neue Frist zu solchen Vorarbeiten einräumte.

[3]) O.L.G. Hamm 18./4. 82 XXIII 383.

Beschädigung eines Hauses der Eigentümer die Beseitigung der Risse und sonstigen Schäden, die Wiederherstellung des früheren Zustandes durch Gangbarmachen der Fenster, Türen und dergl. soweit beanspruchen, wie dies möglich ist und er ist weder berechtigt noch verpflichtet, von vornherein das volle Interesse des § 251 B.G.B. unter Zugrundelegung des derzeitigen beschädigten Zustandes des Hauses zu fordern. Gleiches gilt, wenn zwar Wasser von gleicher Quantität, aber nicht von gleicher Qualität beschafft werden kann, vorausgesetzt, daß das zu liefernde Ersatzwasser auch in seiner minderwertigen Beschaffenheit einzelnen Bedürfnissen des beschädigten Grundstücks, z. B. zur Reinigung der Räume, zum Waschen genügt. Im letzteren Falle kann also der Grundeigentümer Geldentschädigung nur für das fehlende Trinkwasser fordern. Nur wo das Ersatzwasser sich für keinen der wirtschaftlichen Zwecke des Klägers, z. B. seinen Gewerbebetrieb, eignet, muß in vollem Umfange Geldentschädigung gewährt werden.[1])

δ) Bereits an anderer Stelle (S. 141) ist ausgeführt, daß nur eine **Wiederherstellung, die Dauer verspricht,** als eine solche im Sinne des § 249 B.G.B. angesehen werden kann. Eine Wiederherstellung, die nicht dauernd den früheren Zustand wieder herstellt, braucht der Grundeigentümer deshalb weder anzunehmen, noch ist er zur Forderung einer solchen berechtigt. Eine Ausnahme von diesem Satze dürfte m. D. aber in dem Falle der **§§ 153 ff. A.B.G.** anzunehmen sein. Aus dem Gesamtinhalt der §§ 153 ff. ergibt sich, daß durch dieselben unter allen Umständen der Fortbetrieb dieser öffentlichen Verkehrsanstalten hat gewährleistet werden sollen. Daraus wird man zu entnehmen haben, daß der Bergwerksbesitzer auch dann z. B. eine Geleisesenkung beseitigen oder deren Beseitigung auf seine Kosten dulden muß, wenn weitere Senkungen infolge seines Bergbaubetriebes mit Sicherheit zu erwarten sind und deshalb die Unmöglichkeit der dauernden Wiederherstellung eines betriebsfähigen Eisenbahngeleises vorliegt. Ebenso wird der Bergwerksbesitzer in solchen Fällen

---

[1]) R.G. 15/1. 98 XXXIX S. 230 ff.

die Kosten einer bloß provisorischen Herstellung dann tragen müssen, wenn dieselbe zur Vorbereitung der dauernden Wiederherstellung des früheren Zustandes notwendig ist, z. B. die Herstellung einer dem öffentlichen Verkehr dienenden Notbrücke, welche in Vorbereitung einer neuen, definitiven an Stelle der alten, durch den Bergbau beschädigten einstweilen errichtet wird.[1]) Der Ersatz der Kosten der Herstellung des Provisoriums rechtfertigt sich nach Lage der Sache als Ersatz der utilitas temporis und als notwendige Maßregel für die möglichst ohne Unterbrechung aufrechtzuerhaltende Verkehrsfähigkeit der Brücke.

b) Außer den unter Nr. a) aufgeführten Fällen muß eine Geldentschädigung dann eintreten gemäß § 251 B.G.B., wenn die Wiederherstellung zur Entschädigung des Gläubigers **nicht genügend ist.** Hierunter fällt namentlich der Teil des Schadensanspruches, welcher daraus hergeleitet wird, daß die Wiederherstellung des früheren Zustandes regelmäßig nicht im Augenblicke der Schadenszufügung selbst erfolgt und erfolgen kann. Wenn ein fruchtbringendes Grundstück z. B. im gegenwärtigen Augenblicke beschädigt wird und erst durch eine umfangreiche Umarbeitung wieder in den früheren wirtschaftlichen Zustand zurückversetzt werden kann, so ist diese Wiederherstellung, selbst wenn sie im übrigen genau den früheren wirtschaftlichen Zustand wieder herbeiführt, doch im Sinne des § 251 B.G.B. für den beschädigten Grundeigentümer nicht genügend, weil sie ihm nicht auch den Ersatz der in der Zwischenzeit von ihm sonst gezogenen Früchte gewährt. Für diese Früchte kann er also aus diesem Gesichtspunkte Geldentschädigung beanspruchen. Dasselbe gilt von dem Mietsausfall bezüglich eines durch Bergbau beschädigten Gebäudes oder von dem Schadensersatz für seine Nichtbewohnbarkeit seitens des Grundeigentümers selbst in der Zeit zwischen Schadenseintritt und Wiederherstellung.

Der Fall dieser zweiten Alternative ist aber auch in anderen Fällen gegeben, z. B. dort, wo eine Versumpfung

---

[1]) R.G. 20./12. 99 XLI 221.

des klägerischen Grundstückes vorliegt, zu deren dauernden Beseitigung die Herstellung einer Entwässerungsanlage zwar ausreichend, anderseits aber auch die dauernde Unterhaltung und Betreibung derselben notwendig ist. Hier kann der Grundeigentümer neben der Herstellung der Anlage den kapitalisierten Betrag der jährlichen Unterhaltungskosten fordern.[1]) Dagegen ist mangels einer dies begründenden, gesetzlichen Bestimmung mit Recht ein Anspruch auf Sicherheitsleistung dafür, daß der Beklagte der ihm überlassenen Verpflichtung zur Unterhaltung auch nachkomme, abgelehnt.[2])

c) Der Anspruch auf Wiederherstellung des früheren Zustandes ist ferner nach § 251 Abs. 2 B.G.B. ausgeschlossen, wenn die Herstellung nur mit **unverhältnismäßigen Aufwendungen** möglich ist, und deshalb vom Bergwerksbesitzer **abgelehnt** wird, was, wie sich aus obiger Darstellung ergibt, gleichfalls dem bisherigen Rechtszustande entspricht.

α) Eine Aufwendung wird man als unverhältnismäßig anzusehen haben, wenn die Kosten der Wiederherstellung des früheren Zustandes diejenige Wertsdifferenz übersteigen, welche das Vermögen des Grundeigentümers vor und nach der Beschädigung aufweist, d. h., **wenn die ihm zu gewährende Kapitalentschädigung geringer ist, als die Kosten der Wiederherstellung** des früheren Zustandes betragen.[3]) Wenn also z. B. die Wiederherstellung einer beschädigten Wiese, die um mehrere Meter gesunken ist, nach Lage des einzelnen Falles nur dadurch erfolgen kann, daß die Wiese zunächst durch Auffahren von Mutterboden wieder auf die frühere Höhenlage gebracht wird, so kann regelmäßig nur eine Kapitalentschädigung gefordert werden, da erfahrungsmäßig in solchen Fällen die Kosten der Wiederherstellung des früheren Zustandes den Wert des ganzen Wiesengeländes und vor allem die Wertsdifferenz zwischen deren beschädigten und unbeschädigten Zustand erheblich übersteigen.

β) Zu beachten bleibt aber, daß bei der Feststellung der

---

1) Im wesentlichen übereinstimmend R.G. 22./2. 99 XLI 487.
2) R.G. a. a. O.
3) Daubenspeck Bergschaden S. 103.

Unverhältnismäßigkeit derjenigen Kosten, welche durch die Wiederherstellung erwachsen, den obigen Ausführungen S. 110) entsprechend bezüglich **der Wertsdifferenz des Grundstücks in beschädigtem und unbeschädigtem Zustande der außerordentliche Wert** der beschädigten Fläche oder Anlage für den Grundstückseigentümer zugrunde zu legen ist. Wird z. B. die Wiederherstellung einer Düngergrube gefordert, so kann dieselbe nicht mit dem Einwande abgelehnt werden, daß die Kosten der Wiederherstellung durch Anbringung eines eisernen Bassins den Wert der früher bloß gemauerten Grube als solche übersteige. Es muß vielmehr die Entwertung gegenübergestellt werden, den der klägerische Hof erleidet, falls er ohne Jauchegrube bleibt.[1])

γ) Die **Beweislast** für die unverhältnismäßige Höhe der Kosten liegt nach allgemeinen Grundsätzen **beim Beklagten** als dem diese Behauptung aufstellenden Teil.[2])

d) Die Wiederherstellung des früheren Zustandes kann auch dann nicht von dem Grundeigentümer verlangt werden, wenn dieselbe zu einer **gänzlichen oder teilweisen Einstellung** des Betriebes des Bergwerks führen würde.[3]) Die Frage wird indes zweckmäßig an anderer Stelle unter J bei der Erörterung der Zulässigkeit des negatorischen Anspruches erörtert, weil der Anspruch auf Einstellung einer den Grundeigentümer schädigenden Handlung wohl nicht als Geltendmachung einer Schadensforderung, sondern richtiger nur als solche eines negatorischen Anspruches erachtet werden kann.

6. Was die **Berechnung** der von dem Grundeigentümer zu fordernden **Geldentschädigung** nach **Art und Umfang** angeht, so ist dazu im einzelnen folgendes zu bemerken:

a) Für die Berechnung der Höhe der Geldentschädigung gelten zunächst diejenigen Grundsätze, welche oben unter E bei der Darstellung der Lehre vom Schaden, seinem Umfang und seiner Begrenzung entwickelt sind. Dort ist bereits hervorgehoben, daß volle Entschädigung zu leisten ist, d. h. der Ersatz aller Vermögensnachteile, welche der Grundeigentümer

---

[1]) R.G. 16./6. 94 XXXVI S. 95.
[2]) R.G. 16./6. 94 XXXVI S. 95, Daubenspeck Bergschaden S. 103 Anm. 1.
[3]) R.G. 27./6. 01 XLIII S. 226.

infolge des beschädigenden Ereignisses erleidet, mit Einschluß des entgangenen Gewinnes, die Vergütung seines gesamten, wenn schon nur objektiv (ohne Rücksicht auf den bloßen Affektionswert) zu bestimmenden Interesses.[1]) Das Mindeste, was dem Grundeigentümer vergütet werden muß, ist danach bei vollständiger Entwertung des Grundstücks der **Verkehrs- resp. Tauschwert** desselben, d. h. derjenige Wert, den das Grundstück für jedermann hat und für den es deshalb jederzeit verkäuflich ist. Dementsprechend ist bei bloß teilweiser Entwertung eines Grundstücks die Differenz zwischen diesem Verkaufswert vor und nach der Beschädigung das Mindeste, was vom Grundeigentümer gefordert werden kann.[2]) Da aber nach dem Begriff des Schadens und der Entschädigung, als der Ausgleichung der Differenz zwischen der gegenwärtigen Vermögenslage und derjenigen, in welcher der Beschädigte sich befunden haben würde, wenn der Schaden nicht eingetreten wäre,[3]) dem Beschädigten nicht bloß das geleistet werden muß, was das Entzogene für jedermann, sondern was es gerade ihm wert gewesen ist, so kann der Grundeigentümer über den Verkehrswert hinaus auch den **Gebrauchswert** liquidieren, den das beschädigte Grundstück gerade für ihn hat. Er kann also, wenn der kapitalisierte Betrag des jährlichen Reinertrages eines Grundstücks höher ist als sein derzeitiger Tauschwert, den ersteren in Anrechnung bringen.[4]) Überhaupt ist **die Art der Berechnung des Schadens regelmäßig der Entschließung des Klägers** überlassen. Innerhalb der durch das Gesetz gesetzten Grenzen kann er also wählen, ob er seiner Schadensberechnung den gemeinen Tauschwert oder den außerordentlichen Wert zugrunde legen, ob er den Gebrauchswert desselben durch Kapitalisierung des jährlichen Ertrages oder statt dessen den ihm in concreto etwa gebotenen höheren Verkaufspreis liquidieren will.

---

[1]) R.G. 23./5. 81 Entsch. V 249.

[2]) Foerster-Eccius I 119, Daubenspeck Haftpflicht S. 73.

[3]) Kipp-Windscheid II 49.

[4]) Kipp-Windscheid II 50, Daubenspeck Haftpflicht S. 73, R.G. 19./11. 79 bei Gruchot XL 409, 11./10. 80 Entsch. III 239, 23./5. 81 Entsch. Bd. 5 S. 249.

Dasselbe gilt auch für die Berechnung des Ertragsausfalles bis zur Zahlung der Kapitalentschädigung. Auch hier wird regelmäßig der Grundeigentümer die Wahl haben, ob er bis zur Zahlung der Kapitalentschädigung den konkreten Ertragsausfall oder als abstrakten Schaden die Verzinsung des Kapitals fordern will.[1]) Selbstredend ist aber, daß mit der Zahlung der Kapitalentschädigung für die entgangene Nutzung ein Anspruch auf besondere Vergütung dieser Nutzungen aufhört, da sonst der Gläubiger insoweit denselben Schaden zweimal vergütet bekäme. Mit Recht ist deshalb der Anspruch eines Grundstückseigentümers, dem eine Kapitalentschädigung für die Beschädigung seines Hauses zugebilligt war, auf Vergütung des Nutzungsausfalles für noch ein weiteres Jahr abgelehnt worden.[2])

b) Muß die Geldentschädigung in **Kapital oder in einer fortlaufenden Rente** gewährt werden? Für das bisherige, preußische Recht war es nicht zweifelhaft, daß regelmäßig eine Entschädigung in Kapital zu gewähren war und daß eine Entschädigung in Rente nur ausnahmsweise, namentlich bei einem bloß temporären Schaden genügte.[3]) Die Kapitalentschädigung als Regel war schon für das bisherige Recht umsomehr anzunehmen, als die amtlichen Motive des A.B.G. ausdrücklich aussprachen, daß die „Entschädigung als Kapitalentschädigung geleistet werden muß, weil der Grundeigentümer nach allgemeinen Rechtsgrundsätzen Anspruch hierauf hat.“ Dasselbe muß nach denselben allgemeinen Grundsätzen auch für das gegenwärtige Recht gelten. Denn die Begründetheit des Anspruches auf Zubilligung eines Kapitals ergibt sich von selbst aus dem Satze (vergl. oben S. 108), daß der volle Schadensersatz dem Grundeigentümer und zwar sofort gewährt werden muß, sowie daß die Geldentschädigung bloß ein Surrogat bildet für den dem Grund-

---

[1]) R.G. 17./2. 00 XLI S. 235.

[2]) R.G. 24./4. 89 XXX S. 375.

[3]) Daubenspeck Haftpflicht S. 62, R.G. 13./2. 92 D. I 384, 12./6. 83 Entsch. IX 280, 10./11. 99 Entsch. XLV 203, R.G. 23./3. 92 XXXIII 407, O.L.G. Hamm 28./6. 98 XL 92; R.G. 12./6. 91 D. 1 313, 13./2. 92 D. 1 313; 23./3. 92 I 314, O.Tr. 14./9. 77 XIX 123; 22./11. 78 XXI 371, R.G. 9./12. 82 XXIV a. a. O. R.G. 15./1. 02 XLIII S. 355; a. M. Wolff XXX 322 S. 237.

eigentümer prinzipaliter zustehenden Anspruch auf sofortige Natural-Restitution. Hat aber der Grundeigentümer diesen Anspruch auf sofortigen vollständigen Schadensersatz, so muß ihm auch der ganze Kapitalwert seines Interesse sofort vergütet werden.[1])

Mit dem Satze, daß der Grundeigentümer, der einen dauernden Schaden erlitten hat, Kapitalentschädigung verlangen kann, ist natürlich nicht gesagt, daß er nicht auch Rente beanspruchen dürfe. Man wird ihm vielmehr wahlweise auch dieses Recht zubilligen müssen, da er mit der Forderung der Rente, also der erst späteren allmählichen Begleichung seines Schadens nur ein minus gegenüber seinen weitergehenden gesetzlichen Ansprüchen auf sofortige Vergütung seines ganzen Schadens geltend macht. Ist der Schaden bloß ein temporärer, d. h. läßt sich nach dem gewöhnlichen Laufe der Dinge als wahrscheinlich annehmen, daß der Schade nur ein vorübergehender ist, daß z. B. der Boden in absehbarer Zeit wieder zur Ruhe kommen wird[2]) und dann sofort wieder als Baustelle verwertet werden kann, so kann der Grundeigentümer jedenfalls nur Entschädigung für diese Zeit beanspruchen, es muß ihm aber dann der Schade durch sofortige Zahlung der Gesamtrente für die feststehende Mindestdauer seiner Beschädigung gezahlt werden. Nicht richtig würde es sein, wenn der Eigentümer für diesen Fall ohne weiteres auf eine jährlich zahlbare Rente verwiesen würde. Vielmehr ist letzteres nur dann und soweit zulässig, als sich die Andauer des schädigenden Zustandes auch in minimo nicht übersehen läßt.[3]) Selbstredend muß auch bei vollständiger einmaliger Begleichung des temporären Schadens für mehrere Jahre bei dieser Rente auf Zwischenzinsen u. dergl. Rücksicht genommen werden.

Bemerkt sei endlich noch, daß in der Bergordnung für Lippe-Detmold (§ 65) ausdrücklich bestimmt ist, daß der Grundeigentümer die Wahl zwischen Kapital oder Rente hat.

---

[1]) Rehbein II S. 53 u. 59, Neumann Anm. 3 zu § 251 B.G.B.

[2]) R.G. 4./1. 98 XL 74.

[3]) R.G. 23./3. 92 XXXIII 408, 4./1. 98 XL 74, Daubenspeck Haftpflicht S. 62.

c) **Nach welchem Zinsfuß die Kapitalisierung vorzunehmen ist,** wenn der Berechnung des gänzlichen oder teilweisen Minderwerts des Grundstücks der jährliche Ertragsausfall desselben zugrunde gelegt wird, ist weder im A.B.G. noch im B.G.B. vorgesehen. Die Frage muß deshalb wie bisher[1]) nach den konkreten Umständen des einzelnen Falles entschieden werden.[2]).

Regelmäßig wird der gesetzliche Zinsfuß zugrunde gelegt werden können, weil er praesumtiv der zutreffende Maßstab für den landesüblichen Zinsfuß in einer bestimmten Zeitperiode ist. Es wird aber dem einen oder anderen Teil unbenommen sein können, zu behaupten, daß nach der voraussichtlichen Gestaltung des Zinsfußes für die in Rede stehende Zeitperiode ein anderer Prozentsatz angemessen sei.[3])

Daß andererseits bei der Berechnung des Kapitals auch die **Zwischenzinsen** in Anrechnung gebracht werden müssen, kann ebenfalls nicht zweifelhaft sein, weil der Grundeigentümer ohne Anrechnung derselben mehr erhalten würde, als der Nachteil beträgt, für den er Schadensersatz beansprucht. Welche der drei bekannten Methoden (Carpzow, Hoffmann, Leibnitz) dabei für die Berechnung des Zwischenzinses anzuwenden ist, ist gesetzlich nicht festgelegt.

Für bisheriges Recht vertrat Daubenspeck[4]) die Ansicht, daß mit Rücksicht auf die Entsch. des R.G. vom 23./9. 82,[5]) die Leibnitz'sche Methode zur Anwendung zu bringen sei. Für jetziges Recht wird man mit Rücksicht darauf, daß die Reichsgesetzgebung sich durchweg für die Hoffmannsche Methode entschieden hat,[6]) diese auch bei der Bergschädenklage in Anwendung zu bringen haben, zumal die Entscheidung des R.G. vom 23./9. 82 a. a. O. sich auf eine spezielle preußische Rechtsquelle, das Reskript vom 8. Septbr. 1804, welches die Leibnitzsche Methode adoptiert hatte, stützen

---

[1]) R.G. 22./3. 92 XXXIII 408.
[2]) Daubenspeck Bergschaden S. 129.
[3]) Daubenspeck Bergschaden S. 129.
[4]) Bergschaden S. 127 allerdings im Gegensatz zu Haftpflicht S. 61, wo er die Hoffmannsche Methode zugrunde legte.
[5]) Blums Annalen des R.G. VI 412.
[6]) Vergl. z. B. R.K.O. § 65, R.Zw.V.O. § 111 und B.G.B. § 1133.

konnte. Die hiernach maßgebliche Hoffmannsche Formel lautet:

$$x = a \frac{100}{100 + n \cdot p}$$

$$b = a - \left\{ a \frac{100}{100 + n \cdot p.} \right\}$$

Dabei bezeichnet $\frac{p}{100}$ den Zinsfuß, n die Zahl der Jahre bis zum Fälligkeitstermine, a das später fällige Kapital, b das Interusurium und x den gegenwärtigen Wert.[1])

7. Die Schadenssumme ist:

a) regelmäßig **von demjenigen Zeitpunkte an zu verzinsen,** in welchem der beklagte Bergwerksbesitzer sich im Verzuge befindet (§ 288 B.G.B.), also regelmäßig von demjenigen Augenblicke ab, wo ihm die Aufforderung des Grundeigentümers zur Zahlung zugegangen ist, vorausgesetzt, daß er[2]) nach Lage des Falles nicht guten Grund hatte, an seiner Schadenspflicht zu zweifeln (§§ 284, 271 B.G.B.), spätestens aber von dem Augenblick der Klagezustellung ab (§ 291 B.G.B.). Es entspricht dies auch im wesentlichen dem jetzigen Rechtszustande. Speziell hat für das preußische Recht die Ansicht, daß die Zinsen bei der Bergschädenforderung gemäß § 66 I 16 A.L.R. erst vom Tage des Urteils an liefen, in der Rechtsprechung keine Billigung gefunden.[3]) Wird der Klageanspruch im Laufe des Prozesses erhöht, so dürften die Zinsen bezüglich des Mehrbetrages vom Zeitpunkt der Zustellung des denselben fordernden Schriftsatzes ab zuzusprechen sein, weil in der Zustellung des Schriftsatzes eine Mahnung zu erblicken sein wird, jedenfalls aber vom Tage der Geltendmachung der Forderung in der mündlichen Verhandlung.[4])

b) Dabei ergreift die Pflicht zur Verzinsung nach den vorentwickelten Grundsätzen die **ganze Schadensforderung,**

---

[1]) Daubenspeck Bergschaden S. 126.

[2]) Crome II S. 136, Rehbein II S. 121.

[3]) Daubenspeck Bergschaden S. 130, R.G. 24./5. 82 XXIII 511, 15./12. 83 XXVI 366, O.L.G. Hamm 24./2. 93 XXXV 111.

[4]) § 281 C.P.O. Gaupp-Stein I 614 Anm. 3, O.L.G. Hamm 24./2. 93 XXXV 111, R.G. 26./1. 97 bei Gruchot XLI 1190.

also auch denjenigen Teil derselben, welcher als Betrag der möglichsten Wiederherstellung des früheren Zustandes gefordert wird. Der Beklagte ist also nicht berechtigt, den Einwand zu erheben, daß Zinsen erst von dem Zeitpunkt der Verauslagung dieser Wiederherstellungskosten ab gefordert werden können. Es folgt dies aus dem bereits mehrfach hervorgehobenen Grundsatze, daß die Leistung der Entschädigung, insbesondere also auch die Wiederherstellung des früheren Zustandes sofort nach Eintritt des Schadens gefordert werden kann. Dasselbe muß auch bezüglich desjenigen Anspruches gelten, welcher an Stelle der Naturalrestitution selbst tritt.[1])

In welchem Zeitpunkt der Zinsenlauf beginnt, wenn der Grundeigentümer die Schäden — wozu er berechtigt ist — **selbst beseitigt hat**, ist bereits an anderer Stelle S. 145 erörtert.

b) Die **Höhe der zu vergütenden Zinsen** beträgt regelmäßig 4% (§ 288 B.G.B.) und dies auch dann, wenn beide Teile, sowohl Gläubiger wie Schuldner, Kaufleute sind. § 352 H.G.B. trifft nicht zu, weil derselbe Rechtsgeschäfte zur Voraussetzung hat,[2]) die Beschädigung durch den Bergbau sich aber als ein solches nicht qualifiziert, weil er zwar eine rechtliche Wirkung hervorruft, nämlich die Begründung einer Schadensforderung, aber nicht in der Absicht, eine solche zu begründen, vorgenommen wird.[3]) Dagegen erscheint es nicht ausgeschlossen, daß auf Grund des § 288 Abs. 2 B.G.B. ein höherer Zinsfuß, etwa der zur Zeit auf dem Geldmarkt allgemein übliche, verlangt werden kann, wenn der Schuldner sich mit der Zahlung im Verzuge befindet, d. h. schuldhafter Weise die ihm erkennbar obliegende Verpflichtung zur Leistung des Schadensersatzes nicht erfüllt. Namentlich wird dies dann berechtigt sein, wenn der Beschädigte Kaufmann ist, weil angenommen werden muß, daß er den betreffenden Geldbetrag zu diesem hohen Zinsfuß entweder anderweit sich hat verschaffen müssen oder zu demselben

[1]) R.G. 16./6. 94 XXXVI 95.
[2]) Staub Anm. 19 zu § 343 H.G.B.
[3]) Rehbein I 101, Foerster-Eccius I 149.

hätte verwerten können.[1] Der Schaden, welcher dem Beschädigten durch die Vorenthaltung der Schadenssumme erwächst und welcher ihm gemäß § 288 Abs. 2 B.G.B. von dem im Verzuge befindlichen Bergwerksbesitzer vergütet werden muß, kann aber noch eine weit über den derzeit üblichen Zinsfuß hinausgehende Höhe annehmen. Wenn z. B. dem Beschädigten, wie es infolge von Bergschäden vorkommt, ein auf seine Besitzung eingetragenes Kapital gekündigt wird und er von anderer Seite Deckung nicht beschaffen kann, die Besitzung infolgedessen zur Subhastation kommt, die er durch Rückzahlung des gekündigten Kapitals vermittels der ihm zustehenden Schadenssumme hätte vermeiden können, so wird der Grundeigentümer berechtigt sein, wenn nachweisbar infolgedessen bei der Subhastation das Grundstück zu einem billigeren Preise losgeschlagen wird, als sonst erzielt sein würde, diese Differenz vom Bergwerksbesitzer als Folge dessen Verzuges auf Grund des § 288 Abs. 2 B.G.B. zu fordern.[2]

8. Die **Abschätzungskosten**, welche dem Gläubiger durch die vor Erhebung der Klage von ihm veranlaßten bergtechnischen, bautechnischen oder landwirtschaftlichen Gutachten entstehen, bilden keinen Teil seiner Schadensforderung. Er kann dieselben als Teil seiner Schadensforderung auf Grund des § 148 A.B.G. deshalb nicht beanspruchen, weil sie keinen Vermögensnachteil darstellen, welchen der Kläger an seinem Grundvermögen erleidet.[3] Wohl aber fallen sie, sofern sie zur Vorbereitung der Klage notwendig waren, unter die außergerichtlichen, vom Gegner gemäß § 91 C.P.O. zu erstattenden Prozeßkosten.[4]

M. E. können sie deshalb im Klageantrag nicht mitaufgeführt werden und müssen abgewiesen werden, wenn dies doch geschehen ist, da sie nur als Teil der Prozeßkosten erstattungsfähig erscheinen, als solche aber gemäß

---

[1] Daubenspeck Bergschaden S. 131, Staub Anm. 1 S. 1099, Crome II S. 141.

[2] O.Tr. 18./8. 48 bei Rehbein O.Tr. I 451 Rehbein II 127, Crome II S. 141, Endemann I S. 618.

[3] Daubenspeck Bergschaden S. 131.

[4] Gaupp-Stein I 253, Daubenspeck Bergschaden S. 132, R.G. 6./4. 83 in Blums Annalen 7 S. 570, 10./6. 91 bei Gruchot XXXV 1181.

§ 104 C.P.O. nur auf Grund eines bereits erlassenen vollstreckbaren Titels zugesprochen werden können.[1]) Sollten sie trotzdem in einem Urteil dem Kläger zugesprochen sein, so bleiben sie jedenfalls bei der Berechnung des Objekts, speziell der Revisionssumme außer Berechnung, weil sie dann unbedenklich als Nebenforderung im Sinne des § 4 C.P.O. anzusehen sind.[2])

9. Welcher **Zeitpunkt ist der Schadensberechnung zugrunde zu legen?**

Diese Frage richtete sich bisher nach dem jeweiligen Zivilrecht. Nach § 88 I 6 A.L.R. war allein die Zeit des Verlustes entscheidend, während nach gemeinem Recht der Berechtigte im allgemeinen auch den höheren Schaden zur Zeit des Urteils verlangen konnte.[3]) Das B.G.B. enthält seinerseits keine positive Bestimmung. In der Literatur ist deshalb die Frage streitig. Von einzelnen Schriftstellern wird die Auffassung vertreten, daß zwar der Schadensfestsetzung regelmäßig die Zeit der Beschädigung zugrunde zu legen, daneben aber auch die Vergrößerung zu berücksichtigen sei, welche bis zu dem Erlaß des Urteils eingetreten,[4]) während nach anderen nur der Zeitpunkt des Urteils[5]) oder dementgegen lediglich derjenige der Schadenszufügung maßgebend sein soll.[6]) Beim Schweigen des B.G.B. über die Frage wird man m. D. auch hier von den allgemeinen Grundsätzen über den Schadenersatz auszugehen haben. Darnach und aus dem Wesen des Schadensersatzes, wonach einmal sofort der Zustand wiederherzustellen ist, welcher vor dem Eintritt der Beschädigung bestand, und wonach andererseits wie bereits an anderer Stelle S. 108ff. ausgeführt, der dem Kläger erwachsene Schaden in seinem vollen Umfange mit allen ihm nachteiligen Folgen ersetzt werden muß, ergibt sich zunächst, daß der Schadensberechnung **regelmäßig der Zeitpunkt der**

---

[1]) A. M. Daubenspeck.

[2]) R.G. 30./5. 94 XXXV S. 371.

[3]) Kipp-Windscheid II S. 59, vergl. indes auch S. 913, Mommsen a. a. O. S. 199 u. S. 218, vergl. indes auch S. 204.

[4]) Dernburg II 72.

[5]) Plank II 22.

[6]) Crome II S. 75 unter b.

Schadenszufügung zugrunde zu legen ist,[1]) bei Verlust der Bauplatzqualität also derjenige Augenblick, wo dem Grundstücke dauernd die Bebauungsfähigkeit entzogen ist.[2]) Die auf diesen Zeitpunkt berechnete Vermögensdifferenz ist in minimo zu ersetzen. Ein späteres Fallen des Preises, z. B. des Wertes eines Hauses oder der Reparaturkosten, kann dem Bergwerksbesitzer nicht zugute kommen, weil er verpflichtet war, den Vermögensstand des Beschädigten in seinem damaligen Werte wiederherzustellen.[3]) Wohl aber kann ein Steigen der Preise nach dem Zeitpunkte des Eintrittes der Beschädigung möglicherweise dem Grundeigentümer das Recht geben, diese höheren Preise seiner Schadensberechnung zugrunde zu legen.[4]) Entscheidend muß dabei sein, ob und inwieweit der Ersatz der höheren Sätze der späteren Preisbildung sich aus dem Grundsatze rechtfertigt, daß der Bergwerksbesitzer für alle Folgen desjenigen Schadens verantwortlich ist, die mittelbar und unmittelbar durch denselben kausal verursacht worden sind.[5]) Versäumt der Bergwerkseigentümer z. B. die ihm obliegende Wiederherstellung des früheren Zustandes, so kann es nicht zweifelhaft sein, daß er bei späterem Steigen der Preise und Materiallöhne dem Grundeigentümer, der die Wiederherstellung selbst besorgen will, diese höheren Sätze zur Zeit der Wiederherstellung vergüten muß, weil auch diese Mehrausgaben eine Folge seiner Schadenszufügung sind.[6])

Jedenfalls bedarf es, falls ein anderer Zeitpunkt, der eine höhere Abschätzung des Schadens rechtfertigt, zugrunde gelegt werden soll, des Nachweises des Grundstückseigentümers, daß dieser höhere Verlust ihn wirklich getroffen hat, d. h. daß er ohne den Eintritt der Beschädigung den Vorteil der Preiserhöhung erlangt hätte. Wenn z. B. ein Haus im Jahre 1890 durch Bergbau vollständig zerstört wird,

---

1) Rehbein II S. 52 u. 53; R.G. 15./1. 02 XLIII 356.
2) R.G. 4./6. 98 XL S. 75ff., 24./1. 80 XXII S. 98.
3) Mommsen a. a. O. S. 229; vergl. auch R.G. 16./9. 85 XXVII S. 87.
4) Mommsen a. a. O. S. 229.
5) Rehbein II S. 52ff., Endemann I S. 560, Enneccerus-Lehmann I S. 411, vergl. auch Crome II S. 74 u. 75 unter a. u. oben S. 108ff.
6) R.G. 16./9. 85 XXVII S. 87.

das 1890 vor der Beschädigung einen Wert von 20000 M., 1892 infolge allgemeiner lokaler Wertsteigung in unbeschädigtem Zustande einen solchen von 25000 M., jetzt zur Zeit der Klage infolge Fallens der Preise nur wieder einen solchen von 22000 M. gehabt haben würde, so kann der Grundstückseigentümer den Wert von 25000 M. von dem Bergwerksbesitzer nur dann verlangen, wenn er nachweist, daß er das Haus zu diesem Preise 1892 verkauft haben würde. Er kann aber jedenfalls den Betrag von 22000 M. fordern, weil er die Grundfläche jetzt noch besitzt und somit, falls die Beschädigung durch den Bergbau nicht eingetreten wäre, auch ein Haus von 22000 M. Wert in seinem Vermögen haben würde.[1])

Bezüglich des **entgangenen Gewinnes** erleidet die vorstehende Ausführung insofern eine Einschränkung, als nur derjenige Gewinn gefordert werden kann, welcher in dem Zeitpunkte des Schadenseintritts nach den im § 252 näher bezeichneten Umständen mit Wahrscheinlichkeit erwartet werden konnte.[2]) Inwieweit hiernach im einzelnen Falle die Berechnung eines höheren entgangenen Gewinnes zulässig oder ausgeschlossen ist und inwieweit dabei ein späterer Zeitpunkt in Rücksicht gezogen werden kann, ist nach den obigen (S. 111ff.) Ausführungen zu beantworten.

IV. Einzelfälle der Abschätzung.

Im Nachfolgenden sollen diejenigen Schadensfälle, welche von besonderer praktischer Wichtigkeit sind, im einzelnen erörtert werden.

1. **Bauplätze.**

Wenn ein Grundstück, welches bisher als Ackerland oder Gartenland benutzt wird, als Bauplatz bezüglich der Schadensberechnung in Anspruch genommen, also vom Grundeigentümer Entschädigung dafür verlangt wird, daß dasselbe in

---

[1]) Rehbein II S. 52 u. 53; Kipp-Windscheid II S. 53 Anm. 8, R.O.H.G. Entsch. Bd. 8 S. 117; Mommsen a. a. O. S. 228; Endemann I S. 560, Enneccerus-Lehmann I S. 411, Crome II S. 74 unter a.

[2]) Planck Anm. 2 zu § 252.

Zukunft nicht mehr als Bauplatz Verwendung finden könne, so handelt es sich für den Grundeigentümer regelmäßig um den Ersatz entgangenen Gewinnes. Die Frage, ob und unter welchen Voraussetzungen bei der Bergschädenklage nach jetzigem Recht für entgangenen Gewinn Ersatz gefordert werden kann, ist bereits oben (S. 112 u. 113) gerade mit Bezug auf die Bauplatzqualität besprochen worden.

a) Hier bleibt daher zunächst nur zu erörtern, nach welchen Grundsätzen sich die Bemessung der Höhe des zu fordernden Schadensbetrages richet und zwar zunächst für den Fall, wenn **dauernder Verlust der Bauplatzqualität** vorliegt, welcher, wie bereits ebenfalls an anderer Stelle (S. 117) dargetan, falls überhaupt Verlust der Bauplatzqualität eingetreten, zu praesumieren sein wird. In diesem Falle hat die zu gewährende Entschädigung zum mindesten in dem Ersatz der abstrakten Wertsminderung zu bestehen, der Differenz zwischen dem Verkaufswert des Grundstücks, den dasselbe vor der Gefährdung und demjenigen, welchen es nachher hatte, der Differenz also zwischen dem Verkaufswert von Baugelände und Ackerland in der betreffenden Gegend,[1]) vorausgesetzt, daß das Grundstück wenigstens noch als Ackerland benutzt werden kann. Ist die Beschädigung eine solche, daß es auch nicht einmal als letzteres mehr Ertrag liefert, so ist nach Lage des Falles die Differenz zwischen Bauplatz und ertraglosem Gelände zu fordern. Es kann aber auch der konkrete Schaden geltend gemacht, und demnach, wenn z. B. das Grundstück bereits verkauft war und der Käufer von dem Kaufvertrage wegen Unsicherheit des Baugrundes zurücktritt, der Unterschied zwischen dem erzielten Kaufpreise und dem Wert von Ackerland oder dergl. gefordert werden.[2]) Wenn der Beschädigte das Grundstück für sich selbst als Bauplatz hatte verwenden wollen, so wird er, falls er nicht mit dem abstrakten Schaden sich begnügen will, seinen konkreten Schaden substantiieren müssen. Er muß also berechnen, wieviel ihm ein Neubau gekostet, wieviel

---

[1]) R.G. 21./12. 92 XXXIV 514.
[2]) R.G. 8./1. 98 XXXIX 226.

Mietzinsen er daraus erzielt und wie sich nach Abzug der Zinsen und der Amortisation des Baukapitals, der Lasten und Abgaben und des von dem Grundstücke bisher als Ackerland erzielten Ertrages der jährliche Reingewinn gestellt haben würde. Die alsdann übrig bleibende Differenz bildet kapitalisiert den dauernden Minderwert. Es kann aber auch der letztere in der Weise berechnet werden, daß der Verkaufswert des Gebäudes nach den üblichen lokalen Preisen für ein solches zugrunde gelegt, davon die Auslagen für die Errichtung des Gebäudes und der bisherige Wert des Ackerlandes abgezogen wird.[1])

Liegt nur **zeitweiser Verlust der Bauplatzqualität** vor, so kann als **abstrakter** Schaden regelmäßig die Differenz zwischen dem höheren Verkaufspreise zur Zeit des Eintritts der Beschädigung und dem niedrigeren zur Zeit des Aufhörens der Bodenbewegungen und des Wiedereintritts der Bebauungsfähigkeit gefordert werden. Soll ein höherer Schaden in konkreto daraus hergeleitet werden, daß der Kläger in der Zwischenzeit vermöge eines bereits zur Zeit der Schadenszufügung voraussehbaren Umstandes das Grundstück für einen höheren Preis, wie der zur Zeit des Eintritts der Beschädigung war, hätte verkaufen können, so muß Kläger den speziellen Beweis dafür erbringen, daß er zu diesem höheren Preise verkaufen konnte, sowie daß der beabsichtigte Verkauf sich infolge der durch die Beklagte veranlaßten Bodenbewegungen zerschlagen hat. In diesem Falle bildet die Differenz zwischen diesem höheren, zu erzielen gewesenen Verkaufswert und dem Wert zur Zeit des Aufhörens der Beschädigung, zuzüglich Zinsen, den Schaden.[2]) Ebenso kann eine Rente für die Zeit, wo das Grundstück die Bauplatzqualität verloren hatte, berechnet nach dem höheren Reingewinn, den das Grundstück im bebauten Zustande abgeworfen haben würde,[3]) m. D. mit Rücksicht auf § 252 B.G.B. nur zugesprochen werden, wenn der Grund-

[1]) Vergl. O.L.G. Hamm 20./6. 82 XXIV S. 101.

[2]) O.L.G. Hamm 20./6. 82 XXIV S. 102 im wesentlichen zustimmend, ebenso R.G. 3./1. 83 Daubenspeck I 289.

[3]) R.G. 17./2. 00 XLI 235.

eigentümer nachweist, daß er bereits zur Zeit des Schadenseintrittes Anstalten und Vorkehrungen für den Bau getroffen. Auch hier muß er aber weiter substantiiert dartun, was ihm der Neubau gekostet, wieviel Mietszinsen er daraus bezogen und wie sich demgemäß nach Abzug der Zinsen und der Amortisation des Baukapitals, der Lasten und Abgaben und des von dem Grundstücke als Ackerland tatsächlich bezogenen Einkommens der Mehrertrag in bebautem Zustande gestellt haben würde.[1]) Nach der Lage des einzelnen Falles kann der Schaden auch in einer Kombination der abstrakten und konkreten Berechnung bestehen. Falls z. B. der Baugrund nur unter besonderen Sicherungsmaßregeln, unter Vornahme einer Verankerung oder dergl., wieder bebauungsfähig geworden ist, so kann als Schaden auch in Höhe der Kosten dieser Sicherungsmaßregeln unter gleichzeitiger Zubilligung einer weiteren Summe als Entschädigung für die darüber hinausgehende Entwertung des Verkaufswertes des Grundstücks berechnet werden. Letzterer Betrag rechtfertigt sich aus der von den Sachverständigen vielfach bekundeten Tatsache, daß sich der Wert solcher Grundstücke über den Betrag der Kosten solcher Sicherungsmaßregeln hinaus verringert. Dieser weitergehende Schaden ist solchen Gutachten entsprechend wiederholt in gleicher Höhe der Kosten dieser Sicherungsmaßregeln zugebilligt worden.[2])

2. **Gebäude.**

Ist ein solches durch den Bergbau beschädigt, so sind folgende Fälle denkbar:

a) **Ist das Gebäude derartig beschädigt, daß dasselbe abgebrochen werden muß und auch die Baustelle als solche nicht mehr benutzt werden kann,** so ist der Wert der ganzen Besitzung zu ermitteln, den sie unmittelbar vor der Beschädigung hatte. Davon kommt in Abzug der Wert, den die Grundfläche in ihrem beschädigten Zustande noch repräsentiert und der etwaige Wert der Abbruchsmaterialien.

---

[1]) O.L.G. Hamm 20./6. 82 XXIV 101.

[2]) R.G. 3./1. 85 Daubenspeck I 289, R.G. 28./6. 93 XXXIV 516, 15./6. 95 XXXVIII 217.

Der darnach verbleibende Rest stellt den dem Kläger zustehenden Schadensanspruch dar.[1]) Bei der Wertsberechnung selbst kann als Mindestes der gemeine Verkaufswert des Gebäudes vor der Beschädigung zugrunde gelegt werden. Sollte darüber hinaus in concreto ein höherer Wert liquidiert werden, sei es, daß der Kläger zu einem höheren Preise hätte verkaufen können, oder daß der außerordentliche Gebrauchswert des Grundstücks für ihn ein höherer war wie der gemeine Tauschwert, so muß dies seitens des Klägers speziell begründet und nachgewiesen werden.

b) **Der Abbruch des Gebäudes muß erfolgen, aber die Baustelle kann als solche wieder verwendet werden,** weil der Boden wieder ganz oder doch soweit zur Ruhe gekommen ist, daß er wenigstens mit besonderen Vorsichtsmaßregeln, einer Verankerung oder dergl., wieder benutzt werden kann.[2]) Hier sind dem Kläger zu erstatten die Kosten des Abbruches und des Neubaues, einschließlich der Ausgaben für eine etwaige solidere Fundamentierung und Verankerung, für Erschwerungen des Wirtschaftsbetriebes, ferner der Ausfall an Miete bezw. die Entschädigung für Nichtbewohnbarkeit bis zur Fertigstellung des Neubaues.[3]) Davon ist in Abzug zu bringen der Wert der Abbruchsmaterialien und der Mehrwert, den das Grundstück durch den Neubau gegenüber dem Wert desselben unmittelbar vor der Beschädigung hat.[4]) Andererseits ist aber auch wieder hinzuzurechnen der Minderwert der Besitzung, welcher derselben auch nach Wiederaufbau mit Verankerung deshalb verbleibt, weil der Verkaufswert infolge der stattgehabten Beschädigung auch nach Beseitigung der letzteren gesunken ist.[5])

c) Am häufigsten ist der Fall, **daß auch das Gebäude noch reparaturfähig ist.** Hier hat der Eigentümer Anspruch

---

[1]) Daubenspeck Bergschaden S. 113.
[2]) O.L.G. Hamm 24./2. 93 XXXV 111.
[3]) O.L.G. Hamm 24./2. 93 XXXV 111.
[4]) Daubenspeck Bergschaden 113.
[5]) Vergl. R.G. 3./1. 85 Daubenspeck I 289, 28./6. 93 XXXIV 516, 15./6. 95 XXXVIII 217.

α) auf Ersatz desjenigen Aufwandes, welcher notwendig gewesen ist, um größeren Schaden zu verhüten;

β) auf Vornahme der Reparaturen, welche erforderlich sind um dem Gebäude, soweit als möglich, seine früheren Eigenschaften wiederzugeben, oder Zahlung des dazu erforderlichen Geldbetrages;

γ) auf Ersatz des Minderwertes, den die Gesamtbesitzung nach Vornahme der Reparatur noch hat.[1])

Die Feststellung dieses Minderwertes bietet nicht selten rechtliche und tatsächliche Schwierigkeiten. Im einzelnen ist folgendes hervorzuheben:

αα) Ob für die bebaute Grundfläche als solche ein besonderer Minderwert liquidiert werden kann, kann zweifelhaft sein.[2]) Am zweckmäßigsten ist jedenfalls, eine Entwertung der Gesamtbesitzung festzusetzen, da, solange das Grundstück mit einem Gebäude besetzt ist, weder das erstere noch das letztere einen selbständigen Verkaufswert hat.[3]) Als Bauplatzfläche hat aber nicht bloß der wirklich bebaute Teil des Grundstücks, sondern auch derjenige unbebaute Teil (Hofraum, Hausgarten usw.) zu gelten, welcher nach den lokalen Verhältnissen und Anschauungen als Teil des Hausgrundstückes selbst angesehen und deshalb als Bauplatzfläche mitbewertet wird.[4])

ββ) Was die Berechnung des Minderwertes des **Gebäudes** angeht, so berechnen die Sachverständigen denselben in der Regel in der Weise, daß sie zunächst die normale Standdauer des Gebäudes und unter Zugrundelegung derselben denjenigen Wert ermitteln, den das Gebäude in dem Augenblick vor Eintritt des Schadens gehabt hat, demselben die durch den Bergbau hervorgerufene Abkürzung dieser Standdauer gegenüberstellen und überdies die erhöhten Reparaturkosten kapitalisiert abziehen.

---

[1]) L.G. Essen 9./3. 80 XXIII 103, O.L.G. Hamm 18./4. 82 XXIII 388, O.L.G. Köln 21./10. 82 und 17./3. 83 XXV 382 ff.; R.G. 14./6. 84 XXVI 372.

[2]) Gegen Zulässigkeit der Bewertung der Grundfläche R.G. 22./6. 01 XLIII S. 219.

[3]) R.G. 22./6. 01 XLIII 220.

[4]) O.L.G. Hamm 26./6. 94 XXXVI 254.

Für die Bemessung des zur Zeit der Beschädigung vorhandenen Bauwertes benutzt man dabei folgende Formel:

$$E = N \frac{A}{D} \times \frac{A + D}{2\,D}$$

wobei E die Entwertung durch den natürlichen Altersverschleiß, A das Alter des Gebäudes zur Zeit der Beschädigung, N den Neubauwert, D normale Standdauer bedeutet. Dabei sind für den Neubauwert (N) diejenigen Preise zugrunde zu legen, die zur Zeit des Eintrittes der Beschädigung gezahlt werden müssten, weil dies nach Obigem (S. 160 u. 161) der für die Abschätzung regelmäßig maßgebende Zeitpunkt ist.

Steht also ein Haus, dessen Errichtungskosten auf 28000 M. zu veranschlagen sind, zur Zeit der Beschädigung durch den Bergbau 23 Jahre und ist für dasselbe, wie bei einer soliden Bauausführung zugrunde zu legen, eine zweihundertjährige normale Standdauer anzunehmen, so ergibt sich für die Berechnung des natürlichen Verschleißes zur Zeit des Eintrittes der Beschädigung folgende Formel:

$$28000 \frac{23}{200} \times \frac{23 + 200}{2.\ 200} = 1795 \text{ M.}$$

das Haus war also im Augenblicke vor der Beschädigung noch wert rund 26205 M.

Darnach hat der Sachverständige die Verkürzung der Standdauer zunächst schätzungsweise zu ermitteln. Ermittelt er, um bei dem obigen Beispiel zu bleiben, eine solche von 60 Jahre, so stellt sich die für die Wertsverminderung dem Kläger zustehende Entschädigung darnach als die Differenz zweier Kapitalien dar, von denen das eine nach 177 Jahren, das andere nach 177—60 = 117 Jahren unter Ansammelung von Zinsen den Wert des Hauses unmittelbar vor der Beschädigung, also 26205 M. ergibt. Diese Kapitalien sind nach der Hoffmann'schen Methode zu berechnen, ihre Differenz in Höhe von — im vorliegenden Falle — rund 240 M. stellt den kapitalisierten Schaden infolge verminderter Standdauer dar. Da aber auch diese verminderte Standdauer nur durch besonders intensive Unterhaltungskosten, deren jährlicher, über das Normale hinausgehende Mehrbetrag im Beispielsfalle auf 210 M. angenommen sein mag, ermöglicht werden kann, so muß noch ein weiteres Kapital vergütet und berechnet werden, welches zu 4% auf Zinseszins angelegt, während der Dauer von noch 117 Jahren die jährliche Entnahme von 210 M. verträgt und nach 117 Jahren gleich 0 wird.

Dieses Kapital berechnet sich nach der üblichen Rentenformel, wie folgt:

$$\frac{210\left\{\left(1+\frac{4}{100}\right)117 = 1\right\}\frac{100}{4}}{\left(1+\frac{4}{100}\right)117}$$

= 5196 M. und ist darnach außer den obigen 240 M. als dauernder Minderwert zu vergüten.[1])

γγ) Man muß zugeben, daß die Feststellung des Minderwertes in der vorgeschilderten Weise Bedenken hat, da es sich doch nur darum handeln kann, den gemeinen **Verkaufswert** des Gebäudes vor und nach der Beschädigung zu ermitteln und die Wertschätzung des tatsächlichen Verkehrs sich nicht in mathematische Formeln zwingen läßt. Immerhin bietet die Schätzung des Minderwertes in der Weise sub ββ für die richterliche Festsetzung des Schadens einen ziffernmäßigen Anhaltspunkt.[2]) Mit der Berechnung des Minderwertes des Gebäudes gemäß ββ ist aber regelmäßig der dem Grundeigentümer erwachsene dauernde Minderwert nach dem Vorgesagten nicht vollständig gedeckt, der gemeine Verkaufswert solcher Besitzungen sinkt erfahrungsmäßig vielmehr gewöhnlich über den Betrag der erhöhten Unterhaltungskosten und der kapitalisierten verminderten Standdauer hinaus.

Mit Rücksicht darauf ist deshalb auch in einem Falle, wo zwar durch die Reparatur das Haus wieder in seine frühere Verfassung bezüglich Standdauer und Ertragsfähigkeit gebracht, aber doch mit Rücksicht auf die stattgehabte

---

[1]) R.G. 14./6. 89 XXVI 374.
[2]) Daubenspeck Bergschaden S. 115.

Verankerung eine geringere Verkäuflichkeit und Beleihbarkeit des Grundstücks verblieben war, dafür ein Viertel des jetzigen Wertes als verbleibender Minderwert schätzungsweise zugesprochen worden.[1]) Ebenso sind in anderen Fällen, wenn ein dauernder Minderwert verblieb, nicht bloß der kapitalisierte Betrag der Reparaturkosten[2]) und der kapitalisierte Betrag für Verkürzung der Standdauer, sondern mit Rücksicht auf die im Verkehr allgemein sich bemerkbar machende, darüber erheblich hinausgehende Verminderung der Wertsbemessung eines durch Bergbau beschädigten, wenngleich reparierten und verankerten Gebäudes, diese beiden ersterwähnten Beträge noch um das Doppelte erhöht worden,[3]) während andere bewährte Sachverständige des rheinisch-westfälischen Industriebezirks dafür neben dem kapitalisierten Minderwert infolge Verkürzung der Standdauer und Erhöhung der Reparaturkosten weitere 5 % des derzeitigen Bauwertes des Gebäudes zubilligen.

δδ) Entstehen an solchen **bereits früher beschädigten und entschädigten Gebäuden neue Bergschäden**, weil das Erdreich von neuem in Bewegung gerät, so erwachsen dem Eigentümer damit neue Entschädigungsansprüche, die in derselben Weise festgestellt werden müssen, als wenn das Haus noch nicht beschädigt gewesen wäre, d. h. es muß der Wert des Hauses, wie er sich vor der zweiten Beschädigung unter Rücksichtnahme der stattgehabten Reparaturen und des verminderten Verkaufswertes infolge der früheren Beschädigung gestellt hatte, ermittelt und dem gegenübergestellt werden der noch geringere Wert, den die Besitzung infolge der zweiten Beschädigung erlitten hat. Zulässig mag auch die von manchen Gerichten befolgte Methode sein, für die Schadensberechnung den unbeschädigten Zustand des Hauses unmittelbar vor der ersten Beschädigung zugrunde zu legen, diesem den Zustand nach der zweiten Beschädigung gegenüberzustellen und diese Differenz zuzu-

---

[1]) R.G. 2./6. 94 XXXV 375.
[2]) O.L.G. Hamm 6./4. 00 XLI 486.
[3]) R.G. 25./10. 83 XXVI 115; 14./6. 84 XXVI 374; R.G. 18./4. 96 XXXVII 484.

sprechen, abzüglich des für die erste Beschädigung bereits Gezahlten. Der erkennende Richter entzieht sich allerdings auf solche Weise einer selbständigen Prüfung der Tatsache, ob die für die erste Beschädigung gezahlte Summe angemessen war und der Wertsdifferenz bis zum Eintritt der zweiten Beschädigung wirklich entsprach. Dennoch mag dieses Verfahren berechtigt sein, weil die für die erste Beschädigung, sei es auf Grund des Vergleiches oder Urteils gezahlte Summe wenigstens prima facie der wirklichen Wertsminderung vor Eintritt der zweiten Beschädigung Genüge leisten wird.

εε) Eine wesentliche Rolle bei den Schadensansprüchen der Eigentümer solcher Gebäulichkeiten, die noch reparaturfähig sind, bildet auch der Anspruch für die Notwendigkeit der **Beschaffung anderweiter Wohnräume während der Dauer der Unbewohnbarkeit des Hauses, Umzugskosten, entgangene Mietzinsen** usw. Es ist in dieser Beziehung das Erforderliche bereits an anderer Stelle (S. 116) gesagt.

Dasselbe gilt von der Berücksichtigung des Geschäftsgewinnes bezüglich industrieller oder sonstiger gewerblicher Einrichtungen, die sich auf dem beschädigten Grundstücke befinden (vergl. oben S. 79ff.).

3. Einen häufigen Gegenstand von Schadensansprüchen bildet auch die **Wasserentziehung** durch Trockenlegung von Brunnen oder anderen Wasserbehältern. In diesem Falle ist dem beschädigten Grundbesitzer Ersatz zu beschaffen, entweder durch Wiederbeschaffung von Wasser in gleicher Quantität und Qualität, oder durch Ersatz desjenigen kapitalisierten Betrages, welcher für den Grundbesitzer notwendig ist, um sich dieses Wasser in gleicher Quantität und Qualität wieder selbst zu beschaffen. Außerdem ist dem Grundeigentümer bis zur Wiederherstellung des früheren Zustandes resp. bis zur Zahlung des dafür aufgewendeten Kapitals Geldentschädigung dafür zu leisten, daß er sich das Wasser bis dahin anderweit hat besorgen müssen.

Im einzelnen ist dazu folgendes zu bemerken:

a) Es ist nicht erforderlich, daß das Wasser genau wieder in derselben Form beschafft wird, wie es vordem war, sondern es genügt auch hier, wenn **wirtschaftlich derselbe Zustand** wiederhergestellt wird wie früher. Es ist also wie bereits oben (S. 139) hervorgehoben, nicht notwendig, daß wenn früher ein Brunnen vorhanden war, das Wasser grade in den Brunnen wiederhingeschafft oder ein anderer neuer Brunnen angelegt wird. Wirtschaftlich ist vielmehr derselbe Zustand auch wiederhergestellt, wenn das Wasser vermittelst eines neuen Röhrenbrunnens [1]) oder einer Wasserleitung zugeführt wird. [2]) Der Grundeigentümer ist deshalb auch nicht berechtigt, seinerseits auf Wiederbeschaffung des Wassers in einer bestimmten Form, z. B. durch Anlegung eines neuen Brunnens oder Anlegung einer Wasserleitung zu klagen. Er hat nur Anspruch auf Wiederherstellung des früheren wirtschaftlichen Zustandes; wie derselbe wiederhergestellt wird, ist Sache der Beklagten. [3]) Will aber der Bergwerksbesitzer einem Grundstück, welches früher sein Wasser aus einem Brunnen bezog, die frühere Eigenschaft eines mit eigenem Wirtschaftswasser versehenen Grundstücks dadurch wiederverschaffen, daß er es an eine Wasserleitung anschließt, so muß er, wie gleichfalls bereits oben (S. 141) hervorgehoben, das Wasser auch an diejenige Stelle hinschaffen, bis zu der diese Hinschaffung im Falle der Anbringung einer Wasserleitung üblich ist. [4]) Die dem Bergwerksbesitzer vielleicht weniger kostspielige Hinleitung bloß bis zu dem früher vorhanden gewesenen Brunnen genügt deshalb nicht.

b) Das Wasser muß regelmäßig in **derselben Qualität** wie früher beschafft werden, mindestens also in derjenigen Beschaffenheit, welche man in objektiver Beziehung bei einem brauchbaren Trink- und Wirtschaftswasser gewöhnlich voraussetzt. [5]) Da indes gemäß §§ 249, 251 B.G.B. und dem oben (S. 148) Gesagten die Wiederherstellung des früheren Zustandes nur soweit beansprucht und geleistet werden muß, als sie möglich ist, so wird auch dem Naturalrestitution

---

[1]) R.G. 23./12. 93 XXXV 369.
[2]) O.L.G. Hamm 17./1. 96 XXXVII 355.
[3]) Vergl. R.G. 25./12. 93 XXXV S. 369.
[4]) O.L.G. Hamm 19./12. 99 XLI 242.
[5]) R.G. 23./12. 93 XXXV 369.

gewährt werden müssen, wenn das zum Ersatz gelieferte Wirtschafts- und Trinkwasser zwar an und für sich als solches brauchbar ist, aber doch nicht in allen Beziehungen bezgl. seiner Qualität dem früher vorhanden gewesenen Wasser entspricht. Das Wasserleitungswasser enthält z. B. häufig nicht die vegetabilischen Beimengungen, welche das fließende Quellwasser vermöge der Zuleitungen von Dungstoffen aus den umliegenden Ackergrundstücken besitzt. Auch in diesem Falle wird sich der Grundeigentümer mit der Zuführung von Wasserleitungswasser begnügen müssen, daneben allerdings eine kapitalisierte Entschädigung für die weiteren Dungstoffe verlangen können, die er auf seinem Grundstücke zum vollständigen Ersatz der Qualität des früheren Wassers außerdem zu verwenden hat.

c) Bezüglich der **Quantität des Wassers** ist die konkrete Lage des einzelnen Falles zu berücksichtigen. Dient ein Brunnen einer Hofeswirtschaft und war sein Wasser bisher ausreichend für alle Bedürfnisse derselben, so ist für das Quantum der Wasserzufuhr, die der Eigentümer beanspruchen kann, mindestens maßgebend die Anzahl der zur Zeit der Beschädigung auf dem Grundstücke anwesenden Personen und die damalige Größe des Viehstandes. Das ist Ersatz des positiven Schadens, der dem Grundeigentümer stets zu gewähren ist. Daneben kann aber auch als entgangener Gewinn die Benutzungsfähigkeit der vorhanden gewesenen, zum Teil bisher nicht benutzten Wassermenge für die Schadensbemessung in Frage kommen, allerdings nur in den Grenzen des § 252 B.G.B., d. h. nur soweit, als zur Zeit des Schadenseintrittes nach dem gewöhnlichen Laufe der Dinge oder den bereits getroffenen Anstalten die Verwertung dieses bisher nicht verwendeten Mehrquantums von Wasser voraussehbar ist. Es kann also, wenn einer Ackerwirtschaft das für diese in übermäßigem Umfange vorhandene Wasser entzogen ist, das zur Ackerwirtschaft bisher nicht benötigte Wasserquantum bei der Bemessung der Frage der Wiederbeschaffung oder des dafür zu gewährenden Kapitals nicht etwa deshalb in Rücksicht gezogen werden, weil das Mehrquantum vielleicht mal in ferner Zukunft für ein auf dem

Grundstück zu errichtendes gewerbliches Etablissement (eine Brauerei, Ziegelei oder dergl.) Verwendung finden könnte, wenn die Errichtung eines solchen nicht bereits zur Zeit des Schadenseintrittes im Sinne des § 252 B.G.B. mit Wahrscheinlichkeit erwartet werden konnte.[1])

d) Die **Wiederbeschaffung** des Wassers muß nach dem oben (S. 141) Ausgeführten eine **dauernde** sein. Daraus ergibt sich, daß der Bergwerksbesitzer seiner Pflicht nicht genügt, wenn er ein Bohrloch niederstößt, welches für einige Jahre dem Kläger ausreichendes Wasser beschafft. Er muß vielmehr, falls das Bohrloch versagt, später von neuem für Wasserzuführung Sorge tragen.[2]) Ebenso muß der Bergwerksbesitzer, der zum Zwecke der Wiederherstellung des früheren Zustandes eine Wasserleitung anlegt, auch dafür sorgen, daß dieselbe das Wasser dauernd liefert und zwar ohne Kosten für den Grundeigentümer. Außer den Kosten des Anschlusses an die Wasserleitung kann der Kläger daher die Unterhaltungskosten und die Wassergelder, welche zur Beschaffung des nach c zu erstattenden Wasserquantums erforderlich sind, verlangen und zwar nach den oben entwickelten Grundsätzen in Kapital.[3]) Davon gehen aber in Abzug die gleichfalls zu kapitalisierenden Reparaturkosten des früheren Brunnens.[4])

e) Neben dieser Wiederbeschaffung des Wassers für die Zukunft kann der Eigentümer auch **Geldersatz beanspruchen für dasjenige Wasserquantum, welches er bis zur Wiederbeschaffung anderweit hat** beziehen müssen. Dabei ist der Wasserbedarf zugrunde zu legen, welcher für die auf der Besitzung des Klägers wohnenden und beschäftigten Personen, für den Viehstand und die sonstigen wirtschaftlichen Bedürfnisse erforderlich gewesen ist.[5]) Die Berechnung der dafür dem Grundeigentümer zustehenden Entschädigung ist nicht unstreitig in denjenigen Fällen, wo der

---

[1]) So anscheinend auch R.G. 21./12. 95 XXXVII S. 345.
[2]) O.L.G. Hamm 11./6. 01 XLIII S. 508.
[3]) O.L.G. Hamm 17./1. 96 XXXVII S. 357, 28./6. 98 XL S. 92.
[4]) O.L.G. Hamm 28./6. 98 a. a. O.
[5]) R.G. 24./1. 80 XXII 102.

Grundeigentümer die Wasseranfuhr durch seine eigenen Leute und Pferde hat bewirken lassen. Hier ist vielfach eine Entschädigung abgelehnt worden, wenn nicht der Eigentümer nachweisen konnte, daß er für diesen Wassertransport mehr Pferde oder mehr Leute hat anstellen müssen, wie sonst für seine Hofeswirtschaft notwendig war,[1]) oder daß er sein Fuhrwerk während der in Rede stehenden Zeit in anderer Weise durch Ausführung von Lohnfahrten hätte nutzbringend verwerten können.[2]) Die Methode der Sachverständigen, welche in solchen Fällen die Fuhren und Gänge, insbesondere die aufgewendeten Stunden an Arbeitsleistungen von Leuten und Pferden zusammenzählen, und dafür eine angemessene Entschädigung zubilligen, ist nicht für begründet erachtet worden. M. E. steht indes dem Grundeigentümer, der in solcher Weise sich in der Zwischenzeit das Wasser selbst beschafft hat, unter allen Umständen und ohne weiteren Nachweis eine Entschädigung zu. Der Anspruch des Grundeigentümers ist jedenfalls aus der rechtlosen Bereicherung begründet. Man muß davon ausgehen, daß, da der Ersatz des Bergschadens sofort verlangt werden kann, der Bergwerksbesitzer verpflichtet war, das Wasser seinerseits durch Fuhren zu beschaffen. Von dieser Verbindlichkeit ist er durch die Leistungen des Grundeigentümers befreit, der Bergwerksbesitzer hat also im Sinne des § 812 B.G.B.[3]) etwas „erlangt“ und zwar „auf Kosten“ des Grundeigentümers, der doch auch für die auf die Wasserzufuhr verwendete Arbeitszeit seine Leute und Pferde hat unterhalten müssen. Daß direkt eine Vermögensverminderung des Grundeigentümers durch Versäumung anderweiter nutzbringender Tätigkeit der Arbeitsleute und der Zugtiere stattgefunden hat, wird nach B.G.B. nicht dargetan zu werden brauchen. Auch eine Dienstleistung ist im Sinne des § 812 eine Leistung „auf Kosten“ eines anderen.[4]) Der Grund-

---

[1]) R.G. 24./1. 80 XXII 104; O.L.G. Hamm 13./1. 80 XXIII 373.

[2]) R.G. 28./11. 83 Daubenspeck I 257.

[3]) Planck Anm. 1a zu § 812.

[4]) Kipp-Windscheid II 811, Planck Anm. 1b zu § 812, vergl. auch l. 65 § 7 D. XII, 6; Neumann II zu § 812 B.G.B. a. M. anscheinend Oertmann S. 538 Anm. 2b).

eigentümer kann deshalb gemäß § 818 B.G.B. Abs. 2 (Planck Anm. 2c dazu) den Wert seiner Leistung beanspruchen, also dasjenige, was ihm nach Lage der Umstände unter Berücksichtigung des Umstandes, daß er dieselbe Anzahl Leute und Pferde auch ohnehin hätte halten müssen, angemessen zusteht. Es werden deshalb dem Grundeigentümer diejenigen Aufwendungen an Löhnen und Unterhaltungskosten zu ersetzen sein, welche auf die für die Wasserzufuhr verwendete Zeit ratierlich entfallen.

4. Bei der Beschädigung von **Feld-, Wiesen- und Waldgrundstücken** durch Tagesbrüche besteht der Ersatz des Schadens in der Regel in der Vornahme derjenigen Maßregeln bezw. in dem Aufwande, der erforderlich ist, um das Grundstück, soweit möglich, in den früheren Zustand zurückzuversetzen. Es können dieserhalb die verschiedenartigsten Maßregeln in Frage kommen: Bei Abtrocknung einer Wiese die Einrichtung einer Bewässerungsanlage, bei Versumpfung diejenige einer Entwässerungsanlage, bei Bodensenkungen auf einer Weide oder Ackerland deren Zuschüttung, Neuplanierung und Neubesamung. Soweit eine Wiederherstellung nicht möglich ist oder aus den sonstigen, oben hervorgehobenen Gründen nicht verlangt werden kann, ist den obigen Ausführungen entsprechend Minderwert zu vergüten und zwar mindestens die Differenz zwischen dem gemeinen Tauschwert vor oder nach der Beschädigung. Ist in speziellen Fällen der Gebrauchswert durch Kapitalisierung des jährlichen Reinertrages ein größerer oder mit Rücksicht auf die Bedeutung des Grundstückes für den übrigen Grundbesitz des Klägers, z. B. seine Viehzucht ein erheblicherer, so muß auch dieser ersetzt werden, was aber dann auch besonderen Nachweis dieses größeren Schadens voraussetzt. Bis zur Wiederherstellung des früheren Zustandes bezw. Ersatz des dauernden Minderwertes ist der Ersatzausfall an Früchten zu vergüten und zwar in der Weise, daß deren Wert zur Zeit der Ernte gerechnet, die Gewinnungskosten aber davon in Abzug gebracht werden.

---

[1]) Daubenspeck Bergschaden S. 120.

5. Ist ein **Steinbruch, Sandlager oder Lehmlager** beschädigt, so ist in erster Reihe zu berechnen der kubische Inhalt des dort anstehenden Minerals, außerdem der Jahresbetrag der Ausbeute. Der Vergleich beider miteinander ergibt die Ausbeutungsperiode. Das Entschädigungskapital wird gefunden durch Zusammenrechnung der Entschädigung für die einzelnen entgehenden Jahresausbeuten, von deren jeder die entsprechenden Zwischenzinsen in Abzug kommen.[1]) Außerdem ist aber zu berücksichtigen, ob das Mineral auch während der Ausbeutungsperiode nach dem gewöhnlichen Laufe der Dinge verkäuflich sein wird.[2]) Ist nur ein Teil des Lagers dem Eigentümer entzogen, so zeigt sich der Schade erst nach einer entsprechenden Reihe von Jahren durch frühzeitigeren Ablauf der Ausbeutungsperiode, was bei der Berechnung der Zwischenzinsen zu beachten bleibt.[3])

6. Der Wert eines **Haldenplatzes** an einer Fabrik wird durch Ermittelung desjenigen Betrages gefunden, den die Beschaffung eines anderen Platzes dem Fabrikbesitzer kosten wird unter kapitalisierter Hinzurechnung der Entfernungsnachteile. Das ist der außerordentliche Gebrauchswert des Haldenplatzes für ihn! Wird nur ein Teil des Haldenplatzes unbrauchbar, so ermäßigt sich der Anschaffungspreis für einen neuen Haldenplatz um diejenigen Zwischenzinsen, welche bis zu der Beschaffung eines neuen Haldenplatzes in demjenigen Augenblick auflaufen, wo der Ersatz für den verkleinerten alten Haldenplatz geschafft werden muß. Es muß aber dann andererseits auch als schadenserhöhend der etwaige höhere Anschaffungspreis in Rücksicht gezogen werden, den der neue Haldenplatz in der späteren Zeit des Ankaufs voraussichtlich erfordern wird.

7. Was die Ansprüche des **neben dem Grundeigentümer wegen der Beschädigung eines Grundstücks Schadensberechtigten** angeht, so ist bereits oben (S. 17ff.) erörtert, unter welchen Voraussetzungen solche Ansprüche überhaupt

---

[1]) R.G. 15./6. 95; Daubenspeck II 146.

[2]) § 252 B.G.B.; O.Tr. 18./3. 72; Strieth. Arch. Bd. 85 57; R.G. 15./6. 95; Daubenspeck II 146.

[3]) Daubenspeck Bergschaden S. 125.

erhoben werden können und wie sich diese Ansprüche in Fällen der Kollision mit den Ansprüchen des Grundeigentümers stellen.

An dieser Stelle mag zusätzlich noch berührt werden, wie sich die **Höhe der diesem Berechtigten zukommenden Geldentschädigung berechnet.**

a) Was dieserhalb zunächst die Ansprüche des **Nießbrauchers** an einem beschädigten Hause oder an einem ländlichen Grundstück betrifft, so gehen dieselben regelmäßig auf den Ersatz des Ertragsausfalles für die Dauer der Nießbrauchszeit. Der Nießbraucher an einem Hause oder einem Grundstück wird deshalb den jährlichen Reinertrag, für dessen Berechnung in erster Reihe der Durchschnitt der früheren Jahre maßgeblich sein muß, als Schadensrente fordern können. Er wird aber auch, wie schon (S. 155) hervorgehoben, nicht nötig haben, sich auf eine jährliche Rente einzulassen, wenngleich er dieselbe als minus seines gesetzlichen Entschädigungsanspruches auch zu fordern berechtigt ist. Er kann vielmehr den Ertragsausfall, wenn der Nießbrauch auf bestimmte Jahre eingeräumt ist, für die ganze Reihe derselben sofort kapitalisiert beanspruchen, allerdings auch hier unter Berücksichtigung der Zwischenzinsen und im Hinblick darauf, daß der Nießbrauch auch schon vorher nämlich mit dem Tode des Berechtigten erlöschen kann (§ 1061 B.G.B.), auch höchstens nur für die voraussichtliche Dauer seiner Lebenszeit. Letzteres muß erst recht gelten, wenn ein Nießbrauch vertraglich oder gesetzlich direkt lebenslänglich eingeräumt ist, z. B. für den Ehemann, den Pfarrer beim Pfarrgut. In beiden Fällen werden die bei der Lebensversicherung üblichen Wahrscheinlichkeitsformeln für die Ermittelung der voraussichtlichen Lebensdauer zugrunde zu legen sein. Im übrigen sind für die Berechnung des Schadens die allgemeinen Grundsätze maßgebend. Der Nießbraucher eines Hauses wird deshalb auch seinen Schaden in der Weise liquidieren können, daß er die Miete, die er für eine angemessene Ersatzwohnung alljährlich zahlen muß, der Kapitalberechnung zugrunde legt.[1])

---

[1]) Daubenspeck Bergschaden S. 123.

b) Ähnliche Grundsätze gelten für die Schadensansprüche eines **Mieters** und **Pächters,** soweit sie überhaupt Schadensansprüche gegen den Bergwerksbesitzer haben (vergl. darüber S. 27 ff.). Nur sind hier regelmäßig der Kapitalabfindung die Jahre der Pacht- und Mietzeit zugrunde zu legen.

c) Ist eine **Wegegerechtigkeit** unmöglich geworden, so besteht der Schadensersatz entweder in dem Ersatze der Kosten, welche dem Berechtigten dadurch erwachsen, daß er sich einen Weg von gleicher Beschaffenheit anderweit hat beschaffen müssen, oder in dem kapitalisierten Wert derjenigen Kosten, (Versäumnisse, Erschwernisse, größere Wirtschaftskosten) welche dadurch entstehen, daß er statt des früheren Weges einen anderen unbequemeren Weg benutzen muß.[1])

H. Die Einreden des Beklagten.

Von den Einwendungen des Beklagten gegenüber der Bergschädenklage sind, da der Einwand aus § 150 Abs. 1, der Einwand der Verjährung sowie derjenige der drohenden Betriebseinstellung (vergl. über letzteren S. 193 ff. und 200) an anderer Stelle besonders behandelt werden müssen, hier nur die folgenden zu besprechen:

I. Das Vorbringen, daß der Schaden unter Mitwirkung anderer Umstände oder durch solche allein entstanden sei, ist nach den oben unter F entwickelten Grundsätzen des Kausalzusammenhanges und mit Rücksicht auf § 149 A.B.G. in seiner jetzigen Fassung und § 431 B.G.B. überhaupt nur in dem S. 133 behandelten Falle beachtlich und jedenfalls nur Bestreiten des Klagegrundes.

Der auf Wiederherstellung des früheren Zustandes gerichteten Klage können die oben (S. 146 ff.) wiedergegebenen Einreden entgegengestellt werden. Wahrer Einwand ist auch, wenn der auf Zahlung eines Kapitals für dauernde Schädigung gerichteten Klage entgegengesetzt wird, daß der Schaden nur ein temporärer sei. Auch hier genügt im einzelnen die Bezugnahme auf die Ausführungen S. 117.

[1]) Daubenspeck Bergschaden S. 123.

II. Der Einwand, daß der Kläger **auf Grund besonderen Rechtstitels,** z. B. eines zwischen ihm und dem Beklagten abgeschlossenen Vergleiches keine Ansprüche wegen Bergschäden erheben dürfe. Daß dieser Vergleich nicht demjenigen gegenübergesetzt werden kann, der durch Kauf, Übertrag u. dergl., also nicht auf Grund allgemeiner Rechtsnachfolge das Eigentum am Grundstück erworben hat, falls zu seiner Eigentumszeit neuer Schaden am Grundstücke eintritt, ist schon an anderer Stelle (S. 48ff.) erörtert. Besonderer Rechtstitel dem Kläger gegenüber lag aber in dem Falle des Erkenntnisses des R.G. vom 11./6. 02 (XLIV 145) vor. Dort erhob der Kläger, welcher vom Fiskus eine Domäne gepachtet hatte, gegen den Bergfiskus Schadensansprüche wegen Wasserentziehung durch den fiskalischen Bergbau, während der Beklagte einwandte, in dem mit dem Domänenfiskus abgeschlossenen Vertrage sei auf den Ersatz auch der Bergschäden verzichtet. Der Einwand wurde im Prinzip als begründet erachtet, aber bei der speziellen Lage des dortigen Falles mit Recht verworfen, weil in der Verpachtung eines Gutes in Pausch und Bogen und unter Ausschluß der Gewährleistung noch nicht der Verzicht auf den Ersatz von Bergschäden gefunden werden konnte. Wohl ist aber Verzicht auf den Entschädigungsanspruch angenommen in einem Falle, wo der Berechtigte zu einer Wegeservitut die Errichtung einer Schachtanlage auf dem Wege geduldet und dadurch die Servitut verwirkt hatte.[1]) Dies würde auch für heutiges Recht (Art. 189 Abs. 3 E.G. zum B.G.B.) soweit eine vor dem 1. Januar 1900 begründete, nicht eingetragene Servitut vorliegt, zutreffend sein.

III. **Compensatio lucri cum damno** kann wie für früheres Recht,[2]) so auch für jetziges Recht dem Bergschädenanspruch einwandweise entgegengestellt werden. Denn wenn auch das B.G.B. über diese Frage schweigt, so versteht es sich doch von selbst, daß wenn das schädigende Ereignis neben dem Schaden auch Gewinn gebracht hat,

---

[1]) R.G. 1./11. 90 XXXII 257.
[2]) Kipp-Windscheid II 51, Mommsen a. a. O. 191ff.

Schaden nur ist, was nach Abzug des Gewinnes übrig bleibt.[1])

Im einzelnen ist zu den Erfordernissen dieses Einwandes folgendes zu bemerken:

a) Es muß ein **Gewinn** vorliegen. Das ist nicht der Fall, wenn die Reparaturkosten eines durch Bergbau beschädigten Gebäudes sich infolge eines dem Kläger gegenüber dem Bauunternehmer erwachsenen Anspruches auf Konventionalstrafe verringern. Denn die letztere ist nichts anderes als die Schadloshaltung für eine anderweit dem Grundeigentümer durch einen Dritten zugefügte Schädigung.[2]) Der Bergwerksbesitzer kann also nicht verlangen, daß die von ihm zu ersetzenden Reparaturkosten um den Betrag der Konventionalstrafe gemindert werden.

b) Der Gewinn muß allein auf **demselben Ereignisse** beruhen, das auch den Nachteil herbeigeführt hat.[3]) Das liegt nicht vor, wenn der Kläger aus einem anderen Rechtsgrunde von einer dritten Person, welche nicht die Geschäfte des Bergwerksbesitzers besorgt, z. B. von einer Versicherungsgesellschaft, einem Überschwemmungsfonds teilweisen Ersatz erhält.[4]) Compensatio lucri cum damno ist auch nicht begründet, wenn dem Bergschaden gegenüber die Wertsvermehrung in Anrechnung gebracht werden soll, die durch die Anlegung eines Bergwerks erfahrungsmäßig die in der Umgegend belegenen Grundstücke erfahren. Es fehlt auch hier an der Identität des den Schaden und Vorteil erzeugenden Ereignisses. Der Vorteil ist durch die Anlegung des Bergwerks, der Schaden durch die spätere einzelne Betriebshandlung hervorgerufen.

Wohl aber liegt compensatio lucri cum damno vor, wenn einer Wiese, welche von Natur ganz oder teilweise sumpfig war, durch den Bergbau das Wasser entzogen und sie dadurch in

---

[1]) Kipp-Windscheid II S. 62; Dernburg II S. 74; Rehbein II S. 53; Cosack I S. 324; Crome II S. 77 ff.; Planck Anm. 3 zu § 252; Enneccerus-Lehmann I S. 410; Endemann I S. 559; a. M. anscheinend Kuhlenbeck Anm. 3 zu § 252 B.G.B.

[2]) R.G. 11./11. 91; Daubenspeck I 291.

[3]) Crome II S. 77; Endemann I S. 559; Enneccerus-Lehmann I S. 410.

[4]) R.G. 26./11. 87 XXX S. 100; Crome II S. 78.

gutes Ackerland verwandelt wird. Hier kann der Eigentümer nur die Differenz fordern, welche besteht zwischen dem Werte der schlechten Wiese und dem etwa niedrigeren des guten Ackerlandes. Dasselbe gilt, wenn ein Bergwerksbesitzer, der auf einem ihm gehörigen Grundstück einen Flutgraben angelegt hatte, denselben infolge der Schädigung durch den Bergbaubetrieb eines anderen Bergwerks verlegen muß, dadurch aber gleichzeitig die Möglichkeit erhält, den bis dahin unter dem Graben erhaltenen Sicherheitspfeiler überhaupt, oder doch früher wie sonst abbauen zu können.[1])

IV. Ein weiterer zulässiger Einwand ist der, daß der Schaden durch **eigenes Verschulden** des Beschädigten hervorgerufen sei (§ 255 B.G.B.).

1. Schon nach bisherigem Recht beseitigte oder beschränkte konkurrierendes Versehen des beschädigten Grundeigentümers die Schadenspflicht des Bergwerksbesitzers in allen drei Rechtsgebieten. Für das gemeine Recht galt der Satz des Pomponius: Quod quis ex culpa sua damnum sentit, non intelligitur damnum sentire.[2]) Darnach konnte dem Bergwerksbesitzer derjenige Schaden nicht in Anrechnung gebracht werden, welcher vom Grundeigentümer durch Anwendung der Sorgfalt eines bonus pater familias hätte vermieden werden können.[3]) Ähnliches galt auch für französisches Recht.[4]) Nach preußischem Recht war anzunehmen, daß mäßiges Versehen des Beschädigten die Schadenspflicht des Bergwerksbesitzers ausschloß.[5])

2. Für jetziges Recht ist § 254 B.G.B. sedes materiae, weil derselbe in allen Fällen Anwendung findet, in welchen ein Schaden zu ersetzen ist, speziell also auch dann, wenn, wie bei der Bergschädenklage, der Ersatzpflichtige ohne Rücksicht auf ein Verschulden haftet.[6]) Darnach ist es, falls

---

[1]) R.G. 14./10. 91 XXXIII 231.

[2]) L. 203 de R.J. Kipp-Windscheid II 57 Daubenspeck Haftpflicht S. 42, Mommsen a. a. O. S. 157.

[3]) Mommsen a. a. O., Daubenspeck Haftpflicht S. 43,

[4]) Daubenspeck Haftpflicht S. 44.

[5]) § 21 I 6 A.L.R., Daubenspeck Haftpflicht S. 44.

[6]) Planck Anm. 5 zu § 254 B.G.B., R.G. 5./5. 02 Entsch. Bd. 51 S. 275, R.G. 24./11. 02 Entsch. Bd. 53 S. 75ff., Neumann Anm. 1 zu § 254, Rehbein

bei der Entstehung eines Schadens ein Verschulden des Beschädigten mitgewirkt hat, Sache der freien richterlichen Entscheidung, den Ersatzanspruch des Beschädigten ganz oder teilweise abzuweisen. Bei dieser Entscheidung ist zwar hauptsächlich zu berücksichtigen, in welchem Umfange der Schaden von dem einen oder anderen Teile verursacht ist.[1]) Daneben sind aber die besonderen Umstände des einzelnen Falles in Rücksicht zu ziehen, insbesondere also auch das größere oder geringere Verschulden des Beschädigten.[2]) Als besondere Spezialfälle konkurrierenden Verschuldens führt der § 254 im Abs. 2 namentlich auf, wenn der Beschädigte es unterlassen hat, den Schuldner auf die Gefahr eines ungewöhnlich hohen Schadens aufmerksam zu machen, den der Schuldner weder kannte noch kennen mußte, und ferner **wenn er es unterlassen hat, den Schaden abzuwenden oder zu mindern.** Maßgebend ist für diese letztere Festsetzung der Grundsatz von Treu und Glauben gewesen. Gegen letzteren Grundsatz verstößt es, wenn der Beschädigte nicht diejenige Sorgfalt anwendet, welche nach der Auffassung des Lebens ein ordentlicher Mann anzuwenden hat, um Schaden von sich abzuwenden.[3]) Im übrigen wird in den Fällen des § 254 B.G.B. vom Gesetz nur erfordert, daß das Verschulden des Beschädigten bei der Schadenszufügung mitgewirkt hat. Über das **zeitliche Verhältnis** zwischen der beschädigenden Handlung und dem Verschulden des Beschädigten ist im Gesetz nichts gesagt, letzteres kann demselben also zeitlich sowohl vorgehen wie nachfolgen.[4]) Hervorzuheben ist ferner, daß § 254 B.G.B. dort nicht zutrifft, wo eine Schadenspflicht des Schuldners überhaupt aus dem Grunde nicht besteht, weil das Verschulden des Beschädigten

---

II S. 61, Crome I S. 494, Endemann I S. 595, R.G. 12./3. 03 u. 10./3. 03, Jur. Wochenschrift S. 66 u. 67 der Beilage.

[1]) R.G. 14./2. 03 Entsch. Bd. 54 S. 14, Neumann I Anm. 1 zu § 254 B.G.B., Crome I S. 495.

[2]) Planck Anm. 1 zu § 254, Oertmann Anm. 1 dazu, Rehbein II 61 ff., Kuhlenbeck Anm. 1 dazu, Kipp-Windscheid II 62.

[3]) Oertmann Anm. 1b Planck Anm. 2 dazu, Kipp-Windscheid II 62, Endemann I S. 598 Anm. 12, R.G. 10./3. 03. Jur. Wochenschrift S. 67, R.G. 24./10. 02 Entsch. Bd. 52 S. 351, Kuhlenbeck Anm. 1 zu § 254 Rehbein II 62 ff.

[4]) Oertmann Anm. 6 zu § 254 B.G.B. Endemann I S. 596.

derart überwiegt, daß der Kausalzusammenhang zwischen der schädigenden Handlung des Schuldners und den eingetretenen Schäden vollständig aufgehoben ist,[1]) z. B. wenn der Grundeigentümer absichtlich die bauliche Konstruktion seines Hauses so gelockert hat, daß der Bergbau, der sonst nicht geschädigt haben würde, das Haus zum Zusammensturz bringt.

Im einzelnen ist bezüglich der konkurrierenden Versehen des Beschädigten aus § 254 B.G.B. noch folgendes zu bemerken:

a) Der erste Spezialfall des § 254 Abs. 2 B.G.B. wird für den Bergschaden kaum praktisch werden können, weil regelmäßig bei Anlage besonderer kostspieliger Unternehmungen, großer Fabriken, Eisenbahnen oder dergl. dem Bergwerkseigentümer die Höhe der ihm drohenden Entschädigungssumme bekannt ist oder bei gesetzmäßiger Sorgfalt nicht unbekannt bleiben konnte. Andererseits wird auch in solchen Fällen eine Schadenspflicht des Bergwerksbesitzers mit Rücksicht auf § 150 Abs. 1 A.B.G. soweit nicht die in den §§ 155ff. A.B.G. benannten öffentlichen Verkehrsanstalten in Frage stehen, vielfach ausgeschlossen sein.

b) Dagegen hat der zweite Fall des § 254 Abs. 2 eine besondere praktische Bedeutung für den Bergschadensanspruch. M. D. ging es allerdings schon für das bisherige Recht zu weit, wenn man generell dem Grundeigentümer die Verpflichtung auferlegen wollte, soweit seine Kräfte und seine Vermögenslage ausreichten, die durch den Bergbau entstandenen Schäden zu beseitigen, damit ihm daraus nicht noch größerer Nachteil erwachse.[2]) Schon für bisheriges Recht stand dem entgegen, daß die Unterlassung solcher Reparaturen nicht ohne weiteres als Verschulden des Grundeigentümers sich darstellte.

Der Grundeigentümer kann auch als vorsichtiger und billig denkender Mann Veranlassung haben, von der Vornahme derartiger Reparaturen Abstand zu nehmen. Man

---

[1]) Planck Anm. 1 zu § 254, Rehbein II 63.
[2]) So anscheinend Daubenspeck Haftpflicht S. 45.

wird ihm sogar regelmäßig, wenn er seinen Schaden alsbald zur Einklagung bringt, ein Versehen aus der Unterlassung von Reparaturen nicht machen können, wenn diese Unterlassung vernünftigerweise deshalb unterbleibt, um dem Gerichte und dem von diesem zuzuziehenden Sachverständigen die Beweisaufnahme bezüglich der Festsetzung des verbleibenden Minderwertes des beschädigten Grundstücks oder Hauses zu sichern. Denn erfahrungsmäßig ist es schwierig, diesen Minderwert festzustellen, wenn die vorhandenen Risse und Schäden bereits beseitigt sind. Man kann es demgegenüber dem Grundeigentümer nicht als Versehen anrechnen, wenn er seine Beweislage durch eine solche Veränderung des infolge der Beschädigung eingetretenen Zustandes nicht verschlechtern will. Auch der Hinweis auf die Möglichkeit einer Sicherung des Beweises gemäß §§ 485ff. C.P.O. steht dem nicht entgegen, weil der Grundeigentümer niemals wissen kann, ob der schließlich in tatsächlicher Beziehung entscheidende Richter zweiter Instanz sich mit dem Gutachten derjenigen Persönlichkeit begnügen wird, welche in dem Verfahren zur Sicherung des Beweises vernommen ist. Der Grundeigentümer hat deshalb regelmäßig ein um so größeres Interesse daran, den tatsächlichen Zustand, wie er zur Klage Veranlassung gibt, bis zur Beweisaufnahme in zweiter Instanz unverändert zu halten, als erfahrungsmäßig die Gutachten der Sachverständigen häufig von einander divergieren.

Galt dies alles schon für das bisherige Recht, so muß man umsomehr dasselbe für das heutige Recht annehmen, das als gesetzgeberische Grundlage des § 254 Abs. 2 B.G.B. die Durchführung des Grundsatzes von Treu und Glauben im Verkehr ansieht. Nicht schon dort, wo die Nichtvornahme der Reparaturen oder sonstiger Maßregeln den entstandenen Schaden vergrößert hat, sondern nur in solchen Fällen, wo diese Nichtvornahme gleichzeitig sich als Verstoß wider die Redlichkeit im Verkehr, gegen den jedenfalls analog anzuwendenden § 242 B.G.B.[1]) darstellt, trifft deshalb § 254 B.G.B. zu.

---

[1]) Endemann I S. 598, Crome I S. 496.

In der bloßen Nichtvornahme von Reparaturen an einem beschädigten Hause, der Nichtverwendung von künstlichem Dünger auf einem in seinem Ertrage geschmälerten Acker oder Wiesengrundstück, in der Nichtvorrichtung von Entwässerungsanlagen bei einem durch den Bergbau versumpften oder der Nichteinrichtung von Bewässerungsanlagen bei einem abgetrockneten Grundstücke wird man deshalb ein Verschulden des Grundeigentümers, welches die Anwendung des § 254 B.G.B. Abs. 2 rechtfertigt, nicht ohne weiteres finden können. Ob die Unterlassung der Bewirtschaftung eines Ackerstückes, auf dem sich ein gefahrdrohender Tagesbruch gebildet hat, berechtigt, dem Kläger den Ersatz der entzogenen Nutzung zu versagen, muß ebenfalls nach Lage des einzelnen Falles beurteilt werden. Die Tatsache allein, daß ein vorliegendes bergbauliches Gutachten die Vornahme der Bestellung für ungefährlich erklärt, kann nicht entscheiden, da solche Gutachten einen Anspruch auf absolute Gewißheit nicht erheben können, deshalb niemandem ein Vorwurf daraus gemacht werden kann, wenn er sich der Gefahr, daß das bergtechnische Gutachten unrichtig sein möchte und er dadurch Leben und Gesundheit riskiere, nicht aussetzen will. Die Nichtgefährlichkeit der Bestellung muß jedenfalls mit einem besonders hohen Grade von Wahrscheinlichkeit dargetan werden, wenn man aus der Nichtbestellung ein Verschulden des Grundeigentümers im Sinne des § 254 B.G.B. herleiten will.[1]) Wohl aber trifft § 254 B.G.B. zu, wenn der Grundeigentümer ein durch den Bergbau beschädigtes Grundstück auch in bisheriger Weise, ohne Anwendung besonderer Mittel und Vorkehrungen, nicht mehr bestellt, obwohl durch diese Bestellung noch ein gewisser Ertrag hätte erzielt werden können oder wenn er z. B. einen Teich mit Fischen besetzt, obwohl er weiß oder bei ordnungsmäßiger Aufmerksamkeit wissen muß, daß dieselben infolge der Schädlichkeit der Grubenwasser zugrunde gehen müssen.[2]) Ebenso ist mit Recht in einem Falle, wo der Beklagte sich erboten hatte, die sämtlichen, vom späteren Experten als ausreichend festgestellten Repa-

---

[1]) A.M. anscheinend R.G. 12./11. 86 XXVIII 510.
[2]) Daubenspeck Haftpflicht S. 44.

raturen vornehmen zu lassen, der Kläger dies abgelehnt, selbst auch keine Reparaturen vorgenommen hatte, das Haus darauf polizeilich geschlossen und infolgedessen und der mangelnden Aufsicht ganz wertlos geworden war, der Beklagte nur zum Ersatz der Reparaturen, die er ohnehin vornehmen wollte, verurteilt, der Antrag des Klägers auf Ersatz des weiter entstandenen Schadens, weil durch Versehen des Beschädigten selbst verursacht, aber abgelehnt worden.

Konkurrierendes Verschulden liegt unbedenklich auch dann vor, wenn der Grundeigentümer, der auf Grund eines Urteils des Beklagten die Zahlung der zur Verankerung des Hauses erforderlichen Kosten herbeigeführt hat, dieselbe unterläßt, trotzdem aber Ersatz für Schäden verlangt, die nicht eingetreten wären, wenn er die Verankerung vorgenommen hätte.[1]) Auch ist dann konkurrierendes Verschulden des Grundeigentümers begründet, wenn der Beklagte vor Klagezustellung sich zur Vornahme der spezialisiert angegebenen Reparaturen erboten und überdies auch Minderwert in quanto offeriert hat und beide, vom Grundeigentümer abgelehnten Anerbietungen demnächst im Prozeß als zur Beseitigung des Schadens ausreichend, festgestellt worden sind. Mit Recht ist daher in diesem Falle von dem Tage ab, wo die darnach angemessen angebotene Reparatur vom Bergwerkseigentümer vollendet gewesen sein würde, eine weitere Mietsentschädigung versagt worden.[2]) Andererseits ist aber ebenso zutreffend das Vorhandensein eines konkurrierenden Versehens abgelehnt und deshalb auch der infolge der Unterlassung der Reparaturen eingetretene Mehrschaden zugesprochen worden, wo die Reparaturen vom Bergwerksbesitzer nicht spezialisiert angeboten waren, außerdem aber auch nicht erhellte, ob der Beklagte sie sofort zur Durchführung gebracht haben würde.[3]) Mit noch größerem Recht ist konkurrierendes Verschulden dort nicht angenommen, wo eine vom Grundeigentümer etwa selbst vorzunehmende Reparatur keinen dauernden

---

1) O.L.G. Hamm 18./4. 02 XLIII 509.
2) O.L.G. Köln 21./10. 82 u. 17./3. 83 XXV 382 ff.
3) R.G. 20./2. 84 XXV 399.

Erfolg gehabt haben würde,[1]) da dem Grundeigentümer nicht zugemutet werden kann, Reparaturarbeiten vorzunehmen, von denen er nicht weiß, ob sie ihm auch vom Beklagten vergütet werden müssen, er vielmehr die Ablehnung der Erstattung zu befürchten hat, weil die Reparatur sich als zwecklos und deshalb nicht im Nutzen des Bergwerkseigentümers verwendet herausstellt.

c) Einen Fall konkurrierenden Verschuldens des Grundeigentümers bildet auch **der Fall des § 150 Abs. 1**, der dort zu diesem Paragraphen näher zu erläutern ist.

d) Hervorzuheben ist weiter, daß nach positiver Vorschrift des Gesetzes **nicht bloß das persönliche Verschulden** des Grundeigentümers die Anwendung des § 254 B.G.B. rechtfertigt, **sondern auch das seines gesetzlichen Vertreters und seines Gehülfen.**[2]) Also auch Unterlassung von Reparaturen seitens eines Verwalters, Rentmeisters, Fabrikdirektors, Eisenbahnbaubeamten muß der Grundeigentümer im Sinne des § 254 B.G.B. wie eigenes Verschulden gegen sich gelten lassen.

e) Nach Inhalt des § 254 B.G.B. **beseitigt konkurrierendes Versehen des Beschädigten den Schadensanspruch entweder ganz oder teilweise.**[3]) Ob und in welchem Umfange ist zwar Sache der freien richterlichen Entscheidung. Regelmäßig wird der Richter aber wohl an die oben (S. 183) entwickelten Grundsätze anzuknüpfen haben und den Schadensanspruch, sofern nicht ein direkt doloses Verhalten des Grundeigentümers vorliegt, welches eine schärfere Abweisung seines Schadensanspruches rechtfertigt, nur soweit abzulehnen haben, als in dem Falle, wo das Versehen eines Dritten konkurriert, die Ausgleichungspflicht desselben dem Bergwerksbesitzer gegenüber reicht.

f) Daß **konkurrierendes Versehen eines Dritten** abgesehen von den Fällen sub d **nicht** unter § 254 fällt, ergibt sich aus seinem Wortlaut.[4]) Bezüglich eines solchen ist

---

[1]) R.G. 19./1. 98 XXXIX 241.

[2]) § 278 B.G.B. Oertmann Anm. 1b) zu § 254, Planck Anm. 4 dazu Rehbein II 62, Kuhlenbeck Anm. 3 dazu.

[3]) Rehbein II 62, Oertmann Anm. 9 zu § 254, Planck Anm. 1 dazu.

[4]) Rehbein II S. 65.

lediglich die Frage des Kausalzusammenhangs entscheidend und das hierbei in Betracht Kommende deshalb dort (S. 127 ff.) bereits erörtert.

V. **Ersitzung** konnte nach bisherigem Recht namentlich in Frage kommen bei der Zuleitung schädlicher Grubenwasser.[1]) Dieselbe unterlag den allgemeinen Vorschriften, erforderte also für Preußisches Recht gemäß § 666 I 9 A.L.R. den Nachweis des gleichförmigen Besitzstandes während der Ersitzungszeit, speziell demnach den Nachweis, daß die Abwasser während der gesetzlichen Zeit in wesentlich derselben schädlichen Menge und Beschaffenheit dem Flusse zugeführt seien.[2]) Die Ersitzungszeit betrug bei nicht tituliertem Besitz regelmäßig 30 Jahre,[3]) verlangte aber dreimalige Ausübung während eines 40jährigen Zeitraums, wenn die Zuführung der Grubenwasser in schädlicher Beschaffenheit nur bei periodisch wiederkehrenden Gelegenheiten stattfand.[4]) Nach B.G.B. ist dieser Einwand, soweit die Ersitzung nicht bereits am 1./1. 00 vollendet war, jedenfalls dort ausgeschlossen, wo es sich um eine direkte Zuleitung von Grubenwasser auf das Grundstück des Klägers handelt. Es würde dann der Erwerb einer beschränkten persönlichen Dienstbarkeit zu Gunsten des Bergwerksbesitzers gegenüber dem Grundeigentümer in Frage stehen, die, wie die Ersitzung jeden anderen dinglichen Rechtes an einem Grundstück, nach B.G.B. ausgeschlossen ist.[5]) Dasselbe wird aber auch für die Einführung von Grubenwassern in einen Privatfluß gelten müssen trotz Art. 65 E.G, zum B.G.B., da die Ersitzung des Rechtes zur Einführung schädlicher Grubenwasser nicht einen Teil der wasserrechtlichen Spezialgesetzgebung bilden dürfte.[6]) Andererseits gehören Privatflüsse auch nicht zu den buchungsfreien Grundstücken, so

---

[1]) R.G. 16./11. 96 XXXVIII S. 233, 9./10. 82 XXIV S. 501; vergl. außerdem für gemeines Recht Celle 31./3. 83 XXVI S. 510 u. für französisches Recht R.G. 4./7. 93 XXXV S. 232, soweit dieselbe überhaupt unter § 148 A.B.G. fällt. (Vergl. darüber S. 226.)

[2]) R.G. 16./11. 96 XXXVIII 236.

[3]) § 625 I 9 A.L.R., R.G. 16./11. 96 a. a. O.

[4]) R.G. 9./10. 82 XXIV 501.

[5]) Leske I 374, Planck III 123, Turnau-Foerster I 260.

[6]) Niedner Anm. 1 u. 2 zu Art. 4, Planck desgl., Stranz-Gerhard S. 24 u. 25; vergl. auch Habich S. 426 Anm. 3.

daß also auch nicht etwa unter diesem Gesichtspunkte eine Ersitzung nach den Grundsätzen des bisherigen Rechtes begründet werden kann.[1]) Dagegen dürfte eine Ersitzung des Rechtes der Zuleitung in öffentliche Ströme auch nach dem 1. Januar 1900 noch vollendet werden können.

VI. Der Einwand, daß der Kläger, welcher volle Entwertung des Grundstückes behauptet und dafür Entschädigung fordert, **nur gegen Auflassung des beschädigten Grundstücks** diese volle Entschädigung beanspruchen könne, ist abzuweisen.[2]) Insbesondere enthält § 137 Abs. 2 A.B.G. nicht den Ausfluß eines allgemeinen Rechtsgrundsatzes, etwa dahin, daß der Grundbesitzer im Falle vollständiger Entwertung und dadurch bewirkter, wenigstens tatsächlicher dauernder Entziehung des Grundstücks vom Bergwerksbesitzer die Abtretung des Eigentums des Grundstücks an letzteren verlangen könne oder gar wider seinen Willen erdulden müsse. Das Gegenteil ergibt sich aus der gesetzgeberischen Begründung des § 137 Abs. 2 (VI 165), die keinen Zweifel darüber läßt, daß dieser Paragraph lediglich einen singulären Rechtssatz auch im Rahmen des Bergrechtes selbst darstellt. Es ist dort ausgeführt, „daß es sich nicht rechtfertigen lasse, den Grundeigentümer durch Entziehung seines Eigentums noch weiter als notwendig zu beschränken. Dagegen entspreche es der Billigkeit, dem Grundstückseigentümer die Befugnis einzuräumen, in gewissen Fällen die Erwerbung des Eigentums seines Grundstücks von dem Bergwerksbesitzer zu verlangen". Aus dieser Begründung ergibt sich, daß dem § 137 Abs. 2 A.B.G. keine über seinen Wortlaut hinausgehende Bedeutung beiwohnt, daß vielmehr nur in dem Falle der §§ 137 Abs. 2 u. 138 A.B.G., nur dort, wo der Bergwerksbesitzer die Einräumung der Benutzung des Grundstücks in dem durch die § 142 ff. A.B.G. geregelten Verfahren gefordert hat, die Abtretung des Eigentums von dem Grundstückseigentümer gegenüber dem Bergwerksbesitzer be-

---

[1]) Art. 186, 189, E.G. zum B.G.B., § 90 R.Gr.B.O. Art. 1 der preuß. Verordnung vom 13. November 1899, Planck Anm. 13 zu Art. 189, Anm. 3 zu Art. 186 E.G. zum B.G.B.; Turnau-Foerster II 332, 348.

[2]) a. M. Hamm 26./5. 76 XIX 61.

anspruchtund noch weniger jemals vom Bergwerksbesitzer gefordert werden darf, daß vielmehr, so lange das in den §§ 142 ff. A.B.G. vorgesehene Verfahren nicht eingeleitet ist, der Grundstückseigentümer lediglich auf die Klage aus § 148 A.B.G. und eventuell auf eine solche aus dem allgemeinen Civilrecht angewiesen ist, daß demgegenüber auch der Bergwerkseigentümer nur diejenigen Einreden erheben kann, die ihm nach den §§ 148 ff. A.B.G. und dem allgemeinen Civilrecht zustehen. Aus letzterem läßt sich aber der Anspruch, die Abtretung des durch den Schädiger beschädigten Gegenstandes fordern zu dürfen, auch dann nicht rechtfertigen, wenn für die Beschädigung des Grundstücks der volle Wert desselben bereits geleistet ist. Der Grundeigentümer hat sich allerdings auf Kosten des Bergwerkseigentümers rechtlos bereichert, wenn er einerseits das Grundstück, welches zurzeit immerhin einen Wert dadurch hat, daß es in Zukunft möglicherweise wieder benutzungsfähig wird oder in anderer Beziehung, z. B. als Lagerbauplatz auch zurzeit einen, wenngleich geringfügigen Nutzen abwerfen kann, noch eigentümlich besitzt, andererseits aber eine Entschädigung erhalten hat, als wenn das Grundstück überhaupt ganz aus seinem Vermögen ausgeschieden wäre. Die ungerechtfertigte Bereicherung besteht aber dann nicht in dem Besitze des Grundstücks, welches der Grundstücksbesitzer doch nicht im Sinne des § 812 B.G.B. erst auf Kosten des Bergwerksbesitzers „erlangt“ hat, sondern in dem etwaigen Zuviel der empfangenen Entschädigung. Der Bergwerksbesitzer würde also höchstens nach §§ 813, 814 B.G.B. diesen Mehrbetrag, nicht aber das Grundstück herausverlangen können[1]) und auch diesen ersteren nur, soweit nicht andere Einwände, z. B. der der rechtskräftig entschiedenen Sache, dem Rückforderungsanspruch entgegenstehen.

[1]) O.Tr. 27./11. 76 XIX 65, R.G. 18./3. 82 XXIV 98.

J. Klagenkonkurrenz, negatorische Klage und Deliktsklage.

I. Allgemeines.

Wegen der Beschädigung des Grundeigentums durch den Bergbau stehen dem Grundeigentümer auch noch sonstige Klagen zu. Neben der Klage aus § 148 A.B.G. kommt namentlich die actio negatoria des § 1004 B.G.B. und die Deliktsklage des § 823 B.G.B. in Betracht. Eine Bestimmung, daß wegen Bergschäden nur die Klage aus § 148 gegeben sei, ist im Berggesetze jedenfalls nicht vorgesehen, auch aus der Begründung desselben und den Verhandlungen der gesetzgebenden Klägerschaften (VI S. 170 ff. S. 338 ff.) nicht zu entnehmen.[1]) Es würden also bezüglich derjenigen Fragen, welche die sog. **Klagekonkurrenz** betreffen, auch für den Bergschädenanspruch an sich die allgemeinen zivilrechtlichen Vorschriften Anwendung finden müssen. Das B.G.B. enthält aber derartige Bestimmungen nicht,[2]) dasselbe hat vielmehr es nicht für „empfehlenswert gehalten, die Klagenkonkurrenz zum Gegenstande gesetzlicher Bestimmungen zu machen", zumal sich „eine zweifelsfreie Fassung des maßgebenden Grundsatzes überhaupt nicht wohl finden lasse". Die Frage der Klagenkonkurrenz richtet sich deshalb auch heute nach den allgemeinen Grundsätzen der Wissenschaft. Nach denselben muß man aber annehmen, daß dem Berechtigten an sich die freie Wahl zusteht, zwischen den mehreren ihm zustehenden Klagerechten, daß er auch von den mehreren Klagerechten so lange nebeneinander und nacheinander Gebrauch machen kann, bis der den mehreren Klagen zugrunde liegende, identische Zweck erreicht ist, insbesondere daß also auch nach heutigem Recht die Erhebung der einen Klage die andere nicht materiell rechtlich zerstört.[3])

---

[1]) a. M. anscheinend O.Tr. 30./11. 72 XIV S. 255.

[2]) Mugdan I 506.

[3]) Foerster-Eccius Pr.Pr. I 266, Kipp-Windscheid I 530 u. 531, Neumann I S. 513 unter F, Enneccerus-Lehmann I S. 837.

II. Die negatorische Klage.

Aus dem zu I. Gesagten würde an und für sich für die Bergschädenklage zu folgern sein, daß der Grundeigentümer nunmehr gemäß **§ 1004 B.G.B.** auch auf „Beseitigung und Unterlassung der Beeinträchtigung" des ihn schädigenden Bergbaubetriebes klagen könnte.

1. Durch das A.B.G. ist aber die **Zulässigkeit der negatorischen Klage dahin beschränkt,** daß, soweit der unterirdische Bergwerksbetrieb oder der Tagesbau im engeren Sinne, die auf die Entnahme des Minerals selbst unmittelbar gerichtete Tätigkeit reicht (vergl. darüber oben S. 87ff.), der Bergwerksbesitzer regelmäßig überhaupt nicht durch kollidierende Ansprüche des Grundstückseigentümers gestört werden darf. Innerhalb des vorbegrenzten Gebietes ist vielmehr der Bergwerksbesitzer durch die stattgehabte Verleihung des Bergwerkseigentums dergestalt geschützt, daß der Grundeigentümer die Unterlassung einer Betriebshandlung mittels einer privatrechtlichen Klage zu beanspruchen nicht berechtigt ist, die Betriebshandlung vielmehr, auch wenn sie ihm schädlich ist und wird, dulden muß und auf den Schadensanspruch gegen den Bergwerksbesitzer beschränkt ist.[1])

Die vorstehend wiedergegebene Rechtslage ergibt sich aus den Bestimmungen der §§ 54, 135ff., 148ff., 153ff. und 196 A.B.G. Durch § 54 ist dem Bergwerkseigentümer vermöge der Verleihung „die ausschließliche Befugnis beigelegt, nach den Bestimmungen des gegenwärtigen Gesetzes das in der Verleihungsurkunde benannte Mineral in seinem Felde aufzusuchen und zu gewinnen, *sowie alle hierzu erforderlichen Vorkehrungen unter und über Tage zu treffen*". Würde man auch nach Inhalt dieses Paragraphen zweifelhaft sein können, ob damit der Bergwerksbesitzer *ohne weiteres* für befugt erklärt ist, bei Kollisionen mit dem Grundeigentum in dasselbe schädlich eingreifen zu dürfen, so werden solche Zweifel doch durch §§ 135 ff. einerseits und §§ 153ff. andererseits beseitigt. Aus den ersteren

---

[1]) R.G. 27./6. 01 XLIII S. 226; vergl. auch Wolff XXX S. 318.

Paragraphen erhellt zunächst, daß der Bergwerksbesitzer kraft seines Bergwerkseigentums und auf Grund des § 54 nicht befugt ist, die Tagesoberfläche auch nur für den Betrieb des Bergbaues im engeren Sinne in „Benutzung“ zu nehmen, d. h. eine unmittelbare, dauernde tatsächliche Herrschaft über fremde Grundstücke auszuüben. Andererseits ergeben die positiven Bestimmungen der §§ 153 ff., daß dort, wo öffentliche Verkehrsanstalten mit dem Bergbau kollidieren, der letztere zu weichen hat, der „Bergbautreibende“ eine Einschränkung seines Bergwerksbetriebes auch in dem oben (S. 87 ff.) näher erörterten Sinne erdulden, ihm an sich kraft seines Bergwerkseigentums gemäß dem § 54 zustehende Betriebshandlungen unterlassen muß, wo dieselben den im § 153 aufgeführten Verkehrsmitteln schädlich zu werden drohen.[1]) Wenn sonach das den wesentlichsten Bestandteil des Bergwerkseigentums gemäß § 54 A.B.G. bildende Recht, alle Vorkehrungen zur Gewinnung des Minerals unter und über Tage treffen zu dürfen, durch diese beiden Bestimmungen eine Einschränkung dahin erfahren hat, daß die in diesen Paragraphen behandelten Betriebshandlungen vom Bergwerksbesitzer nicht vorgenommen werden dürfen, so ergibt sich aus demselben doch andererseits arg. e contrario deutlich, daß in allen übrigen Fällen der Bergwerksbesitzer in seinem Betriebe in dem Sinne der §§ 148, 153 A.B.G. durch die entgegenstehenden Interessen des Grundbesitzers nicht behindert ist, mit anderen Worten, daß er, abgesehen von den Fällen der §§ 135 ff. u. 153 ff. A.B.G. **zu allen „Betriebs“-Handlungen berechtigt ist, wenn dieselben auch den Grundbesitz schädigen werden oder schon geschädigt haben**, und daß in allen diesen Fällen der Grundbesitzer lediglich auf die Geltendmachung seiner Schadensansprüche aus § 148 A.B.G. beschränkt ist. Einen besonders prägnanten Ausdruck dieses Rechtsgrundsatzes, daß der Bergwerkseigentümer durch seine Betriebshandlungen regelmäßig das Grundeigentum beschädigen darf, der Grundeigentümer keinen Anspruch auf Nichtbeschädigung

[1]) Fürst-Klostermann S. 478 ff., R.G. 11./11. 91 XXXIII S. 233 ff.

durch Handlungen des Betriebes im Sinne des § 148 A.B.G. hat, bietet auch die sonst unverständliche Bestimmung des § 150 Abs. 1 A.B.G., wonach der Grundeigentümer geradezu als fahrlässig handelnd erachtet wird, wenn er unter den dort angegebenen Voraussetzungen baut, obwohl er durch den Bau doch nur ein ihm kraft seines Eigentums an sich zweifellos zustehendes Recht ausübt.[1])

Dem erweiterten Rechtsschutz des § 148 A.B.G. steht somit der Ausschluß des negatorischen Anspruches für den Umfang der dem § 148 A.B.G. unterliegenden Betriebshandlungen korrespondierend gegenüber. Es kann deshalb seitens des Grundeigentümers regelmäßig ebensowenig darauf geklagt werden, daß der Bergwerksbesitzer den Abbau eines gewissen Feldesteils unterlasse, obwohl feststeht, daß er dadurch ein Haus zerstören wird, wie darauf, daß im gleichen Falle der Bergwerksbesitzer nur mit Bergeversatz baue.[2])

2. Die Befugnis des Bergwerksbesitzers zur Vornahme sämtlicher Betriebshandlungen im Sinne des § 148 A.B.G. hat indes, wie aus den vorstehenden Ausführungen bereits erhellt, im Gesetze **nach verschiedenen Richtungen hin eine Beschränkung** erfahren.

a) Der Bergwerksbesitzer ist zunächst ohne vorangegangene Enteignung nicht berechtigt, für Zwecke des Betriebes fremde Grundstücke zu „**benutzen**".[3]) Es ergibt sich dies klar aus §§ 135 ff. A.B.G. Denn wenn nach dem Inhalte dieser Paragraphen es erst der Enteignung bedarf, um dem Bergwerkseigentümer das Recht der Benutzung eines fremden Grundstücks zu geben, so folgt daraus, daß er, solange diese Enteignung nicht stattgefunden hat, zu der „Benutzung" nicht berechtigt ist, somit rechtswidrig handelt, wenn er vor diesem

---

[1]) Oppenhoff Anm. 846, Brassert S. 396, Daubenspeck, Haftpflicht S. 52, Bergschaden S. 103 ff., Strohn VII S. 111, Fürst-Klostermann S. 456, O.Tr. 30./11. 72 XIV S. 255, desgl. 20./5. 69 XI S. 303 ff., R.G. 11./11. 91 XXXIII S. 237, O.L.G. Köln 19./5. 96 XXXVII S. 359 ff.

[2]) O.-Tr. 30./11. 72 XIV 255, 21./5. 69 XI S. 303 ff.: ebenso, indes mit der Begründung, daß Benutzung eines Grundstücks vorliege, R.G. 3./4. 89 Daubenspeck I S. 170 ff.

[3]) Fürst-Klostermann S. 148.

Zeitpunkt ein fremdes Grundstück „benutzt“.[1]) Dasselbe ist auch für Sächsisches Bergrecht anerkannt.[2])

Soweit eine solche „Benutzung“ vor Durchführung des in den §§ 135 ff. A.B.G. vorgesehenen Verfahrens stattfindet, ist deshalb der Grundeigentümer zur Erhebung der negatorischen Klage berechtigt. Dabei ist nach Lage des einzelnen Falles zu entscheiden, ob eine „Benutzung“ des Grundstücks vorliegt. Man wird darunter jedenfalls nur eine wirkliche, bewußte und gewollte, dauernde oder vorübergehende, gänzliche oder teilweise Ergreifung des tatsächlichen Besitzes am Grundstücke verstehen können. Die Anlegung einer Eisenbahn auf einem Grundstücke gehört unbedenklich dazu. Gleiches ist anzunehmen, wenn beim Braunkohlenbergbau ein planmäßiges Zubruchebauen der Erdoberfläche stattfindet, d. h. wenn das Zubruchebauen der Erdoberfläche nicht lediglich als eine, wenngleich vorauszusehende Folge des unterirdischen Abbaues, sondern als Mittel zum Zweck, nämlich zu dem des weiteren Betriebes dient und als solches planmäßig herbeigeführt wird und planmäßig herbeigeführt werden muß, um das nebenanstehende Mineral gewinnen zu können.[3]) Ob auch in der Ableitung von Grubenwassern auf ein fremdes Grundstück, z. B. in einen Flößgraben oder in einen Privatfluß eine Benutzung des fremden Grundstücks oder des Privatflusses gefunden und deshalb Einstellung der Zuleitung verlangt werden kann, ist nach Lage des einzelnen Falles zu prüfen und dürfte dort, wo eine Ableitung schädlicher Grubenwasser für eine längere Zeitdauer beabsichtigt ist, zu bejahen sein.[4]) Man wird deshalb annehmen dürfen, daß der Grundeigentümer gegen die Zuführung von Grubenwassern, auch wenn sie unter § 148 A.B.G. fällt (vergl. S. 92 ff.), regelmäßig negatorisch wird klagen können. Ob der Bergwerksbesitzer sich gegen eine solche Klage durch den Einwand schützen kann, daß sein Betrieb durch die Untersagung der Wasser-

---

[1]) Vergl. auch R.G. 3./4. 89 bei Daubenspeck I S. 170 ff.

[2]) Vergl. O.L.G. Dresden 29./10. 92 XXXIV S. 379.

[3]) R.G. 7./11. 85 XXVII 215, 4./5. 87 XXVIII 390, 27./10. 88 XXXI 249, 18./11. 93 XXXV S. 365.

[4]) R.G. 3./4. 89, Daubenspeck I S. 170 ff., Klostermann-Fürst S. 457; a. M. O.Tr. 30./11. 72 XIV S. 255, 21./5. 69 XI S. 303 ff.

ableitung unmöglich gemacht werde, ist weiter unten S. 200 zu erörtern.

b) Der Bergwerksbesitzer muß ferner, wie gleichfalls schon berührt, **alle Betriebshandlungen unterlassen, welche ihm von der Bergbehörde aus bergpolizeilichen Gründen, insbesondere auch zum Zwecke des Schutzes der Oberfläche** im Interesse der persönlichen Sicherheit und des öffentlichen Verkehrs,[1]) sowie des Schutzes gegen gemeingefährliche Einwirkungen des Bergbaues[2]) untersagt werden. Sobald diese Untersagung seitens der Bergbehörde erfolgt ist, handelt der Bergwerksbesitzer rechtswidrig, wenn er ihr zuwider Betriebshandlungen vornimmt. In diesem Falle, aber auch nur in demselben, steht dem Grundeigentümer gegen solche Betriebshandlungen die negatorische Klage zu, daneben, soweit die §§ 198ff. A.B.G. vorliegen, auch der Anspruch auf bergpolizeilichen Schutz. Jedenfalls ist die Untersagung von Vorkehrungen und Anlagen, soweit eine Handlung in Frage steht, die in den Bereich des Bergwerksbetriebes im Sinne des § 148 A.B.G. (vergl. darüber S. 87ff.) fällt, **lediglich Sache der Bergbehörde,** nicht auch des Gerichts. Es folgt dies m. D. einmal aus §§ 54, 196 A.B.G., wonach der Bergwerkseigentümer kraft der Verleihung zu allen Handlungen des Betriebes, soweit ihm nicht die Bergbehörde aus den im § 196 angegebenen Gründen Schranken setzt, befugt erscheint. Wenn darnach über dem Ausschluß des Rechtsweges in dieser Richtung noch ein Zweifel sein könnte, so wird derselbe durch § 154 Abs. 2 A.B.G. beseitigt, wo sogar die Höhe der für die Einschränkung zu zahlenden Entschädigung mit Rücksicht darauf, daß es sich, wie die Motive zur Begründung anführen, „lediglich um die Beurteilung bergbaulicher Verhältnisse handelt", der Festsetzung der Bergbehörden überlassen ist. Wenn dort bestimmt ist, daß die Entschädigung in quanto nur vorbehaltlich des Rechtsweges durch die Bergbehörde festgesetzt wird, so folgt daraus schon arg. e contr., daß über

---

[1]) R.G. 11./11. 91 XXXIII S. 233, R.G. 15./2. 02 XLIII.
[2]) O.Tr. 21./5. 69 XI S. 305.

die Art der festzusetzenden Einschränkungen die Bergbehörde ausschließlich zu entscheiden berufen ist. Solange daher die Bergbehörde eine Betriebseinschränkung nicht verfügt hat, ist der beschädigte Grundeigentümer, z. B. auch eine durch den Bergbau bereits geschädigte und voraussichtlich noch weiterer Schädigung ausgesetzte Eisenbahn nicht berechtigt, negatorisch auf Unterlassung des Abbaues des betr. Feldesteiles oder auf Abbau nur mit Bergeversatz oder dergl. zu klagen. Der Bergwerksbesitzer handelt allerdings auch schon vor Erlaß einer bergpolizeilichen Verfügung rechtswidrig, wenn er eine die Eisenbahn schädigende Betriebshandlung vornimmt, weil er nach dem Gesamtinhalte der §§ 153ff. A.B.G. auch schon ohnehin verpflichtet ist, seinen Bergbau so zu führen, daß die Verkehrsanlage durch dieselbe nicht gestört wird. Er ist dem Besitzer der Eisenbahn deshalb auch nicht bloß nach § 148 A.B.G., sondern, wenn Vorsatz oder Fahrlässigkeit hinzutritt, auch auf Grund des § 823 B.G.B. schadensersatzpflichtig. Aber die negatorische Klage dürfte mit Rücksicht auf die nach dem Obigen den Bergbehörden in dieser rein bergtechnischen Frage zugewiesene ausschließliche Kompetenz solange ausgeschlossen sein, als nicht eine bergpolizeiliche Anordnung wirklich vorliegt.

Bemerkt sei übrigens, daß im Sächsischen Bergrecht[1]) eine den §§ 153ff. A.B.G. entsprechende Spezialbestimmung fehlt. Dort ist aber unter Zusammenfassung der §§ 153ff. u. 196 Preußischen A.B.G. generell bestimmt, daß „wenn durch den Bergwerksbetrieb Anlagen an der Oberfläche gefährdet oder am Entstehen behindert werden, an deren ungestörten Erhaltung oder Errichtung ein überwiegendes öffentliches oder volkswirtschaftliches Interesse sich knüpft“, der Bergwerksbetrieb entsprechend beschränkt werden kann.

c) Der Grundeigentümer wird ferner auch gegenüber etwaigen Betriebshandlungen im Sinne des § 148 A.B.G. dann negatorisch klagen können, wenn der Bergwerkseigentümer die **Grenze seines Bergwerkseigentums überschreitet,**

---

[1]) Vergl. § 141 Sächs. B.G. § 136ff. des B.G. für Sachsen-Weimar.

also widerrechtlich handelt. Der Bergwerksbesitzer, der aus einem ihm nicht verliehenen Feldesteil unberechtigterweise, sei es kulpos bezw. dolos, oder auch aus entschuldbarem Irrtum,[1]) Kohlen entnimmt und dadurch den oberliegenden Grundeigentümer schädigt, ist demselben auch privatrechtlich zur Unterlassung des weiteren Bergbaues verpflichtet.

d) Alle diejenigen **Anstalten des Bergwerkseigentümers, welche nicht unter dem Begriff des Bergwerksbetriebes im engeren Sinne zu begreifen sind,** insbesondere also darüber hinausgehend der Mineralgewinnung selbst, z. B. über Tage befindliche, den Transport des Minerals aus der Grube bewirkende Kesselanlagen (§ 59 Abs. 1 A.B.G.) oder der Aufbereitung des Minerals dienen, oder gar, wie z. B. Anlagen zur Darstellung von Kalisalzen aus Cornellit, Ringofenanlagen zur Ziegelfabrikation aus mitgewonnenem Schieferton, dem Bergwerksbesitzer gehörige Hüttenwerke und dergl.[2]) eine anderweite Verwertung des gewonnenen Materials, insbesondere auf dem Wege der chemischen Umsetzung desselben bezwecken, unterliegen bezüglich der durch sie zugefügten Schäden schon mit Rücksicht auf das oben unter D. S. 87ff. Aufgeführte nicht den Bestimmungen des § 148 A.B.G., sondern den Vorschriften der allgemeinen Gesetzgebung. Werden daher einem Grundstück Schäden zugefügt durch solche Anstalten des Bergwerksbesitzers, welche nach Maßgabe der Gewerbeordnung konzessionspflichtig sind und deshalb der Konzessionierung sei es durch die allgemeine Landespolizeibehörde oder durch die Bergbehörde (§ 59 Abs. 2 A.B.G.) bedürfen, so findet das allgemeine bürgerliche Recht Anwendung, insbesondere also auch § 26 der R.G.O., soweit als eine Konzessionierung durch die zuständige Landespolizeibehörde auch wirklich stattgefunden hat.[3]) Dagegen tritt die im § 26 R.G.O. vorgesehene Beschränkung der negatorischen Klage nicht ein, soweit die Anlagen des Bergwerksbesitzers, wie dies bei den Aufbereitungsanstalten im Sinne des § 58 A.B.G.

---

1) Planck Anm. 2c zu § 1004 B.G.B.

2) Fürst-Klostermann S. 160ff., Brassert I S. 195, Anm. 5 zu § 135.

3) Kolisch G.O. I S. 162, Landmann G.O. Anm. 3 zu § 26 G.O., Fürst-Klostermann S. 161.

welche eine Verarbeitung der gewonnenen Mineralien ohne deren chemische Umsetzung bezwecken, gemäß diesem Paragraphen und § 6 der R.G.O. der Fall ist, der Gewerbeordnung überhaupt nicht unterliegen. Bezüglich dieser letzteren sowie bezüglich derjenigen Vorrichtungen und Anlagen, welche über den Bergwerksbetrieb im engeren Sinne des § 148 hinausgehend doch der Gewinnung des Minerals selbst dienen, gewährt die Möglichkeit einer Enteignung[1]) aus §§ 135 ff. das erforderliche Korrelat gegen die Gefahren der negatorischen Klage.

Der Grundeigentümer, der durch oberirdische Zuleitung schädlicher Grubenwasser, durch Zuführung von Dampf aus den Schornsteinen der Zeche,[2]) durch eine brennende Halde und den davon ausgehenden Rauch in der Benutzung seines Grundstücks beeinträchtigt[3]) oder durch Entziehung des Mahlwindes in seinem Mühlenbetrieb geschädigt wird,[4]) kann deshalb nach dem Vorgesagten auch auf Beseitigung dieser ihn störenden Anlagen klagen.

e) Aber auch bezüglich solcher Anlagen und Betriebshandlungen, bezüglich deren, der negatorische Anspruch an sich begründet sein würde, muß in Konsequenz der obigen (S. 193 ff.) Ausführungen der auf Unterlassung gerichtete Antrag als unzulässig erscheinen, wo seine Durchführung indirekt auf den Bergbaubetrieb im engeren Sinne einschränkend einwirken würde. Wenn daher z. B. die Untersagung der Zuleitung der Grubenwasser über Tage, die m. D. — wie bereits an anderer Stelle (S. 92 ff.) ausgeführt — nicht als Teil des Bergwerksbetriebs im Sinne des § 148 A.B.G. aufzufassen ist, den eigentlichen Bergwerksbetrieb nach Lage des Falles unmöglich machen würde, so wird dies zu einer Abweisung der negatorischen Klage führen müssen.

Von einer Unmöglichkeit wird allerdings nur dann die Rede sein können, wenn der Bergwerksbesitzer alle sonstigen

---

[1]) Landmann R.G.O. Anm. 13 zu § 6, Fürst-Klostermann a. a. O. S. 161, Brassert I S. 195, O.L.G. Hamm 30./1. 95 XXXVI S. 400.

[2]) R.G. 12./12. 00 XLII S. 332.

[3]) R.G. 3./4. 86 XXVII S. 369.

[4]) A. M. R.G. 27./6. 01 XLIII S. 226, welcher hier gleichfalls Betrieb des Bergwerks annimmt und deshalb bloß § 148 zutreffen lassen will.

gesetzlichen Mittel, den Ansprüchen des Grundeigentümers gerecht zu werden, erschöpft hat.[1])

Es wird deshalb der Fall, daß durch eine Verurteilung des Bergwerksbesitzers auf die negatorische Klage indirekt die Unmöglichkeit des Betriebes herbeigeführt wird, nur selten gegeben sein. Daß er selbstredend dann nicht eingetreten ist, wenn dem Bergwerksbesitzer noch die Möglichkeit zusteht, in anderer Weise sich zu helfen, z. B. durch Herstellung einer Kläranlage gegenüber der Zuleitung schädlicher Grubenwasser, bedarf keiner Hervorhebung. Aber auch wenn eine Klärung dieser Abwasser nach Lage der Sache nicht möglich ist, liegt Unmöglichkeit der Fortführung des Betriebes nicht vor mit Rücksicht auf die §§ 135ff., welche dem Bergwerksbesitzer gegenüber negatorischen Ansprüchen der Grundeigentümer unter allen Umständen die Möglichkeit gewähren, sich auf gesetzlichem Wege die Fortführung des Betriebes zu sichern.

3. **Die negatorische Klage** des Grundeigentümers gegen den Bergwerksbesitzer unterliegt **im übrigen den allgemeinen Bestimmungen.** Dabei ist folgendes Einzelne hervorzuheben:

a) Der Grundbesitzer braucht einen bestimmten **Klageantrag** bezüglich derjenigen Maßnahmen, welche der Beklagte zu treffen hat, damit die Einwirkung seines Betriebes auf das klägerische Grundstück nicht mehr schädlich wirke, nicht zu stellen. Es genügt, wenn er allgemein darauf klagt, daß der Beklagte bei Vermeidung einer richterlich zu bestimmenden Strafe nicht mehr berechtigt sei, die betreffende schädliche Immission vorzunehmen oder daß der Beklagte schuldig sei, die Zuleitung „in bisheriger Weise“ zu unterlassen,[2]) oder „geeignete Vorkehrungen“ zu treffen, daß die Einwirkung des Bergwerksbetriebes nicht mehr schädlich wirke.[3]) Der Grundeigentümer ist sogar nicht einmal berechtigt, auf Herstellung bestimmter Vorkehrungen zu klagen. Er hat gemäß § 1004 B.G.B. nur einen Anspruch auf Beseitigung und Unterlassung der Beeinträchtigung; wie diese Beeinträchti-

---

[1]) Daubenspeck Bergschaden S. 105.
[2]) R.G. 4./4. 88 XXX S. 257.
[3]) R.G. 2./11. 92 XXXIV S. 131.

gung beseitigt wird, ist Sache der freien Wahl des Beklagten.[1]) Es läßt sich nicht verkennen, daß die Unbestimmtheit des Urteilstenors, die dadurch vielfach veranlaßt wird, große praktische Bedenken hat. Mit einem Urteil, das z. B. den Beklagten lediglich verurteilt, die Zuleitung weiterer schädlichen Grubenwasser zu unterlassen, hat der Kläger nichts erreicht. Denn er muß, wenn er auf Grund eines solchen Urteils Zwangsvollstreckung gemäß § 890 C.P.O. betreiben will, immer wieder dartun, daß an den betreffenden Tagen das Grubenwasser, dessen Qualität bekanntlich oft wechselt und dessen Beschaffenheit auch in großem Umfange in der Hand des Bergwerksbesitzers, je nach der Art der Behandlung der Klärteiche u. dergl. liegt, wirklich schädlich gewesen ist. Demgegenüber dürfte es richtiger sein, dahin zu tenorieren, daß der Beklagte schuldig, die Zuleitung seiner Grubenwasser zu unterlassen, soweit er nicht nachweist, daß dieselben in einer das Maß des Gemeinüblichen nicht übersteigenden Menge und Beschaffenheit zugeführt werden, oder die Zuleitung so lange zu untersagen, als nicht vom Bergwerksbesitzer Anstalten getroffen sind, durch welche dauernd die unzulässige Zuleitung verhindert wird,[2]) die Beweislast für die Erfüllung der judikatmäßigen Leistung also dem Beklagten aufzubürden. Diese Tenorierung wird auch allein der tatsächlichen Rechtslage gerecht. Denn es steht, wenn der Richter überhaupt zu einem Verbot der Zuleitung kommt, bereits fest, daß die Grubenwasser in ihrer gegenwärtigen Beschaffenheit schädlich sind und es ist deshalb nach allgemeinen Rechtsgrundsätzen Sache des Beklagten, die angeblich später eingetretene Veränderung dieser Beschaffenheit darzutun.[3])

b) Ein **besonderes Verschulden** des Bergwerksbesitzers braucht nicht dargetan zu werden.[4])

c) Den Grundeigentümer trifft die **Beweislast** nur dafür,

---

[1]) R.G. 12./3. 91, Gruchot Bd. 35 S. 666, 16./4. 96 Entsch. Bd. 37 S. 173, 19./11. 97 Entsch. Bd. 40 S. 183, Turnau-Foerster Anm. 5 zu § 906 B.G.B., Rassow in Gruchot Bd. 43 S. 681 ff.

[2]) R.G. 2./11. 92 XXXIV S. 131.

[3]) Vergl. R.G. 2./11. 92 XXXIV S. 130.

[4]) Planck Anm. 2c zu § 1004, Foerster-Turnau Anm. 5 zu § 906, Neumann Anm. 5 zu § 1004 B.G.B.

daß auf seinem Grundstück eine „beeinträchtigende“ Einwirkung erfolgt und eventuell, daß weitere zu besorgen sind.[1])

d) Es ist dann Sache des Bergwerksbesitzers, nötigen Falles **einredeweise** geltend zu machen,[2]) daß er zu dieser Einwirkung berechtigt ist, sei es, daß eine Betriebshandlung im Sinne des § 148 A.B.G. vorliegt, sei es, daß durch Enteignung gemäß §§ 135 ff. A.B.G. ein Recht zur Vornahme der Handlung erworben ist, sei es, daß die betreffende Handlung, deren Beseitigung verlangt wird, in einem Betriebe vorgenommen ist, welcher der Gewerbeordnung unterliegt, konzessioniert ist und deshalb den Schutz des § 26 der Gewerbeordnung genießt oder sei es endlich, daß die Durchführung der negatorischen Klage zu einer Einstellung des Betriebes führen wird. Diesen dem Bergrecht resp. dem Gewerberecht entnommenen Einwendungen treten diejenigen des allgemeinen Civilrechts hinzu, insbesondere der Einwand aus § 906, daß eine nur unwesentliche Beeinträchtigung des Grundstücks vorliege oder daß die Zuführung von Rauch und Asche aus den Kaminen des Bergwerks den örtlichen Verhältnissen des Grundstücks entspreche.[3]) Dagegen ist der Einwand, daß der Bergwerksbetrieb älter sei wie das in der Nähe erbaute Wohnhaus, daß der Hausbesitzer deshalb die seinem Hause durch die Zuführung des Rauches und der Asche drohende Schädigung habe voraussehen können, nicht beachtlich. Für den § 906 B.G.B. entscheidet lediglich das tatsächliche, jeweilige Verhältnis. Ein Einwand, wie der aus § 150 Abs. 1 A.B.G. gegenüber der Klage aus § 148 A.B.G. gegeben ist, ist gegenüber der Negatorienklage nicht begründet.[4])

e) Der Einwand der Ersitzung kann gegenüber der Negatorienklage für das Herrschaftsgebiet des B.G.B. nur noch bei Vorhandensein der Voraussetzungen des § 900 B.G.B. erhoben werden, d. h. nur dann, wenn außer der Ausübung eines über § 906 B.G.B. hinausgehenden Rechts auch die 30jährige Ein-

---

[1]) Planck Anm. 5 zu § 906, Turnau-Foerster Anm. 4 dazu.
[2]) Neumann Anm. 7 zu § 1004 B.G.B.
[3]) R.G. 22./11. 00 bei Gruchot Bd. 46 S. 372.
[4]) R.G. 12./12. 00 XLII S. 232.

tragung desselben zum Grundbuch hinzukommt.[1]) Der bloße Nachweis, daß der Bergwerksbesitzer seit mehr wie 30 resp. 40 Jahren übermäßigen Rauch dem Nachbargrundstück[2]) oder daß er schädliche Wasser seit derselben Zeit zugeleitet hat,[3]) ist deshalb nur mehr soweit zulässig, als die Ersitzung bereits am 1. Januar 1900, bezw. zur Zeit der späteren Grundbuchanlegung im Sinne des Art. 186 E.G. zum B.G.B. vollendet war.[4])

III. Die Deliktsklage.

Die **Deliktsklage** bietet gegenüber der Klage aus § 148 den Vorteil für den Grundbesitzer, daß der Beklagte auch für Beschädigung von beweglichen Sachen und von Personen aufkommen muß, insbesondere auch für den vollen Verlust am Gewerbegewinn, nicht also bloß in dem beschränkten Maße, wie ihn § 148 A.B.G. zuläßt.[5]) Die Deliktsklage steht dem Grundeigentümer nicht bloß in den Fällen zu, wo die Beschädigung, weil sie nicht auf den „Betrieb“ in dem engen Sinne des § 148 A.B.G. zurückzuführen ist, nicht mit der Klage ex lege verfolgt werden kann, sondern — mangels einer dies verhindernden, gesetzlichen Bestimmung — gemäß den obigen Ausführungen (S. 192) auch in den Fällen des § 148 A.B.G. selbst wahlweise neben der Klage ex lege auf Grund dieses Paragraphen.

Im übrigen richtet sich die Deliktsklage wegen Bergschäden nach den allgemeinen Grundsätzen.

1. Das gilt zunächst von den Voraussetzungen des Deliktsanspruches, für welche § 823 B.G.B. entscheidend ist.

a) Insbesondere ist also **widerrechtliches** Handeln des Bergwerksbesitzers erste Voraussetzung des Schadensanspruches. Dabei ist hervorzuheben, daß der Bergwerksbesitzer, insoweit er das ihm verliehene Bergwerk innerhalb der räumlichen Grenzen desselben und nach Maßgabe des Gesetzes betreibt, niemals widerrechtlich handelt. Daß speziell ein Versehen

---

1) Planck Anm. 4 zu § 900 B.G.B.

2) O.L.G. Braunschweig 25./2. 81 XXIII S. 186.

3) R.G. 9./10. 82 XXIV S. 500.

4) Art. 186, 189 E.G., Planck Anm. 13 zu Art. 189 E.G. zum B.G.B. Anm. 3 zu Art. 186, Turnau-Foerster II S. 332, 348.

5) Vergl. O.L.G. Hamm 18./4. 82 XXIII S. 389 und oben S. 79ff.

nicht darin gefunden werden kann, wenn der Bergwerksbesitzer eine Betriebshandlung im Sinne des § 148 A.B.G. vornimmt, obwohl er weiß, daß dieselbe dem Grundeigentümer Schaden zufügen wird, ergibt sich schon daraus, daß er unter allen Umständen zu derselben berechtigt ist.[1])

Wohl aber liegt widerrechtliches Handeln des Bergwerksbesitzers vor, auf welches die Deliktsklage begründet werden kann, wenn er:

α) im Falle der §§ 153 ff. A.B.G. durch Fortführung alten oder Vornahme neuen Betriebes die Eisenbahn oder den Wegekörper schädigt.[2]) Denn, wie bereits oben (S. 198) hervorgehoben, ist er von der Einrichtung der öffentlichen Verkehrsanlagen ab zu allen denjenigen Betriebshandlungen nicht mehr berechtigt, welche der ersteren schädlich sind. Bei Eisenbahngelände versteht sich diese Betriebsbeschränkung selbstredend nur mit Bezug auf das wirklich zum Eisenbahnbetrieb bestimmte Gelände, also den eigentlichen Bahnkörper, Empfangsgebäude, Güterschuppen, Lokomotivschuppen und dergleichen, nicht dagegen auch auf Häuser, welche lediglich als Wohngebäude für Eisenbahnbeamte dienen, und ebensowenig auf solches Gelände, welches die Eisenbahn zwar für spätere Betriebserweiterungen sich gesichert hat, zurzeit aber noch in anderer Weise, z. B. als Ackerland oder dergleichen verwertet.[3])

β) Widerrechtliches Handeln, welches den Deliktsanspruch begründet, liegt weiter vor, wenn der Bergwerksbesitzer durch Handlungen des Betriebes im Sinne des § 148 A.B.G. ein Grundstück dadurch schädigt, daß er in fremdem Felde absichtlich oder fahrlässiger Weise Raubbau treibt oder in gleich vertretbarer Weise beim Abbau gegen bergpolizeiliche Vorschriften verstößt, die ihm gemäß § 196 A.B.G. den Abbau eines Feldesteils untersagen.[4]) Gleiches gilt wenn der Bergwerksbesitzer die ihm bergpolizeilich aufgelegte Vor-

---

[1]) O.Tr. 21./5. 69 XI 303, Daubenspeck, Bergschaden S. 15 und oben S. 193ff.
[2]) R.G. 15./2. 02 XLIII S. 363.
[3]) R.G. 15./2. 02 XLIII S. 363.
[4]) R.G. 15./2. 02 XLIII S. 363.

sichtsmaßregeln (Abbau mit Bergeversatz, Stehenlassen eines Sicherheitspfeilers) nicht anwendet, oder wenn er ohne vorher durchgeführte Enteignung ein fremdes Grundstück in „Benutzung“ nimmt.[1])

γ) Endlich kann Widerrechtlichkeit in allen denjenigen Fällen gegeben sein, wo § 148 A.B.G. nicht zutrifft, der Schaden vielmehr durch fremdes Recht beeinträchtigende Handlungen des Bergwerksbesitzers verursacht wird, die zwar mit der Gewinnung des Minerals in Zusammenhang stehen, aber doch außerhalb des Betriebes im engeren Sinne des § 148 A.B.G. liegen oder nur Aufbereitungsanstalten bezw. sonstige Unternehmungen des Bergwerksbesitzers berühren.

b) Die Klage setzt aber weiter auch **absichtliches oder fahrlässiges** Handeln voraus. Vorsatz und Fahrlässigkeit liegen nach allgemeinen Rechtsgrundsätzen vor, wenn der Bergwerksbesitzer bei der Vornahme der betreffenden Handlung wußte und wissen mußte, daß er durch dieselbe widerrechtlich in das Eigentumsrecht des Grundeigentümers eingreife. Nicht dagegen ist auch notwendig, daß er die Möglichkeit oder Wahrscheinlichkeit des Schadenseintritts oder gar den Umfang des später eingetretenen Schadens übersah oder übersehen konnte.[2]) Vorsatz und Fahrlässigkeit liegt bei den oben sub β erörterten Fällen deshalb regelmäßig ohne weiteres vor, weil dort der Bergwerksbesitzer wußte oder wissen mußte, daß er zu der betreffenden Betriebshandlung und damit auch zu dem Eingriff in das Eigentumsrecht des oberliegenden Grundeigentümers nicht berechtigt war. Ein weiterer Nachweis, daß er auch wußte resp. wissen mußte, daß er durch den Bergwerksbetrieb das oberliegende Grundstück schädigen werde, ist nicht erforderlich.

Wohl aber ist ein solcher Nachweis in den Fällen sub α regelmäßig notwendig, solange nicht eine besondere bergpolizeiliche Verfügung vorliegt, welche das Stehenlassen eines Sicherheitspfeilers oder Abbau mit Bergeversatz oder dergl. fordert. Bis zum Erlaß einer solchen ist der die öffentliche

---

[1]) R.G. 18./11. 93 XXXV.

[2]) Crome I S. 482, Endemann I S. 915 u. 581, Enneccerus-Lehmann I S. 290ff.

Verkehrsanlage schädigende Betrieb zwar widerrechtlich, Fahrlässigkeit liegt aber erst vor, wenn der Bergwerksbesitzer die Schädlichkeit der Betriebshandlung auch vorauszusehen imstande war. Ähnliches gilt auch für die Fälle sub γ, weil der Bergwerksbesitzer hier mit Rücksicht auf §§ 903ff. B.G.B. nur dann rechtswidrig handelt, wenn er das fremde Grundstück „beeinträchtigt“ bezw. beschädigt, sein Vorsatz oder seine Fahrlässigkeit also auch dieses Moment der Beeinträchtigung mitumfassen muß. Vorsatz oder Fahrlässigkeit setzt also in diesen letzteren Fällen den Nachweis voraus, daß der Bergwerksbesitzer voraussehen konnte, daß z. B. seine Zuleitung von sog. Imponderabilien eine über das Maß des § 906 B.G.B. hinausgehende Beeinträchtigung eines fremden Grundstücks herbeiführen würde, diese Zuführung aber doch geschehen ließ, ohne dagegen die erforderlichen Vorsichtsmaßregeln zu treffen. Der Bergwerksbesitzer, der seine Halde nicht unter Wasser hält oder sonstige Vorkehrungsmaßregeln unterläßt, obwohl er weiß, daß die Gefahr der Selbstentzündung vorliegt, handelt fahrlässig und haftet deshalb nach § 823 B.G.B.[1]) Dasselbe gilt von einem Bergwerksbesitzer, der eine Halde so nahe an einem Flusse errichtet, daß bei Hochwasser die Aschenmassen in den Fluß gelangen und benachbarte Grundstücke beschädigen.[2]) Gleiches ist ferner anzunehmen bezüglich der Zuleitung des Rauches und der Gase aus einer Brikettfabrik,[3]) von Rauch, Asche und Feuer aus den Kaminen und Schornsteinen der Zeche selbst,[4]) von Metallhütten,[5]) oder von Koksöfen[6]) usw.

2. Soweit die Deliktsklage zutrifft, haften die **mehreren Schädiger als Gesamtschuldner** (§§ 830, 840 B.G.B.), was im wesentlichen dem bisherigen Rechtszustande, insbesondere

---

1) R.G. 3./4. 86 XXVII S. 369.
2) R.G. 18./5. 87 XXVIII 526.
3) L.G. Kassel 9./10. 94 XXXVI 506.
4) R.G. 12./12. 00 XLII 332.
5) R.G. 11./11. 91 XXXIII 393.
6) O.Tr. 26./9. 67 Strieth. Arch. Bd. 68 189, vergl. auch Turnau-Foerster Anm. 1 b zu § 906 B.G.B.

auch der Rechtsprechung bezüglich der Zuleitung von Grubenwassern entspricht, wie noch weiter unten auszuführen ist.[1])

3. Gegenüber der Deliktsklage sind auch die **Einreden** aus § 251 B.G.B. zulässig, insbesondere also auch der Einwand, daß die Wiederherstellung des früheren Zustandes durch Beseitigung z. B. einer den Kläger verletzenden Entwässerungsanlage wegen entgegenstehender polizeilicher Verfügung, welche dieselbe angeordnet hat, unmöglich sei.[2])

K. Zuleitung von Grubenwassern.

I. Allgemeines.

Bereits oben (S. 92ff.) ist die Frage erörtert, inwieweit einerseits wegen der Zuleitung von Grubenwassern ein Klageanspruch aus § 148 besteht, und inwieweit andererseits der Grundeigentümer daneben oder ausschließlich auf die Klageansprüche aus dem allgemeinen Zivilrecht verwiesen ist. Soweit letzteres zutrifft, richtet sich die Zuleitung von Grubenwassern und deren rechtlichen Folgen nunmehr nach B.G.B. Daneben sind aber die früheren Partikularrechte in erheblichem Umfang in Kraft geblieben. Das ist namentlich der Fall, soweit es sich um speziell wasserrechtliche Fragen handelt, mit Rücksicht auf die das landesgesetzliche Wasserrecht aufrechterhaltende Bestimmung des Art. 65 E.G. zum B.G.B. und nicht minder mit Rücksicht auf Art. 125 E.G. zum B.G.B., weil hiernach diejenigen landesgesetzlichen Vorschriften, welche das Eigentum an Grundstücken zu Gunsten der Nachbarn noch anderen als den im B.G.B. bestimmten Beschränkungen unterwerfen, durch dasselbe nicht berührt werden. Durch diese beiden Vorbehalte zu Gunsten der Landesgesetzgebung sind die früheren praktikularrechtlichen

---

[1]) Daubenspeck Bergschaden S. 68; vergl. bezüglich mehrerer Besitzer von Metallhütten und Koksöfen R.G. 11./11. 91 XXXIII 393, O.Tr. 26./9. 67 Strieth. Arch. Bd. 68 S. 189, bezüglich mehrerer Schlacke immittierenden Werken R.G. 18./5. 87 XXVIII S. 528.

[2]) R.G. 17./1. 91 XXXII S. 384.

Bestimmungen derselben auch bezüglich der Zuleitung der Grubenwasser insoweit in Kraft geblieben, als nach ihnen die Rechte, welche dem Grundbesitzer an den einzelnen Wassergerinnen und Wasserbehältern zustehen, zu qualifizieren sind, und als nach ihnen ferner zu bestimmen ist, ob und welche Verpflichtungen dem Eigentümer oder sonstigen Berechtigten an solchen Wassergerinnen, im Gegensatz zu den nach allgemeinem Zivilrecht sonst aus der Natur dieser Berechtigungen sich ergebenden Folgen, gegenüber anderweiten Berechtigten, namentlich gegenüber dem Oberlieger hinsichtlich der Gestattung der Vorflut und Entwässerung obliegen. Dagegen wird sich, soweit nach Maßgabe dieser partikularrechtlichen Vorschriften rechtswidriges Handeln als vorhanden angenommen werden muß, im übrigen die actio negatoria und die Deliktsklage nach dem B.G.B. zu richten haben.[1]) Denn auch nach bisherigem Recht waren für diejenigen Klagerechte, welche den durch die Benutzung des Wassers oder des Gerinnebettes seitens Dritter in ihrer Rechtssphäre verletzten Adjazenten oder sonstigen Berechtigten zustanden, die allgemeinen Vorschriften des jeweiligen Zivilrechts über die negatorische und die Deliktsklage maßgebend. Es trifft deshalb Art. 4 E.G. zum B.G.B. zu, weil wenigstens stillschweigende Verweisung in den bisherigen Landesgesetzen vorlag.[2])

II. Preußisches Recht.

Da die bezüglich der Zuleitung von Grubenwassern und ihrer rechtlichen Folgen erheblichen Fragen für das preußische Recht am meisten praktisch geworden sind, empfiehlt es sich, dieselben zunächst für das **preußische Recht** zu behandeln.

Je nach der Art der Zuleitung und der dadurch betroffenen Teile der Erdoberfläche kommen dabei folgende Einzelfälle in Betracht:

1. Der **Unterlieger** ist zunächst jedenfalls **nicht verpflichtet**, das aus einem Bergwerk auslaufende Grubenwasser

---

[1]) R.G. 15./12. 00; Jur. Woch. 1901 S. 52; R.G. 15./11. 02 Entsch. Bd. 53 S. 43 ff.; R.G. 15./12. 00; Jur. Woch. de 1901 S. 52; Neumann I S. 602; Endemann II S. 308 Anm. 8.

[2]) Planck Anm. 1 zu Art. 4; Kuhlenbeck Anm. 1 dazu; Niedner zu Art. 4.

auf sein Grundstück (Wiese, Acker, Hausgrundstück) **aufzunehmen oder weiter fortzuführen,** und zwar gleichgültig, ob der Bergwerksbesitzer das aus der Grube auslaufende Wasser frei ablaufen läßt oder in künstlichen Rinnen dem Nachbargrundstücke zuführt. In beiden Fällen findet ein rechtswidriger Eingriff des Bergwerksbesitzers in das Eigentum des Grundstücksbesitzers statt, weil das Recht der Vorflut bezw. der Entwässerung jedenfalls nur für das wild abfließende Wasser, d. h. das durch die atmosphärischen Niederschläge entstehende Tageswasser gegeben ist, nicht aber auch für das, wie hier, künstlich gehobene Grubenwasser. Der Grundstückseigentümer ist solcher künstlichen Zuführung gegenüber nicht auf das Recht aus § 102 I 8 A.L.R., d. h. auf tatsächliche Abwehr der Zuführung beschränkt, sondern auch zur rechtlichen Abwehr berechtigt.[1]) Daß gegenüber einer solchen Zuleitung dem Grundstückseigentümer deshalb die negatorische Klage aus § 1004 und bei mindestens fahrlässigem Handeln des Zuleitenden außerdem der Schadensanspruch aus §§ 823 ff. B.G.B. zusteht, kann nicht zweifelhaft sein. Insbesondere ist gegenüber der Klage aus § 1004 B.G.B. auch nicht der Einwand aus § 906 B.G.B. zulässig etwa dahin, daß die Benutzung des Grundstücks durch die Wasserzuführung nicht oder nur unwesentlich beeinträchtigt werde. Denn der § 906 hat nur die Immission der sog. Imponderabilien im Auge, betrifft aber nicht die Zuführung von Flüssigkeiten, welche nicht in der Luft suspendiert sind.[2]) Ein solcher Einwand würde also nur in der Form des Einwandes der Chikane gemäß § 226 B.G.B. zulässig sein. Es müßte also der wohl nur selten gelingende Nachweis erbracht werden, daß der Grundstückseigentümer an dem Verbot der Wasserzuführung keinerlei Interesse irgend welcher Art habe, er vielmehr bei dem Verbot objektiv nur von dem Zweck geleitet werde, dem Bergwerksbesitzer Schaden zuzufügen.[3])

---

[1]) Rehbein Entsch. I 767; Turnau-Foerster I 284; Nieberding S. 84, 88 ff.; Foerster-Eccius II 178; Dernburg Pr. Pr. I 623.

[2]) Turnau-Foerster I 301 u. 305 Anm. 11.

[3]) Rehbein I 339; Planck I 279; Mugdan Materialien I 505 u. 796 ff.; Crome I S. 531.

2. Dasselbe wie ad 1 muß auch gelten, wenn der Bergwerksbesitzer seine Grubenwasser, sei es mittels künstlicher Zuleitung oder ohne solche, **Gräben und Kanälen** zuführt. Denn in diesen Gräben und Kanälen im Sinne § 100 I 8 A.L.R., d. h. künstlich angelegten Wassergräben oder förmlichen Rohrleitungen braucht der Eigentümer gemäß § 100 I 8 A.L.R. nur dasjenige Wasser aufzunehmen, welches darin seinen „ordentlichen und gewöhnlichen Abfluß" findet. Zu solchem Wasser gehört aber künstlich gehobenes Grubenwasser nicht.[1]) Diese Gräben und Kanäle sind, wie nach § 100 I 8 A.L.R. nicht zweifelhaft sein kann, freies Eigentum des betreffenden Grundeigentümers in derselben Weise, wie jedes andere Grundstück desselben, und unterliegen darüber hinaus nur der Unterhaltungspflicht für die Zwecke der Ableitung des Wassers in dem oben begrenzten Umfange.[2]) Abgesehen davon richten sich deshalb die Klageansprüche des Grundeigentümers, speziell hier wegen Zuleitung von Grubenwassern, lediglich nach den allgemeinen Grundsätzen, also jetzt nach § 1004 B.G.B. und §§ 823 ff. Auch hier kann der Klage aus den oben zu 1 entwickelten Gründen weder der Einwand aus § 906 B.G.B. noch der Einwand entgegengestellt werden, daß die Zuführung nach Art und Umfang nicht das Maß des Gemeinüblichen übersteige.[3])

3. Gleiches muß angenommen werden, wenn Grubenwasser **in solche Privatgewässer, die nicht zu den Privatflüssen zählen,** abgeleitet wird, in sprudelnde Quellen, die nicht in einem Bette gesammelt abfließen, oder in Teiche und Seen ohne Abfluß, die überall vom Lande umgeben sind, also entweder im Alleineigentum des alleinigen, diese Gerinne umgebenden Grundeigentümers, oder in dem Miteigentum der mehreren Adjazenten sich befinden.[4]) Da die Eigentumsverhältnisse an diesen geschlossenen Gewässern genau dieselben sind wie bei anderen, nicht von Wasser bedeckten Grundstücken, so

---

[1]) O.L.G. Hamm 23./1. 92 XXXIII 402; R.G. 5./6. 86 Gruchot XXX 935, 25./6. 90 Gruchot XXXV 406; Turnau-Foerster I 284; Rehbein Entsch. I 760.

[2]) Rehbein a. a. O.

[3]) O.L.G. Hamm 23./1. 92 XXXIII 402.

[4]) Foerster-Eccius II 147; Nieberding S. 58 ff. u. 70; Dernburg Pr. Pr. I 619, Crome I S. 301, Endemann II S. 309.

richtet sich die negatorische Klage und die Deliktsklage wegen Zuführung von Grubenwassern nach den allgemeinen Grundsätzen von §§ 1004 u. 823 ff. B.G.B.

4. Schwieriger ist die Rechtslage, wenn die Zuleitung von Grubenwassern in **öffentliche Flüsse** erfolgt. Der Unterschied zwischen den öffentlichen Flüssen und den Privatflüssen beruht nach preußischem Recht darin, ob die Flüsse von Natur schiffbar sind oder nicht.[1]) Die stets von Natur schiffbar gewesenen Flüsse gelten zweifellos als öffentliche Flüsse. Ob ein früherer Privatfluß, der künstlich schiffbar gemacht worden ist, damit zum öffentlichen Strome wird oder Privatfluß bleibt, etwa nur mit der Maßgabe, daß die Nutzungsrechte der Adjazenten mit der Herbeiführung seiner Schiffbarkeit sich ändern, ist streitig, aber für die hier in Rede stehenden Fragen unerheblich, weil die Klagerechte wegen Zuleitung schädlicher Grubenwasser im einen wie im andern Falle dieselben sein dürften. Erfolgt nämlich eine solche in einen öffentlichen Strom, so wird regelmäßig der Staat negatorisch und mit der Deliktsklage vorgehen können. Er wird zu dieser Klage berechtigt sein nicht deshalb, weil er etwa als Eigentümer des öffentlichen Stromes zu erachten ist. Denn in Wahrheit übt der Staat an den öffentlichen Strömen im wesentlichen keine privatrechtlichen Befugnisse, sondern bloß staatliche Hoheitsrechte aus. Der Strom ist res extra commercium und als solcher prinzipiell dem privaten Verkehr entzogen.[2]) Dem Staat stehen aber doch andererseits einzelne private Nutzungsrechte an dem Strome zu, insbesondere hat er das Recht, Brücken und Fähren über den Strom anzulegen, sowie das wichtige Recht des Fischfangs und der Eisgewinnung.[3]) Insofern diese seine privaten Nutzungsrechte durch die Zuführung schädlicher Grubenwasser beeinträchtigt werden, ist er in seiner dem Privatrecht angehörigen Stellung als Berechtigter zu einer beschränkten, persönlichen Dienstbarkeit

---

[1]) Crome I 300, Endemann II S. 308.

[2]) R.G. 25./4. 95 Entsch. Bd. 35 237; Nieberding S. 64 ff., Dernburg pr. Pr. I. S. 617.

[3]) R.G. 26./10. 93 Entsch. Bd. 32 237; Dernburg Pr. Pr. I 618, Rehbein Entsch. I 841.

im Sinne der §§ 1090 ff. B.G.B.[1]) berechtigt, auf Grund des § 1004 negatorisch zu klagen (§§ 1090 Abs. 2, 1927 B.G.B.) und auch gemäß §§ 823 ff., falls ihm Schaden infolge dieser Zuleitung erwachsen ist, z. B. durch Vernichtung der Fischzucht, dieserhalb Ersatz zu beanspruchen. Ebenso wird derjenige, auf den die Nutzungsrechte des Staates ganz oder teilweise übergegangen sind, z. B. derjenige, dem das Recht der Fischerei durch Verleihung oder Ersitzung[2]) oder dem ein besonderes Recht auf Entnahme des Wassers durch eine Wasserleitung gemäß § 46 II 15 A.L.R. eingeräumt ist,[3]) in gleicher Weise zu klagen befugt sein. Endlich wird auch der Pächter der einzelnen Nutzungsrechte, z. B. der Fischerei-Gerechtsame in demselben Umfange Klage erheben können, wie dies sonst dem Pächter gegeben ist.[4])

5. Der praktisch häufigste und deshalb wichtigste Fall der Zuleitung von schädlichen Grubenwassern ist derjenige der **Einführung von Grubenwassern in einen Privatfluß.**

a) Der **Begriff des Privatflusses** bestimmt sich für preußisches Recht durch den Gegensatz, in welchem er einerseits zu den öffentlichen Flüssen, andererseits zu dem wild ablaufenden Wasser und zu künstlichen Wasserabzügen steht. Darnach ist Privatfluß jeder auf natürlichem Wege entstandene nicht schiffbare Wasserlauf, der in einem festen Bette dauernd Wasser führt.[5]) Damit stimmt § 1 des Privatflußgesetzes von 1843 überein, wenn er „Quellen, Bäche, Flüsse, sowie Seen, welche einen Abfluß haben", als Unterarten des Privatflusses aufführt.[6]) Zu den Privatflüssen gehören aber auch verlegte Privatflußstrecken, überhaupt alle künstlich aufgeführten Gräben, welche angelegt sind, um einen Teil eines von Natur vorhandenen Privatflusses zu bilden.[7]) Wird ein bisheriger Privatfluß vom Staate schiffbar gemacht,

---

1) Vergl. auch R.G. 26./10. 93 Entsch. XXXII 237.

2) Rehbein a. a. O. u. I S. 664, III S. 762, Dernburg a. a. O.

3) R.G. 1./7. 99 XL S. 479.

4) Nieberding S. 307, vergl. auch R.G. 11./4. 00 Entsch. 46, 255 bezügl. des Klagerechts des Fischereiberechtigten.

5) R.G. 20./3. 97; Jur. Wochenschr. 1897 S. 280.

6) Vergl. auch R.G. 7./7. 97 XXXVIII S. 471.

7) R.G. 14./1. 93 Gruchot XXXVII 1009; Nieberding S. 67 ff.; Foerster-Eccius II 147; Turnau-Foerster I 286; Dernburg pr. Pr. I 619.

so gilt er jedenfalls fortab nur soweit als öffentlicher Strom, als seine Schiffbarkeit reicht,[1]) wie nach richtiger Ansicht auch bezüglich der von Natur schiffbaren Ströme umgekehrt anzunehmen ist, daß sie, soweit nicht schiffbar, als Privatflüsse zu behandeln sind.[2]) Die Beweislast dafür, daß ein Gewässer ein Privatfluß ist, liegt demjenigen ob, welcher seine vermeintlichen Rechte darauf stützt, regelmäßig also dem Bergwerksbesitzer, da die Zuleitung von Grubenwassern in Privatflüsse in weiterem Umfange zulässig ist, wie diejenige auf fremde Grundstücke in fremde Gräben, Kanäle oder geschlossene Gewässer.[3])

b) Wie die **Befugnisse der Grundeigentümer am Privatflusse** rechtlich zu konstruieren, ist für das preußische Recht streitig. Nach der herrschenden Auffassung, die auch vom Obertribunal und vom Reichsgericht vertreten wird, sind die Anlieger eines Privatflusses Miteigentümer des Bettes desselben nach der Ausdehnung ihres Uferbesitzes bis zur Mittellinie des Gewässers. Und zwar wird dieses Recht als Ausfluß ihres Eigentums an den am Ufer belegenen Grundstücken angesehen.[4]) Daneben ist aber in der Theorie auch die Auffassung vertreten, daß Privatflüsse einem Eigentumsrecht überhaupt nicht unterworfen seien. An dem in ihnen befindlichen Wasser stehe niemandem das Eigentum zu, der Gemeingebrauch sei jedem freigegeben, der befugterweise an die Ufer gelangen könne, auch das Flußbett selbst sei dem Eigentum dei Adjazenten entzogen, wenngleich dieselben die Nutzungen desselben ziehen dürften, soweit sie möglich seien.[5]) Auf die Streitfrage braucht indes hier nicht eingegangen zu werden, da auch die zweite Ansicht an-

---

[1]) R.G. 21./10. 99 Entsch. Bd. 45 S. 183 bezügl. der kleinen Saale.

[2]) Nieberding Wasserrecht S. 59.

[3]) R.G. 20./3. 97; Jur. Wochenschr. 1897 S. 280.

[4]) O.Tr. 31./8. 46 Entsch. XV 361, Rehbein Entsch. I 842, R.G. 17./6. 82 XXIV 240, welches die frühere Judikatur des O.Tr. ausführlich zitiert, ebenso die sämtlichen, in folgendem zu dieser Materie zitierten Entsch. des R.G.; Dernburg pr. Pr. I 620; Scheele Wasserrecht S. 18, 26ff; Foerster-Eccius III 147; Crome I S. 299, Endemann II S. 308; Daubenspeck I 257ff., wo sich eine ausführliche Zusammenstellung der Judikatur des Reichsgerichts in dieser Frage findet.

[5]) So vor allem Nieberding Wasserrecht S. 67ff., 245ff.

erkennt, daß den Adjazenten am Privatflusse in ihrer Eigenschaft als Eigentümer der Ufergrundstücke eine Reihe von Nutzungsrechten sowohl am Wasser wie am Flußbette zustehen.[1]) Man würde deshalb vom Boden dieser zweiten Ansicht aus die Rechte der Adjazenten am Privatflusse als eine Grunddienstbarkeit um so mehr auffassen können, als die Eigenschaft des Privatflusses als res extra commercium, wie sich nach dieser Auffassung auch der Privatfluß darstellen würde, der Annahme einer an ihm bestehenden Grunddienstbarkeit nach preußischem Recht nicht entgegensteht.[2]) Mag man nun aber Eigentum der Adjazenten am Flußbett oder Grunddienstbarkeit an demselben zugunsten der Ufergrundstücke unterstellen, im einen wie im anderen Falle kann es nicht zweifelhaft sein, daß die Adjazenten an sich sowohl wegen Beeinträchtigung ihrer Rechte negatorisch, wie wegen Beschädigung ihrer Grundstücke sowohl die Klage aus § 148 A.B.G., die Deliktsklage erheben können. (Vergl. oben S. 20ff.)

c) Es ist demgegenüber zwar auch die Ansicht verteidigt worden, daß auf Grund besonderer berggesetzlicher und sonstiger allgemeiner zivilrechtlicher Vorschriften, insbesondere nach Inhalt der §§ 54, 58, 135 u. 136 A.B.G. **der Bergwerksbesitzer zur Einleitung seiner Grubenwasser ohne weiteres berechtigt sei,**[3]) sofern diese Abführung zum Betrieb des Bergwerks notwendig sei. Diese Ansicht kann indes als richtig nicht anerkannt werden. Wie bereits an anderer Stelle ausgeführt (S. 193ff.), läßt sich der Ausschluß des negatorischen Anspruches und die Nichtannahme eines rechtswidrigen Eingriffes nur mit Bezug auf die eigentlichen Betriebshandlungen im Sinne des § 148, d. h. den unterirdischen bezw. vermittels Tagesbaues bewirkten Betrieb des Bergwerks und auch dort nur dann rechtfertigen, sofern nicht eine Benutzung, d. h. eine tatsächlich unmittelbare Inanspruchnahme eines Teiles der Oberfläche vorliegt. Beide Momente, sowohl das positive wie das negative, treffen bezüglich der Zuleitung von Grubenwassern

---

[1]) Nieberding S. 248ff.
[2]) Rehbein Entsch. I 664 III 762.
[3]) Achenbach S. 174ff., Strohn VII S. 109.

jedenfalls regelmäßig nicht zu.[1]) Noch weniger läßt sich aus den Vorschriften des allgemeinen Zivilrechts ein Recht des Bergwerksbesitzers zur Ableitung seiner Grubenwasser in einen Privatfluß rechtfertigen, mag er nun Uferanlieger sein oder nicht. Aus §§ 99 u. 100 I 8 ist zwar zu entnehmen, daß das Gesetz auch das Bett der Privatflüsse als den natürlichen Ableiter desjenigen Wassers ansieht, welches nach den Bodenverhältnissen denselben zufließt. Aber dieser Ableitungskanal soll als solcher nur gelten für das auf natürlichem Wege zufließende Wasser. Nur für dieses ist darnach Vorflut zu gewähren, nicht auch für das durch künstliche Leitungen zugeführte.[2]) Die im A.L.R. §§ 102ff. I 8 statuierte Verpflichtung zur Gewährung der Vorflut hat allerdings in dem Gesetze vom 15./11. 1811 und in dem Art. 3 des Gesetzes vom 11./5. 1853 eine erhebliche Erweiterung erfahren. Aber die darnach erweiterten Rechte sind nur gegeben für diejenigen, welche des Abflusses für die landwirtschaftliche Kultur ihrer Grundstücke oder für die Schiffahrt bedürfen, nicht auch für die Zwecke von Industrie und Bergbau.[3])

Endlich kann das uneingeschränkte Recht der Zuleitung von Grubenwassern auch aus dem Privatflußgesetze vom 28./3. 1843 nicht hergeleitet werden, weil dieses Gesetz überhaupt nicht die Entwässerung, sondern lediglich die Bewässerung regeln will.[4]) Die Vorschriften der §§ 2—12, welche einzelne Verbote gegen die Verunreinigung und Verengung der Privatflüsse enthalten, sind lediglich polizeilicher, nicht privatrechtlicher Natur.[5])

Dementsprechend hatte das Reichsgericht zunächst im Anschluß an die Judikatur des Obertribunals[6]) sich dafür ausgesprochen, daß der Grundeigentümer vermöge der Ausschließlichkeit seines Eigentums am **Privatflusse die Zu-**

---

[1]) Vergl. auch O.Tr. 7./7. 79 XXI 254 und oben S. 92ff.

[2]) R.G. 17./6. 82, Brassert XXIV 244.

[3]) Nieberding Wasserrecht S. 157, R.G. 17./6. 82 XXIV 245, Turnau-Foerster I 284, Foerster-Eccius III 178.

[4]) Turnau-Foerster I 286.

[5]) Scheele S. 57, Nieberding S. 17 u. 18, R.G. 17./6. 82 S. 246, R.G. 11./4. 00 Entsch. XLVI 255.

[6]) Vergl. u. a. 7./7. 79 XXI 249ff.

führung von Grubenwassern überhaupt nicht zu dulden habe, möge nun die Wasserzuführung dem unterliegenden Grundstücke schädlich sein oder nicht.[1]) Später ist aber das R.G.[2]) von dieser so weitgehenden Auffassung zurückgekommen und hat den **Adjazenten für verpflichtet erklärt, sich die Zuleitung von Grubenwassern soweit gefallen zu lassen, als diese Zuleitung nicht nach Art und Umfang das Maß des Gemeinüblichen übersteigt.** Dieser letzteren Ansicht des R.G. muß als richtig beigetreten werden. Der Privatfluß ist innerhalb seines Zuflußgebietes der von der Natur gegebene Rezipient nicht bloß für das aus dem Boden und von dessen Oberfläche von selbst abfließende Wasser, sondern vermöge der Bedingungen, unter denen menschliche Ansiedelung und Bodenbenutzung naturgemäß vor sich gehen muß, auch für dasjenige Wasser, das aus wirtschaftlichen Gründen künstlich fortgeschafft werden muß, wie nicht minder für diejenigen Stoffe, welche dem wirtschaftlich benutzten Wasser sich beimengen und vor dessen Ableitung nicht wieder ausgeschieden werden können. Die Benutzung der Privatflüsse zu einer derartigen Ableitung ist älter als die Bildung irgend welcher Rechtsnormen über das Eigentum an dem Flußlauf. Sie ist in gewissem Maße auch unvermeidlich und unentbehrlich und die Verpflichtung, sie zu gestatten, gehört in soweit zu den durch „die Natur bestimmten Einschränkungen des Eigentums" an den Flußläufen, denen jeder sich unterwerfen muß (§ 25 I 8 A.L.R.). Bei der Kollision derartiger widerstreitenden privatrechtlichen Interessen der Oberlieger und Unterlieger am Flusse muß das Prinzip den Ausschlag geben, daß die Ausschließlichkeit und Willkürlichkeit des Gebrauchsrechtes des einen Eigentümers eine notwendige Begrenzung findet in der dem anderen Eigentümer ebenfalls zustehenden Ausschließlichkeit und Willkürlichkeit seines Rechtes. Aus jenem Grundsatz leitete schon das römische Recht in dem Falle, in welchem es sich um den an und für sich jedem Eigentümer freistehenden Gebrauch der Luftsäule über

---

[1]) R.G. 21./4. 80 XXII 104; 17./6. 82 XXIV 239, 27./9. 84 XXVI 119).
[2]) Zuerst 2./7. 86 XXVII 359.

seinem Grundstück handelte, den Satz ab, daß der Eigentümer eines Grundstückes alles das von dem Eigentümer des Nachbargrundstückes dulden muß, was als regelmäßige Folge der gemeingebräuchlichen Eigentumsausübung erscheint, wie mäßigen Rauch, Staub und dergl., während er zum Widerspruch berechtigt ist, wenn die Überleitung derartiger Stoffe durch die Luft in ungewöhnlichem Maße geschieht.[1])

Die Anwendung des gleichen übrigens auch für das Preußische Recht von Theorie[2]) und Praxis[3]) akzeptierten Grundsatzes auf die Zuleitung des Wassers führt dahin, daß der dadurch betroffene, unterhalb liegende Uferbesitzer sich die Zuleitungen, welche in einer bloßen Vermehrung des Wasservorrates oder in der Beimengung fremder Stoffe, z. B. von Salzen,[4]) von Zink[5]) bestehen, gefallen lassen muß, **wenn sie das Maß des regelmäßig Gemeinüblichen nicht überschreiten,** möchte auch dadurch die absolute Verwendbarkeit des dem Unterlieger zufließenden Wassers zu einem beliebigen Gebrauche auch unwesentlich beeinträchtigt werden. Eine über das Gemeinübliche hinausgehende Zuführung von Wasser oder fremden Stoffen ist dagegen, selbst wenn eine nachweisbare Beschädigung nicht vorliegt, dennoch regelmäßig auch hier als eine ungebührliche Belästigung des unterliegenden Uferbesitzers anzusehen.

An den vorstehend wiedergegebenen Ausführungen, welche zuerst in der Entscheidung vom 2./6. 86 (XXVII S. 364) niedergelegt sind, hat seitdem die Judikatur des Reichsgerichts und der preußischen Gerichtshöfe konstant festgehalten,[6])

---

[1]) Kipp-Windscheid I S. 762.

[2]) Dernburg I 530, Foerster-Eccius III 161, Rehbein Entsch. I 737 ff.

[3]) Vergl. insbesondere Plenarpräjudiz des O.Tr. vom 7./6. 52 Strieth. V 282 sowie O.Tr. 1./12. 54 Strieth. XVI 50.

[4]) R.G. 4./4. u. 26./5. 88 XXX S. 254.

[5]) O.L.G. Hamm 30./1. 95 XXXVI S. 399.

[6]) O.L.G. Hamm 8./10. 81 XXIII 240; L.G. Münster 17./11. 84 XXVII 218; R.G. 18./9. 86 XXVII 535; 4./12. 86 XXVIII 514; 15./10. 87 XXIX 238; R.G. 4./4. u. 26./5. 88 XXX S. 254 ff.; 2./11. 92 XXXIV 130 (Steinkohlenwäsche) 30./9. 93 XXXV 232; O.L.G. Hamm 23./2. 94 XXXV 362; O.L.G. Hamm 30./1. 95 XXXVI 398; Kammergericht 17./12. 95 XXXVII 493; R.G. 16./11. 96 XXXVIII 233; R.G. 19./6. 97 XXXVIII 467; R.G. 7./7. 97 XXXVIII 471; R.G. 1./7. 99 XL 479; Daubenspeck I 257 ff.; R.G. 3./4. 89 Daubenspeck I 275; R.G. 26./5. 88 Daubenspeck I 282.

so daß damit als wasserrechtliches Prinzip auch in das heutige Recht der Satz übergegangen ist, daß der Unterlieger an Privatflüssen sich die Zuleitung von Grubenwassern gefallen lassen muß, soweit diese Zuleitung nicht nach Art oder Umfang das Maß des Gemeinüblichen übersteigt, bei darüber hinausreichenden Zuleitungen aber die negatorische und aquilische Klage bei besonderer Lage des Falles (vergl. oben S. 92ff.) auch die Klage aus § 148 A.B.G. anzustrengen berechtigt ist.[1])

d) Im **einzelnen** ist zu den **Klagen des Grundstückseigentümers wegen Zuleitung von Grubenwassern** noch folgendes hervorzuheben:

α) **Kläger ist nicht bloß der Adjazent** des Privatflusses, **sondern auch derjenige, der, ohne Adjazent zu sein, ein Recht zur Benutzung des Flußwassers erworben hat,** z. B. durch Ersitzung einer Grundgerechtigkeit oder einer persönlichen Dienstbarkeit.[2]) Ob auch durch Vertrag mit einem Adjazenten ein solches Recht noch jetzt übertragen werden kann, ist streitig.[3]) Jedenfalls ist aber die negatorische oder aquilische Klage nur dann begründet, wenn der Kläger gerade auf diejenige Benutzung des Privatflusses oder des Wassers desselben, wegen deren er durch die Einleitung des Grubenwassers beeinträchtigt wird, ein Recht hat. Ein solches Recht besteht z. B. in gewissem Umfange auch bezüglich des Verbrauches des Wassers. Der Adjazent ist zwar regelmäßig verpflichtet, das von ihm abgeleitete Wasser nach näherer Vorschrift des Gesetzes dem Privatflusse wieder zuzuführen. Aber andererseits ist ihm doch ein den Unterliegern unschädlicher Verbrauch eines Teiles des Wassers, sei es nun zu landwirtschaftlichen oder zu gewerblichen Zwecken gestattet. Beeinträchtigt der Bergwerksbesitzer daher durch seinen Bergbau dieses Verbrauchsrecht des Grundstückseigentümers, so greift er widerrechtlich in die Rechtssphäre desselben ein und ist zum Schadensersatz verpflichtet.[4])

---

1) Foerster-Turnau I 284.

2) Nieberding S. 249.

3) Dafür anscheinend R.G. 7./7. 97 XXXVIII 475, dagegen Nieberding S. 249.

4) Nieberding S. 258, R.G. 7./7. 97 XXXVIII S. 475.

β) **Ob eine bestimmte Art der Zuleitung in einen Fluß nach Stoff und Umfang das Maß des Gemeinüblichen überschreitet, kann nur nach den tatsächlichen örtlichen Verhältnissen des Einzelfalles beurteilt werden.**[1]) Wenn die Zuleitung von Grubenwassern sich nach Umfang oder Art über das sonst, wo Menschen in geordneten Verhältnissen zusammenleben, Gebräuchliche hinaus als das für eine bestimmte Gegend Gemeinübliche darstellen soll, so muß der Beweis erbracht werden, daß dieser Zustand schädlicher Zuleitung in der Tat für alle Gerinne dieser Gegend das allgemein Übliche in einem solchen Maße geworden ist, daß die Zuleitung nach Art und Umfang unschädlicher Abwasser nur noch als Ausnahme erscheint. Von diesem Grundsatz ausgehend ist selbst für das Gebiet der Emscher, obwohl dieselbe in besonders großem Umfange als Rezipient auch für schädliche Grubenwasser benutzt wird, diese das Maß des Gemeinüblichen übersteigende Zuleitung nicht als die für das Emschertal normale erachtet worden.[2]) Noch weniger ist Gemeinüblichkeit einer schädlichen Zuführung dort angenommen worden, wo dieselbe lediglich darauf gestützt wurde, daß schon seit längerer Zeit den Bächen der betreffenden Gegend Abwasser mit geringem Zinkgehalt zugeführt waren.[3])

γ) Die **Beweislast** dafür, daß die Wasserzuführung nach Art oder Umfang das Maß des Gemeinüblichen übersteigt, liegt **beim Kläger.** Dagegen braucht er nicht weiter noch darzutun, daß die Zuführung der Grubenwasser auch schädlich ist. Es ist vielmehr regelmäßig Sache des Beklagten darzutun, daß Chikane vorliegt, d. h. daß die, wenn auch ungebräuchliche, Zuleitung den Unterliegenden überhaupt nicht beeinträchtigt dergestalt, daß die Klage, wie aus den Tatumständen objektiv zu entnehmen, nur den Zweck verfolgt, den Bergwerkseigentümer zu schädigen.[4]) Der

---

[1]) R.G. 2./6. 86 XXVII 364, R.G. 4./4. 88 XXX 255; O.L.G. Köln 17./12. 89 XXXII 119; O.L.G. Hamm 30./1. 95 XXXVI 398; vergl. auch R.G. 18./4. 03. Jur. Wochenschrift Beilage S. 86.

[2]) R.G. 4./4. 88 XXX 255.

[3]) O.L.G. Hamm 30./1. 95 XXXVI S. 399.

[4]) R.G. 2./6. 86 XXVII 364 für bisheriges Recht; Rehbein I 339, Planck I 279; Mugdan Materialien I 505 u. 796ff.

Kläger kann seinerseits diesem Einwande der Chikane aber von vornherein in der Klage dadurch begegnen, daß er sogar die Schädlichkeit der Zuführung dartut.

δ) **Im übrigen finden auf die Klagen die allgemeinen Grundsätze** der actio negatoria und der Deliktsklage Anwendung, die oben (S. 193ff.) bereits erörtert sind. Was insbesondere bei der negatorischen Klage die Form des Klageantrages angeht, so hat dieselbe nur dahin zu gehen, daß dem Beklagten die Zuleitung soweit untersagt werde, als dieselbe nicht nach Quantität oder Qualität sich innerhalb des Gemeinüblichen hält, nicht dagegen auf die Einstellung der Zuleitung überhaupt.[1] Der Klageantrag kann aber auch dahin gerichtet werden, daß dem Bergwerksbesitzer die Zuleitung „in bisheriger Weise“ untersagt werde, vorausgesetzt, daß nach Inhalt des Antrages und des Urteils dies besagen soll, daß die Zuleitung auf das gesetzlich zulässige Maß beschränkt werde.[2] Der Kläger ist dahingegen nicht verpflichtet und auch nicht berechtigt, spezielle Vorschriften dem Beklagten zu machen, in welcher Weise er die Abwasser auf das gesetzlich zulässige Maß zurückführen soll. Das hierzu Erhebliche, und weitere Einzelheiten bezüglich der Formulierung des Klageantrages, sind bereits unter J S. 201ff. erörtert.

ε) Sind an der Schadenszufügung durch Zuleitung schädlicher Grubenwasser **mehrere Bergwerke oder neben einem solchen Dritte** (Fabriken, Stadtgemeinden) beteiligt, so muß bezüglich der negatorischen Klage zunächst festgestellt werden, ob jeder derselben Wasser zuführt, welches nach Art oder Menge das Maß des Gemeinüblichen übersteigt. Denn nur, wenn der Oberlieger dieses Maß nicht innehält, überschreitet er die Befugnisse, die ihm das Eigentum an sich verleiht.[3] Nicht erforderlich ist dagegen, daß die Zuleitung der Grubenwasser seitens eines jeden der Mitbeteiligten dem Unterlieger schädlich zu werden vermag. Es genügt vielmehr, um eine „Beeinträchtigung“ im Sinne des § 1004 B.G.B. anzunehmen, wenn die Zuleitung, welche bei jedem Ober-

---

[1] Turnau-Foerster I 284 und oben S. 193ff.
[2] R.G. 4./4. 88 XXX 257.
[3] § 903 B.G.B. Planck Anm. 1 zu § 1004.

lieger das Maß des Gemeinüblichen übersteigt, zwar als einzelne nicht schädlich wirkt, wohl aber in ihrem Zusammentreffen mit den übrigen Zuleitungen den unterliegenden Grundstücken Schaden zufügt. Und auch das ist nach dem oben (S. 220) Ausgeführten nicht einmal unbedingt notwendig, insoweit nur von jedem derjenigen, welche wegen der Zuleitung negatorisch verklagt werden, das Maß des Gemeinüblichen überschritten wird.[1])

ζ) Was die **Deliktsklage auf Schadensersatz im gleichen Falle** angeht, so wird auch bezüglich der Feststellung des Verschuldens genügen müssen, wenn den einzelnen Beteiligten bei Anwendung der im Verkehr erforderlichen Sorgfalt nicht unbekannt bleiben konnte, daß das von ihm dem Privatflusse zugeführte Wasser auch nur durch seine Vereinigung mit dem von anderer Seite dem Flusse zugeführten den anliegenden Grundstücksbesitzern Schaden zufügen werde. Der Bergwerksbesitzer kann sich also den Schadensansprüchen nicht durch den Einwand entziehen, daß seine an sich das Maß des Gemeinüblichen übersteigende Zuführung allein nicht schädlich gewirkt haben würde und daß er nur darauf seine Vorsicht zu beschränken gehabt habe.

Im übrigen haften die mehreren bei der Schadenszufügung Beteiligten gemäß § 830 B.G.B. als **Gesamtschuldner.** Zur Anwendung dieses Paragraphen ist nur erforderlich, daß der widerrechtlich herbeigeführte Schaden durch das schuldhafte Zusammenwirken mehrerer verursacht ist. Auf das größere oder geringere Maß der Beteiligung kommt es nicht an, ebensowenig, daß ein beabsichtigtes Zusammenwirken vorliegt.[2]) Die oben (S. 125ff.) besprochenen Voraussetzungen des Kausalzusammenhanges, sind vielmehr entsprechend zur Anwendung zu bringen. Die mehreren an der Schadenszufügung durch Zuleitung von Abwassern Beteiligten werden deshalb gemäß § 830 B.G.B auch hier nicht bloß in den dort sub 2 u. 3 behandelten Fällen solidarisch haften, wenn der Schaden durch die Gesamtzuleitung ent-

[1]) R.G. 4./12. 86 XXVIII 515; 4./4. u. 26./5. 88 XXX 255; 2./11. 92 XXXIV 131; 19./6. 97 XXXVIII 467.

[2]) Planck Anm. 1 zu § 830.

standen ist, sei es nun, daß jede einzelne Zuleitung für sich keinen Schaden oder wohl Schaden verursacht hätte, sondern sie haften, da es auf das Maß der Beteiligung auch im Falle des § 830 B.G.B. nicht ankommt, auch dort solidarisch, wo durch ihre Mitwirkung der Schaden nur vergrößert ist mit alleiniger Ausnahme des Falles sub 5, wenn das den Schaden hauptsächlich verursachende Ereignis ein Zufall ist, nach den dazu entwickelten Grundsätzen. Der Schadensanspruch ist endlich dort nicht gegeben, wo jeder Kausalzusammenhang deshalb entfällt, weil die betreffende Zuführung, selbst wenn sie das Maß des Gemeinüblichen übersteigen sollte, doch dies nur in so geringem Umfange tut, daß sie den Schaden nicht einmal zu vergrößern geeignet ist.[1])

e) Von den **Einreden**, welche gegenüber der negatorischen Klage bezw. der Deliktsklage in Frage kommen können, verdienen besondere Erwähnung:

α) Der Einwand der **Unzulässigkeit des Rechtsweges** ist für preußisches Recht auch gegenüber der negatorischen Klage wegen Zuleitung von Grubenwassern abgesehen von dem unter L I Nr. 2 zu erörternden Falle der ausnahmsweisen Zuständigkeit der Auseinandersetzungs-Behörden niemals begründet. Denn da es sich sowohl bei dem oberliegenden Bergwerksbesitzer wie dem unterliegenden Adjazenten lediglich um kollidierende Ansprüche privatrechtlicher Natur handelt, so kann es nicht zweifelhaft sein, daß eine „bürgerliche Rechtsstreitigkeit" im Sinne des § 13 Gr.G. vorliegt.[2]) Speziell muß dies auch für den Fall gelten, wo das administrative Enteignungsverfahren der §§ 135ff. des A.B.G. bereits eingeleitet ist. Solange dasselbe nicht in der Rekursinstanz endgültig durchgeführt ist, steht dasselbe dem Prozeßverfahren in keiner Weise entgegen. Der Richter ist m. E. auch ohne Zustimmung beider Parteien nicht etwa berechtigt, von Amts wegen das Verfahren bis zur Durchführung des Enteignungsverfahrens einzustellen. § 148 C.P.O. trifft nicht zu, weil es sich nicht um die Fest-

[1]) O.L.G. Hamm 23./2. 94 XXXV 362; R.G. 9./7. 86 Entsch. XVI 144.

[2]) Vergl. auch R.G. 21./4. 80 XXII 105 und dortige, ausführliche Literaturangaben. O.Tr. 14./7. 64 Strieth. Bd. 53 S. 337.

stellung oder Nichtfeststellung eines bereits vorhandenen Rechtsverhältnisses, sondern um die Schaffung eines neuen, noch nicht vorhandenen handelt.[1]) Mit noch größerem Recht ist deshalb, als die Bergbehörde in einem schwebenden Prozeß über die Zuleitung von Grubenwassern mit Rücksicht auf ein bei den Verwaltungsbehörden eingeleitetes Enteignungsverfahren den Kompetenzkonflikt erhob, derselbe für unzulässig erklärt worden.[2])

β) Der Einwand, daß eine Untersagung der Wasserzuführung die gänzliche oder teilweise **Einstellung des Betriebes** des Bergwerkes zur Folge haben würde, ist an sich zulässig (vergl. S. 200ff.). Dieser Einwand wird indes regelmäßig schon deshalb nicht begründet sein, weil die Aufrechterhaltung des Betriebes noch auf anderem Wege, nämlich auf dem der Enteignung der §§ 135 ff. möglich ist. Denn der Bergwerksbesitzer hat, wie bereits S. 200 hervorgehoben, auf die Vornahme solcher Handlungen, welche nicht zu den eigentlichen Maßnahmen des Bergwerksbetriebes im Sinne des § 148 A.B.G. gehört, nur dann ein Recht, wenn ihm jedes sonstige Mittel fehlt, seinen Betrieb aufrecht zu erhalten.[3]) Der Einwand wird daher bei der Ableitung der Grubenwasser in Privatflüsse nur in besonderen Notfällen, z. B. während des sofort beantragten, aber noch schwebenden Enteignungsverfahrens, außerdem bei einer Ableitung in öffentliche Ströme dann durchgreifen können, wenn man annimmt, daß bei diesen letzteren die Zuleitung nicht durch Enteignungsverfahren erzwungen werden kann.[4]) M. D. dürften indes auch Benutzungsrechte an öffentlichen Strömen im Wege der bergrechtlichen Enteignung gerade so erworben werden können, wie z. B. durch Ersitzung oder Vertrag (vergl. oben S. 213), sodaß auch hier der obige Einwand wohl selten praktisch werden wird.

γ) Zulässig ist auch der **Einwand, daß ein besonderer Rechtstitel** für die Berechtigung der Einleitung schädlicher

---

[1]) Gaupp-Stein I 362.
[2]) Entsch. des Kompetenzgerichtshofes vom 12./11. 81 XXIII 247.
[3]) O.Tr. 7./7. 79 XXI S. 252; R.G. 19./6. 97 XXXVIII 467; R.G. 23./11. 86 Daubenspeck I 284.
[4]) So R.G. 24./5. 95 XXXVII 106.

Grubenwasser vorliegt,[1]) z. B. vertragliche Gestattung derselben. Ebenso war nach bisherigem preußischen Recht der Einwand der Ersitzung zulässig. Das dazu Erhebliche ist bereits oben S. 189 und 203 hervorgehoben.

δ) Ein weiterer zulässiger Einwand ist der, **daß der Bergwerkseigentümer im Wege der Enteignung das Recht erworben habe, schädliche Grubenwasser zuzuleiten.** Dieser Einwand ist bei Vorhandensein der übrigen gesetzlichen Voraussetzungen auch gegenüber einem vorher ergangenen rechtskräftigen Urteil zulässig[2]) und würde diesem gegenüber in der Form des § 767 C.P.O. zur Geltung gebracht werden können.

ε) Inwieweit der Einwand der Chikane gegenüber der negatorischen Klage zulässig und wie derselbe zu substantiieren ist, ist bereits oben S. 220 berührt.[3]) Der Einwand der Chikane kann jedenfalls nicht schon dadurch begründet werden, daß der Kläger nur einen der mehreren Schädiger belange, diese Belangung aber für ihn keinen Zweck habe, weil er durch die Zuführung seitens der übrigen Beteiligten auch ohne Mitwirkung des Beklagten denselben Schaden erleide. Denn es kann für den Kläger praktisch wichtig sein, seine Ansprüche der Kostenersparnis halber zunächst gegen e i n e n der mehreren Schädiger festzustellen und dann erst die übrigen zu belangen. Jedenfalls hat der Kläger auch ein Interesse schon allein daran, das ihm schädliche Zusammenwirken mehrerer zu hindern.[4])

III. Französisches Recht.

Bezüglich des französischen Rechtes dürften im allgemeinen dieselben Grundsätze zur Anwendung kommen wie bezüglich des preußischen Landrechts.[5]) Insbesondere ist auch für das französische Recht anerkannt, daß der Bergwerksbesitzer den Privatflüssen, welche nach französischem Recht zwar nicht im Eigentum des Adjazenten stehen, aber dem

---

1) R.G. 17./6. 82 XXIV 239; 27./9. 84 XXVI 119.
2) R.G. 5./7. 90 XXXII 121.
3) § 226 B.G.B.; vergl. auch R.G. 26./5. 88, Daubenspeck I S. 282.
4) R.G. 4./4. 88 XXX 254 ff.
5) Nieberding S. 61.

Nutzungsrechte derselben unterworfen sind, keinerlei Abwasser zuführen darf, soweit dieselben das Maß des Gemeinüblichen übersteigen und daß, wenn dies dennoch geschieht, der Unterlieger dieserhalb negatorisch zu klagen, auch Schadensansprüche geltend zu machen befugt ist.[1]) Ebenso ist auch für rheinisches Recht angenommen, daß das Recht der Zuleitung schädlicher Grubenwasser durch 30jährige Ersitzung erworben werden kann.[2]) Ein Unterschied besteht gegenüber dem preußischen Landrecht und dem französischen Recht im wesentlichen in folgenden Punkten:

a) Das französische Recht rechnet zu den **öffentlichen Gewässern** nicht bloß diejenigen Flüsse, welche schiffbar sondern im Gegensatz zu dem Preußischen Landrecht auch diejenigen, welche bloß **flößbar** sind (Art. 538 C. c.), d. h. die Flösserei mit verbundenem Holze gestatten.

b) Es sieht die **öffentlichen Flüsse** als **Staatseigentum** an.[3])

IV. Gemeines Recht.

Was das **gemeine Recht** anbetrifft, so ist folgendes hervorzuheben:

1. Der Begriff des **flumen publicum** ist dort ein streitiger, in jedem Falle aber ein weitergehender, wie im preußischen Recht. Nach der einen Ansicht sind alle natürlichen, nicht periodisch versiegenden, in festen Gerinnen fließenden Gewässer flumina publica,[4]) nach einer anderen nur die beständig fließenden Flüsse, nicht aber auch die beständig fließenden Bäche. Dabei wurde der Unterschied zwischen Bach und Fluß in der Größe und in der Auffassung des Verkehrs gefunden: Flumen a rivo magnitudine discernendum est aut existimatione circumcolentium.[5])

2. **Öffentliche Flüsse standen in keinem Privateigentum,** auch nicht des Staates, sie galten als res omnium com-

---

[1]) O.Tr. 27./6. 65 Strieth. Bd. 60 82ff., 24./11. 68 Strieth. Bd. 75 S. 18; O.L.G. Köln 17./12. 89 XXXII 119; Crome I S. 299 Anm. 6; R.G. 15./11. 92 Entsch. Bd. 53 S. 43ff.

[2]) R.G. 4./7. 93 XXXV 232.

[3]) Nieberding S. 61.

[4]) Dernburg Pr. Pr. I 616, Crome I 300 Anm. 10, vergl. auch A.G. Celle 4./1. 78 XXVI 511.

[5]) l. 1 § 1 D. de flumin. 43, 12, Kipp-Windscheid I 632 Anm. 8.

munes und standen als solche dem Gemeingebrauch eines jeden offen, der Staat übte an ihnen nur Hoheitsrechte aus.[1]) An den öffentlichen Flüssen konnten jedoch auch, abgesehen von dem einen jedem an ihnen zustehenden Gemeingebrauche besondere private Nutzungsrechte durch Privilegium und unvordenkliche Verjährung erworben werden.[2]) Indes brachte auch schon die Natur des einem jeden an den öffentlichen Flüssen zustehenden Rechtes auf den Gemeingebrauch es nach der Auffassung des gemeinen Rechts mit sich, daß jeder nur insoweit und nur in der Art öffentliche Gewässer in seinem Privatinteresse gebrauchen durfte, als er nicht andere dadurch in dem ihnen zustehenden Mitgebrauche beeinträchtigte oder auf andere Weise dritten einen Nachteil zufügte. Sofern daher jemand durch Veranstaltungen eines anderen bezüglich des öffentlichen Flusses an demselben in seinen Befugnissen geschädigt wurde, hatte er das Recht, die Beeinträchtigung mittels der negatorischen Klage oder mittels des interdictum, ne quid in flumine publico fiat abzuwehren.[3]) Daraus folgt, daß bezüglich der Zuleitung von schädlichen Grubenwassern in einen öffentlichen Fluß des gemeinen Rechts im wesentlichen dieselbe Rechtslage besteht, wie bezüglich der Zuleitung in die Privatflüsse des preußischen Rechtes, selbstredend soweit nicht Partikulargesetze, die für das gemeine Wasserrecht bei seiner nicht scharfen Sonderung der einzelnen Gewässer von besonderer Bedeutung sind, entgegenstehen.[4]) Insbesondere ist deshalb auch für das gemeine Recht ausgesprochen, daß die Anlieger eines flumen publicum eine Zuleitung von Grubenwassern, welche über das Maß des Gemeinüblichen hinausgeht, nicht zu dulden brauchen.[5])

3. Was die **flumina privata** des gemeinen Rechtes angeht, so kann es keinen Zweifel unterliegen, daß dieserhalb den Eigentümern derselben wegen Zuleitung von Grubenwassern dieselben Rechte zustehen, wie dies bezüglich der

---

1) Kipp-Windscheid I 632, vergl. auch A.G. Celle 4./1. 78 XXVI 511.
2) Kipp-Windscheid I 633.
3) A.G. Celle 4./1. 78 a. a. O., Kipp-Windscheid II 979 unter Nr. 6.
4) Nieberding S. 62.
5) R.G. 24./5. 95 XXXVII 104.

in privatem Eigentum stehenden geschlossenen Gewässer des preußischen Rechts der Fall ist. Denn von dem flumen privatum galt der Satz:[1]) nihil differt a caeteris locis privatis, sie haben somit rechtlich dieselbe Eigenschaft wie die vom Wasser nicht bedeckten Grundstücke. Demnach muß angenommen werden, daß auch im Gebiete des bisherigen gemeinen Rechtes dem Grundeigentümer, dessen Grundstück direkt Grubenwasser zugeleitet werden, dagegen die negatorische Klage und nötigenfalls auch die Deliktsklage des B.G.B. zusteht.[2])

L. Die prozessuale Geltendmachung des Bergschädenanspruches.

I. Historische Einleitung. Zulässigkeit des Rechtsweges.

1. In **Preußen** war durch die Verordnung vom 26. Dezember 1808 die Gerichtsbarkeit in allen streitigen Bergangelegenheiten, also auch bei Konflikten zwischen Grundbesitz und Bergbau den ordentlichen Gerichten übertragen worden. Bereits durch die Verordnung vom 21. Februar 1816 wurde indes die Instruktion und Entscheidung über alle Rechtsstreitigkeiten bezüglich solcher Gegenstände, welche den Bergbau und die Hüttenverwaltung betrafen, in erster Instanz wieder besonderen mit den Oberbergämtern verbundenen Berggerichten zugeteilt (Gesetzsammlung S. 104, 108), während es in den höheren Instanzen bei der Zuständigkeit der ordentlichen Gerichte verblieb. Durch das Gesetz vom 2. Januar 1849 (§ 13) wurde auch diese erstinstanzliche Sondergerichtsbarkeit der Bergbehörden wieder beseitigt, gleichzeitig aber bestimmt, daß die Gerichte aus der Zahl der von dem Oberbergamt zu bezeichnenden bergmännischen Sachverständigen zwei derselben zu der mündlichen Verhandlung zuziehen sollten, denen zunächst volles Stimmrecht, seit dem Gesetz vom 26. April 1851 Art. 4 aber nur noch eine beratende Stimme gewährt wurde.

---

[1]) l. 1 § 4 D. de flumin. 43, 12.
[2]) R.G. 23./11. 86 Daubenspeck I 284.

In diesem Rechtszustande trat durch das Berggesetz vom 24. Juni 1865 eine Änderung nicht ein. Das Berggesetz enthielt sich vielmehr jeder Bestimmung „weil — wie es in den Motiven hieß — die privatrechtlichen Streitigkeiten über die Bergschäden nicht vor die Bergbehörde, sondern vor den ordentlichen Richter gehören".[1]) Durch das E.G. zur C.P.O. vom 30. Januar 1897, insbesondere §§ 3 und 14 desselben, wurden endlich die Bergschädenprozesse überall dem gewöhnlichen gerichtlichen Verfahren unterworfen, die abweichenden landesgesetzlichen Vorschriften aber aufgehoben. Damit fiel insbesondere also auch die Zuziehung der Sachverständigen zu den Gerichtssitzungen weg.

2. Unterliegt hiernach für Preußen die Zulässigkeit des Rechtsweges keinem Zweifel, so kann doch in einem Falle auch heute noch **nach preußischem Recht den ordentlichen Gerichten die Entscheidung der Bergschädenklage entzogen sein, wenn nämlich das beschädigte Grundstück einem Separationsverfahren unterworfen wird.** Nach § 12 der Verordnung vom 20./6. 1817 über das Verfahren in Auseinandersetzungssachen in der Gestalt, welche dasselbe nach den jetzt geltenden Gesetzen, insbesondere dem Gesetz vom 18./2. 1880 erhalten hat,[2]) hat die Generalkommission „in den Angelegenheiten, welche bei ihr anhängig sind, nicht bloß den Hauptgegenstand der Auseinandersetzung, sondern auch alle anderweiten Rechtsverhältnisse, welche bei vorschriftsmäßiger Ausführung der Auseinandersetzung in ihrer bisherigen Lage nicht verbleiben können, zu regulieren." Diese Regulierung erstreckt sich nach Nr. 2 desselben Paragraphen in solchen adminikulierenden Angelegenheiten auch auf „die Instruktion und die Entscheidung der Streitigkeiten in erster Instanz, sowie die Instruktion in der Berufungsinstanz" und dies auch dann (§ 22 desselben Gesetzes), wenn die Streitigkeiten bereits bei den ordentlichen Gerichten anhängig gemacht sind. In solchen Prozessen müssen daher die Akten sofort an die Generalkommission abgegeben werden. Die

---

[1]) Brassert Bd. 6 S. 72.
[2]) Vergl. Glatzel-Sterneberg S. 10 u. S. 28ff.

Generalkommission entscheidet dann in solchen Rechtsstreitigkeiten als erkennender Richter erster Instanz, während in zweiter Instanz das Oberlandeskulturgericht eintritt.[1]) Man wird darnach anzunehmen haben, daß die Auseinandersetzungsbehörden auch Bergschädenprozesse zwischen Grundeigentümer und Bergwerksbesitzer unter Ausschluß der ordentlichen Gerichte zu entscheiden berufen sind, wenn die Festsetzung der Existenz und der Höhe des Bergschädenanspruches für die Bewertung des beschädigten Grundstücks im Zusammenlegungsverfahren und die daraus sich ergebende Höhe der Abfindungsberechtigung von Erheblichkeit ist.[2])

Das letztere wird nicht der Fall und demgemäß auch m. D. die Kompetenz der Auseinandersetzungsbehörden für die Entscheidung von Bergschädenprozessen dann nicht begründet sein, wenn die Beschädigung des zur Separation mitgezogenen Grundstücks entweder bereits vor der Einleitung des Separationsverfahrens eingetreten war oder erst eintritt, nachdem auf Grund des Planurteils die Übergabe der Abfindungsgrundstücke, d. h. die Besitzeinweisung der Teilnehmer in die ihnen zugeteilten Grundstücke schon stattgefunden hat und damit das Eigentum an dem Grundstück auf den neuen Eigentümer übergegangen ist.[3]) Denn da die Bergschädenforderung, wie bereits an anderer Stelle (S. 43 ff.) ausgeführt, einen rein persönlichen Charakter hat und demjenigen in vollem Umfange zusteht und verbleibt, der zur Zeit des Eintritts der Beschädigung Eigentümer des Grundstücks ist, daran auch durch die Separation nichts geändert wird, vielmehr auch trotz derselben die bereits früher entstandene Schadensforderung dem bisherigen Eigentümer verbleibt,[4]) so kann es in diesen beiden vorgenannten Fällen keinem Zweifel unterliegen, daß der Bergschädenanspruch für die Ausführung der Auseinandersetzung unwesentlich ist und

---

[1]) Vergl. auch Turnau-Foerster II S. 551 ff.

[2]) Vergl. die analogen Entscheidungen des Kompetenzgerichtshofes vom 29./6. 01 in der Zeitschrift für die Landeskulturgesetzgebung Bd. 35 S. 157; desgl. vom 30./6. 00 Bd. 34 S. 322; des Revisionskollegiums des O.Tr. Bd. 20 S. 112.

[3]) Turnau-Foerster II S. 559.

[4]) O.Tr. 30./3. 1874 XVI S. 107.

deshalb auch nach § 12 cit. nicht mit zum Gegenstande des Separationsverfahrens gemacht werden darf. Bei dem Separationsverfahren werden nämlich die Grundstücke bezüglich der Bestimmung ihres Wertes und des dagegen zu gewährenden Äquivalents von anderen Grundstücken in dem Zustande zugrunde gelegt, in welchem sie sich zur Zeit der Auseinandersetzung bezw. Bonitierung befinden.[1]) Zu diesem bei der Bonitierung ermittelten Wert werden dieselben in die Soll-Haben-Berechnung aufgenommen.[2]) Daraus erhellt, daß derjenige Grundeigentümer, der bereits vor diesem Augenblick eine Beschädigung an seinem Grundstück durch Bergbau zu beklagen hat, durch die Separation in seinen Rechten bezüglich dieses seines Bergschadens ebensowenig berührt wird wie derjenige Separationsinteressent, dem dieses beschädigte Grundstück zugeteilt wird. Dem ersteren wird zwar bei der Auseinandersetzung nur der damalige Wert seines Grundstücks, also abzüglich der Wertsdifferenz, die dasselbe durch den Bergbau erlitten hat, vergütet, andererseits erhält er aber die Wertsdifferenz, die sein Grundstück durch die frühere Beschädigung erlitten hat, dadurch ausgeglichen, daß ihm der Schadensanspruch an dem Bergwerksbesitzer verbleibt. Der neue Eigentümer aber, auf den das Grundstück bei der Separation ohne die Schadensforderung übergeht, erleidet dadurch keinen Nachteil, weil ihm das Grundstück gleichfalls nur zu seinem beschädigten Werte angerechnet wird. Die Tatsache, ob das Grundstück durch Bergbau beschädigt ist, ist deshalb in diesem Falle für das Auseinandersetzungsverfahren gleichgültig. Nur haben die Auseinandersetzungsbehörden bei der Bonitierung des Grundstücks zu beachten, daß auch der zukünftige Ertragsausfall desselben, soweit er eine wirkliche Folge des früher bereits eingetretenen Schadens ist, dem bisherigen Eigentümer verbleibt (vergl. darüber oben S. 100ff.).

Gleiches gilt, wenn die Beschädigung erst eintritt, nach-

---

[1]) § 2 des Gesetzes vom 2./4. 1872 betr. die Zusammenlegung von Grundstücken, welche einer gemeinschaftlichen Benutzung nicht unterliegen, § 87 der Gemeinheitsteilungsordnung vom 7./7. 1821.

[2]) Turnau-Foerster II S. 559.

dem das Grundstück in das Eigentum des jetzigen Eigentümers übergegangen ist. Denn in diesem Falle ist er allein berechtigt, wegen der Schädigung, die das Grundstück durch den Bergbau erleidet, den Bergwerksbesitzer haftbar zu machen. Für das Separationsverfahren kommt dieser Bergschaden deshalb rechtlich nicht in Betracht, weil in dem kritischen Zeitpunkt, d. h. dem Zeitpunkt der Besitzeinweisung der Separationsinteressenten, das Grundstück tatsächlich denjenigen Wert hatte, zu welchem es in dem Auseinandersetzungsplan aufgenommen ist.

Dagegen wird sich m. D. die Auseinandersetzungsbehörde, wenn nicht in dem Rezeß eine besondere Bestimmung aufgenommen ist, daß die nach der Bonitierung der Separationsgrundstücke entstehenden Bergschädenforderungen auf den Erwerber übergehen, der Instruktion und Entscheidung über solche Bergschäden nicht entziehen können, welche in dem Zeitpunkte zwischen der Bonitierung und der Besitzeinweisung entstanden sind. Denn nach dem Vorgesagten würden auch diese Schadensansprüche dem früheren Eigentümer verbleiben. Dieser würde sich also, wenn diese Bergschäden von den Auseinandersetzungsbehörden nicht zur Kognition gezogen würden, bereichern, indem er einmal durch den Auseinandersetzungsplan neue Grundstücke bezw. Kapitalentschädigung erhielte, in einem Umfange, welche dem bisherigen unbeschädigten Werte seines früheren Grundstücks entspräche und trotzdem daneben noch die Schadensforderung gegen den Bergwerksbesitzer behielte. Andererseits würde der neue Erwerber dieses Plangrundstücks in demselben Umfange geschädigt, weil ihm das neue Grundstück bei der Planberechnung als unbeschädigtes Grundstück angerechnet wäre, während ihm doch das Surrogat der Wertsverringerung, der Entschädigungsanspruch, nicht zustände. Um hier die richtige Abfindung für beide Interessenten zu ermitteln, würde in der Tat die Generalkommission nicht umhin können, den Bergschädenanspruch des bisherigen Eigentümers in quali et quanto festzustellen. Es wird also, um solche Weitläufigkeiten beim Separationsverfahren zu vermeiden, sich empfehlen, die Schadensansprüche schon von der Bonitierung ab durch besondere Bestimmung des Rezesses auf den neuen Erwerber übergehen zu lassen.

3. Bezüglich der Frage der Zulassung des Rechtsweges in Bergschädenstreitigkeiten befinden sich fast alle **übrigen deutschen Berggesetze** mit Preußen in Übereinstimmung, insofern sie durchweg den Anspruch wegen Bergschäden lediglich dem ordentlichen Rechtswege unterwerfen. Nur im Königreich Sachsen, Sachsen-Weimar und in Anhalt ist eine vorläufige Festsetzung der Schadenspflicht an sich und der Höhe des Schadens durch die zuständigen Verwaltungsbehörden vorgesehen. Die Rechtsgültigkeit dieser landesgesetzlichen Bestimmung auch nach Eintritt der C.P.O. kann nicht zweifelhaft sein.[1]) In Sachsen erfolgt (§ 147 A.B.G.) die Entscheidung über die Verbindlichkeit des Bergwerksbesitzers zum Schadensersatz an sich in erster Instanz durch das Bergamt in Gemeinschaft mit der Ortspolizeibehörde, dagegen der Rekurs an das Finanzministerium und Ministerium des Innern gegeben.[2]) Über die Höhe der Entschädigung entscheidet in erster Instanz die Ortsverwaltungsbehörde (Stadtrat oder Amtshauptmannschaft), in zweiter Instanz die Kreishauptmannschaft. Gegen beide Entscheidungen steht der Rechtsweg mit Präklusivfrist von sechs Monaten frei (§ 148 A.B.G.). Dabei ist streitig, ob auf das Verwaltungsverfahren beiderseits verzichtet werden kann, ob der Verwaltungsweg durch alle Verwaltungsinstanzen erschöpft sein muß oder ob die Entscheidung einer Instanz genügt, so daß schon gegen diese binnen sechs Monaten der Rechtsweg beschritten werden kann.[3]) Ähnlich ist die Zuständigkeit der Verwaltungsbehörden unter Vorbehalt des Rechtsweges in Sachsen-Weimar geordnet, nur beträgt dort die Frist zur Erhebung der ordentlichen, gerichtlichen Klage bloß 30 Tage.[4]) Ebenso hat nach § 140 des Anhaltischen Berggesetzes auf Antrag des Verletzten die Oberbergbehörde über die Schadenspflicht in quali und quanto eine Entscheidung zu treffen, welche die Kraft eines richterlichen Urteils erlangt,

---

[1]) Vergl. § 3 E.G, zur C.P.O. u. § 13 G.V.G.
[2]) Dannenberg Anm. 1a zu § 147.
[3]) Wahle zu § 148 A.B.G.
[4]) §§ 142, 143 des Berggesetzes für Sachsen-Weimar.

wenn nicht binnen vier Wochen dagegen der Rechtsweg beschritten wird. Die Bestimmung des Anhaltischen Berggesetzes gibt dabei zu dem Zweifel Anlaß, ob darnach der Rechtsweg dergestalt eingeschränkt ist, daß unbedingt zunächst die Verwaltungsbehörde entscheiden muß, oder ob dies nur dann erforderlich ist, wenn der Verletzte den bezüglichen Antrag stellt. Man wird sich nach dem Wortlaute des Gesetzes für das letztere zu entscheiden haben, so daß der Grundeigentümer nach Anhaltischem Bergrecht die Wahl hat, ob er erst den Verwaltungsweg beschreiten oder sofort die ordentliche gerichtliche Klage einlegen will.[1])

In Lippe-Detmold endlich erfolgt die Feststellung der Entschädigung durch zwei Sachverständige, von denen einer vom Grundeigentümer, der andere vom Bergwerksbesitzer ernannt wird, während die Bergbehörde den Obmann bestellt. Der Rechtsweg ist darnach anscheinend dort überhaupt ausgeschlossen.[2])

Abgesehen von diesen Ausnahmebestimmungen unterliegt der Bergschädenprozeß jetzt überall den allgemeinen Vorschriften der C.P.O. Dieselben bedürfen in Nachfolgendem deshalb nur insoweit besonderer Erörterung, als sie nach Inhalt der Judikatur für die prozessuale Geltendmachung des Bergschädenanspruches von besonderer praktischer Bedeutung geworden sind.

II. Der Gerichtsstand.

Die Bergschädenklage kann

1. auf Grund des § 148 regelmäßig im **allgemeinen Gerichtsstande des Bergwerksbesitzers** erhoben werden. Dabei mag hervorgehoben sein, daß, soweit als Beklagte eine Gewerkschaft in Betracht kommt, die Klage nicht am Sitz derselben, sondern dort erhoben werden muß, wo das Bergwerk liegt d. h. dasjenige, durch dessen Erwerb die Gewerkschaft entstanden ist (§ 17 C.P.O. Abs. 2). Hat die Gewerkschaft einen durch Statut geregelten Gerichtsstand, so kann

[1]) R.G. 11./10. 02 XLIV S. 259.
[2]) §§ 65 u. 68 der Bergordnung für Lippe-Detmold.

die Klage daneben auch in diesem statutarisch vorgesehenen Gerichtsstand erhoben werden, sie braucht es aber nicht, da eine Ausschließung des gesetzlichen Gerichtsstandes des § 17 Abs. 2 C.P.O. durch Statut unzulässig ist.[1]) Endlich kann es nicht zweifelhaft sein, daß die statutarische Festlegung des Sitzes der Gewerkschaft noch nicht diejenige des Gerichtsstandes derselben bedeutet. Abs. 3 des § 17 C.P.O. trifft daher nur zu, wo ausdrücklich der Gerichtsstand durch Statut anderweit geregelt ist.

2. Neben dem allgemeinen Gerichtsstande ist auch **der besondere Gerichtsstand der §§ 24, 26** begründet. Regelmäßig wird gemäß § 26 der C.P.O. für die Klage aus § 148 A.B.G. dasjenige Gericht zuständig sein, in dessen Bezirk das beschädigte Grundstück liegt. Es ist dabei unerheblich, worauf der Schadensanspruch im einzelnen Falle gerichtet ist. Auch der Anspruch auf Ersatz des Verlustes von Geschäftsgewinn z. B. fällt unter § 26, weil er mittelbarer Schaden durch Beschädigung des Grundstücks ist.[2]) § 26 C.P.O. begründet aber weiter auch einen besonderen Gerichtsstand für dasjenige Gericht, wo das schädigende Bergwerk liegt. Denn der Schadensanspruch richtet sich nach den obigen (S. 55ff.) Ausführungen gegen den Eigentümer oder Besitzer des Bergwerks als solchen.[3]) Die negatorische Klage auf Untersagung der Zuleitung schädlicher Grubenwasser muß sogar ausschließlich dort erhoben werden, wo das durch die Zuleitung betroffene Grundstück liegt,[4]) während der ex delicto begründete Anspruch auf Schadensersatz auch im Gerichtsstande des § 32 C.P.O. erhoben werden kann, der für die Klage bloß aus § 148 A.B.G. nicht in Frage kommt, weil er auf bloße Ansprüche ex lege, bei denen, wie hier, auch ein Delikt im weiteren Sinne nicht unterstellt werden kann, nicht zutrifft.[5]) Bei einem Schadensanspruch wegen Zuleitung

---

[1]) R.G. 16./11. 93 Entsch. Bd. 32 S. 384; Gaupp-Stein III zu § 17 C.P.O.

[2]) R G. 6./2. 95 D. II S. 147.

[3]) Gaupp-Stein II A zu § 26 C.P.O.

[4]) § 24 C.P.O.; Gaupp-Stein C 1 zu § 24, Struckmann-Koch desgl., R.G. 19./10. 95 Entsch. Bd. 36 S. 237.

[5]) Gaupp-Stein II u. III zu § 32 C.P.O., Struckmann-Koch Anm. 1 dazu.

schädlicher Grubenwasser in einen Privatfluß wird die Klage ex delicto auf Grund des § 32 C.P.O. übrigens nicht bloß dort erhoben werden können, wo das schädliche Wasser auf das Grundstück gelangt, sondern auch dort, wo die Zuleitung desselben in den Privatfluß stattfindet. Denn auch dort ist die Handlung begangen.[1])

Für die Klage kann ferner der Gerichtsstand des § 21 C.P.O. in Frage kommen, wenn z. B. ein größeres industrielles Unternehmen eine besondere Bergwerksverwaltung eingerichtet hat, von welcher aus unmittelbare Geschäfte abgeschlossen werden. Die Klage wegen Beschädigung von Grundeigentum durch ein dieser Verwaltung unterliegendes Bergwerk dürfte in diesem Falle „auf den Geschäftsbetrieb der Niederlassung Bezug haben".[2])

Hervorgehoben mag endlich sein, daß die Schadensklage auch dann dort, wo das beschädigte Grundstück liegt, erhoben werden muß, wenn mehrere Bergwerksbesitzer verklagt werden sollen.[3])

III. Die Klage.

Auch im übrigen finden auf die **Klage** die allgemeinen Vorschriften der C.P.O. Anwendung.

1. Das gilt namentlich von der Form und dem Inhalt der Klage, speziell also auch von der Frage, ob **die Klage auf Ersatz des Schadens auch lediglich in quali,** also vorbehaltlich der in einem späteren Prozesse in quanto zu erfolgenden Liquidation erfolgen kann. Die Frage ist regelmäßig zu verneinen und zwar schon mit Rücksicht auf § 253 Nr. 3 C.P.O., wonach jede Klage einen bestimmten Antrag erfordert. Diesem Erfordernis ist nicht genügt, wenn bei einer Leistungsklage nicht auch in quanto angegeben ist, was der Kläger fordert. Andererseits ergibt sich auch aus § 256 C.P.O., daß auf bloße Feststellung des Be-

---

[1]) Sydow-Busch Anm. 3 zu § 32 C.P.O., Struckmann-Koch Anm. 4 dazu, Gaupp-Stein IV dazu, R.G. 4./6. 98 Gruchot Bd. 42 S. 1171.
[2]) Gaupp-Stein III zu §. 21.
[3]) § 36 Nr. 3 C.P.O., Gaupp-Stein I S. 103.

stehens eines Schadensanspruches nur unter den dort angegebenen Vorsaussetzungen geklagt werden kann.[1]) Der Grundbesitzer kann deshalb seinen Schaden in quali unter Vorbehalt seiner Liquidation in quanto nur gemäß den Voraussetzungen des § 256 C.P.O. also nur dann einklagen, wenn ihm ein Mal bereits Schaden erwachsen ist, da nur in diesem Falle **ein bestehendes Rechtsverhältnis** im Sinne dieses Paragraphen vorliegt.[2]) Die bloße Möglichkeit des Schadeneintritts genügt zur Annahme des Vorhandenseins eines Rechtsverhältnisses nicht.[3]) Außer der Existenz des Schadens ist aber weitere Vorbedingung der Klage aus § 256 C.P.O., daß der Grundeigentümer ein Interesse an der „alsbaldigen Feststellung" der Schadenspflicht bloß in quali hat.

a) Das wird regelmäßig einen **doppelten Nachweis** erfordern:

α) in **negativer Richtung**, daß der Grundstücksbesitzer nicht imstande ist, zurzeit den Umfang des Schadens in quanto zu spezialisieren, sei es überhaupt nicht, oder doch nicht in seinem vollen Umfange;[4])

β) in **positiver Beziehung** die Darlegung desjenigen Grundes, weshalb der Kläger mit der Erhebung der Klage nicht bis zu dem Augenblicke, wo er die Klage vollständig in quanto zu begründen imstande sein wird, warten kann. Dieser positive Grund wird regelmäßig bei der Bergschädenklage ohne weiteres gegeben sein. Denn durchweg hat der Kläger nicht bloß mit Rücksicht auf die drohende kurze Verjährung,[5]) sondern auch deshalb ein Interesse an alsbaldiger Feststellung der Schadenspflicht in quali, weil er dadurch für die zukünftigen Einzelprozesse über das Quantum des Schadens (z. B. die Ertragsausfälle für die einzelnen späteren

---

[1]) R.G. Plenarbeschluß 28./6. 88 XXX S. 78ff., Gaupp-Stein I S. 523, Sydow-Busch Anm. 5 zu § 253 C.P.O.

[2]) Gaupp-Stein I S. 256.

[3]) R.G. 1./11. 90 XXXII S. 260; a. M. R.G. 18./2. 89 Entsch. Bd. 23 S 348; Gaupp-Stein I S. 537.

[4]) O.L.G. Hamm 1./12. 93 XXXV S. 355; 20./2. 94 XXXV S. 357; 19./5. 99 XL S. 485; R.G. 2./12. 99 XLI S. 213; Struckmann-Koch Anm. 5 zu § 250; Gaupp-Stein III zu § 256; Sydow-Busch Anm. 5 dazu.

[5]) O.L.G. Hamm 1./12. 93 XXXV S. 355, 19./5. 99 XL S. 486, R.G. 2./12. 99 XLI S. 213.

Jahre) eine unanfechtbare Grundlage gewinnt und nicht immer von neuem genötigt ist, den Kausalzusammenhang des Schadens mit dem beklagtischen Bergbau darzutun.[1]) Mit Recht ist daher[2]) die Klage in quali in einem Falle zugelassen, wo bei einer Wasserentziehung sich der Umfang des dadurch verursachten Schadens zurzeit deshalb nicht übersehen ließ, weil die Menge des für den Wirtschaftsbedarf des Klägers erforderlichen Wassers noch nicht feststand; ebenso in einem Falle der Zuleitung schädlicher Grubenwasser, weil dort ebenso der erst in die Zukunft fallende Schaden sich in quanto noch nicht schätzen ließ.[3]) Desgleichen ist die Klage in quali zugelassen, als der Eisenbahnfiskus wegen Geleisesenkungen klagte, deren Beseitigung zurzeit nicht unbedingt notwendig, im Gegenteil aus Betriebsrücksichten nicht einmal empfehlenswert war.[4]) Der Erhebung der Klage bloß in quali steht in solchen Fällen auch nicht etwa der Umstand entgegen, daß wenigstens ein Teil des Schadens, etwa der bis zur Klageerhebung aufgelaufene in quanto schon liquidierbar ist. Der Kläger hat vielmehr auch in diesem Falle ein berechtigtes Interesse daran, daß der Streit über die Schadensforderung in quanto nicht in mehrere Teile zerlegt, sondern einheitlich in einem Prozesse zur richterlichen Entscheidung gelange.[5])

b) Ausnahmsweise ist eine Klage auf Ersatz des Schadens bloß in quali, ohne daß bezüglich seiner die unter a und b dargestellten Voraussetzungen des § 256 C.P.O. vorliegen, dann zulässig, **wenn der Schadensanspruch nur akzessorisch** geltend gemacht wird. Das ist der Fall, wenn mit der negatorischen Klage zugleich der Anspruch auf Ersatz des durch die Störung schuldhafterweise zugefügten Schadens in quali begehrt wird,[6]) wenn z. B. der Kläger negatorisch auf Einstellung der Zuleitung schädlicher Gruben-

---

[1]) R.G. 14./1. 91 XXXII S. 393.
[2]) R.G. 14./1. 91 D. I S. 328.
[3]) R.G. 3./4. 89 D. I S. 173.
[4]) R.G. 2./12. 99 XLI S. 213.
[5]) R.G. 14./1. 91 u. 3./4. 89 a. a. O., R.G. 2./12. 99 XLI S. 213.
[6]) Sydow-Busch Anm. 5 zu § 254 C.P.O., Gaupp-Stein I S. 523, R.G. 13./12. 82 Entsch. Bd. 12 S. 353.

wasser und gleichzeitig auf Ersatz des durch dieselbe herbeigeführten Schadens, vorbehaltlich der Liquidation desselben in quanto in einem späteren Prozesse klagt. Das für die Notwendigkeit der Zusammenfassung der Schadensforderung ihrem Grunde und ihrem Betrage nach in einem und demselben Rechtsstreit gegebene und in den §§ 253, 256 auch zum Ausdruck gelangte Motiv, daß dadurch eine überflüssige Vermehrung der Prozesse vermieden werden solle, entfällt dort, wo, wie in einem solchen Falle, nicht eine prinzipale Schadensklage erhoben, sondern ein anderweiter, selbständiger Anspruch geltend gemacht ist, welcher ohne Rücksicht auf die Schadensforderung ohnehin in einem besonderen Prozesse hätte verfolgt werden können.[1])

c) Im **einzelnen** mag **bezüglich der Schadensklage in quali** noch hervorgehoben sein, daß das **Erfordernis des „alsbaldigen Interesses" keine Vorschrift über das Verfahren** im Sinne des § 295 C.P.O. ist, weil es den Inhalt der Prozeßbehandlung betrifft.[2]) Auf die Nichtfeststellung des Interesses an der alsbaldigen Feststellung im Urteile kann deshalb gegenüber einer bloß in quali angestellten Bergschädenklage mit Erfolg die Revision auch dann gestützt werden, wenn der Mangel in der Vorinstanz nicht gerügt war.[3])

Die Frage des **Umfanges der Rechtskraft** eines in quali ergehenden Urteils, sowie der Unterbrechung der Verjährung durch Erhebung einer Klage in quali ist an anderer Stelle (unten sub V und zu § 151) zu erörtern.

2. Der **Klageantrag** braucht, auch wenn die Leistungsklage erhoben wird, nicht notwendig auf eine bestimmte Summe gerichtet zu sein. Es genügt dem Erfordernis der Bestimmtheit des Klageantrages (§ 253 Nr. 2), wenn auch nur geklagt ist, daß der Beklagte den Schaden „in Höhe des von dem gerichtlichen Sachverständigen zu ermittelnden Betrages" zahlen solle.[4]) Auch ein Antrag, daß der Beklagte

---

[1]) R.G. 3./4. 89 D. I S. 173; RG. 13./12. 82 Entsch. Bd. 12 S. 353; vergl. auch R.G. 11./11. 91 bei Gruchot Bd. 36 S. 946.

[2]) Gaupp-Stein II zu § 295 C.P.O.

[3]) R.G. 17./11. 88 D. I S. 327.

[4]) R.G. 3./10. 83 Entsch. Bd. 10 S. 173; Struckmann-Koch Anm. 6 zu § 253.

zu einer „angemessenen“ Schadenssumme verurteilt werde, ist ausreichend, vorausgesetzt, daß in diesem wie in dem vorangegebenen Falle der Anspruch durch die übrigen Angaben der Klage derartig individualisiert ist, daß über seinen Umfang kein Zweifel besteht und der Betrag durch richterliches Ermessen unter Zuziehung von Sachverständigen, nach Inhalt des Klagevortrages festgestellt werden kann.[1]) Hervorgehoben mag ferner sein, daß bei der Klage in quali, wenn außer dem Bergbaubetrieb der Beklagten bei dem Schaden andere Umstände mitgewirkt haben, z. B. bauliche Konstruktionsfehler, auch ein diesen Umstand berücksichtigender Klageantrag als ein „bestimmter“ im Sinne des § 253 Nr. 20 C.P.O. zu gelten hat, z. B. in der Form, daß der Beklagte schuldig, den am Wohnhause des Klägers verursachten Schaden zu ersetzen, „insoweit er durch den Bergbautrieb des Beklagten verursacht ist“.[2])

3. Auch bezüglich der Frage der **Klageänderung**, die, wenngleich mit Rücksicht auf § 264 der C.P.O. nicht mehr von derselben Wichtigkeit wie früher, so doch noch wegen ihrer prinzipiellen Unzulässigkeit in der Berufungsinstanz (§ 527 C.P.O.) Bedeutung hat, finden die allgemeinen Grundsätze Anwendung.

a) Klageänderung ist darnach mit Rücksicht auf Nr. 1 des § 268 C.P.O. zutreffend nicht angenommen, als der Grundstücksbesitzer nach Erwirkung eines in quali ergangenen Urteils Schaden in quanto geltend machte, in der Klageschrift bezüglich des Grundes des Anspruches lediglich auf das Urteil in quali Bezug nahm, obwohl er auch Schäden einklagte, die zur Zeit der Einreichung der früheren Klage noch gar nicht eingetreten waren, und erst in II. Instanz des zweiten Prozesses diesen letzteren Anspruch auf die Behauptung stützen zu wollen angab, daß diese späteren Schäden auch auf den Bergbaubetrieb der Beklagten ursächlich zurückzuführen seien. Hier wurde Identität des Klagegrundes angenommen, weil das erstergangene Urteil, wie Urteile überhaupt nur deklara-

---

[1]) R.G. 5./5. 83; Entsch. Bd. 10 S. 356; Gaupp-Stein I S. 523.
[2]) O.L.G. Hamm 13./6. 82 XXIV S. 233.

tiver, nicht konstitutiver Natur sei und deshalb die Klage von vornherein bezüglich des ganzen, sowohl des früheren, wie des späteren Schadens, auf die Tatsache der Schädigung durch den Bergbaubetrieb der Beklagten gestützt gewesen sei.[1])

Bloße Modifikationen derjenigen Tatsachen, welche den Klageanspruch begründen sollen, bedingen gleichfalls keine Änderung des Klagegrundes,[2]) z. B. wenn die Angabe der Flöze oder der Feldesteile, welche den Schaden herbeigeführt haben sollen, geändert, oder wenn der Schaden zunächst auf eine lokale Einwirkung des Bergbaues unter dem beschädigten Grundstück, später auf eine solche infolge Bergbaues in den seitwärts belegenen Partien zurückgeführt wird.[3]) Dagegen ist wohl Klageänderung angenommen, als in erster Instanz unter der Behauptung geklagt war, durch Abtrocknung infolge des Bergbaues sei auf einer Wiese Schaden entstanden, während in zweiter Instanz, nachdem unterdes der Betrieb eingestellt war, behauptet wurde, infolge dieser Einstellung sei Versumpfung der Wiesen eingetreten.[4])

b) Mit Rücksicht auf § 268 No. 2 u. 3 C.P.O. ist der Einwand der Klageänderung abzuweisen, wenn statt der ursprünglich bloß auf Feststellung in quali gerichteten Klage später Zuerkennung eines bestimmten Schadensbetrages gefordert, oder umgekehrt im Laufe des Prozesses der Antrag auf Leistung einer bestimmten Schadenssumme auf Feststellung der Entschädigungspflicht in quali beschränkt wird.[5]) Das gleiche gilt, wenn zunächst auf Kapitalentschädigung, dann auf Rente,[6]) wenn zunächst auf Naturalwiederherstellung, dann auf Zahlung einer Geldsumme, sei dies nun auf Grund des § 249 oder § 251 B.G.B., oder wenn umgekehrt zunächst auf Geldentschädigung, mit Rücksicht auf die Ansicht der gerichtlichen Sachverständigen, daß Wiederherstellung wohl möglich,

---

[1]) R.G. 19./6. 97 D. II S. 217.

[2]) Gaupp-Stein I S. 580.

[3]) Vergl. R.G. 24./4. 95 XXXVII S. 143.

[4]) R.G. 5./4. 99 XL S. 371.

[5]) Sydow-Busch Anm. 3 zu § 268; R.G. 18./2. 89 u. 16./1. 89 Entsch. Bd. 23 S. 349 u. 419; RG. 28./11. 01; Gruchot Bd. 47 S. 1174; Gaupp-Stein I S. 281.

[6]) R.G. 24./4. 95 XXXVII S. 103.

nachträglich auf letztere geklagt wird.[1]) Ebensowenig liegt Klageänderung vor, wenn die Klage, welche lediglich auf die generelle Behauptung, daß der Bergbaubetrieb des Beklagten den Schaden verursacht habe, gestützt ist, im Laufe des Prozesses auch auf den sich vergrößernden Schaden ausgedehnt wird und zwar gleichgültig, ob der Kläger damit in den Grenzen der Klageforderung in quanto bleibt oder dieselbe überschreitet.[2]) Ebendasselbe ist anzunehmen, wenn neben dem Ertragsausfall für die in der Klage angegebenen Jahre später derselbe auch noch für weitere Jahre gefordert wird. Wohl aber dürfte unzulässige Klageänderung vorliegen, wenn zunächst nur Ertragsausfall für einzelne Jahre gefordert, in der Berufungsinstanz aber der Klageantrag auf Zahlung einer Kapitalsumme für die Minderung des Substanzwertes des beschädigten Grundstücks gerichtet wird.[3])

IV. Beweiserhebung und Beweiswürdigung.

Bezüglich derselben ist in erster Reihe § 287 C.P.O. entscheidend.[4])

Bei Bergschädenprozessen wird nämlich **regelmäßig die Entscheidung des gesamten Streitstoffes sich gemäß § 287** C.P.O. zu vollziehen haben. Denn da nicht bloß die Frage der Entstehung und der Höhe des entstandenen Schadens, welche schon nach dem Wortlaut des § 287 C.P.O. diesem unterfällt, sondern auch die Frage des Kausalzusammenhanges zwischen Bergbaubetrieb und Schaden nach herrschender Ansicht gemäß § 287 C.P.O.[5]) sich entscheidet, so erübrigt bei der Bergschädenklage als derjenige Teil des Streitstoffes, welcher den allgemeinen Grundsätzen des § 286 C.P.O. unterliegt, nur die Frage, ob der Beklagte es ist, welcher den schädigenden Betrieb geführt hat bezw. dafür verant-

---

1) Gaupp-Stein I S. 583; R.G. 16./3. 98 bei Gruchot Bd. 42 S. 1183.

2) R.G. 27./2. 02 XLIII S. 368.

3) R.G. 10./3. 96 u. 9./3. 99, Juristische Wochenschrift de 96 S. 247 u. de 99 S. 278.

4) R.G. 15./12. 83 D. I S. 323.

5) Sydow-Busch Anm. 2 zu § 287; Gaupp-Stein II 2 dazu; RG. 9./6. 88 Entsch. Bd. 21 S. 92; R.G. 28./10. 91; Gruchot Bd. 36 S. 1231, Struckmann-Koch Anm. 2 zu § 287 C.P.O.

wortlich ist, und ob sein Handeln sich als Bergwerksbetrieb im Sinne des § 148 A.B.G. qualifiziert.

1. Der **wesentlichste Unterschied** des die **Schadensansprüche behandelnden § 287 C.P.O. gegenüber den allgemeinen Vorschriften des § 286 C.P.O.** besteht darin, daß nach § 286 C.P.O. einerseits nur der Inhalt der Verhandlungen, nur das, was in substantiierter Weise seitens der Parteien vorgetragen ist, vom Richter gewürdigt zu werden braucht, andererseits aber alles Vorgetragene berücksichtigt werden muß. Insbesondere dürfen darnach Beweisanträge der Parteien nicht aus dem Grunde abgelehnt werden, weil nicht wahrscheinlich ist, daß die beantragte Beweisaufnahme einen Erfolg für die richterliche Überzeugung haben werde, sondern nur deshalb, weil bereits die volle richterliche Überzeugung von der Wahrheit und Unwahrheit der betr. Tatsache begründet ist, und außerdem, was im Urteil unter spezialisierter Angabe der Gründe festzustellen, das angetretene Beweismittel, welches auch das Ergebnis der Beweisaufnahme sein sollte, diese Überzeugung nicht zu ändern vermöge.[1])

Im Falle des § 287 C.P.O sind dagegen die Grundsätze über die Behauptungs- und Substantiierungspflicht in der Richtung größerer richterlicher Freiheit bezüglich der Entscheidung modifiziert. Insbesondere besteht eine Pflicht des Klägers zur Substantiierung der Existenz und der Höhe des Schadens nicht. Der Richter darf einen Schadensanspruch wegen mangelnder Substantiierung nicht ablehnen, es sei denn, daß auch auf dem Wege des § 139 C.P.O. mangels aller Anhaltspunkte keine Grundlage für die richterliche Entscheidung zu gewinnen ist. Außerdem ist der Richter im Falle des § 287, wenn das Ergebnis einer Verhandlung und etwaigen Beweisaufnahme auch nicht genügt, um seine volle Übertragung zu begründen, dennoch berechtigt, die von den Parteien noch angebotenen Beweise abzulehnen und ohne jede Beweiserhebung, auch unter Berücksichtigung nicht vorgetragener Tatsachen, über den Schadensanspruch nach freiem

[1]) Struckmann-Koch Anm. 1 zu § 286 C.P.O., Gaupp-Stein I 1 u. 2 zu § 286 C.P.O., Sydow-Busch Anm. 1 zu § 286 und die dort angegebenen. zahlreichen Entscheidungen des R.G.

Ermessen zu entscheiden. Was die Begründung des Urteils angeht, so müssen zwar auch in den Fällen des § 287 C.P.O. mit Rücksicht auf § 551 No. 7 alle in Betracht kommenden Faktoren des einzelnen Falles gewürdigt und die Gründe für die Ablehnung der Beweise angegeben werden. Es bedarf aber nicht, wie sonst im Falle des § 286 C.P.O. der Angabe der einzelnen Momente für die Begründung der richterlichen Entscheidung.[1])

Diesen Grundsätzen entsprechend ist, um auf die spezielle Judikatur zur Bergschädenklage in dieser Frage einzugehen: auch für diese **regelmäßig nicht als Revisionsgrund** erachtet worden, **wenn der erkennende Richter Beweisanträge der Parteien abgelehnt** hatte.[2]) Nur dort ist der Revision stattgegeben, wo die für die Beurteilung des einzelnen Falles maßgebenden Faktoren offensichtlich nicht genügend gewürdigt waren, oder wenigstens ihre Nichtberücksichtigung in den Gründen keine ausreichende Rechtfertigung gefunden hatte. Das traf in einem Falle zu, wo die Gutachten der über den Kausalzusammenhang vernommenen Sachverständigen sich widersprachen, weitere Beweise nicht erhoben waren, die Klage vielmehr mangelnden Beweises halber abgewiesen war, obwohl von der einen Seite noch Beweis dafür angetreten war, daß in der Streichrichtung der abgebauten Flöze anderweite, zweifellos auf die Beklagte zurückzuführende Bodensenkungen und Gebäudebeschädigungen bereits stattgefunden hatten und überdies von der Beklagten selbst behauptet war, daß die Beschädigung des Gebäudes zum Teil auf das Sinken des Grundwassers zurückzuführen sei, für das aber ihr Bergbau „nicht allein verantwortlich gemacht werden könne“.[3]) Ebenso ist mit Recht ein Berufungsurteil aufgehoben und Erhebung weiterer Beweise für notwendig erachtet, als der Bergsachverständige erklärte, der Schaden sei nicht durch Bergbau verursacht, der Bausachverständige die umgekehrte

---

[1]) Gaupp-Stein III 1, 2 u. 3 zu § 287 C.P.O., Sydow-Busch Anm. 3, 4 u. 6 zu § 287 und die dortigen zahlreichen Entscheidungen des R.G.; Struckmann-Koch Anm. 2 zu § 287 C.P.O.

[2]) R.G. 15./6. 98 XL S. 84ff.; 24./10. 00 XLII S. 230.

[3]) R.G. 18./12. 97 D. II S. 129.

Ansicht vertrat, der Berufungsrichter aber trotz dieses Widerspruches weitere Beweise nicht erhoben hatte.[1])

Dagegen ist die auf Nichterhebung weiterer Beweise über den Kausalzusammenhang gestützte Revision abgelehnt worden, als nach neunjähriger Dauer des Prozesses und nach umfangreichen Beweisaufnahmen der Kläger die Schuld des Beklagten an der Schadenszufügung noch nicht nachzuweisen vermocht hatte, und mit Recht betont worden, daß die dem Richter gemäß § 287 auch von Amts wegen obliegende Pflicht zur Aufklärung des Sachverhaltes ihre Grenze an dem menschlichen Erkenntnisvermögen finde.[2]) Ebenso ist die Revision — mit zum Teil allerdings nicht unbedenklicher Begründung — zurückgewiesen worden, als der Berufungsrichter, der im übrigen seine abweisende Entscheidung ausreichend begründet hatte, die beantragte Aufnahme eines Nivellements und dessen spätere Nachkontrolle, die eine längere Aussetzung des Prozesses erheischt hätte, abgelehnt hatte.[3])

b) Bei **der Würdigung entgegenstehender Gutachten** entscheidet regelmäßig das freie richterliche Ermessen gemäß § 287 C.P.O. Dabei hat sich der Richter von demjenigen Gutachten leiten zu lassen, dessen Gründe sich am meisten durch Folgerichtigkeit der Schlüsse auszeichnen.[4]) Im speziellen steht also auch nichts im Wege, daß der erkennende Richter bezüglich der Frage des Kausalzusammenhanges bei Widerstreiten der Gutachten des bergmännischen und bautechnischen Sachverständigen dem letzteren folgt, wenn ihm dasselbe besser begründet zu sein scheint,[5]) oder daß er einem vorliegenden Gutachten sich nur teilweise anschließt, während er es im übrigen, weil nicht begründet, nicht berücksichtigt.[6])

---

1) R.G. 22./6. 92 D. I S. 230.
2) R.G. 20./4. 95 D. II S. 147.
3) R.G. 22./6. 01 XLIII S. 222.
4) R.G. 7./5. 84 XXV S. 400, 24./10. 00 XLII S. 231; 2./12. 99 XLI S. 216.
5) R.G. 13./7. 01 XLIII S. 227.
6) R.G. 15./12. 83 XXVI S. 367; vergl. auch R.G. 18./11. 99 XLI S. 209, 2./12. 99 XLI S. 216.

c) Auch bei der Bergschädenklage ist zur Feststellung des Kausalzusammenhanges ein **absolut zwingender, jede Möglichkeit eines anderen Zusammenhanges ausschließender Beweis** nicht erforderlich. So ist z. B., als neben dem Bergbau auch gewisse, nicht feststellbare geognostische Vorgänge als mögliche Schadensursache in Betracht kommen konnten, zur Verurteilung des beklagten Bergwerksbesitzers ein hoher Grad von Wahrscheinlichkeit als genügend erachtet worden.[1]

d) Endlich ist bezüglich des Sachverständigenbeweises auch ausgesprochen, daß derselbe sich **nur auf die tatsächlichen Vorgänge** zu erstrecken hat, daß dagegen die Frage, ob der Kausalzusammenhang im Rechtssinne als dargetan zu erachten, lediglich vom Richter zu entscheiden ist. Dementsprechend ist in einem Fall, als die Sachverständigen aus der Tatsache, daß die Beklagten ältere Grubenbaue eines anderen Bergwerks mit in Bewegung gesetzt hatten, rechtlich verfehlte Schlußfolgerungen zogen, der Berufungsrichter aber aus den tatsächlichen Feststellungen der Sachverständigen die im Rechtssinne richtigen Folgerungen entnahm, dies als zutreffend gebilligt.[2].

e) Nach dem oben Ausgeführten ist der erkennende Richter, falls der Schaden nicht genügend tatsächlich begründet ist, berechtigt und verpflichtet, **das Fragerecht** gemäß § 139 C.P.O. auszuüben. Das Urteil unterliegt deshalb bei nicht genügender Ausübung des Fragerechts, weil damit wesentlicher Mangel des Verfahrens vorliegt, der Revision gemäß § 539 C.P.O.[3] Da die Fragepflicht aber nicht so weit geht, daß der einen oder anderen Partei auch Einreden und Repliken untergeschoben werden, so ist z. B. mit Recht eine Revision, welche rügte, daß der zur Naturalrestitution verurteilte Beklagte nicht veranlaßt war, sich darüber zu erklären, ob die Kosten dieser Wiederherstellung auch nicht etwa von unverhältnismäßiger Höhe seien, als unbegründet zurückgewiesen.[4]

---

[1] R.G. 14./4.01 XLII S. 491; vgl. auch R.G. 2./10.03. Jur. Wochenschrift S. 384.
[2] O.L.G. Hamm 11./1. 89 XXX S. 248.
[3] Gaupp-Stein I zu § 139.
[4] R.G. 16./6. 94 XXXVI S. 96.

f) Was die **Höhe des zuzuerkennenden Schadens** angeht, so genügt es, wenn feststeht, daß ein Schaden entstanden ist. Es ist dann regelmäßig Sache des Gerichts, von Amts wegen Schritte zur Beschaffung der erforderlichen Grundlagen für die Schätzung der Höhe zu tun und dem Kläger nötigenfalls nach billigem, freien Ermessen eine Schadenssumme zuzusprechen.[1]) Der Richter ist namentlich nicht berechtigt, die Festsetzung der Höhe des Schadens deshalb abzulehnen, weil der Sachverständige sich zu unbestimmt ausgedrückt habe. Er muß vielmehr alsdann nach seinem Ermessen den Schaden festsetzen.[2])

2. **Im übrigen gelten bezüglich der Beweiserhebung die allgemeinen Vorschriften der C.P.O.**

a) Es gilt dies namentlich auch bezüglich der **Person der zuzuziehenden Sachverständigen,** und der für ihre Auswahl und Ablehnung in Betracht kommenden Umstände. Speziell ist für zulässig erachtet worden, daß, obwohl der Fiskus Partei war, dennoch ein staatlicher Beamter als Sachverständiger vernommen wurde[3]) und dies selbst in einem Falle, als es sich um einen Beamten derjenigen Behörde handelte, welche Partei im Prozesse war, aber allerdings durch diesen Beamten, der auch sonst an der Sache nicht unmittelbar beteiligt war, nicht vertreten wurde.[4]) Dagegen ist umgekehrt ein Ablehnungsgesuch für begründet erachtet, als ein Gutachter, der schon seit längeren Jahren gegen Entgelt Gutachten für eine der beiden Parteien abgegeben hatte, als gerichtlicher Sachverständiger vernommen werden sollte,[5]) ebenso als ein früherer Angestellter einer beklagten Privatperson als Gutachter bestellt war.[6])

b) Ebenso gelten die allgemeinen Grundsätze der C.P.O. bezüglich der Beweiskraft der vorgelegten **Urkunden,** speziell der **Grubenbilder,** welche den Abbau der einzelnen Bergwerksfeldesteile in den einzelnen Jahren darstellen. Sie

---

[1]) Sydow-Busch Anm. 4 u. 6 zu § 287.
[2]) R.G. 29./4. 85 D. I S. 323.
[3]) O.L.G. Hamm 19./5. 99 XL S. 486.
[4]) O.Tr. 30./9. 72 XV S. 116; R.G. 29./3. 94 Gruchot Bd. 38 S. 1227.
[5]) R.G. 15./6 96 Gruchot Bd. 41 S. 190.
[6]) R.G. 26./2. 98 Juristische Wochenschrift de 98 S. 220 Nr. 10.

gelten als öffentliche Urkunden im Sinne des § 415 C.P.O., weil die Markscheider, welche nach bestandener Prüfung amtlich bestellt werden und unter der Aufsicht der Bergbehörden stehen (§§ 72, 190 A.B.G.) zwar nicht als „öffentliche Behörde", wohl aber als „mit öffentlichem Glauben versehene Personen" anzusehen sind und die von ihnen hergestellten Karten als innerhalb des ihnen zugewiesenen Geschäftskreises aufgenommen zu gelten haben. Die Grubenbilder begründen daher vollen Beweis dafür, daß innerhalb der betreffenden Jahre der auf den Karten vermerkte Feldesabbau und zwar nur dieser vorgenommen ist.[1]) Der Gegenbeweis, daß anderweiter Abbau stattgefunden hat, steht dagegen zwar dem Kläger offen. Er muß aber seitens desselben regelmäßig durch Zeugen geführt werden, da die Bergbehörden in dieser Beziehung zu Erklärungen bestimmter Art nicht imstande sind.[2])

Auf die Vorlegung der **Berichte und Journale der Bergwerksbesitzer** (z. B. über die Wasserhebung, den Fortgang der Bohrarbeiten und des Kohlenabbaues) hat der Grundstückseigentümer keinen Anspruch, weil eine Vorschrift des B.G.B. ihm dieserhalb nicht zur Seite steht, insbesondere § 810 B.G.B. zu seinen Gunsten nicht zutrifft (§ 422 C.P.O.). Nur soweit der Bergwerksbesitzer selbst etwa im Prozesse, sei es auch nur in einem vorbereitenden Schriftsatze, auf diese Berichte Bezug genommen hat, kann auch der Grundstücksbesitzer die Vorlegung fordern.[3])

c) **Zugeständnis** der Parteien macht eine Beweiserhebung überflüssig und stellt die zugestandene Tatsache, z. B. die Höhe des angegebenen Schadens, unwiderleglich fest.[4]) Voraussetzung ist aber, daß Zugeständnis im Sinne des § 288 C.P.O. vorliegt, d. h. Anerkenntnis einer vom Gegner behaupteten Tatsache in der Form dieses Paragraphen. Erklärungen, die eine Partei aufstellt, die sich aber nachträglich als ihr selbst ungünstig herausstellen, gelten

---

[1]) R.G. 17./3. 88 D. I S. 228.
[2]) R.G. a. a. O.
[3]) § 423 C.P.O., vergl. auch R.G. 17./3. 88 D. I S. 229.
[4]) § 288 C.P.O. R.G. 3./4. 97 D. II S. 122.

so lange nicht als Zugeständnis und können deshalb widerrufen werden, bis die gegnerische Partei dieselbe Behauptung auch aufgestellt und dadurch die früher abgegebene Erklärung der anderen Partei zu einem vorweggenommenen Geständnis gestaltet hat.[1]) Mit Recht ist daher der Kläger, welcher zunächst behauptet hatte, die Abtrocknung eines Brunnens sei allmählich erfolgt, später aber mit Rücksicht auf ein unterdes eingegangenes Gutachten erklärte, seine Angabe sei unrichtig gewesen, die Wasserentziehung habe vielmehr ganz plötzlich stattgefunden, zu dieser Änderung seiner Behauptung für befugt erachtet, weil die Beklagte bis zum Augenblicke des Widerrufes der ersten Behauptung dieselbe nicht zur ihrigen gemacht hatte.[2])

d) Auch auf **Erfüllungseid** kann gegebenen Falles bezüglich einer Tatsache, die nach Inhalt des Gutachtens z. B. für die Feststellung des Kausalzusammenhanges maßgeblich ist, erkannt werden. So ist in dem unter c angegebenen Falle der Kläger bezüglich der Frage, ob plötzliches oder allmähliches Versiegen des Brunnens vorlag, zu einem solchen richterlichen Eide verstattet worden.[3])

e) Endlich kann der Richter auch von einer Beweiserhebung absehen, wo ihm die betr. Tatsachen, z. B. die Höhe der dem Kläger erwachsenen Selbstkosten zur Beseitigung des eingetretenen Schadens aus eigener Wissenschaft bekannt sind.[4])

V. Das Urteil.

Was Inhalt und Wirkung des Urteils angeht, so ist aus der dazu vorliegenden Judikatur für den Bergschädenprozeß folgendes hervorzuheben:

1. Gemäß § 308 C.P.O. darf der Richter **ultra petita partium** nicht hinausgehen. Zu beachten bleibt aber, daß die Bergschädenforderung, auch wenn sie in verschiedenen Positionen gefordert wird, doch ihrem Wesen nach sich

---

[1]) Gaupp-Stein II 1b zu § 288 C.P.O.
[2]) R.G. 25./3. 99 XL S. 367.
[3]) Vergl. auch R.G. 25./3. 99 XL S. 369.
[4]) § 291 C.P.O., R.G. 17./3. 88 D. I S. 316.

regelmäßig als eine einzige, einheitliche Forderung (vergl. S. 100) darstellt. Der Berufungsrichter ist daher, wenn Reparaturkosten und Minderwert eines Hauses gefordert werden, berechtigt, auch wenn der Kläger nicht Berufung eingelegt hat, bei dem einen Posten über die Klageforderung hinauszugehen, vorausgesetzt, daß die Gesamtentschädigung sich im Rahmen des Urteilbetrages erster Instanz hält.[1])

2. Die **Urteilsgründe** müssen sich über alle nach Maßgabe des Parteivorbringens erheblichen Streitpunkte erstrecken und mindestens erkennbar machen, ob die Entscheidung auf tatsächlichen Feststellungen oder auf Rechtsgründen beruht.[2]) Es genügt indes eine alternative, tatsächliche Feststellung, wenn die Entscheidung sich jedenfalls unter Zugrundelegung des einen wie des anderen Tatbestandes rechtfertigt. Die Revision ist daher zurückgewiesen, als die Entscheidung darauf begründet war, daß die betr. Gebäudebeschädigung entweder durch Wasserentziehung und dadurch bewirkte Abtrocknung des Bodens oder durch lokale Einwirkung des Bergbaues infolge Zusammenstürzens abgebauter Flötze verursacht sei, gleichzeitig aber festgestellt war, daß das eine wie das andere jedenfalls auf den Bergbaubetrieb des Beklagten kausal zurückzuführen, und deshalb der letztere in beiden Fällen zum Schadensersatz verpflichtet war.[3])

3. Über den **Umfang der Rechtskraft** entscheidet § 322 C.P.O. Darnach ist abweichend von der Savingnyschen Theorie die Wirksamkeit des Urteils auf das beschränkt, was die Parteien zur Entscheidung gestellt wissen wollen, also auf den unmittelbaren Gegenstand des Urteils.[4])

a) Daß dieser endliche Ausspruch des Richters über den letzten und nächsten Gegenstand des Urteils in den Tenor aufgenommen sein muß, ist allerdings nicht notwendig. Die **Heranziehung der Urteilsgründe** ist vielmehr zur Erläuterung

---

[1]) R.G. 21./6. 84, Daubenspeck I S. 315.
[2]) Sydow-Busch Anm. 9 zu § 551.
[3]) R.G. 11./11. 96 D. II S. 131.
[4]) Gaupp-Stein I S. 717; Sydow-Busch Anm. 3 zu § 322 und die dort vorgemerkte Judikatur.

der Urteilsformel zulässig und geboten.[1]) So ist der Einwand des Bergwerksbesitzers, daß Kläger nur Wiederherstellung in natura fordern dürfe, abgewiesen, weil aus den Entscheidungsgründen eines vorliegenden, früheren, bloß in quali ergangenen Urteils die rechtskräftige Feststellung entnommen wurde, daß Kläger eine Geldentschädigung zu fordern befugt und nicht mehr verbunden sei, sich die Naturalrestitution durch die Beklagte gefallen zu lassen.[2]) Des weiteren ist ein Urteil, wodurch zwei Beklagte ungeteilt zum Schadensersatze verurteilt wurden, im Wege der Interpretation der Urteilsgründe dahin deklariert worden, daß damit nicht habe entschieden sein sollen, die beiden Beklagten hafteten nur je zur Hälfte. Als daher gegen das diese ungeteilte Verurteilung aussprechende Urteil von den beiden Beklagten, Berufung eingelegt und durch neue Beweisaufnahme in der zweiten Instanz nur der eine der beiden Bergwerksbesitzer als Schädiger ermittelt war, ist dieser, trotzdem Kläger seinerseits keine Berufung eingelegt hatte, doch aufs Ganze verurteilt, weil in dem Antrage auf ungeteilte Verurteilung der beiden Beklagten der Antrag auf Verurteilung des Einzelnen aufs Ganze implicite für den Fall mitenthalten sei, daß der andere Mitbeklagte, sei es in erster oder zweiter Instanz, liberiert werde, in diesem Sinne auch das Urteil ergangen sei.[3])

b) Zur Begründung der Einrede der rechtskräftig entschiedenen Sache ist im übrigen den allgemeinen Vorschriften der C.P.O. entsprechend erforderlich, daß **derselbe Anspruch auf Grund desselben Klagegrundes** auch in dem zweiten Prozesse geltend gemacht wird.[4]) Fehlt das Eine oder Andere, Identität des Klagegrundes oder des Anspruches, so ist der Einwand nicht begründet.

Im Einzelnen ist dazu folgendes bezüglich der Bergschädenklage zu bemerken:

α) **Identität des Klagegrundes** deckt sich bezüglich der

---

[1]) Struckmann-Koch Anm. 2 zu § 322 C.P.O., Sydow-Busch Anm. 3 zu § 322 C.P.O., Gaupp-Stein I S. 722 unter Nr. VIII; R.G. 4./11. 89 Entsch. Bd. 25 S. 212, Crome I S. 574.

[2]) R.G. 17./5. 84 D. I S. 312.

[3]) R.G. 17./3. 86 D. II S. 218.

[4]) Gaupp-Stein I D. 718 u. 719.

Frage der Rechtskraft mit demjenigen, was unter Identität des Klagegrundes im Sinne des § 253 C.P.O. gegenüber der Frage einer etwaigen Klageänderung zu verstehen ist.[1]) Derselbe Klagegrund ist deshalb auch hier nur dann anzunehmen, wenn die Summe derjenigen Tatsachen, welche nach Maßgabe des bürgerlichen Rechtes an sich geeignet sind, den erhobenen Anspruch in der Person des Klägers als entstanden erscheinen zu lassen, sich in dem früheren und dem jetzigen Prozesse entweder ganz oder doch in solchem Maße mit einander deckt, daß auch die etwaigen tatsächlichen Abweichungen des zweiten Prozesses, falls sie etwa im Laufe des ersten Prozesses vorgebracht wären, den Einwand der Klageänderung nicht begründet hätten.[2]) Es kann deshalb bezüglich etwaiger Einzelfälle dieserhalb auf die oben (S. 240ff.) bezüglich der Klageänderung gemachten Anführungen Bezug genommen werden.

Der Einwand der rechtskräftig entschiedenen Sache würde deshalb, wenn in dem dort (S. 241) erwähnten Falle der Kläger in einem zweiten Prozesse denselben Anspruch, den er im ersten auf Abtrocknung seines Grundstückes stützte, auf Grund der stattgehabten Versumpfung erhoben hätte, nicht durchgedrungen sein. Dagegen würde, wenn ein Anspruch auf Schadensersatz wegen Zuleitung schädlicher Grubenwasser, nachdem er zunächst auf Grund des § 148 A.B.G. gestützt war, jetzt ex delicto bei im wesentlichen demselben tatsächlichen Vorbringen geltend gemacht würde, die exceptio rei indicatae begründet sein, da die Rechtsauffassung der Parteien für den Richter schlechthin unerheblich ist, deshalb auch seitens der Parteien im Laufe des Prozesses beliebig geändert werden darf und ebenso für die Frage der Rechtskraft nicht in Betracht kommt.[3])

β) **Identität des Anspruches** liegt namentlich dann nicht vor, wenn in dem früheren Prozeß nur ein Teil des Schadens geltend gemacht war und im zweiten Prozesse ein anderer Teilbetrag beansprucht wird. Die Abweisung des An-

---

[1]) Gaupp-Stein I S. 719.

[2]) Crome I S. 575 u. S. 553.

[3]) Gaupp-Stein I S. 52, Struckmann-Koch Anm. 4 zu § 253, Anm. 2 zu § 268 C.P.O., Crome I S. 553.

spruches auf Ersatz des Ertragsausfalles für das Jahr 1900 begründet daher nicht den Einwand der rechtskräftig entschiedenen Sache, wenn in einem späteren Prozesse der Ertragsausfall pro 1901 oder dauernder Minderwert gefordert wird, selbst wenn das erste Urteil auf der auch für den jetzigen Prozeß entscheidenden Feststellung begründet ist, daß der beklagtische Bergbau nicht die Ursache des Schadens sei.[1]) Dagegen steht der Feststellungsklage der Einwand der rechtskräftig entschiedenen Sache entgegen, wenn der Schaden in einem Vorprozeß bereits in quanto geltend gemacht war. Denn der jetzige Anspruch ist in dem früheren mitenthalten und deshalb durch das frühere Urteil mitbetroffen.[2]) Ist dagegen die frühere Feststellungsklage abgewiesen und wird jetzt Schaden in quanto gefordert, so kommt es darauf an, aus welchem Grunde die erste Klageabweisung erfolgt ist. War sie erfolgt, weil die Schadenspflicht des beklagten Bergwerksbesitzers zu verneinen war, so steht der jetzigen Klage der Einwand der rechtskräftig entschiedenen Sache entgegen. War die erste Klage dagegen abgewiesen wegen mangelnden Erweises eines Interesses an alsbaldiger Feststellung, so ist die Klage in quanto noch zulässig.[3])

c) **Dem Kläger, welcher nach rechtskräftiger Zuerkennung einer Entschädigung noch einen weiteren Ersatzanspruch geltend macht, steht der Einwand der rechtskräftig entschiedenen Sache bez. des Verzichts regelmäßig nicht entgegen,** es sei denn, daß er diesen Anspruch bereits früher erhoben hat und damit abgewiesen ist oder daß er im Vorprozeß zu erkennen gegeben hat, daß er den dort beanspruchten Betrag zur Deckung seines gesamten Schadens fordern, oder daß er sonst ausdrücklich oder stillschweigend auf einen ihm etwa gebührenden höheren Betrag verzichtet hat. In der Tatsache allein, daß der Kläger im Vorprozesse keinen Vorbehalt bezüglich der Nachforderung weiteren Schadens

---

1) R.G. 22./12. 98. Jur. Wochenschrift de 1899 S. 93 Nr. 19; Gaupp-Stein I S. 718.

2) R.G. 25./1. 97 Jur. Wochenschr. S. 148 Nr. 11, Crome I S. 575, 576.

3) R.G. 18./3. 98 Entsch. Bd. 41 S. 369; 31./3. 97 Jur. Wochenschr. S. 230 Nr. 10.

gemacht hat, ist ein stillschweigender Verzicht nicht zu finden.[1]) Es ist deshalb mit Recht zugelassen, als der Kläger, der in einem Vorprozesse auf Ersatz der Kosten der Wiederherstellung einer durch Bergbau zerstörten Düngergrube geklagt hatte, in einem weiteren Prozesse auf Ersatz des Wertes der ihm durch die Beschädigung der Grube verloren gegangenen Jauche klagte.[2]) Desgleichen ist für zulässig erachtet, daß ein Kläger, der in einem Vorprozesse Schäden seit 1. April 1876 eingeklagt hatte, jetzt vorher eingetretene Schäden nachforderte.[3])

d) Was speziell den Umfang der **Rechtskraft eines in quali ergangenen Urteils** angeht, so entscheidet auch hier sein Inhalt, der nötigenfalls im Wege freier richterlichen Interpretation festgestellt werden muß. Insbesondere gilt dies bezüglich der Frage der Kausalität bei Ermittelung des Umfanges und Betrages des Schadens in dem zweiten Prozesse. Soweit sich das erste Urteil über Existenz und Umfang des Schadens in einer in Rechtskraft übergehenden Form ausspricht, kann sein Ergebnis für den Prozeß in quanto nicht wieder in Frage gestellt werden. Nur soweit dies nicht der Fall und soweit die Ursache auch den Umfang des Schadens beeinflußt, ist in dem nachfolgenden Prozeß über den Betrag des Schadens vom Kläger die Kausalität des Bergbaubetriebes nochmals zu beweisen.[4])

Ist daher in dem Vorprozesse als endlicher richterlicher Ausspruch erkannt, daß der Anspruch auf Ersatz der in der Klage bezw. den Urteilsgründen näher spezialisierten Schäden dem Grunde nach festgestellt sei, so gilt dies auch für den nachfolgenden Prozeß in quanto. Es ist deshalb in diesem eine neue Beweisaufnahme über den Kausalzusammenhang zwischen diesen im ersten Prozeß spezialisiert gewesenen Schäden und dem Bergbaubetriebe des Beklagten oder die Berücksichtigung eines dagegen gerichteten Einwandes des

---

[1]) R.G. 3./12. 98 bei Gruchot Bd. 44 S. 740; 13./12. 00 Jur. Wochenschr. de 1901 S. 34 Nr. 4.
[2]) R.G. 19./1. 98 D. II S. 190.
[3]) R.G. 13./10. 88 D. I S. 335.
[4]) R.G. 14./1. 91 D. I S. 329.

letzteren, daß z. B. bauliche Konstruktionsfehler konkurrierten, weder notwendig noch zulässig. Wenn dagegen aus dem Urteil des Vorprozesses die Identität der jetzt in quanto eingeklagten Schäden nicht ersichtlich ist, so erübrigt allerdings nur, daß Kläger entweder den Kausalzusammenhang nochmals dartut oder sonst den Nachweis erbringt, daß die jetzt eingeklagten Schäden diejenigen sind, über welche sich das bereits in quali ergangene Urteil verhält.[1]) In jedem Falle aber stellt das in quali ergangene Urteil rechtskräftig unter Parteien fest, daß der Beklagte schuldig ist, den Kläger wegen sämtlicher Folgen desjenigen schädlich wirkenden Ereignisses, welches den Gegenstand der Feststellungsklage bildet, zu entschädigen und zwar gleichgültig, ob diese Folgen damals schon in ihrem vollen Umfange zu übersehen waren oder nicht.[2])

Im übrigen ist der Umfang eines Urteils in quali nach dem unter ad Ausgeführten durch richterliche Interpretation der Urteilsgründe zu ermitteln. So ist in der Verurteilung zur Leistung „vollständiger Entschädigung“ die Verpflichtung zum Ersatz des außerordentlichen Wertes des beschädigten Grundstücks in quali als rechtskräftig festgestellt erachtet worden.[3])

Die gleichen Grundsätze werden entsprechend anzuwenden sein auf den Umfang der Rechtskraft eines Zwischenurteils im Sinne des § 304 C.P.O. Nur reicht seine Rechtskraft jedenfalls nicht über dasjenige Quantum hinaus, welches in der Klage gefordert und in dem Urteile dem Grunde nach für gerechtfertigt erklärt ist. Soweit dieses Quantum reicht, ist deshalb in dem späteren Verfahren z. B. der Einwand des konkurrierenden Versehens regelmäßig ausgeschlossen. Wird aber im Laufe des späteren Verfahrens dieses Quantum erhöht, sei es nun, daß auch für einen späteren Zeitraum Schadensersatz, z. B. Ertragsausfall für spätere Jahre oder daß

---

[1]) R.G. 6./2. 84 D. I S. 333; 21./5. 84 D. I S. 334; O.L.G. Hamm 18./4. 82 XXIII S. 383.

[2]) R.G. 6./2. 84 u. 13./10. 88 D. I. S. 333 ff.; O.L.G. Hamm 26./1. 83 XXIV S. 515.

[3]) R.G. 24./1. 80 D. I S. 332.

die Schadensforderung für dieselbe Zeit erhöht wird, so ist diese Mehrforderung durch das Urteil gemäß § 304 C.P.O. auch nicht einmal dem Grunde nach festgestellt, es kann daher in Höhe dieser Mehrforderung auch noch der Einwand des konkurrierenden Versehens erhoben werden.[1])

e) Wichtig ist auch die Frage nach dem **Umfange der Rechtskraft bei sich fortgesetzt vergrößerndem Schaden,** mag die Vergrößerung sich nun im Rechtssinne als neuer Schaden (z. B. bei Eintritt neuer Risse) oder als alter darstellen, der nur im Laufe des Prozesses in größerem Umfange erkennbar geworden ist. Die Frage erscheint um so bedeutungsvoller, als bei Bergschäden häufig der Umfang der Schadenszufügung ein fluktuierender ist. Ein Haus, wegen dessen Beschädigung aus § 148 A.B.G. Klage erhoben wird, befindet sich zur Zeit des Urteils I. oder II. Instanz in einer ganz anderen Verfassung, wie zur Zeit der Klageerhebung. Die Risse und sonstigen Schäden haben sich, falls der Bergbau auf das Haus noch fortwährend einwirkt, in der Zeit zwischen der Klageerhebung bis zur Besichtigung durch den Gutachter erster Instanz, in der Zeit zwischen dieser Besichtigung und dem Urteil erster Instanz, zwischen diesem und der Besichtigung durch den Gutachter zweiter Instanz, und zwischen diesem letzteren Tage und dem Urteil zweiter Instanz häufig sehr vermehrt und vergrößert. Was gilt dann als Inhalt des Urteils und durch dasselbe abgegolten? Bloß der Schaden bis zur Klageerhebung oder bis zu einem der anderen, oben angegebenen Zeitpunkte, eventuell welchem derselben?

Die Frage ist wichtig, einmal für den Fall, daß der Kläger weiteren Schaden in einem späteren Prozesse nachfordert, weil bei der dortigen Schadensberechnung derjenige Schaden außer Ansatz zu bleiben hat, welcher bereits den Gegenstand der Entscheidung des Vorprozesses gebildet hat. Sie ist aber weiterhin auch wichtig, weil, wenn im ersten Prozeß bloß in quali geklagt war, bezüglich derjenigen Schäden, auf welche sich das erste Urteil nicht bezieht, auch noch der Kausalzusammenhang bestritten, bezw. der Einwand,

---

[1]) R.G. 26./5. 03 Jur. Wochenschr. S. 291.

daß andere Ursachen mitwirkend gewesen seien, erhoben werden kann.

M. E. wird man bei der Beantwortung dieser und ähnlicher Fragen davon auszugehen haben, daß der Kläger regelmäßig mit der Klage bloß diejenigen Schäden verfolgen will, die bis zum Zeitpunkt ihrer Erhebung entstanden und, wenn in quanto geklagt ist, auch in ihrer Höhe zu übersehen waren. Darauf bezieht sich also der Klageantrag und da gemäß § 308 C.P.O. der Richter dem Kläger nichts zusprechen kann, was er nicht gefordert hat, so wird man annehmen müssen, daß regelmäßig bei sich vergrößernden Schäden durch das frühere Urteil nur derjenige Schadensanspruch festgestellt ist, welcher dem Kläger bis zur Erhebung der Klage erwachsen war.[1]) Wie bereits an anderer Stelle (S. 242) hervorgehoben, ist aber der Kläger berechtigt, wenn während der Dauer des Prozesses neue Schäden eintreten, den Klageanspruch darauf auszudehnen und zwar auch in der Berufungsinstanz ohne Genehmigung des Beklagten, da Klageänderung namentlich dann, wenn generell der Bergbau des Beklagten als Schadensursache bezeichnet ist, nicht angenommen werden kann.[2]) Liegt eine solche Klageerweiterung vor, so ist auch der erweiterte Schaden durch das Urteil mit festgestellt. Eine solche Erweiterung der Klage wird man m. D. ohne weiteres unterstellen müssen, wenn der im Laufe des Prozesses vernommene Sachverständige seiner Schadensermittelung ersichtlich den Tag seiner Besichtigung zugrunde legt, dabei zur Festsetzung einer höheren Schadenssumme gelangt, wie im Klageantrage gefordert, und daraufhin der Kläger den Klageantrag auf diesen höheren Betrag ausdehnt. Wird ihm dann dieser höhere Betrag zugesprochen, so kann es m. D. nicht zweifelhaft sein, daß die durch Urteil zuerkannte Summe den Schaden bis zum Tage der Besichtigung durch den gerichtlichen Sachverständigen umfaßt, auch wenn dies im Urteil nicht besonders zum Ausdruck gebracht sein sollte. Bleibt dagegen der Sachverständige im gleichen Falle hinter dem Klageantrage zurück oder geht er wenigstens

[1]) R.G. 6./2. 84 D. I S. 333; O.L.G. Hamm 26./1. 83 XXIV S. 515.
[2]) R.G. 27./2. 02 XLIII S. 368.

nicht über denselben hinaus, so wird man, wenn das Urteil ein anderes nicht zum Ausdruck bringt und der Kläger gleichfalls sein tatsächliches Vorbringen nicht ändert, annehmen müssen, daß das Urteil nur den Schaden bis zur Klageerhebung zuspricht. Man wird dann zu unterstellen haben, daß der Kläger, welcher beim Klageantrage unter dem früheren Vorbringen verblieben ist, den vom Sachverständigen ermittelten Betrag, obwohl er von diesem bis zum Tage der Besichtigung berechnet sein mag, doch seinerseits als Schaden bis zur Klageerhebung fordert und auch, wenn im Urteil nichts Anderes zum Ausdruck gebracht ist, zugesprochen erhalten hat. Der Beklagte kann in einem späteren Prozesse der Forderung des Schadens für die Zeit von der Erhebung der ersten Klage bis zu jener Besichtigung nicht widersprechen, weil es seine Sache gewesen wäre, im Wege der Berufung oder Revision gegen das frühere Urteil, welches damit der Schadensberechnung einen ihm zu ungünstigen Zeitpunkt zugrunde gelegt hat, vorzugehen.

Die vorstehende Erörterung zeigt, daß es namentlich im Interesse des Bergwerksbesitzers liegt, darauf zu dringen, daß in den Beweisbeschlüssen zum Ausdruck gebracht werde, welchen Zeitpunkt der Sachverständige seiner Schadensermittelung zugrunde zu legen hat.

4. Was die **Zwischenurteile** betrifft, so entscheiden darüber die §§ 303 u. 304 C.P.O.

a) Die **Voraussetzungen** für den Erlaß eines Zwischenurteils gemäß § 304 C.P.O. sind folgende:

α) Es muß ein nach **Grund und Betrag streitiger Anspruch** vorliegen.

Damit ist nicht gesagt, daß der Klageantrag gerade auf eine Geldzahlung gerichtet sein muß. Es kann vielmehr auch Zwischenurteil über den Grund des Anspruches erlassen werden, wenn die Klage auf mehrere sonstige, ihrem Umfange nach quantitativ bestimmte Leistungen (z. B. eine Reihe von bestimmten Wiederherstellungsarbeiten) gerichtet ist.[1]) Dagegen trifft § 304 C.P.O. nicht zu, wenn nur auf

[1]) Gaupp-Stein I zu § 304.

eine einzige, unteilbare Naturalleistung geklagt wird. Mit Recht ist daher ein Zwischenurteil, welches bei einer Wasserentziehung den Klageanspruch dem Grunde nach für gerechtfertigt erklärt hatte, aufgehoben, weil die einheitliche Leistung der Naturalwiederbeschaffung des Wassers nicht den Erlaß eines solchen Zwischenurteils zuließ.[1])

β) Weiterhin ist aber auch Voraussetzung des § 304 C.P.O., daß **wenigstens regelmäßig die Entscheidung so vollständig getroffen werden kann, daß für das Nachverfahren nur noch der Betrag des Anspruches streitig bleibt.** Es muß, abgesehen vom Betrage, regelmäßig über den ganzen Klagegrund des erhobenen Anspruches und die dagegen erhobenen Einreden entschieden werden können.[2])

Mit Recht ist daher ein Urteil aufgehoben, welches den Anspruch „dem Grunde nach für gerechtfertigt erklärte", obwohl wegen Abtrocknung eines Bohrloches nicht bloß auf Zahlung einer Entschädigung in quanto für die Vergangenheit, sondern auch auf Herstellung einer Anlage zur Wiederbeschaffung des Wassers in bestimmtem Umfange geklagt war. Der Berufungsrichter hätte in diesem Falle auch über die Verpflichtung zur Herstellung dieser Anlage sich aussprechen müssen, weil dieselbe mit zum Grunde des erhobenen Anspruches gehörte.[3])

Indes ist in der Judikatur nicht immer eine strenge und vollständige Scheidung zwischen den beiden nach § 304 C.P.O. zulässigen Verfahrensabschnitten durchgeführt worden.[4]) So ist der Anspruch dem Grunde nach für gerechtfertigt erklärt, als auf Geldentschädigung geklagt wurde. Obwohl dagegen eingewendet war, Kläger könne nur Wiederherstellung des früheren Zustandes fordern, ist diese Einrede in dem Zwischenurteil nicht entschieden, sondern in den zweiten Teil des Rechtsstreites verwiesen.[5]) Auch ist es für zulässig erklärt, als Mitschuld eines dritten Ereignisses behauptet war, die

---

[1]) O.L.G. Hamm 18./3. 02 XLIII S. 509.

[2]) Sydow-Busch Anm. 2 zu § 304 C.P.O.; R.G. 26./3. 00 Jur. Wochenschrift de 1900 S. 341; 14./12. 00 de 1901 S. 36; Gaupp-Stein I S. 678.

[3]) R.G. 8./12. 97 D. II S. 221; R.G. 9./5. 00 XLII S. 109 ff.

[4]) R.G. 22./4. 03 Jur. Wochenschrift A. 239.

[5]) R.G. 10./11. 88 XXX S. 118.

Entscheidung darüber, ob und in welchem Umfange diese Nebenumstände den Schaden mitverursacht hätten, dem Nachverfahren vorzubehalten.[1])

Werden endlich in einer Klage mehrere selbständige Ansprüche geltend gemacht, ist z. B. wegen Zuleitung schädlicher Grubenwasser sowohl auf Einstellung derselben wie daneben auf Ersatz des Schadens in quanto geklagt, so ist es statthaft, die Verhandlung auf diesen letzteren Anspruch zu beschränken und dahin zu erkennen, daß derselbe dem Grunde nach festgestellt werde. Es liegt dann Teilurteil gemäß § 304 C.P.O. vor.[2])

b) **Die korrekte Tenorierung des Zwischenurteils** hat dem Wortlaut des § 304 C.P.O. gemäß dahin zu erfolgen, daß der vom Kläger erhobene Anspruch dem Grunde nach für festgestellt oder gerechtfertigt erklärt wird. Es genügt aber auch eine andere Fassung, wenn sie inhaltlich auf dasselbe herauskommt, z. B. daß der Beklagte schuldig, allen Schaden zu ersetzen, welcher dem Kläger infolge der durch den Bergbaubetrieb des Beklagten verursachten Bodenbewegung an seinem Hause erwachsen ist und erwachsen wird.[3]) Dagegen ist nicht für genügend erachtet, als dahin tenoriert war: „Es wird festgestellt, daß die Wasserentziehung auf den Bergbaubetrieb des Beklagten als alleinige Ursache zurückzuführen ist“ und betont, daß diese Entscheidung nur ein Zwischenurteil gemäß § 303 C.P.O. sei, weil nicht über den Grund des Anspruches, die Schadensersatzpflicht des Beklagten entschieden sei, sondern nur über ein einzelnes Angriffsmittel des Klägers.[4]) Endlich sei noch hervorgehoben, daß, als in zweiter Instanz neben dem bereits in erster Instanz in quali durch Zwischenurteil verurteilten Bergwerksbesitzer A noch die Verurteilung des Bergwerksbesitzers B erfolgte, das Urteil für korrekt tenoriert erachtet wurde, als der Anspruch auch dem B gegenüber dem Grunde nach für festgestellt erklärt war.[5])

[1]) R.G. 22./4. 03 Jur. Wochenschrift S. 239.
[2]) R.G. 5./10. 97 Jur. Wochenschrift S. 564.
[3]) R.G. 5./1. 98 XXXIX S. 222.
[4]) R.G. 9./5. 00 XLII S. 109.
[5]) R.G. 20./4. 01 XLII S. 351.

c) Für die **Zulässigkeit der Revision gegen ein Zwischenurteil** genügt es, wenn das erlassene Urteil tatsächlich ein Zwischenurteil im Sinne des § 304 C.P.O. ist oder wenn es auch nur nach Ansicht des Instanzgerichts ein solches hat sein sollen.[1]) Liegt weder das eine noch das andere vor, hat der Berufungsrichter bloß ein Zwischenurteil im Sinne des § 303 C.P.O. erlassen und erlassen wollen, z. B. lediglich darüber, ob der jetzige Kläger als Rechtsnachfolger der ursprünglichen Klägerin den Bergschädenprozeß aufzunehmen berechtigt sei, so ist die Revision gegen ein solches Urteil unzulässig.[2])

VI. Revision.

Hinsichtlich der Revision, bezüglich deren materiellen Begründung bereits oben an verschiedenen Stellen das Erforderliche gesagt ist, bleibt hier nur folgendes noch hervorzuheben:

1. Bei der **Bemessung des Revisionsobjektes** dürfen mit Rücksicht auf § 4 C.P.O. die Kosten eines außergerichtlichen Gutachtens zur Vorbereitung der Klage, selbst wenn dieselben in dem Klageantrag aufgenommen sind, nicht mitgerechnet werden.[3]) Ist der Bergschädenanspruch bloß in quali erhoben oder hat der Klageantrag sonst den Anspruch in quanto nicht angegeben, ist z. B. auf Ersatz des Schadens in Höhe des von den gerichtlichen Sachverständigen zu ermittelnden Betrages geklagt, so muß der Revisionskläger den Wert des Streitgegenstandes glaubhaft machen.[4])

2. Was die Zulässigkeit der Revision angeht, so ist für dieselbe nach der Seite **der Revisibilität des in Betracht kommenden Berggesetzes** zunächst § 549 C.P.O., § 6 E.G. zur C.P.O. und die auf Grund der letzteren Bestimmung erlassene Kaiserliche Verordnung vom 25./9. 79 maßgebend. Nach § 1 dieser Verordnung kann[5]) die Revision regelmäßig auf die Verletzung eines Berggesetzes nur dann gestützt werden, wenn

---

[1]) Sydow-Busch zu § 304 C.P.O. Anm. 3 und die dort angegebene Judikatur.

[2]) R.G. 7./11. 94 XXXVI S. 363.

[3]) R.G. 30./5. 94 D. II. S. 232.

[4]) R.G. 23./11. 99 XLI S. 211.

[5]) Gaupp-Stein II S. 82.

dasselbe in dem Bezirke des erkennenden Berufungsgerichtes[1]) und außerdem über den Bezirk dieses Gerichtes hinaus entweder für den ganzen Umfang mindestens zweier deutschen Bundesstaaten oder zweier Provinzen Preußens oder einer preußischen Provinz und eines anderen Bundesstaates Gültigkeit hat. Zu den unter diese Bestimmung begriffenen Berggesetzen gehört zunächst das Preußische allgemeine Berggesetz vom 24. Juni 1865 nebst den dazu erlassenen Nachträgen, also speziell jetzt auch dem A.G. zum B.G.B. und der Novelle vom 7. Juli 1902. Durch dieselbe Kaiserliche Verordnung wurde sodann (§ 12 unter Nr. 6) als weiteres revisibles Gesetz noch besonders das Berggesetz für Elsaß-Lothringen vom 16. Dezember 1873 erklärt. Maßgebend für diese letztere Bestimmung war der Umstand, „daß das Berggesetz von Elsaß-Lothringen nicht nur in den leitenden Prinzipien, sondern größtenteils auch in der Fassung der einzelnen Bestimmungen mit dem preußischen Berggesetz vom 24. Juni 1865 übereinstimmt." Der innerliche Zusammenhang der beiden Berggesetze ließ es im Interesse der Wahrung und Förderung der Rechtseinheit zweckmäßig erscheinen, wie für das preußische, so auch für das elsaß-lothringische Berggesetz das Reichsgericht als Revisionsinstanz einzusetzen.[2]) Dieser gesetzgeberische Präzedenzfall gab dann weiter Veranlassung, durch das Reichsgesetz vom 15. März 1881, die Revisibilität auch noch auf die übrigen damals geltenden, dem Preußischen A.B.G. nachgebildeten Berggesetze mit alleiniger Ausnahme von Bayern auszudehnen. Es waren dies im Einzelnen:

1. das Königlich württembergische Berggesetz vom 7. Oktober 1874 (Regierungsbl. für das Königreich Württemberg S. 265);

2. das Großherzoglich hessische Berggesetz vom 28. Januar 1876 (Regierungsbl. S. 73);

3. das Herzoglich braunschweigische Berggesetz vom 15. April 1867 (Gesetz- und Verordnungs-Samml. S. 109);

4. das Herzoglich sachsen-meiningensche Berggesetz vom

---

[1]) Gaupp-Stein II S. 85.
[2]) Brassert XXII S. 190.

17. April 1868 (Sammlung der landesherrlichen Verordnungen S. 49);

5. das Herzoglich sachsen-altenburgische Berggesetz vom 18. April 1872 (Gesetz-Samml. S. 29);

6. das — unterdes aufgehobene — Herzoglich sachsen-koburg-gothaische Berggesetz für das Herzogtum Gotha vom 16. August 1868 (Gesetz-Samml. für das Herzogtum Gotha S. 975);

7. das Herzoglich anhaltische Berggesetz vom 30. April 1875 (Gesetz-Samml. Bd. 7, S. 167);

8. das Fürstlich waldeckische Gesetz, die Einführung des preußischen allgemeinen Berggesetzes vom 24. Juni 1865 betreffend, vom 1. Januar 1869 (Regierungsbl. S. 3);

9. das für das Fürstentum Reuß jüngerer Linie erlassene Berggesetz vom 9. Oktober 1870 (Gesetz-Samml. Bd. XVI, S. 199).

Durch das R.G. vom 30. März 1893 (§ 1, I Nr. 2) ist endlich noch als revisibles Gesetz das Berggesetz vom 18. März 1891 für das Fürstentum Birkenfeld hinzugefügt.[1])

Von der Rechtsprechung des R.G. in bergrechtlichen Prozessen ist darnach bloß ausgeschlossen:

α) Bayern, wo von dem Vorbehalt im § 8 des E.G. zum deutschen Gerichtsverfassungsgesetz Gebrauch gemacht ist. Das dort geschaffene oberste Landesgericht ist deshalb auch zuständig, wenn in bergrechtlichen Streitigkeiten die Revisionsinstanz beschritten wird. Denn für Bayern hat es bezüglich der Zulässigkeit der Revision im übrigen sein Bewenden gehalten bei der Vorschrift des § 549 C.P.O., sodaß, da das bayerische Berggesetz für sämtliche bayerische Oberlandesgerichte in Geltung ist,[2]) die Revision gegen Urteile bayerischer Landgerichte in Bergschädensachen nicht zweifelhaft sein kann.

β) Außerdem ist die einheitliche Rechtsprechung des Reichsgerichts ausgeschlossen für die Gruppe des reinen sächsischen Rechtes, d. h. das Königreich Sachsen, das Großherzogtum Sachsen-Weimar und Reuß ä. L.[3])

---

[1]) Vergl. auch Brassert XXXIV S. 426.
[2]) Gaupp-Stein II S. 86.
[3]) Brassert a. a. O. XXII S. 193.

γ) Dasselbe gilt für das Fürstentum Schwarzburg-Sondershausen, dessen Berggesetz eine Mittelstellung zwischen dem preußischen und sächsischen Bergrecht einnimmt.[1])

δ) Endlich ist die Revision auch ausgeschlossen für den Bereich der übrigen, oben nicht erwähnten deutschen Berggesetze, die sämtlich erst nach Erlaß des Gesetzes vom 15. März 1881 in Kraft getreten sind. Es sind das die Berggesetze resp. Bergverordnungen für Baden, Lübeck, Mecklenburg-Schwerin und Schwarzburg-Rudolstadt. Der Kreis der bisher revisiblen Berggesetze hat sogar insofern eine Einschränkung erfahren, als durch die Einführung des neuen, nicht revisiblen Berggesetzes für das ganze Herzogtum Coburg-Gotha das bisherige revisible Berggesetz für Gotha beseitigt ist.[2])

Im Einzelnen ist bezüglich der Revisibilität noch folgendes hervorzuheben:

a) Die Revision gegen die Urteile der Oberlandesgerichte in Bergschädensachen ist nur insoweit ausgeschlossen, als sich die Entscheidung derselben auf eine **spezifisch bergrechtliche** Vorschrift stützt. Soweit die Entscheidung auf allgemeine gesetzliche Vorschriften begründet ist, speziell auf das, wie bereits an anderen Stellen hervorgehoben, in umfangreichem Maße für die Bergschädenklage eintretende B.G.B ist die Revision unbegrenzt, z. B. also auch gegen die Urteile badischer Landgerichte in Bergschädensachen zulässig.[3])

b) Es ist **nicht** erforderlich, daß das revisible Gesetz für **den ganzen Bezirk des Berufungsgerichtes** gilt, es genügt, wenn es auch in einem noch so kleinen Teil desselben Geltung hat.[4]) Wenn also, was vorkommen kann, von einem außerpreußischen Oberlandesgericht, dessen Gerichtsbarkeit sich auch auf eine preußische Enklave erstreckt, wegen Be-

---

[1]) Brassert a.a.O. S. 193.

[2]) Brassert XLI S. 155.

[3]) arg. § 562 C.P.O., Gaupp-Stein E. zu § 549, Sydow-Busch Anm. 3 dazu, Eccius bei Gruchot Bd. 24 S. 29, R.G. 6./11. 80 Entsch. 2 S. 184, 20./9. 81 Entsch. 5 S. 361, 23./1. 83 daselbst 10 S. 124, 7./3. 82 daselbst 6 S. 395.

[4]) Gaupp-Stein II S. 85.

schädigung eines in dieser letzteren belegenen Grundstücks auf Grund des preußischen Berggesetzes entschieden ist, so ist bei Verletzung des letzteren gegen dieses Urteil die Revision zulässig. Andererseits kann auch gegen ein, das Preußische A.B.G. zugrunde legendes Urteil die Revision versagt sein, nämlich dann, wenn das Preußische A.B.G. nicht in dem Bezirke des Berufungsgerichts gilt, das Berufungsurteil vielmehr von einem nichtpreußischen Gericht erlassen ist.[1]) Der Fall ist möglich, wenn die Bergschädenklage wegen Beschädigung eines Preußischen Grundstücks im allgemeinen Gerichtsstande des außerhalb Preußens wohnhaften oder domizilierten Bergwerksbesitzers erhoben wird.

c) Dagegen kann auch wegen Bergschäden **in den neueren Provinzen** Preußens, z. B. Hannover, Hessen-Nassau, in denen durch spätere spezielle Verordnungen das A.B.G. eingeführt ist, in demselben Umfange Revision eingelegt werden, wie dies für die älteren Preußischen Provinzen zulässig ist. Man wird Identität des Gesetzes nicht bloß dann anzunehmen haben, wenn der Rechtssatz durch denselben Akt der Gesetzgebung Gesetz geworden ist, sondern auch dann, wenn durch einen besonderen legislatorischen Vorgang ein anderswo geltendes Gesetz oder ein einzelner Rechtssatz ausdrücklich so, wie er anderswo als revisibles Recht gilt, in ein neues Geltungsgebiet eingeführt ist.[2]) Die Konsequenz dieses Grundsatzes führt dazu, bezüglich des Grundeigentümerbergbaues in denjenigen Preußischen Landesteilen, in denen derselbe auch den §§ 148ff. A.B.G. unterworfen ist (vergl. darüber S. 86), die Revision zuzulassen.[3])

VII. Sicherheitsleistung.

Ein besonderer bergrechtlicher Anspruch des Grundeigentümers auf **Sicherheitsleistung** gegen den Bergwerksbesitzer wegen der durch dessen Bergbau zu befürchtenden Schäden besteht nach dem Preußischen A.B.G. und den

[1]) Vergl. R.G. 19./1. 01 XLII S. 353.

[2]) Eccius bei Gruchot Bd. 24 S. 26; Struckmann-Koch Anm. 4 zu § 549 C.P..O

[3]) a. M. Brassert XXII S. 189.

meisten übrigen deutschen Berggesetzen nicht. Nur die Berggesetze von Lübeck (§ 157 Abs. 2), Schwarzburg-Rudolstadt (§ 158 Abs. 2), Sondershausen (§ 159) und Meiningen (Art. 128 Abs. 3) gewähren dem Grundstückseigentümer das Recht, Kautionsleistung für zukünftige Bergschäden zu beanspruchen. Dabei entscheidet in Meiningen über die Kautionsbestellung die Bergbehörde unter Ausschluß des Rechtsweges. In den drei übrigen Staaten hat die Bergbehörde das Zwangsmittel, den Bergbaubetrieb bis zur Hinterlegung der Sicherheit ganz oder teilweise zu sistieren. Es kann aber die Sicherheit dort nicht generell, sondern nur dann gefordert werden, wenn feststeht, daß durch den Bergbaubetrieb eine die fernere zweckmäßige Benutzung des Grundstücks ganz oder teilweise ausschließende Beschädigung eintreten wird. Abgesehen von den vorbenannten Ausnahmen ist in den übrigen deutschen Bundesstaaten berggesetzlich eine Sicherheitsleistung nicht vorgesehen. Der Anspruch auf Kautionsbestellung würde sich deshalb dort lediglich aus den Rechtsgrundsätzen des allgemeinen Zivilrechts herleiten lassen. Für preußisches Recht war jedenfalls ein solcher genereller Anspruch ausgeschlossen.[1]) Dasselbe gilt für B.G.B., sodaß auch heute Sicherheitsleistung nur dann verlangt werden kann, wenn die besonderen Voraussetzungen eines Arrestes oder einer einstweiligen Verfügung vorliegen.[2])

Es trifft das speziell **auch dann zu, wenn eine „Benutzung“ der Oberfläche im Sinne der §§ 135 ff. A.B.G. vorliegt.** Auch in diesem Falle kann m. D. der Grundeigentümer nicht etwa auf Grund des § 137 A.B.G. auf Bestellung von Kaution klagen. Wie sich aus § 142 A.B.G. unzweideutig ergibt, ist der gemäß § 137 A.B.G. bestehende Anspruch auf Kautionsleistung **nur** in dem Falle gegeben, wo das Enteignungsverfahren bei der Bergbehörde anhängig gemacht ist. Dagegen besteht ein Recht des Grundeigentümers darauf, daß der Bergwerksbesitzer das Enteignungverfahren einleite, nicht und noch

[1]) Vergl. die ausführliche Begründung des O.Tr. 26./9. 73 XV S. 276, Kammergericht 17./12. 95 XXXVII S. 493.

[2]) Daubenspeck Haftpflicht S. 87 ff., Kammergericht a.a.O.

weniger ein Anspruch auf Bestellung einer Sicherheit in solchen Fällen, wo ein Enteignungsverfahren gar nicht mal eingeleitet ist. Das Gesetz hat sich vielmehr auch in den Fällen der rechtswidrigen „Benutzung“ eines Grundstücks mit dem indirekten Zwang begnügt, der darin liegt, daß der Grundeigentümer, solange das Enteignungsverfahren der §§ 135 ff. A.B.G. nicht eingeleitet ist, gegen den Bergwerkseigentümer, welcher das Grundeigentum nicht bloß beschädigt, sondern auch „benutzt“, sowohl die negatorische, wie die aquilische Klage erheben kann.[1]) Die Frage ist namentlich bei dem Braunkohlenbergbau praktisch geworden, wo in dem sog. „planmäßigen Zubruchebauen“ der Erdoberfläche nach Lage des einzelnen Falles eine Benutzung derselben gefunden werden kann. Die Entscheidungen des R.G., die allerdings den Tatbestand nicht genau erkenntlich machen, scheinen im Gegensatz zu den vorstehenden Ausführungen im Prinzip einen klagbaren Anspruch des Grundstückseigentümers auf Sicherheitsleistung für den Fall, daß „Benutzung“ des Grundstücks vorliegt, anzunehmen.[2])

VIII. Prozeßkosten.

Bezüglich der Haftung für die **Prozeßkosten** sind für den Bergschädenprozeß die §§ 92 Abs. 2 C.P.O. und 93 wichtig. Nach der ersteren Bestimmung werden nach der Praxis der Gerichte I. Instanz vielfach zutreffend dem beklagten Bergwerksbesitzer die gesamten Prozeßkosten auferlegt, wenn der Beklagte den Klageanspruch sowohl in quali wie in quanto bestritten hat, auch wenn die gerichtlichen Sachverständigen bezüglich der Höhe der Entschädigung hinter der Klageforderung zurückbleiben. Es rechtfertigt sich das aus der Erwägung, daß die Gutachten der Sachverständigen über die Höhe des Schadens erfahrungsmäßig vielfach auseinander gehen, sodaß es dem Kläger selbst bei pflichtmäßiger Sorgfalt unmöglich ist, den Betrag des Schadens ziffermäßig genau zu ermitteln. Selbstredend verbietet

---

[1]) R.G. 18./11. XXXV S. 365 und oben S. 193ff.

[2]) R.G. 7./11. 85 XXVII S. 215; 4./5. 87 XXVIII S. 390; 27./10. 88 XXXI S. 249.

sich die Anwendung des § 92 Abs. 2 dort, wo offensichtlich frivole Überforderung vorliegt.

Andererseits sind mit Recht auf Grund des § 93 C.P.O. dem Kläger, selbst bei teilweisem oder gänzlichem Obsiegen, die ganzen Kosten des Rechtsstreits auferlegt, wenn der Beklagte den Klageanspruch entweder sofort ganz anerkannte, oder wenn sich im Falle nur teilweisen Anerkenntnisses durch die gerichtliche Beweisaufnahme herausstellte, daß die Forderung des Klägers übertrieben war und der letztere durch das Urteil nicht mehr erzielte, als was die Beklagte von vornherein zugegeben hatte. Selbstredend mußte zu diesem Anerkenntnisse hinzukommen, daß der beklagte Bergwerksbesitzer durch sein Verhalten nicht zur Erhebung der Klage Anlaß gegeben hatte. Das ist zu Gunsten des Bergwerksbesitzers namentlich angenommen, wenn der Kläger den Beklagten vor Klagezustellung garnicht zur Leistung des Schadensersatzes aufgefordert oder die vom Bergwerksbesitzer angebotene, später gerichtlich als ausreichend befundene Entschädigung abgegelehnt hatte.[1]) Ebenso sind, obwohl Kläger vor Klageerhebung den Beklagten zum Schadensersatze aufgefordert, die Kosten dem Ersteren in einem Falle auferlegt, wo er auf Ersuchen des Beklagten um Spezialisierung seiner Forderung dem nicht entsprochen, sondern gleich in quali geklagt hatte.[2])

IX. Schiedsgerichte.

Nach § 1025 C.P.O. ist es nicht zweifelhaft, daß auch Bergschädenprozesse durch schiedsgerichtliches Verfahren erledigt werden können und daß auf dieses alsdann die allgemeinen Vorschriften des 10. Buches der C.P.O. Anwendung finden. Abgesehen von diesen durch jedesmalige freie Parteivereinbarung zu bestellenden Schiedsgerichten bestanden bisher für einzelne Landesteile Preußens, nämlich für die Land- und Stadtkreise Essen und Dortmund, sowie für die Regierungsbezirke Breslau, Liegnitz und Oppeln besondere, ständig eingerichtete und besetzte Schiedsgerichte. Dieselben

[1]) Kreisgericht Hattingen 18./10. 76 XIX S. 91; O.L.G. Köln 21./10. 82 XXIV S. 103, 21./10. 82, 11./11. 82 u. 17./3. 83 XXV S. 382ff.
[2]) Essen 17./1. 82 XXIV S. 230.

waren vom Minister der öffentlichen Arbeiten in den Jahren 1878 bis 1881 eingeführt und zwar wesentlich mit Rücksicht auf die vielfachen Klagen, welche aus den Kreisen der Grundbesitzer über die lange Dauer der Bergschädenprozesse laut geworden waren. Diese Schiedsgerichte, welche in zwei Abteilungen, von denen die erste über den Grund, die zweite über die Höhe des Schadens zu entscheiden hatte, zerfielen, haben sich nicht bewährt und sind schon seit Jahren kaum noch in Anspruch genommen. Ihre formelle Aufhebung ist, wenn sie nicht unterdes bereits stattgehabt hat, für die nächste Zeit zu erwarten. Mit Rücksicht darauf ist von einer Darstellung der umfangreichen Judikatur, welche sich an die Entscheidungen dieser Schiedsgerichte angeknüpft hatte, hier abgesehen.[1]) Das kraft Gesetzes in Lippe-Detmold eintretende schiedsgerichtliche Verfahren ist schon oben (S. 234) erwähnt.

M. Zeitliche und örtliche Grenze der Wirksamkeit des Gesetzes beim Bergschädenanspruch.

I. Die Frage der **zeitlichen** Wirksamkeit des Gesetzes kann, nachdem unterdes nahezu 40 Jahre seit dem Erlasse des A.B.G. vergangen sind, beim Bergschädenanspruch nur mit Rücksicht auf § 148 Abs. 2 und § 149 A.B.G. oder nach der Richtung hin von Bedeutung werden, ob als das neben dem A.B.G. ergänzend eintretende bürgerliche Recht das frühere jeweilige Zivilrecht oder das B.G.B. zur Anwendung zu bringen ist. In den beiden ersteren Beziehungen soll zu den beiden §§ das Erforderliche gesagt werden. Bezüglich der demnach hier allein zu behandelnden Frage der Anwendung des B.G.B. ist zu unterscheiden, ob es sich um den Anspruch aus § 148 A.B.G. oder um die Deliktsklage handelt.

1. **Bei der Legalobligation des Bergwerksbesitzers aus § 148** A.B.G. entscheidet lediglich die Zeit der Beschädigung,

---

[1]) Das Nähere darüber vergl. bei Daubenspeck Schiedsgerichte.

weil erst diese das Schuldverhältnis zur Entstehung bringt.[1]) Ist die Beschädigung vor dem 1./1. 1900 eingetreten, so richtet sich deshalb der Schadensanspruch in seinem vollen Umfange, soweit das allgemeine bürgerliche Recht ergänzend einzutreten hat, nach dem bis dahin geltenden jeweiligen Zivilrecht, selbst wenn die Folgen dieser Handlungen zum Teil sich noch in die Zukunft erstrecken. Auch hier ist deshalb für die Frage, in welchem Umfange der Schadensanspruch sich nach früherem Rechte richtet, das an anderer Stelle (S. 100ff.) bereits Ausgeführte maßgebend. Andererseits ist auf den Schadensanspruch ergänzend das B.G.B. zur Anwendung zu bringen, wenn die Beschädigung erst nach dem 1. Januar 1900 eintritt, mag die beschädigende Handlung, der Bergbaubetrieb selbst in die frühere Zeit fallen.

2. Bezüglich der **Deliktsklage** entscheidet nicht der Zeitpunkt des Eintritts der Schädigung, sondern allein derjenige der Vornahme der rechtswidrigen Handlung. Art. 170 E.G. zum B.G.B. fordert für die Anwendung des früheren Rechtes nicht, daß auch der Anspruch selbst bereits unter der Herrschaft desselben entstanden ist, es genügt, wenn nur das Schuldverhältnis damals bereits begründet war. Man hat aber anzunehmen, daß das Schuldverhältnis aus einer unerlaubten Handlung schon mit der Begehung derselben entsteht, wenngleich es noch der Bedingung unterliegt, ob daraus auch ein Schaden und damit ein Anspruch im Sinne des § 198 B.G.B. erwachsen wird. Der Deliktsanspruch wegen Bergschäden regelt sich deshalb nach früherem Recht, wenn nur unter diesem die schädigende Handlung vorgenommen ist, mag auch der Schaden daraus erst nach dem 1./1. 1900 eintreten.[2])

II. Die Frage nach der **örtlichen** Wirksamkeit des Gesetzes kann in den Grenzbezirken der einzelnen Staaten von Bedeutung werden, z. B. wenn das beschädigte Grundstück

---

[1]) Niedner Anm. 7 zu Art. 170 E.G. zum B.G.B., Habicht S. 173 u. 174; Planck Anm. 3 zu Art. 170; Neumann III Nr. II 1; Crome I 121.

[2]) Habicht S. 172, Niedner Anm. 7 zu Art. 170 E.G. zum B.G.B.; Planck Anm. 4 zu Art. 170; vergl. für bisheriges Recht Daubenspeck Bergschaden S. 137; a. M. R.G. 3./7. 02 Entsch. Bd. 52 S. 119ff.

in dem einen Staate, das schädigende Bergwerk in einem anderen Staate belegen ist.

Für die Lösung derartiger Konfliktsfälle sind lediglich die Grundsätze der Wissenschaft über die Lehre vom internationalen Privatrecht maßgebend und zwar nicht bloß dann, wenn es sich um den Konflikt der Bergrechte zweier deutschen Bundesstaaten handelt, sondern auch dann, wenn Kollision eines ausländischen Rechts mit dem Bergrecht eines deutschen Bundesstaates vorliegt. Die wenigen Bestimmungen der Art. 7—31 E.G. zum B.G.B. über das internationale Privatrecht beziehen sich lediglich auf das Verhältnis des B.G.B. zu den ausländischen Gesetzen, nicht auch auf dasjenige der Landesrechte zueinander in denjenigen Materien, deren Regelung, wie beim Bergrecht, in Abschnitt 3 des E.G. den Landesgesetzgebungen vorbehalten ist.[1]) Nur soweit würden daher die Art. 7—31 E.G. überhaupt für den Bergschädenanspruch in Frage kommen können, als es sich um eine Kollision zwischen ausländischem Recht und den neben dem speziellen Bergrecht ergänzend eintretenden Vorschriften des B.G.B. handelt.[2]) Aber auch soweit hiernach die Art. 7—31 E.G. erheblich werden könnten, haben durchweg die Grundsätze der Wissenschaft zu entscheiden, da von den bezüglichen Bestimmungen des E.G. zum B.G.B. bezüglich der Bergschädenklage, abgesehen von den Art. 30 und 31, wohl nur die Vorschrift des Art. 12 und zwar nur bezüglich der Deliktsklage in Betracht kommen kann.

1. Nach den hiernach durchweg zutreffenden allgemeinen Rechtsgrundsätzen wird, soweit ein Anspruch auf Schadensersatz **lediglich ex lege § 148** gegen den Bergwerksbesitzer erhoben wird, das **Gesetz desjenigen Ortes zu entscheiden haben, wo der Schaden zugefügt ist,** also wo das beschädigte Grundstück liegt.[3]) Es ist zwar im Allgemeinen bei rein gesetzlichen Schuldverbindlichkeiten in der Literatur nicht

[1]) Niedner S. 11 Anm. 4; Endemann I S. 80; vergl. auch Crome I S. 127.

[2]) Niedner a. a. O. Art. 4 E.G. zum B.G.B., Kipp-Windscheid I S. 126.

[3]) Savigny System des R.G. VIII S. 131.; Daubenspeck Bergschaden S. 134; Niedner Anm. 4 zu Art. 12 E.G.; a. M. O.Tr. 13./11. 76 XVIII S. 135, welches ohne weitere Begründung das Gesetz desjenigen Ortes entscheiden läßt, wo das beschädigende Bergwerk liegt.

unstreitig, ob nicht richtiger der Wohnsitz des Beklagten oder der Erfüllungsort das zuständige Recht bestimmt.[1]) Man wird aber von diesem allgemeinen Grundsatze jedenfalls dort eine Ausnahme anzuerkennen haben, wo, wie hier, die rein gesetzliche Verpflichtung nicht an einen von dem Willen des Beklagten unabhängigen Umstand, sondern an einen Vorgang anknüpft, der auf einen eigenen Willensakt des zu Verpflichtenden zurückzuführen ist.[2])

2. Bei der **Deliktsklage,** also z. B. regelmäßig bei dem Schadensanspruch wegen Zuleitung schädlicher Grubenwasser wird der Kläger die Wahl haben, ob er seinen Schadensanspruch auf das Gesetz desjenigen Ortes stützen will, wo die Zuführung der schädlichen Grubenwasser erfolgt, oder auf dasjenige des Ortes, wo die Schadenszufügung stattfindet. Denn an beiden Orten ist eine Tatbestandshandlung vorgenommen.[3])

3. Aber auch bei der zu 1 gedachten **Legal-Obligation** sind von dem Grundsatze, daß das Gesetz desjenigen Ortes gilt, wo das beschädigte Grundstück liegt, **folgende Ausnahmen** anzuerkennen:

a) **Wenn die Bergschädenklage als Legal-Obligation in dem Staate, wo das Grundstück liegt, überhaupt nicht anerkannt ist,** darf der ausländische Richter das Gesetz der ves sita nicht zur Anwendung bringen.[4]) Deshalb wird z. B. der österreichische Richter, da das österreichische Gesetz eine Verpflichtung lediglich ex lege wegen Bergschäden nicht anerkennt, den Bergschädenanspruch vielmehr nach allgemeinen Rechtsgrundsätzen behandelt, die auf Grund des § 148 bei ihm angebrachte Klage wegen Beschädigung eines z. B. in Preußen belegenen Grundstückes durch österreichischen Bergbau abweisen müssen.[5])

---

[1]) Foerster-Eccius I S. 63; Kipp-Windscheid I S. 122 u. 123; Crome I S. 148 Anm. 44; Enneccerus I S. 42; Endemann I S. 78.

[2]) R.G. 21./6. 97 Entsch. Bd. 39 S. 305; vergl. auch R.G. 2./10. 86 Entsch. Bd. 18 S. 28.

[3]) R.G. 23./9. 87 Entsch. Bd. 19 S. 383; desgl. 9./7. 92 Entsch. Bd. 29 S. 90ff.; desgl. 20./11. 88 Entsch. Bd. 23 S. 306. R.G. 31./5. 02; Gruchot Bd. 46 S. 1047.

[4]) Savigny System Bd. 8 S. 33; vergl. auch Art. 30 E.G. zum B.G.B.

[5]) Daubenspeck Bergschaden S. 135.

b) Der Richter muß ferner stets das einheimische Recht anwenden, wenn es sich um die **Form der Rechtsverfolgung** handelt.[1]) Wird deshalb bei einem preußischen Gericht eine Klage gegen einen preußischen Bergwerksbesitzer wegen Beschädigung eines im Königreich Sachsen belegenen Grundstückes angebracht, so darf der preußische Richter den Einwand nicht beachten, daß das nach sächsischem Recht vorhergehende Verwaltungsverfahren nicht stattgefunden habe.[2]) Umgekehrt wird freilich der sächsische Richter eine Bergschädenklage wegen Beschädigung eines in Preußen belegenen Grundstückes auch dann zulassen müssen, wenn das Verwaltungsverfahren nicht vorhergegangen ist, weil die Vorschrift, daß erst nach Erledigung dieses Verwaltungsverfahrens die gerichtliche Klage erhoben werden kann, sich nur auf die Beschädigung sächsischer Grundstücke beziehen dürfte.[3])

Hervorgehoben sei auch noch, daß § 24 der C.P.O., wonach für die **negatorische Klage** ausschließlich der Gerichtsstand der belegenen Sache maßgebend ist, sich **nur auf deutsche Grundstücke** bezieht. Es steht also nichts im Wege, daß, wenn ein österreichisches Grundstück, durch preußischen Bergbau beschädigt ist, bei dem deutschen Gerichte, bei welchem der in Deutschland wohnende Beklagte seinen allgemeinen Gerichtsstand hat, die negatorische Klage angestrengt wird.[4])

---

1) Savigny System Bd. 80 S. 131.
2) Daubenspeck Bergschaden S. 136.
3) a. M. Daubenspeck Bergschaden S. 136.
4) R.G. 20./1. 94 Entsch. Bd. 32 S. 414.

Erläuterungen zu § 148 Abs. 2.

A. Entstehungsgeschichte.

I. Nach **bisherigem Recht** war es nicht unstreitig, welche Rechte dem Hypothekengläubiger im Falle der Beschädigung des ihm verpfändeten Grundstückes zustanden. Darüber herrschte allerdings für Preußisches Recht Einverständnis, daß der Entschädigungsanspruch des Grundstückseigentümers der dinglichen Verhaftung unter die Hypothek mangels einer dies aussprechenden gesetzlichen Bestimmung nicht unterlag.[1]) Dagegen war die Frage, ob dem Hypothekengläubiger neben dem Grundstückseigentümer ein selbständiger Schadensanspruch zustand, bestritten, nach richtiger Ansicht aber wohl zu bejahen, zumal auch das gemeine Recht bei der aquilischen Klage ein selbständiges Klagerecht des Pfandgläubigers anerkannte.[2]) Auch für das Recht des B.G.B. würde, da nach dem bereits oben S. 13 Ausgeführten jeder, in dessen Rechtssphäre durch die Beschädigung des Grundstücks schädigend eingegriffen wird, zur Erhebung des Anspruches aus § 148 A.B.G. berechtigt erscheint, ein selbständiger Ersatzanspruch des Hypothekengläubigers anzuerkennen gewesen sein, vorausgesetzt, daß der letztere nach Lage des einzelnen Falles wirklich durch die Verletzung des Grundstücks Schaden erlitt. Dieser Anspruch würde daher, wie nach früherem Recht, den doppelten Nachweis verlangt haben, einmal, daß weder die persönliche noch die dingliche Klage zur Befriedigung des Hypothekengläubigers geführt habe, andererseits

---

[1]) Daubenspeck Bergschaden S. 26, Simon bei Gruchot Bd. 35 S. 68ff.

[2]) § 14 J. 4, 1, l; 12 § 2 D. 13, 1. l; 30 § 1 D. 9, 2, Gruchot Bd. 4 S. 154, Daubenspeck Bergschaden S. 26 u. 40ff.

seits, daß der Verkauf des Pfandobjekts ohne Dazwischentreten der Beschädigung dem Hypothekengläubiger gänzliche oder teilweise Deckung gewährt haben würde.[1]) Der Klageanspruch würde also regelmäßig für den Hypothekengläubiger gegenüber dem Bergwerksbesitzer erst begründet gewesen sein, wenn sowohl die Subhastation des verpfändeten Grundstücks wie die Zwangsvollstreckung bei dem persönlichen Schuldner resultatlos durchgeführt war.

II. An diesem Rechtszustande beabsichtigte der Entwurf des Preuß. A.G. zum B.G.B. nichts zu ändern. Die Nichtaufnahme einer dem jetzigen Abs. 2 entsprechenden Bestimmung in den Entwurf des A.G. wurde von den Motiven (amtliche Materialien bei Heymann Berlin S. 61) wie folgt begründet:

„Nach Artikel 67 Abs. 2 des Einführungsgesetzes zum Bürgerlichen Gesetzbuche finden, wenn nach landesgesetzlicher Vorschrift wegen Beschädidung eines Grundstücks durch Bergbau eine Entschädigung zu gewähren ist, die Vorschriften der Artikel 52, 53 des Einführungsgesetzes Anwendung, soweit nicht die Landesgesetze ein Anderes bestimmen. Die Artikel 52, 53 sind ihrem Inhalte nach nur anwendbar, wenn nach dem Landesgesetze die Entschädigung dem Eigentümer des beschädigten Grundstücks zu gewähren ist, Dritten dagegen, denen ein durch die Beschädigung beeinträchtigtes Recht an dem Grundstücke zusteht, eine besondere Entschädigung nicht gewährt wird. Das Preußische Berggesetz verpflichtet im § 148 den Bergwerksbesitzer, für allen Schaden, welcher dem Grundeigentum oder dessen Zubehörungen durch den unterirdischen oder mittels Tagebaus geführten Betrieb des Bergwerkes zugefügt wird, vollständige Entschädigung zu leisten, ohne daß der Kreis der Ersatzberechtigten im Gesetze bestimmt wird. Indessen ist in der Wissenschaft und Praxis unbestritten, daß außer dem Eigentümer auch andere Berechtigte, insbesondere Nießbraucher, Servitutberechtigte, Superfiziare, Mieter und Pächter, letztere mindestens insoweit, als ihnen ein dingliches Recht zusteht, für

[1]) Daubenspeck S. 42.

den ihnen erwachsenen Schaden Ersatz verlangen können.[1]) Gegenüber Berechtigten, denen hiernach ein selbständiger Ersatzanspruch zusteht, finden die subsidiären reichsgesetzlichen Vorschriften keine Anwendung. Ob zu diesen Berechtigten auch die Hypotheken- und Grundschuldgläubiger zu zählen sind, ist freilich streitig. Während Daubenspeck[2]) den Hypothekengläubigern die Entschädigungsklage aus § 148 des Berggesetzes zugesteht und Brassert[3]) diese Ansicht als mit Zweck und Fassung des § 148 grundsätzlich vereinbar anerkennt, wird in der Praxis den Hypothekengläubigern, soweit bekannt allgemein ein Ersatzanspruch aus § 148 abgesprochen. Indessen kann die Entscheidung der Frage, ob künftig die Hypothekengläubiger nach Maßgabe des § 148 oder nach den Vorschriften der Art. 52, 53 des Einführungsgesetzes geschützt werden, der Rechtsprechung überlassen werden, da dem praktischen Bedürfnisse jedenfalls auf die eine oder die andere Weise Genüge geschieht."

Der Vorschlag, von einer gesetzlichen Regelung der Streitfrage abzusehen, fand indes bereits in der Kommission des Preußischen Abgeordnetenhauses Widerspruch. Es wurde besonders darauf hingewiesen, daß nach Lage des durch Art. 52, 53 u. 67 E.G. zum B.G.B. eintretenden Rechtszustandes „es ein dringendes Bedürfnis sei, jetzt eine klare gesetzliche Bestimmung darüber zu treffen, ob den Hypothekengläubigern ein direkter Anspruch gegen den Bergwerkseigentümer zustehen solle oder nicht." Gleichzeitig wurde vorgeschlagen, „den gegenwärtig von der Praxis als geltend anerkannten Rechtszustand gesetzlich zu fixieren; dies habe auch den Vorzug, daß es für alle Beteiligte klare Verhältnisse schaffe. Der Bergwerkseigentümer erhalte die Gewißheit, daß er durch die Zahlung seine Verpflichtung zum Schadensersatz erfüllt habe und nicht noch einem späteren Anspruch seitens des Hypothekengläubigers ausgesetzt sei. Der Hypothekengläubiger könne sich sofort entscheiden, ob und in wie weit er wegen seiner Hypothekenforderung Ansprüche an dem

---

[1]) Klostermann-Fürst S. 457ff. Anm. 9 zu § 148.
[2]) Lehre vom Bergschaden S. 26.
[3]) Kommentar S. 393.

geleisteten Schadensbetrag erheben wolle, und bleibe dadurch ebenfalls vor der Aussicht auf einen späteren Prozeß mit dem Bergwerksbesitzer bewahrt. Der Grundstückseigentümer endlich erlange sofort Gewißheit, ob und in wie weit er über die als Schadensersatz gezahlte Summe frei verfügen könne."

Die Kommission lehnte den Antrag ab, indem sie erwog, „daß beim gegenwärtigen Anlaß ein Eingreifen hinsichtlich dieses Punktes nicht geboten sei. Die Praxis habe im Sinne des Antrages schon bisher stets entschieden, im übrigen sei die Prüfung der Frage der bevorstehenden Revision des allgemeinen Berggesetzes vorzubehalten."

Im Plenum des Abgeordnetenhauses nahm indes der Abgeordnete Krause-Waldenburg den Antrag wieder auf. Derselbe fand dort dann auch Annahme, obwohl der Regierungskommissar dem Antrage gegenüber wiederholt hervorgehoben hatte, daß die Frage zur Entscheidung noch nicht reif sei, daß auch für die entgegengesetzte Ordnung, die Einräumung eines besonderen Entschädigungsanspruches an den Hypothekengläubiger, sich nicht minder gute Gründe geltend machen ließen, und es sich deshalb empfehle, die Regelung dieser Frage, mit der die Berg-Justiz-Verwaltung ohnehin bereits beschäftigt sei, einer späteren Novelle zum A.B.G. zu überlassen.[1])

Man kann große Zweifel haben, ob die Aufnahme des jetzigen Abs. 2 des § 148 A.B.G. als eine glückliche bezeichnet werden darf, und ob das Abgeordnetenhaus nicht besser dem Rate des Regierungskommissars gefolgt wäre. Richtig ist, daß der Abs. 2 des § 148 insofern eine Verbesserung bedeutet, als andernfalls die Kontroverse, ob dem Hypothekengläubiger ein selbständiger Schadensanspruch gebührte oder nicht, in das neue Recht mitübernommen sein würde. Der Entschädigungsverpflichtete lief dann bei einer Änderung der angeblichen gerichtlichen Praxis, welche dem Hypothekengläubiger einen selbständigen Schadensanspruch versagte, die Gefahr einer doppelten Zahlung, wenn er dem

---

[1]) Drucksache des Abgeordnetenhauses 1899 Bd. 4 S. 2565, Bd. 5 S. 3009, Hodler S. 127ff., Crusen u. Müller zu Art. 37 Nr. XI, Stranz u. Gerhard S. 239ff.

Grundeigentümer die Entschädigung ohne Rücksicht auf die Hypothek ausgezahlt hatte. Verfuhr aber der Entschädigungsverpflichtete gemäß Art. 53 und hinterlegte etwa die Schadenssumme, so hatte er andererseits zu befürchten, daß er bei Aufrechterhaltung der bisherigen Rechtsprechung auf Klage des Grundeigentümers nochmals zur Zahlung der Entschädigungssumme und in die Kosten des Verfahrens verurteilt wurde. Für die Beseitigung der Streitfrage durch den jetzigen Abs. 2 des § 148 sprach auch der Umstand, daß die von den Motiven behauptete Praxis, welche den Hypothekengläubigern allgemein einen Ersatzanspruch absprechen sollte, in Wahrheit wohl garnicht bestand. Wenigstens hatten die höchsten Gerichtshöfe selbst kaum Gelegenheit gehabt, sich mit dieser Frage zu beschäftigen. Bei der Zweifelhaftigkeit der Rechtslage hat man es vielmehr seitens der Beteiligten anscheinend vorgezogen, die Frage überhaupt nicht zur richterlichen Entscheidung zu bringen. Soweit bekannt, hat nur das Landgericht Essen einmal Gelegenheit gehabt, die Frage zu prüfen, wobei allerdings ein selbständiger Anspruch des Hypothekengläubigers verneint wurde.[1])

Trotz dieser Gründe, welche für die Aufnahme des jetzigen Abs. 2 sprechen, wäre es aber doch richtiger gewesen, nach dem Vorschlage der Staats-Regierung von der Regelung dieser Frage im Ausführungsgesetz zum B.G.B. Abstand zu nehmen, schon deshalb, weil das Abgeordnetenhaus in dem damaligen Stadium der Durcharbeitung des B.G.B. kaum in der Lage war, die rechtlichen Konsequenzen einer solchen gesetzlichen Bestimmung in ihrem vollen Umfange zu übersehen. Aus den nachfolgenden Erläuterungen wird sich ergeben, daß man an Stelle einer durch Abs. 2 des § 148 A.B.G. beseitigten Streitfrage durch dieselbe Bestimmung manche neue eingetauscht hat.

III. Die Bestimmung des jetzigen Abs. 2 des § 148 A.B.G. ist von Bayern (Art. 184 Abs. 2 des B.G. in seiner jetzigen Fassung), Braunschweig (Art. 16 des Gesetzes vom 12./6. 99), Birkenfeld (Art. XII des Nachtragsgesetzes vom 27./12. 99),

---

[1]) 4./10. 81 XXIV S. 223.

Lübeck (Art. XI des Nachtragsgesetzes vom 28./12. 99) und Waldeck (Nachtragsgesetz zum Berggesetz vom 11./12. 99, Fürstl. Waldeckisches Regierungsblatt S. 151) übernommen. Dasselbe wird man wohl für Württemberg annehmen dürfen, obwohl der Wortlaut des dortigen Art. 207 Nr. X Zweifel läßt. In den übrigen deutschen Bergrechtsstaaten ist es dagegen bei dem bisherigen, unter I dargestellten Rechtszustande verblieben.

Welche Rechte nach dem A.B.G. für das Königreich Sachsen dem dinglich Berechtigten an der Entschädigungssumme zustehen, ist bereits oben (S. 13) erwähnt.

In Lippe-Detmold endlich hat die Bergbehörde die Rechte des Hypothekengläubigers von Amts wegen wahrzunehmen. (§ 66 der Begründung für Lippe-Detmold).

B. Wortlaut der gesetzlichen Bestimmung.

Nach dem unter A Ausgeführten ist die Konsequenz des jetzigen Abs. 2 des § 148 A.B.G. die, daß nunmehr auf die Rechte des Hypothekengläubigers im Falle einer Beschädigung des ihm verpfändeten Grundstücks die Art. 52 und 53 E.G. zum B.G.B. Anwendung finden (Art. 68 Abs. 2 E.G. zum B.G.B.). Es erscheint, bevor zu einer Darstellung des darnach geltenden Rechtszustandes im einzelnen übergegangen wird, zweckmäßig, zunächst in folgendem den Wortlaut des positiven Rechtes festzustellen, wie ihn die entsprechende Anwendung der Art. 52, 53 und der in denselben angezogenen §§ 1128, 1123 Abs. 2 Satz 1 und §§ 1124 Abs. 1 und 3 des B.G.B. auf den Bergschädenanspruch ergibt.

Art. 52.

Ist auf Grund des § 148 A.B.G. dem Eigentümer eines Grundstücks eine Entschädigung zu gewähren, und steht einem Dritten eine Hypothek, Grundschuld oder Rentenschuld an dem beschädigten Grundstücke zu, so hat der Dritte, soweit sein Recht beeinträchtigt wird, an dem Ent-

schädigungsanspruche dieselben Rechte, die ihm im Falle des Erlöschens seines Rechtes durch Zwangsversteigerung an dem Erlöse zustehen.

Art. 53.

I. In diesem Falle kann der zum Schadensersatz verpflichtete Bergwerksbesitzer die Entschädigungssumme mit Wirkung gegen den im vorigen Artikel bezeichneten Dritten an den Grundstückseigentümer erst zahlen, wenn er oder der Grundstückseigentümer den Eintritt des Schadens diesem Dritten angezeigt hat und seit dem Empfange der Anzeige ein Monat verstrichen ist. Der Dritte kann bis zum Ablauf der Frist dem Schadensersatzpflichtigen gegenüber der Zahlung widersprechen. Die Anzeige darf unterbleiben, wenn sie untunlich ist, in diesem Falle wird der Monat von dem Zeitpunkt an berechnet, in welchem die Entschädigungssumme fällig wird. Erhebt einer der im vorigen Artikel bezeichneten Dritten innerhalb der einmonatlichen Frist Widerspruch gegen die Zahlung der Entschädigung an den Eigentümer, so kann der Eigentümer und jeder der im Art. 52 bezeichneten Dritten die Eröffnung eines Verteilungsverfahrens nach den für die Verteilung des Erlöses im Falle der Zwangsversteigerung geltenden Vorschriften beantragen. Die Zahlung hat in diesem Falle an das für das Verteilungsverfahren zuständige Gericht zu erfolgen.

II. Im übrigen finden die für eine verpfändete Forderung geltenden Vorschriften Anwendung, der Schadensersatzpflichtige kann sich jedoch nicht darauf berufen, daß er eine aus dem Grundbuch ersichtliche Hypothek, Grundschuld oder Rentenschuld nicht gekannt habe.

III. Die Haftung des Entschädigungsanspruches erlischt, wenn das beschädigte Grundstück oder Zubehör wiederhergestellt ist.

IV. Ist die Entschädigung wegen Beschädigung von Früchten oder Zubehörstücken zu gewähren, so wird die Entschädigungsforderung, soweit sie fällig ist, mit dem Ablaufe eines Jahres nach der Fälligkeit von der Haftung frei, wenn nicht vorher die Beschlagnahme zu Gunsten des im Art. 52 bezeichneten Dritten erfolgt.

Wird die Entschädigungsforderung wegen Beschädigung von Früchten und Zubehör eingezogen, bevor sie zugunsten des im Art. 52 bezeichneten Hypotheken-, Grundschuld- oder Rentenschuldgläubigers in Beschlag genommen ist, oder wird vor der Beschlagnahme in anderer Weise darüber verfügt, so ist die Verfügung den Genannten gegenüber wirksam. Besteht die Verfügung in der Übertragung der Forderung auf einen Dritten, so erlischt die Haftung der Forderung; erlangt ein Dritter ein Recht an der Forderung, so geht er der Hypothek, Grundschuld oder Rentenschuld im Range vor.

Der Übertragung auf einen Dritten steht es gleich, wenn das beschädigte Grundstück ohne die Entschädigungsforderung veräußert wird.

C. Erläuterungen.

I. Umfang des § 148 Abs. 2.

1. Aus dem Wortlaute des § 148 Abs. 2 in Verbindung mit Art. 52 u. 53 E.G. zum B.G.B. ergibt sich, daß die Bestimmung des jetzigen Abs. 2 § 148 A.B.G. lediglich die Rechte der Hypotheken-, Grundschuld- und Rentenschuldgläubiger betrifft, nicht dagegen auch diejenigen **sonstiger Dritten,** welche wegen Beschädigung eines Grundstücks und eines dadurch bewirkten Eingriffes in ihre dinglichen oder persönlichen Rechte selbständige Schadensansprüche nach Maßgabe allgemeiner Rechtsgrundsätze zu erheben berechtigt sind. Diese übrigen Berechtigten, über welche an anderer Stelle bereits gehandelt ist (vergl. § 148 Abs. 1 unter A), behalten also einerseits ihren selbständigen Schadensanspruch neben dem Grundeigentümer, wie andererseits der Entschädigungsanspruch des letzteren regelmäßig ihnen dinglich nicht haftet.[1])

2. Aus dem Wortlaut der Art. 52 u. 53, welche nur

[1]) Stranz u. Gerhard S. 241 Anm. 15, Hodler zu Art. 37 A.G. zum B.G.B., Crusen u. dergl.

von der dem Eigentümer zustehenden Entschädigung sprechen, ergibt sich weiter, daß die dort dem Hypotheken-, Grundschuld- und Rentenschuldgläubiger gewährten Rechte lediglich **an der Entschädigungsforderung des Eigentümers** bestehen, regelmäßig aber wohl nicht auch an den Ansprüchen, welche andere Personen wegen Beschädigung des Grundstücks zu erheben berechtigt sind, mögen dieselben auch solche Forderungen betreffen, welche, wie z. B. Schadensersatzansprüche des Nießbrauchers für Ertragsausfall, ohne das konkurrierende Recht desselben dem Eigentümer zugestanden haben würden.

3. Unbedenklich treffen die Bestimmungen der Art. 52 u. 53 bei **jeder Beschädigung eines Grundstücks** durch den Bergbau zu, nicht bloß etwa bei der Beschädigung eines Gebäudes. Der Wortlaut des Art. 53 E.G. läßt m. D. keinen Zweifel, daß die Beschränkung des § 1128 B.G.B. auf den Fall der Beschädigung eines Gebäudes bei der Schadensersatzforderung wegen Beschädigung durch Bergbau keine Anwendung findet.[1]

Andererseits kann es aber auch nicht zweifelhaft sein, daß die Haftung der Hypothek sich allein auf **eine gemäß § 148 A.B.G. zu erhebende Schadensforderung** erstreckt, nicht also auch auf einen Anspruch, welcher wegen Bergbauschadens lediglich aus einem anderen Rechtsgrunde, z. B. ex delicto geltend gemacht werden kann. Ansprüche, welche infolge der Zuführung schädlicher Grubenwasser entstanden sind, unterliegen daher nach diesseitiger, allerdings nicht unbestrittener Auffassung (vergl. darüber zu § 148 Abs. 1 unter D) der Haftung für die Hypothek regelmäßig nicht. Wohl aber würden unter diese Haftung solche Ansprüche fallen, welche sowohl ex delicto, wie auf Grund des § 148 A.B.G. erhoben werden können. Die Tatsache, daß der Grundeigentümer einen ihm auch auf Grund des § 148 A.B.G. zustehenden Anspruch ausschließlich ex delicto verfolgt, kann m. D. das an sich bezüglich dieser Schadensforderung bestehende Recht des Hypothekengläubigers nicht beseitigen.

---

[1]) Vergl. Turnau-Foerster I S. 642.

II. Die rechtliche Natur des dem Hypothekengläubiger durch § 148 Abs. 2 verliehenen Rechtes.

Nach dem Gesamtinhalte der Art. 52, 53 E.G. wird man bezüglich **der rechtlichen Natur des dem Hypotheken-, Grundschuld- und Rentenschuldgläubigers gewährten Rechtes** anzunehmen haben, daß dasselbe als **Pfandrecht an der Entschädigungsforderung** sich darstellt, bezw. daß die Hypothek, Grundschuld und Rentenschuld sich auch auf diese Entschädigungsforderung miterstreckt. In den beiden Artikeln ist dies zwar nicht ausdrücklich ausgesprochen. Auch sind die §§ 1127 Abs. 1 u. 1123 Abs. 1, welche gerade den Satz, daß die Hypothek sich auf die Pacht- und Mietzinsforderung bezw. die Versicherungsforderung mit erstrecke, enthalten, in dem Artikel 32 nicht besonders erwähnt. Aber aus den angezogenen §§ 1123 Abs. 2 Satz 1, 1124 Abs. 1, § 1128 ergibt sich doch inhaltlich unzweideutig die Ausdehnung der hypothekarischen Haftung auch auf die Entschädigungsforderung. In den beiden erstgenannten §§ wird bestimmt, daß die Forderung bis zu dem dort angegebenen Zeitpunkt resp. ihrer Übertragung „von der Haftung frei werde“ bezw. die Haftung erlösche“. Aus dem Zusammenhang dieser im Art. 53 angezogenen gesetzlichen Bestimmungen mit den vorhergehenden Bestimmungen der §§ 1123 u. 1124 ergibt sich weiter, daß die Haftung, welcher die Schadensersatzforderung bis dahin unterliegt, die Unterwerfung unter die Hypothek ist. Endlich führt der im Art. 53 angezogene Abs. 2 des § 1128 B.G.B. ausdrücklich an, daß die für „eine verpfändete Forderung geltenden Vorschriften Anwendung finden“.

Dasselbe folgt aber auch aus Art. 52. Denn derselbe gibt mit der Bestimmung, daß dem Hypothekengläubiger „an dem Entschädigungsanspruch dieselben Rechte zustehen, die ihm im Falle des Erlöschens seines Rechtes durch Zwangsversteigerung an dem Erlöse zustehen“, den wesentlichen Bestandteil des Rechtes des Hypothekengläubigers wieder.

Wie aus §§ 92, 10, 37 No. 5, 109, 110, 118 des R.Zw.G.

zu entnehmen,[1]) bestehen die im Art. 52 gedachten Rechte des Hypothekengläubigers darin, daß er nach dem Range seiner hypothekarischen Eintragung aus dem Verkaufserlöse befriedigt werde, d. h. also in seinem Anspruche auf Befriedigung aus dem verpfändeten Objekt. Indem der Art. 52 dem Hypothekengläubiger das gleiche Recht an der Entschädigungsforderung des Eigentümers wegen Beschädigung durch Bergbau zuteilt, hat er ihm somit an dieser Forderung dasjenige Recht verliehen, welches gerade das Wesen der Hypothek und des Pfandrechtes ausmacht.[2]) Das dem Hypothekengläubiger bezüglich der Entschädigungsforderung verliehene Recht ist deshalb umsomehr als Pfandrecht an dieser Forderung zu qualifizieren, als auch die Motive zu den Art. 52 u. 53 E.G. und die Kommissionsverhandlungen mit dieser Annahme übereinstimmen. Nach dem ursprünglichen Entwurf des Art. 52 war in demselben ausdrücklich ausgesprochen, daß, wenn einem Dritten ein Recht an der beschädigten Sache zustehe, „diesem Recht auch der Entschädigungsanspruch unterworfen" sein sollte.[3]) In den Motiven zum E.G. wurde zur Begründung dieser Bestimmung ausgeführt, daß das Surrogationsprinzip auch bezüglich dieses Entschädigungsanspruches anzuerkennen sei. Die Motive fahren dann fort:

„Eine Konsequenz des Surrogationsprinzips ist es, daß die Natur des beeinträchtigten Realrechts am Entschädigungsanspruche nicht geändert wird. Insbesondere behält eine Hypothek diesen Charakter auch in Ansehung des haftenden Entschädigungsanspruches, was namentlich wegen des Ranges und der Art der Geltendmachung des Rechtes von Bedeutung ist. Der Gedanke des Surrogationsprinzips läßt sich deshalb nur in der Art verwirklichen, daß dem Berechtigten ein Anspruch auf Leistung verhältnismäßigen Ersatzes aus der Entschädigung gegenüber dem Eigentümer gewährt und zugleich wegen dieses Ersatzan-

---

[1]) Vergl. Jaeckel Anm. 1 a u. b zu § 92.

[2]) Vergl. §§ 1113, 1204 Abs. 1, 1228 Abs. 1, 1273 B.G.B., Leske Bd. I S. 588.

[3]) Mugdan Bd. 1 S. XIII.

spruches ein gesetzliches Pfandrecht an dem Entschädigungsanspruche des Eigentümers nach dem Range des beeinträchtigten Rechtes beigelegt wird." [1]) In der Kommissionsverhandlung [2]) sind im Prinzip diese Ausführungen der Motive als richtig anerkannt worden. Die jetzige etwas veränderte Fassung des Art. 52 ist nur deshalb gewählt worden, weil nach Ansicht der Kommission die Durchführung des Surrogationsprinzips sich am besten dadurch regelte, daß man die Ansprüche der verschiedenen Realberechtigten an der Entschädigungsforderung genau so festsetzte, wie es bezüglich des Versteigerungserlöses in dem § 140 des Entwurfes des Gesetzes betreffend die Zwangsvollstreckung in das unbewegliche Vermögen, jetzt § 92 des Zwangsvollstreckungsgesetzes vorgesehen war. Dieser § 140 enthielt ursprünglich aber im Abs. 1 ausdrücklich die Bestimmung: „Der Versteigerungserlös tritt in Ansehung der durch den Zuschlag erlöschenden Rechte an die Stelle des Grundstücks und der übrigen Gegenstände." Diese letztere, die diesseitigen Ausführungen unterstützende Bestimmung ist später von der betreffenden Kommission nur deshalb gestrichen, weil man sie gegenüber dem übrigen Inhalt des Zwangversteigerungsgesetzes für überflüssig hielt.

Darnach kann es in der Tat nicht zweifelhaft sein, daß der Gesamtinhalt der Art. 52 u. 53 zu der Annahme nötigt, daß der Anspruch auf Ersatz des Bergschadens dem Recht der Hypothek mitunterworfen ist. Die Entschädigungsforderung gehört somit zu den vom Gesetz an mehrfachen Stellen qualifizierten Gegenständen, „auf welche sich bei einem Grundstück die Hypothek erstreckt", und muß demgemäß behandelt werden, unterliegt also insbesondere auch der Beschlagnahme bei der Zwangsversteigerung des Grundstücks. [3])

Demgegenüber ist allerdings von Einzelnen auch die Auffassung vertreten, daß die Bergschädenansprüche keinen

---

[1]) Mugdan I S. 15 u. 16.
[2]) Mugdan I S. 134ff.
[3]) R.Zw.V. § 20, § 55 C.P.O. § 865, vergl. Niedner Anm. 1 zu Art. 53, Turnau-Foerster I S. 43.

Teil der Immobiliarmasse in dem Sinne bildeten, daß die Versteigerung sich darauf miterstrecke, vielmehr sei die Entschädigung wie ein in einem gesonderten Verfahren erzielter Versteigerungserlös zu behandeln und zu dessen Verteilung auf Antrag auch stets ein besonderes Verteilungsverfahren zu eröffnen.[1]) Diese bisher nicht näher begründete Auffassung erscheint m. D. nicht haltbar. Die Tatsache allein, daß in den Art. 53 und 67 Abs. 2 E.G. zum B.G.B. ein besonderes Verteilungsverfahren vorgesehen ist, rechtfertigt m. D. nicht die Annahme, daß dasselbe auch dann einzutreten habe, wenn das beschädigte Grundstück zur Subhastation gezogen wird, bevor ein solches Verteilungsverfahren eingeleitet ist. Aus der Entstehungsgeschichte des Art. 53, der seine jetzige Fassung in den Kommissionsverhandlungen gefunden hat, läßt sich diese Auffassung nicht rechtfertigen.[2]) Zur Begründung des in der Kommission vorgeschlagenen Verteilungsverfahrens ist dort vielmehr lediglich folgende, für die hier in Betracht kommende Frage unerhebliche Ausführung gemacht: „Um eine endgültige Verteilung zu bewirken, bedürfe es zumal bei bedeutenden Wertbeträgen unter Konkurrenz einer größeren Zahl von Beteiligten eines geeigneten amtlichen Verfahrens, welches den Interessenten die erforderliche Hülfe gewähre.“ Entscheidend kann deshalb m. D. nur der Wortlaut des Gesetzes sein. Nach demselben unterliegt aber auch die Bergschädenforderung der Hypothek und es hätte deshalb, wenn ausnahmsweise diese der Hypothek unterliegende Forderung von der Beschlagnahme in dem Zwangsversteigerungsverfahren des Grundstücks ausgeschlossen sein sollte, dies einer ausdrücklichen Bestimmung im Gesetz bedurft.[3])

Aus dem Vorgesagten ergibt sich im einzelnen noch folgendes:

1. Aus der Natur der dinglichen Verhaftung der Entschädigungssumme für die Hypothek ist zu schließen, daß die **volle Entschädigungssumme dem Hypothekengläubiger**

---

[1]) So Fischer u. Schäfer S. 126 zu § 865 C.P.O.

[2]) Mugdan I S. 136.

[3]) Vergl auch Turnau-Foerster I. Aufl. S. 561 zu § 1120 u. S. 45ff. zu § 102, sowie Gaupp-Stein I 5 zu § 165, welche auch die Bergschädenforderung im Subhastationsverfahren wie die Versicherungsgelder behandelt wissen wollen.

bis zur Höhe seiner hypothekarisch gesicherten Forderung haftet. Ob die Hypothek auch, abgesehen von der Entschädigungsforderung, durch den verbleibenden Wert des Grundstücks selbst genügend gesichert ist oder nicht, ist m. D. ebenso unerheblich, wie der Umstand, ob die Entschädigungsforderung von besonderer Höhe ist. Nach Art. 52 E.G. haftet zwar die Entschädigung dem Hypothekengläubiger nur „soweit sein Recht beeinträchtigt wird.“ Sein Recht wird aber „beeinträchtigt“, wenn ihm ein auch nur unerheblicher Teil seiner Sicherheit wider Willen entzogen wird.[1])

2. Die Haftung der Entschädigung **beginnt mit der Bestellung der Hypothek,** nicht erst mit der Beschlagnahme,[2]) aber anderseits unter der Begrenzung, daß der vor der Bestellung der Hypothek entstandene Bergschädenanspruch der später eingetragenen Hypothek nicht haftet. Es ergibt sich das aus der gesetzgeberischen Grundlage der Erstreckung des Pfandrechts auf die Entschädigungsforderung, dem Surrogationsprinzip, demzufolge zu Gunsten des Hypothekengläubigers an Stelle des verpfändeten Grundstücks die Entschädigungsforderung treten soll. Das hat aber zur Voraussetzung, daß derjenige Wertsteil des Grundstücks, für welchen die Entschädigung gewährt wird, bereits der Hypothek unterworfen war. Das Surrogationsprinzip trifft daher begrifflich nicht zu, wo die Beschädigung schon existent war, bevor die Eintragung der Hypothek erfolgte.

Die an anderer Stelle bereits erörterte Frage (vergl. zu § 148 Abs. 1 unter E) wann und in welchem Umfange der Schadensanspruch als entstanden gilt, ist deshalb auch hier von Bedeutung.

III. Die Rechte des Hypothekengläubigers bei der Beschädigung von Früchten und Zubehör.

Muß darnach als das im Art. 52, 53 niedergelegte, gemäß dem § 148 Abs. 2 u. Art. 67 E.G. zum B.G.B. sich ergebende Prinzip angenommen werden, daß die Schadens-

---

1) A. M. anscheinend R.G. 13./2. 01 in Sachen Harpen c./a. Schimel.
2) Planck Anm. 2 zu § 1123, Dernburg III § 228.

ersatzforderung des Grundstückseigentümers in die dingliche Verhaftung für die Hypothek neben dem beschädigten Grundstück eintritt, so ergibt sich aus Art. 53, welcher die Durchführung dieses Grundsatzes im einzelnen regelt, daß das Gesetz bezüglich der praktischen Ausführung desselben den Unterschied macht, **ob ein Schadensersatzanspruch wegen Beschädigung von Zubehör und Früchten des Grundstücks oder ob ein sonstiger Schadensanspruch für den Grundstückseigentümers entstanden ist.** Im letzteren Falle ist die Haftung des Entschädigungsanspruches für die Hypothek, Grundschuld und Rentenschuld ähnlich geordnet wie bezüglich der Haftung einer Gebäudeversicherungssumme, in dem ersteren Falle wie bezüglich der Haftung einer sonstigen Versicherungssumme.

Ist somit **Schadensersatz für die Beschädigung von Früchten und Zubehör** zu leisten, so ist die Rechtslage im einzelnen die nachfolgende:

1. Für den **Begriff der Früchte und des Zubehörs** des Grundstücks ist das B.G.B. maßgebend. Was nach demselben praktisch als Zubehör des Grundstücks für den Bergschädenanspruch besonders in Frage kommt, ist an anderer Stelle (vergl. § 148 Abs. 1 unter c) bereits erörtert. Über den Begriff der Frucht entscheidet § 99 B.G.B. Darnach gehören nicht bloß die fructus naturales, sondern auch civiles (z. B. Miet- und Pachtzinsen), nicht bloß die organischen Erzeugnisse des Grundstücks, sondern auch seine bestimmungsgemäße Ausbeute (Lehm, Mergel, Thon, Torf, Kalk, Marmor, Basalt, Mineralquelle etc.) zu den Früchten des Grundstücks.[1])

Ob die natürlichen Früchte schon vom Boden getrennt sind oder nicht, ist zwar gegenüber dem Wortlaut des Art. 52 Abs. 2 an und für sich gleichgültig. Hervorzuheben ist aber, daß getrennte Früchte regelmäßig den Schutz des § 148 nicht genießen, ihre Beschädigung deshalb auch für das Pfandrecht des Hypothekengläubigers nicht in Betracht kommt. (Vergl. darüber oben S. 19 und 76).

---

[1]) Rehbein I S. 91ff., Turnau-Foerster I S. 39ff.

Nicht nach Art. 53 Abs. 2 sondern nach Abs. 1 ist die Entschädigungsforderung des Grundstückseigentümers dafür, daß er selbst das Grundstück nicht als Wohnung, Geschäftslokal u. dergl. hat benutzen können, zu behandeln. Denn der Gebrauchsvorteil, den eine Sache ihrem Eigentümer gewährt, fällt nach B.G.B. nicht unter den Fruchtbegriff.[1])

2. Aus § 1124 A.B.G. ergibt sich, daß **der Grundeigentümer bis zur Beschlagnahme** der Entschädigungsforderung über dieselbe trotz der Hypothek frei verfügen, also speziell die Zahlung der Entschädigung vom Bergwerksbesitzer fordern kann, ohne daß derselbe gegen diesen Anspruch mit Rücksicht auf den Bestand der Hypothek Einreden zu erheben vermöchte.[2]) Andererseits läuft aber auch der Bergwerksbesitzer keine Gefahr der Doppelzahlung, wenn er an den Grundeigentümer oder seinen Zessionar die Entschädigung, solange dieselbe nicht beschlagnahmt ist, zahlt.

3. Die **Beschlagnahme** selbst kann auf verschiedene Weise herbeigeführt werden und zwar:

a) durch **Einleitung des Zwangsversteigerungs- oder Zwangsverwaltungsverfahrens.** Denn gemäß §§ 20, 146, 148 Zw.V.G. umfaßt die Beschlagnahme sowohl im Zwangsversteigerungsverfahren, wie in dem der Zwangsverwaltung auch die Gegenstände, auf welche die Hypothek sich erstreckt, auch gehört die Bergschädenforderung nicht zu den von diesem Grundsatz im § 21 gemachten Ausnahmen. Die Beschlagnahme der Bergschädenforderung wird dabei gegenüber dem Grundstückseigentümer und einem etwaigen Zessionar desselben[3]) mit dem Zeitpunkte wirksam, wo entweder der Einleitungsbeschluß dem ersteren zugestellt oder auch nur das Ersuchen um Eintragung des Versteigerungs- oder Zwangsvollstreckungsvermerks beim Grundbuchamte eingegangen ist, im Zwangsverwaltungsverfahren auch dadurch, daß der Verwalter Besitz vom Grundstücke ergreift. Dem Bergwerksbesitzer gegenüber wird dagegen die Beschlagnahme erst wirksam, wenn sie ihm bekannt geworden, oder wenn ihm ein

---

[1]) arg. § 100 B.G.B. Neumann Anm. 1 dazu.
[2]) Endemann II S. 486.
[3]) Fischer u. Schäfer Anm. 4c zu §23 R.Zw.G.

gerichtliches Zahlungsverbot gemäß § 22 R.Zw.V.G. zugestellt ist. Bis dahin kann also der Bergwerkseigentümer die Forderung für Beschädigung von Früchten und Zubehör mit befreiender Wirkung auch gegenüber dem Hypothekengläubiger noch an den Grundstückseigentümer zahlen. Der Hypothekengläubiger ist aber im Stande schon vorher gegen eine Benachteiligung sich dadurch zu schützen, daß er gemäß § 845 C.P.O. ein vorläufiges Zahlungsverbot dem Bergwerkseigentümer zustellen läßt.[1])

Die Beschlagnahme der Bergschädenforderung erfolgt unter allen Umständen nur zu Gunsten des betreibenden Gläubigers[2]) und wirkt auch zu seinen Gunsten nur soweit, als die Entschädigungsforderung überhaupt noch der Hypothek unterliegt. Ist deshalb der Eintritt des Bergschadens an Zubehör und Früchten schon länger wie ein Jahr vor der Beschlagnahme im Zwangsversteigerungs- oder Zwangsverwaltungsverfahren erfolgt, so bleibt trotz derselben die Schadensforderung zur freien Verfügung des Grundstückseigentümers.[3]) Dasselbe gilt, wenn einer der weiter noch unter Nr. 5 zu besprechenden Fälle vorliegt, bei deren Zutreffen die Entschädigungsforderung auch innerhalb des Jahres aus der Haftung für die Hypothek ausscheidet.

b) Die Beschlagnahme kann ferner durch **Pfändung** gemäß §§ 829ff. C.P.O. bewirkt werden. Die Bergschädenforderung ist durch ihre Unterwerfung unter die Hypothek nicht der Zwangsvollstreckung in das bewegliche Vermögen entzogen,[4]) kann vielmehr bis zur Beschlagnahme im Wege der Zwangsvollstreckung in das unbewegliche Vermögen selbst für einen persönlichen Gläubiger des Grundstückseigentümers noch wirksam gepfändet werden.[5]) Erfolgt dagegen eine solche Pfändung seitens eines Dritten erst, nachdem die Beschlagnahme im Zwangsversteigerungs- resp. Zwangs-

---

[1]) Turnau-Foerster I S. 46, Planck III S. 471.

[2]) Fischer u. Schäfer Anm. 9 zu § 21 R.Zw.G.

[3]) Turnau-Foerster I S. 650

[4]) §§ 1147 B.G.B., Neumann Anm. 3b dazu, 865 Abs. 2 C.P.O., Planck III S. 471, Turnau-Foerster I S. 650.

[5]) Turnau-Foerster I S. 47, Gaupp-Stein II S. 659, Fischer und Schäfer S. 130 u. 131.

verwaltungsverfahren bereits stattgefunden hat, so kann der Hypothekengläubiger seine Rechte an der Schadensforderung gemäß § 771 C.P.O. geltend machen.[1]) Andererseits bleibt, wenn die Beschlagnahme im Wege der Zwangsvollstreckung in das unbewegliche Vermögen erst nach stattgehabter Mobiliarpfändung erfolgt, der letzteren zwar das Vorrecht mit Rücksicht auf §§ 1129, 1124 Abs. 1 Satz 2 B.G.B. erhalten[2]), der Ersatzanspruch wegen Beschädigung von Früchten und Zubehör wird aber dennoch, wenngleich mit diesem Vorrecht des Pfändungspfandrechtes belastet, zur Immobiliarmasse gezogen.[3]) Durch die Pfändung der Forderung ist dieselbe nicht aus dem Vermögen des Grundstückseigentümers ausgetreten und es erstreckt sich deshalb die Beschlagnahme auf sie noch mit (§ 20 Abs. 2 Zw.G. Art. 52, 53 67 E.G. zum B.G.B., § 148 Abs. 2 A.B.G.).

c) Auch durch **Veräußerungsverbote oder sonstige Anordnungen, welche im Wege der einstweiligen Verfügung** erlassen sind, kann die Beschlagnahme mit denselben Wirkungen wie sub b erfolgen.[4])

d) Der **Konkursmasse des Grundstückseigentümers** gegenüber wahrt endlich der Hypothekengläubiger seine Rechte bezüglich der Bergschädenforderung mit Rücksicht auf §§ 47, 127 R.K.O. auch schon durch außergerichtliche Erklärung gegenüber dem Konkursverwalter.[5]) Bis solches geschieht, ist der Konkursverwalter berechtigt, die Entschädigungsforderung zur Konkursmasse zu ziehen und zur Befriedigung der persönlichen Gläubiger zu verwenden.[6])

4. Die **Wirkung der Beschlagnahme** ist die, daß zu Gunsten des dieselbe herbeiführenden Gläubigers das bis dahin nur unvollkommene Pfandrecht an der Schadensforderung dergestalt perfiziert wird, daß dem Schuldner die Verfügung

---

[1]) § 865 C.P.O. Planck III S. 471, Fischer u. Schäfer S. 78, Gaupp-Stein II S. 469; dagegen derselbe II S. 660.
[2]) Neumann Anm. 1 zu § 1124 B.G.B.
[3]) Foerster-Turnau I S. 651.
[4]) Planck III, S. 472, Fischer u. Schäfer Anm. 3β zu §§ 771 ff. C.P.O.
[5]) R.G. 12./11. 98 Entsch. Bd. 42 S. 85 ff.
[6]) Turnau-Foerster I S. 651.

über die Entschädigung entzogen wird,[1]) jede Disposition des Eigentümers somit über die Schadenssumme, sei es durch Einziehung oder durch Verpfändung (Pfändung oder Arrest) gegenüber dem Gläubiger, welcher die Beschlagnahme herbeigeführt hat, wirkungslos bleibt.[2]) Insbesondere gilt die Beschlagnahme in dem Verfahren der Zwangsversteigerung und Zwangsverwaltung als Veräußerungsverbot zu Gunsten des betreibenden, resp. beigetretenen Gläubigers.[3]) Für die letzteren wird mit der Beschlagnahme die Schadensforderung derart von dem übrigen Vermögen des Schuldners abgesondert, daß sie nunmehr auch einen Gegenstand der Befriedigung im Zwangsversteigerungsverfahren bildet. Mit Genehmigung des betreibenden Gläubigers kann deshalb der Grundeigentümer die Bergschädenforderung noch immer einziehen, ohne dieselbe ist er dagegen zu einer solchen nicht mehr berechtigt, der Bergwerksbesitzer kann vielmehr, sofern Grundeigentümer und betreibender Gläubiger sich nicht anderweit einigen, während obschwebenden Zwangsversteigerungsverfahrens oder Zwangsverwaltungsverfahrens die Entschädigung nur zur Immobiliarmasse zahlen.[4]) Zahlt er trotzdem die Entschädigung an den Grundeigentümer, so wird er dadurch von seiner Schuld nicht liberiert, sondern muß die Zahlung auf Verlangen des betreibenden Gläubigers wiederholen.

Wie bereits oben hervorgehoben, treten indes gegenüber dem Bergwerksbesitzer diese Wirkungen der Beschlagnahme erst ein, wenn er sie erfährt, oder ihm ein Zahlungsverbot zugestellt wird.[5]) Er kann also, wenn er nach der Beschlagnahme, aber in Unkenntnis derselben oder ohne daß ihm ein Zahlungsverbot zugestellt ist, zahlt, zu einer nochmaligen Zahlung nicht mehr gezwungen werden. Der betreibende Gläubiger kann sich vielmehr in solchem Falle nur an den Grundstückseigentümer oder dessen Zessionar halten, welche

---

1) Wolff Anm. 3 zu § 23 R.Zw.G.

2) Foerster-Turnau I, S. 650.

3) Wolff Anm. 5 zu § 23, Fischer und Schäfer Anm. 1 dazu; Jäckel Anm. 1 desgleichen.

4) Fischer u. Schäfer Anm. 3 zu § 23 R.Zv.G.; Wolff Anm. 9 zu § 152.

5) § 22 Abs. 2 R.Zw.G.; Fischer u. Schäfer S. 219.

ihm jedenfalls auf Grund der ungerechtfertigten Bereicherung, unter Umständen auch aus der Geschäftsführung ohne Auftrag oder ex delicto haften und dementsprechend die Schadensforderung zur Immobiliarmasse herauszahlen müssen.[1])

5. Der **Hypothekengläubiger verliert das Recht der Beschlagnahme** nach § 1124 B.G.B. mit dem Ablaufe eines Jahres nach der Fälligkeit, d. h. nach der Entstehung der Schadensforderung.

Abgesehen von diesem Zeitablaufe erlischt das Pfandrecht des Hypothekengläubigers innerhalb des Jahres, falls die Beschlagnahme nicht vorher erfolgt ist, in folgenden Fällen:

a) wenn die Entschädigungsforderung innerhalb des Jahres eingezogen wird, d. h. wenn dieselbe bezahlt oder auf sonstige gesetzlich zulässige Weise, z. B. durch Aufrechnung oder Hingabe an Zahlungsstatt getilgt wird;

b) wenn innerhalb des Jahres darüber verfügt, z. B. dieselbe durch Verzicht oder Vergleich zwischen Grundeigentümer und Bergwerksbesitzer erledigt oder seitens des Ersteren einem Dritten abgetreten oder einem solchen durch richterliche Überweisung zwangsweise an Zahlungsstatt übertragen wird.[2]) Wird in anderer Weise als durch Abtretung, z. B. durch Verpfändung oder durch zwangsweise Überweisung zur Einziehung[3]) darüber verfügt, so erlischt das Recht des Hypothekengläubigers damit noch nicht, der Dritte, zu dessen Gunsten die Verfügung getroffen ist, geht aber dem Hypothekengläubiger im Range vor;[4])

c) wenn der Eigentümer das Grundstück an einen Dritten aufläßt und dabei die Entschädigungsforderung nicht mitüberträgt.

In allen Fällen kann es dabei keinen Unterschied machen, ob die Entschädigungsforderung sich auch über Ertragsausfall für zukünftige Jahre verhält. Denn der Anspruch auch für zukünftige Ertragsausfälle ist regelmäßig sofort mit der

[1]) Fischer u. Schäfer S. 218 Anm. 3; Planck Anm. 3 zu § 1124 B.G.B. § 22 des Z.V.G.

[2]) Turnau-Foerster I S. 651.

[3]) Turnau-Foerster a.a.O.

[4]) Turnau-Foerster I S. 651,

Entstehung des Schadens fällig, wie bereits an anderer Stelle (S. 100ff.) ausgeführt, auch findet auf die Bergschädenforderung Abs. 2 des § 1124 gemäß Art. 53 keine Anwendung. Vorausgesetzt ist dabei aber, daß sich die Forderung für zukünftigen Ertragsausfall inhaltlich wirklich noch als Ersatz für Beschädigung von Früchten und Zubehör darstellt. Ist nach Lage des einzelnen Falles etwa mit Rücksicht auf § 251 B.G.B. z. B. wegen Unmöglichkeit der Wiederherstellung des früheren Zustandes anzunehmen, daß die Schadensforderung wegen zukünftigen Ertragsausfalles in Wahrheit das Interesse für die Minderung des Substanzwertes des Grundstücks geltend macht, so ist sie nach Art. 53 Abs. 1 des E.G. zum B.G.B. zu behandeln.

6. Aus dem Vorgesagten ergibt sich als praktisches Resultat, daß der Bergwerkseigentümer regelmäßig bezüglich der Begleichung der Schadensforderung **für Beschädigung von Früchten und Zubehör** ohne Rücksicht auf etwa vorhandene Hypothekengläubiger zahlen kann **und muß,** sofern ihm nicht eine Beschlagnahme bekannt geworden oder ein Zahlungsverbot zugestellt ist. Wird ihm eine solche Kenntnis oder Zustellung erst nach Ablauf eines Jahres seit Entstehung des Bergschädenanspruches, so ist er nicht mehr berechtigt, sie zu beachten. Wird ihm aber innerhalb des Jahres das Zahlungsverbot zugestellt oder erhält er sonst Kenntnis von der Beschlagnahme, so kann er an den Eigentümer allein nicht mehr zahlen, es sei denn, daß einer der Fälle sub a—c vorläge.

IV. Die Rechte des Hypothekengläubigers bei der Beschädigung der Substanz des Grundstücks.

In allen anderen, nicht unter Nr. III zu subsummierenden Fällen, namentlich also wenn auf Grund der §§ 249, 251, 252 B.G.B. **Schadensersatz wegen Schädigung der Substanz des Grundstücks** gefordert wird, gilt bezüglich der Haftung der Entschädigungsforderung für die Hypothek (Grundschuld, Rentenschuld) dasselbe wie bezüglich der Haftung der Versicherungssumme bei einer Gebäudeversicherung,[1]) d. h. der Ersatzanspruch gilt ohne weiteres dem Hypothekengläubiger als wirklich verpfändet. Während also bei der Forderung für die Beschädigung von Früchten und Zubehör durch die Eintragung der Hypothek zunächst nur ein unvollkommenes Pfandrecht begründet wird, welches erst durch die Beschlagnahme seine völlige Wirksamkeit erhält, tritt die Bergschädenforderung in allen übrigen Fällen ohne weiteres und ohne Beschlagnahme in die Haftung in derselben Weise ein, als wenn sie dem Hypothekengläubiger vom Grundeigentümer durch besonderen Rechtsakt mitverpfändet wäre.[2])

Daraus ergibt sich als weitere Rechtsfolge, daß die Wirkung der Unterwerfung der Entschädigungsforderung unter die Hypothek sich durchweg nach den §§ 1273ff. B.G.B. richtet (§ 1128 Abs. 2 Satz 1 u. Art. 53 E.G.), jedoch mit denjenigen wichtigen Modifikationen, welche diese Grundsätze in dem § 1128 B.G.B. u. Art. 53 E.G. zum B.G.B. gefunden haben.

Im einzelnen stellt sich hiernach die Rechtslage bezüglich der obengenannten Entschädigungsforderungen, wie folgt:

1. Solange die **Hypothekenforderung noch nicht fällig** ist, kann der Bergwerkseigentümer die Entschädigung nur gemeinschaftlich an den Grundstückseigentümer und den Hypothekengläubiger leisten (§ 1281 B.G.B.). Der Bergwerksbesitzer ist auch, so lange Hypothekengläubiger und Grundeigentümer keinen gemeinschaftlichen Vertreter zur Empfangnahme einer Geldzahlung bestellt haben, berechtigt, den Betrag bei der ordentlichen Hinterlegungsstelle zu hinterlegen (§ 372 Satz 2 B.G.B.). Jeder der beiden Berechtigten (Grundeigentümer wie Hypothekengläubiger) ist seinerseits berechtigt, zu verlangen, daß an sie beide gemeinschaftlich geleistet werde, kann darauf also auch Klage erheben, ebenso auf Hinterlegung der Entschädigungssumme. Dabei ist § 1288 Abs. 1 bezüglich der weiteren Behandlung der eingezogenen Geldforderung im Verhältnisse zwischen Grundbesitzer und Hypothekengläubiger wenigstens soweit zu be-

[1]) § 1128 B.G.B. Art. 53 Abs. 1 E.G., Turnau-Foerster I S. 642 u. 643.
[2]) Neumann Anm. 1 zu § 1128 B.G.B.

achten, als die Kapitalentschädigung auf Grund des § 251 B.G.B geleistet wird. Wird sie hingegen geleistet gemäß § 249 Satz 2, als der zur Wiederherstellung des beschädigten Grundstücks oder Gebäudes erforderliche Geldbetrag, so wird man mit Rücksicht auf diese Zweckbestimmung der Entschädigung anzunehmen haben, daß der Grundstückseigentümer berechtigt ist, den Betrag, wenngleich unter Mitwirkung des Hypothekengläubigers, auch zu dieser Wiederherstellung zu verwenden. Der erstere kann also in diesem Falle mündelsichere Anlegung nicht verlangen.[1]).

Auf Wiederherstellung des früheren Zustandes in natura endlich kann der Grundbesitzer und der Hypothekengläubiger stets allein klagen, weil dies Leistung auch an den anderen ist.[2]) Ebenso verbleibt trotz der Hypothek dem Grundeigentümer im übrigen noch die Verfügung über die Bergschädenforderung. Er würde also an sich regelmäßig allein berechtigt sein, wegen derselben einen Vergleich abzuschliessen, durch den z. B. an Stelle der unmöglichen oder zu kostspieligen Wiederherstellung des früheren Zustandes vollwertige Geldentschädigung vereinbart wird. Seine Dispositionsbefugnis ist aber dadurch weiter beschränkt, daß er die Bergschädenforderung nicht durch Verzicht, Vergleich, seinerseits erfolgende Aufrechnung oder dergl. zur Aufhebung bringen und auch sonst keine Verfügung über dieselbe treffen darf, durch welche das Recht des Hypothekengläubigers „beeinträchtigt“ wird. Zu allen derartigen Akten bedarf es der Zustimmung des Hypothekengläubigers (§ 1276 B.G.B.). Der Bergwerksbesitzer wird deshalb jedenfalls gut tun, nicht bloß bei der Zahlung einer Vergleichssumme, sondern auch bei dem Abschluß eines Vergleiches über Substanzbeschädigung des Grundstücks den Hypothekengläubiger zuzuziehen, wenn es nicht zweifellos feststeht, daß die zu vereinbarende Vergleichssumme ein ausreichendes Äquivalent für den dem Grundeigentümer zugefügten Schaden bildet.

2. **Ist die Hypothekenforderung fällig,** so macht sich das Übergewicht des pfandrechtlichen Anspruches noch mehr

---

[1]) Vergl. Turnau-Foerster Anm. 3 zu § 1128, dagegen Planck Anm. 3c dazu.
[2]) Planck Anm. 1 zu § 432.

geltend. Der Hypothekengläubiger ist von da ab zur selbständigen Einziehung der Forderung befugt, der Bergwerksbesitzer kann in Höhe der Hypothek nur an ihn allein noch leisten.[1]) Bezüglich der Form der Ausübung seiner Befugnisse steht dem Hypothekengläubiger dabei ein zweifaches Recht zu. Er kann entweder auf Grund eines etwa erlangten vollstreckbaren Schuldtitels die Forderung des Grundbesitzers an den Bergwerksbesitzer sich zur Einziehung oder an Zahlungsstatt zum Nennwerte zwangsweise überweisen lassen, oder aber er kann auch ohne weiteres nach seiner Wahl diese Rechte ausüben, d. h. die Forderung „einziehen", bezw. soweit seine fällige Hypothekenforderung reicht, verlangen, daß die Entschädigungsforderung ihm an Zahlungsstatt abgetreten werde.[2]) Wird die Forderung von dem Hypothekengläubiger eingezogen, sei es auf Grund gerichtlichen Überweisungsbeschlusses oder auf Grund des § 1282 B.G.B., so gilt er in der Höhe des Eingezogenen bezüglich seiner Hypothekenforderung als befriedigt.[3]) Ist seine fällige Hypothekenforderung nicht so hoch wie die Entschädigungsforderung, hat der Grundstückseigentümer aber entgegen der Vorschrift vom § 1282 Abs. 1 Satz 2 B.G.B. dieselbe trotzdem ganz an den Hypothekengläubiger gezahlt, so werden der Grundbesitzer und Hypothekengläubiger Miteigentümer des Empfangenen nach Verhältnis des dem Hypothekengläubiger zustehenden Betrages und des überschießenden und zwar der Hypothekengläubiger gemäß § 1288 Abs. 2 B.G.B., der Grundstückseigentümer gemäß § 1287 Satz 1. Letzterer hat dann die Wahl, ob er vom Bergwerkseigentümer den ihm kompetierenden Überschuss der Schadensforderung, welchen dieser zu Unrecht an den Hypothekengläubiger gezahlt hat, nochmals fordern[4]) oder von dem Hypothekengläubiger herausverlangen will. Wählt er letzteres, so genehmigt er damit die Zahlung des Bergwerksbesitzers (§§ 362 Abs. 2, 185 B.G.B.), dieser gilt somit auch in Höhe des überschießenden Betrages als libe-

---

1) Endemann I S. 572.
2) § 1282 B.G.B. Neumann Anm. 1 dazu.
3) § 1288 B.G.B., Turnau-Foerster Anm. b dazu; Planck Anm. desgl.
4) Neumann Anm. 2 zu § 1282.

riert.[1]) Aus dem Vorgesagten ergibt sich, daß der Bergwerksbesitzer, welcher vom Hypothekengläubiger in Anspruch genommen wird, gut tut, den genauen Nachweis der Höhe und Fälligkeit der Hypothek zu fordern. Denn er muß das Einziehungsrecht des Hypothekengläubigers auf seine Gefahr, wie gegenüber einem Zessionar prüfen.[2])

Im einzelnen ist zu diesem Punkte noch folgendes hervorzuheben:

a) Wenngleich nach Eintritt der Fälligkeit der Hypothekenforderung die Leistung der Entschädigung nur noch allein an den Hypothekengläubiger erfolgen kann, so ist der letztere andererseits nicht auch von da ab nur allein noch zur Klage wegen Bergschäden legitimiert. § 1282 B.G.B. steht vielmehr seinem Wortlaute nach dem nicht entgegen, daß auch der Grundeigentümer selbst noch Klage erhebt, falls er dieselbe lediglich auf Zahlung an den Hypothekengläubiger richtet.[3]) Bei Bergschädenklagen, welche zurzeit des Fälligkeitseintrittes der Hypothek schon vom Grundeigentümer eingelegt sind, braucht deshalb nur der Klageantrag entsprechend modifiziert zu werden. Da die Wiederherstellung des früheren Zustandes stets auch Leistung an den Hypothekengläubiger ist, so wird zu solcher Klage der Grundeigentümer trotz Fälligkeit der Hypothek legitimiert bleiben, ohne daß dieserhalb auch nur bezüglich des Klageantrages eine Änderung einzutreten hätte.

b) Auch sonst ist **dem Hypothekengläubiger**, solange ihm nicht etwa eine auf Geld gerichtete Bergschädenforderung an Zahlungsstatt überwiesen ist,[4]) jede weitere „Verfügung" — abgesehen von den im § 1282 B.G.B. vorgesehenen — über die Schadensforderung untersagt. Er ist also speziell nicht berechtigt, sich über die Forderung mit dem Bergwerkseigentümer zu vergleichen, dieselbe zu erlassen, zu ändern, oder im Falle des § 249 B.G.B. an Stelle der Wiederherstellung in natura die Zahlung des dafür erforderlichen Geld-

---

[1]) Planck Anm. 2 zu § 1288.
[2]) Neumann Anm. 2 zu § 1282 B.G.B.
[3]) Planck Anm. 4 zu § 1282 B.G.B.
[4]) Gaupp-Stein Anm. V Bd. II S. 595.

betrages zu fordern. Zu solchen Verfügungen über die Schadensforderung ist auch nach eingetretener Fälligkeit der Hypothek nur der Grundstückseigentümer, soweit nicht § 1276 B.G.B. entgegensteht und gemeinschaftliches Handeln von Hypothekengläubiger und Grundeigentümer erfordert (vergl. darüber oben S. 296) allein berechtigt.[1])

c) **Der Hypothekengläubiger macht mit der Einziehung der Forderung auf Grund des § 1282 B.G.B. nicht eine eigene, sondern eine fremde Forderung,** diejenige des Grundstückseigentümers geltend. Der Bergwerksbesitzer kann deshalb der Schadensforderung bloß die Gegenforderungen gegenüber stellen, welche ihm gegen den Grundeigentümer, nicht auch diejenigen, welche ihm gegen den Hypothekengläubiger zustehen.[2]) Zu einer Aufrechnung von Forderungen, welche ihm gegen den Hypothekengläubiger selbst erwachsen sind, ist der Bergwerksbesitzer erst dann berechtigt, wenn der Hypothekengläubiger sich die Bergschädenforderung an Zahlungsstatt, sei es auf Grund des § 1282 B.G.B., sei es durch gerichtliche Überweisung, hat abtreten lassen.[3])

d) **Der Hypothekengläubiger ist, soweit er zur selbständigen Einziehung der Schadensforderung** berechtigt ist, dazu **auch verpflichtet.** (§ 1285 Abs. 2 B.G.B.) Unterläßt er die ordnungsmäßige Einziehung und verschuldet dadurch den Verlust der Forderung, z. B. wegen Eintritts der Verjährung, so ist er dafür unter Umständen dem Grundstückseigentümer schadensersatzpflichtig.[4]) Allerdings wird der erstere dem letzteren regelmäßig mit dem Einwande des konkurrierenden Versehens begegnen können, weil der Grundstückseigentümer trotz § 1282 Abs. 1 B.G.B. auch das Recht zur Klage auf Zahlung an den Hypothekengläubiger, wie bereits unter a hervorgehoben, noch besitzt.

3. Bestehen **mehrere Hypotheken** an dem beschädigten Grundstück, so hat der **nachstehende Hypothekengläubiger** an demjenigen Teil der Geldentschädigung, welcher nach

---

[1]) Vergl. Planck Anm. 4 zu § 1282 B.G.B. u. 1c zu § 1074 B.G.B., Gaupp-Stein II S. 595.

[2]) Planck Anm. 1 zu § 1282, Turnau-Foerster Anm. 3 dazu.

[3]) Gaupp-Stein II S. 595.

[4]) Leske I S. 614.

Befriedigung der vorstehenden Hypothek — der ganzen, nicht etwa bloß des fälligen Teils derselben — übrig bleibt, die unter 1 und 2 geschilderten Rechte. Auf Wiederherstellung des früheren Zustandes kann er ebenfalls klagen, weil dies Klage auf Leistung auch an den vorstehenden Hypothekengläubiger ist. Ebenso kann der Grundstückseigentümer, wenn für ihn nach Abzug der eingetragenen Hypotheken noch ein Teil der Schadensforderung übrig bleibt, über denselben nach jeder Richtung hin selbständig verfügen.[1])

4. **Der öffentliche Glaube des Grundbuchs bezüglich der eingetragenen Hypotheken kommt auch dem Bergwerksbesitzer gegenüber zur Anwendung,** d. h. der Bergwerksbesitzer kann sich, wenn er entgegen den Ausführungen zu 1 bis 3 Zahlungen an den Grundeigentümer allein leistet oder sonstige Rechtshandlungen vornimmt, durch welche die Rechte der Hypothekengläubiger beeinträchtigt werden, nicht mit seiner Unkenntnis der bestehenden Hypotheken entschuldigen, wenn dieselben zum Grundbuche eingetragen sind.[2]) Der Bergwerksbesitzer muß deshalb in solchen Fällen, wo es sich nicht um den Schadensersatz für Beschädigung von Früchten und Zubehör handelt, namentlich also dort, wo an Stelle der Wiederherstellung Zahlung des dafür erforderlichen Geldbetrages oder Ersatz des dauernden Minderwertes gefordert wird, zunächst durch Einsicht des Grundbuches sich über die eingetragenen Hypotheken unterrichten und darf zur Vermeidung einer Doppelzahlung erst dann die Forderung des Grundeigentümers, durch Zahlung oder auf sonstige Weise tilgen oder bezüglich derselben eine die Rechte des Hypothekengläubigers anderweit „beeinträchtigende" Rechtshandlung vornehmen, nachdem der eingetragene Hypothekengläubiger seine Zustimmung dazu erteilt hat.

5. **Diese Zustimmung** der Hypothekengläubiger müßte an sich nach allgemeinen Rechtsgrundsätzen von allen Hypothekengläubigern in irgend einer Form ausreichend erklärt werden. Da aber eine solche Erklärung der Hypothekengläubiger, welche die Auszahlung der Entschädigungsforderung

---

[1]) Planck Anm. 2 zu § 1290 B.G.B., Turnau-Foerster Anm. 1 dazu.
[2]) § 1128 Abs. 2 B.G.B. Art. 53 Abs. 1 E.G. dazu.

an den Eigentümer genehmigt, seitens der ersteren schwer zu erlangen ist, auch wenn dieselben sich aus der Schadensforderung wegen ihrer Hypotheken nicht zu befriedigen gedenken, so ist, wie bei der Gebäude-Versicherung, so auch hier **von einer ausdrücklichen Zustimmung der Hypothekengläubiger abgesehen** und die Bestimmung getroffen, daß die Zustimmung derselben dann als stillschweigend erteilt gelten, soll, wenn die Hypothekengläubiger, ungeachtet der ihnen über den Eintritt des Schadensfalles gewordenen Anzeige, unterlassen, binnen der für ihre Gegenerklärung reichlich bemessenen Frist von einem Monat nach Erhalt der Anzeige Widerspruch zu erheben. Dasselbe gilt, wenn in dem Falle, wo eine Mitteilung an den Hypothekengläubiger, etwa wegen Unbekanntheit seiner Person oder seines Aufenthaltsortes untunlich, ein Monat seit dem Eintritt des Schadenfalles verflossen ist.[1])

Eine Form für die Anzeige und den Widerspruch, die beide als einseitige, empfangsbedürftige Willenserklärung im Sinne der §§ 130—132 B.G.B. anzusehen sind, ist nicht vorgeschrieben, es genügt also auch mündliche Mitteilung.[2]) Ebenso ist kein Zeitpunkt bestimmt; bis zu welehem die Anzeige an den Hypothekengläubiger erfolgen muß. Sie wird deshalb solange stattfinden können, bis die Zahlung an den Grundeigentümer gütlich oder im Wege der Zwangsvollstreckung erfolgt ist. Der Bergwerksbesitzer wird speziell auch noch nach Erlaß des ihn zur Zahlung an den Grundeigentümer pure verurteilenden Urteils in der Lage sein, dem Hypothekengläubiger von der drohenden Zahlung mit der Rechtswirkung des Art. 53 E.G. zum B.G.B. Anzeige zu machen. Erfolgt auf solche Anzeige Widerspruch des Hypothekengläubigers und hinterlegt der Bergwerksbesitzer daraufhin die Judikatsumme beim Amtsgericht, so wird er, falls der Grundeigentümer trotzdem das Urteil zur Vollstreckung bringt, berechtigt sein, gemäß § 767 C.P.O. Klage zu erheben.

6. Ist die Anzeige erstattet[2]) und es **erfolgt binnen Monatsfrist kein Widerspruch** seitens des Hypotheken-

[1]) Planck Anm. 3a zu § 1128, Foerster-Turnau I S. 45.
[2]) Planck III S. 485.

gläubigers, so kann der Bergwerksbesitzer mit Wirkung gegen denselben an den Grundbesitzer zahlen und zwar auch dann, wenn ersterer vor der Zahlung, aber nach Ablauf der Monatsfrist gegen die Zahlung an den Grundbesitzer Widerspruch erhebt. Dagegen hat die Nichtinnehaltung der Frist weitere Folgen nicht. Insbesondere wird man deshalb annehmen müssen, daß abgesehen von der Zahlung und den dieser gleichstehenden Akten (z. B. Hinterlegung oder Aufrechnung seitens des Bergwerksbesitzers, vgl. Planck Anm. 1 zu § 1071 B.G.B.) alle anderweiten „beeinträchtigenden" Verfügungen im Sinne des § 1276 B.G.B. durch den Grundeigentümer über die Bergschädenforderungen z. B. Vergleich, Erlaß, Abtretung oder dergleichen dem Hypothekengläubiger gegenüber wirkungslos sind, auch wenn sie vor einer etwaigen Beschlagnahme zu seinen Gunsten erfolgen.

Der Hypothekengläubiger ist daher, wenn vor stattgehabter Beschlagnahme durch Einleitung der Zwangsversteigerung in das unbewegliche Vermögen die Bergschädenforderung einem Dritten abgetreten war, die Zahlung an ihn aber erst nach der Beschlagnahme stattgefunden hat,[1]) berechtigt, nochmalige Zahlung vom Bergwerksbesitzer, zu fordern.

Hat ferner nach erfolgter Beschlagnahme der Bergschädenforderung für den Hypothekengläubiger noch eine Zahlung an einen Pfändungspfandgläubiger stattgefunden, welchem zur Zeit der Beschlagnahme die Forderung bereits überwiesen war, so kann der Hypothekengläubiger vom Bergwerksbesitzer gleichfalls nochmalige Zahlung, oder aber, wenn dieser zur Erstattung nicht verpflichtet ist, weil er vor Zustellung des zu Gunsten des Hypothekengläubigers erlassenen Zahlungsverbots oder vor Kenntnis der für diesen erfolgten Beschlagnahme gezahlt hat, von dem erstpfändenden Gläubiger gemäß §§ 812ff. B.G.B. Ersatz verlangen.[2])

Noch weniger tritt etwa mit Ablauf der Frist ein Erlöschen der Haftung der Schadensforderung ein. Der Hypothekengläubiger kann vielmehr, auch wenn er binnen der

---

[1]) Fischer u. Schäfer S. 130, a. M. Turnau-Foerster I S. 48.

[2]) Foerster-Turnau I S. 48; vergl. auch R.G. 15./12. 97 Entsch. Bd. 40. S. 289.

Monatsfrist keinen Widerspruch erhoben hat, die noch nicht erfolgte Zahlung an den Grundstückseigentümer noch immer verhindern. Nur muß er jetzt die förmliche gerichtliche Beschlagnahme in einer der oben (S. 289ff.) angegebenen Formen herbeiführen. So lange er das nicht tut, kann der Bergwerksbesitzer gültig mit Rechtswirkung gegenüber dem Hypothekengläubiger zahlen und zwar sowohl an den Grundeigentümer, wie auch an einen Rechtsnachfolger desselben, **einen Pfändungspfandgläubiger,** dem die Forderung zur Einziehung oder Zahlungsstatt überwiesen ist.

Hat aber der Hypothekengläubiger, bevor die Zahlung an den Pfändungspfandgläubiger erfolgt, die Beschlagnahme der Schadensforderung im Wege der Zwangsvollstreckung in das unbewegliche Vermögen herbeigeführt, so steht dem Ersteren zur Verhütung der Zahlung gegen den letzteren die Widerspruchsklage gemäß § 771 C.P.O. oder Erinnerung gemäß § 776 C.P.O. zu. Die schwebende Mobiliarzwangsvollstreckung muß eingestellt werden, da eine dem § 1124 Abs. 1 Satz 2 entsprechende Bestimmung für den Fall des § 1128 B.G.B. fehlt.[1])

Ist in gleichem Falle die Beschlagnahme für den Hypothekengläubiger durch Pfändung gemäß §§ 828 ff. C.P.O. erfolgt, so hat der Hypothekengläubiger wenigstens Anspruch auf vorzugsweise Befriedigung, vor dem auch vor diesem Zeitpunkt der Beschlagnahme begründeten Pfändungspfandrecht des Dritten. Auch hier muß der Gesichtspunkt durchschlagen, daß das zeitlich zuerst durch die Eintragung entstandene Pfandrecht des Hypothekengläubigers nicht durch den fruchtlosen Ablauf der Monatsfrist seit Anzeige, sondern erst durch die wirkliche Zahlung an den Pfändungspfandgläubiger erlischt.[2])

7. **Erfolgt auf die Schadensanzeige Widerspruch,** so hat dies den Erfolg, a) daß zunächst die Haftung der Entschädigungsforderung für die Hypothek bestehen bleibt und zwar mit all den Wirkungen, die sich aus einem Pfand-

---

[1]) Foerster-Turnau I S. 48.

[2]) Vergl. über diese im einzelnen nicht unstreitige Frage § 804 C.P.O., Planck Anm. 3a zu § 1128, Anm. 1 zu § 1290, Foerster-Turnau IV zu § 1127, Anm. 1 u. 4 zu § 1290 B.G.B., Gaupp-Stein III u. IV zu § 865 C.P.O. u. II zu § 771 C.P.O.

recht an einer Forderung ergeben, insbesondere also auch mit dem wesentlichen Unterschied gegenüber dem unter 6 behandelten Falle der Unterlassung der Widerspruchserhebung, daß auch bezüglich der Berechtigung zur Entgegennahme der Zahlung die §§ 1281 ff. B.G.B. maßgebend bleiben.

b) Außerdem tritt aber die weitere, im Art. 53 E.G. bestimmte Rechtsfolge ein, daß jeder Hypothekengläubiger, nicht minder aber auch der Grundeigentümer beanspruchen kann, daß bezüglich der Schadenssumme das **Verteilungsverfahren** gemäß den Vorschriften des Zwangsversteigerungsgesetzes stattfinde. Der Fall kann namentlich dann praktisch werden, wenn einerseits ein Zwangsversteigerungs- oder Zwangsverfahren über das beschädigte Grundstück nicht anhängig ist, andererseits aber über Existenz, Höhe oder Rang der einzelnen Hypothekenforderungen Streit besteht und deshalb der eine oder andere Teil Interesse daran hat, über die Höhe des ihm zufallenden Betrages der Entschädigungsforderung Gewißheit zu erlangen.

Es hat in diesem Falle gemäß Art. 53 Abs. 1 die Zahlung der Entschädigungssumme seitens des Bergwerksbesitzers an das zuständige Amtsgericht, also wohl an das Amtsgericht, welches gemäß §§ 1, 2 der R.Zw.G. zuständig ist, zu erfolgen. Sollte der Bergwerksbesitzer nach dem oben (S. 295) Ausgeführten bereits den Geldbetrag bei der sonst zuständigen ordentlichen Hinterlegungsstelle (in Preußen der zuständigen Regierung) hinterlegt haben, so wird seitens der letzteren der Betrag wieder an das Amtsgericht abzuführen sein, wenn bezüglich des bei ihr hinterlegten Betrages nachträglich das Verteilungsverfahren gemäß Art. 53 in Antrag gebracht wird.

Über das Verfahren, welches seitens des Amtsgerichts bei dieser Verteilung zu beobachten ist, sind besondere Bestimmungen in Preußen nicht ergangen. Insbesondere finden die Art. 35—41 des Preuß. A.G. zum R.Zw.G. auf das Verteilungsverfahren bezüglich der Bergschädenforderung keine Anwendung.[1]) Das Verfahren richtet sich vielmehr lediglich nach den §§ 105—145 des R.Zw.G., soweit diese

[1]) Wolff Anm. 2 zu Art. 35, vergl. auch Jaeckel Anm. 1 u. Fischer u. Schaefer Anm. 10 c.

Bestimmungen überhaupt bei der Natur der Sache Anwendung finden können und soweit nicht die §§ 1281ff. B.G.B. ein anderes erheischen.[1])

α) **Darnach dürften speziell die §§ 110—112, 116, 117, 122, 123, 128—134, 144 u. 145 nicht zur Anwendung** gebracht werden können. Insbesondere dürfte bezüglich der Nichtanwendung des § 117 R.Zw.G. entscheidend sein, daß derselbe sich mit den Bestimmungen der §§ 1281, 1282 u. 1288 B.G.B. nicht verträgt. Der Subhastationsrichter wird vielmehr die Entschädigungssumme nur soweit an einen der seinem Range nach dazu berechtigten Hypothekengläubiger zahlen dürfen, als dessen Forderung fällig ist. Davon abgesehen wird er die betreffenden Beträge zur Hinterlegung zu bringen haben, es sei denn, daß Hypothekengläubiger und Grundstückseigentümer sich über Auszahlung oder anderweite Belegung des Geldes mit Rücksicht auf § 1288 B.G.B. geeinigt haben.

β) **Dagegen werden die übrigen Paragraphen,** auch für das Verteilungsverfahren bezüglich solcher Bergschädenbeträge in entsprechender Anwendung zutreffen.

Insbesondere gilt dies auch von den §§ 109 (bezügl. der Entnahme der Kosten aus der Entschädigungssumme), 115 bezügl. der Erhebung und klageweisen Verfolgung erhobener Widersprüche), 135 ff. (betr. die Ermittelung unbekannter Berechtigter), 143 (betr. die Erledigung des Verteilungsverfahrens durch Vergleich der Beteiligten). Man wird auch wohl annehmen dürfen, daß die Eröffnung des Verteilungsverfahrens nicht davon abhängt, ob die Zahlung der Entschädigungssumme seitens des Bergwerksbesitzers an das Gericht erfolgt ist. Auch in dem Falle, wo die Zahlung nicht geleistet ist, können nachstehende Hypothekengläubiger sowohl wie der Grundstückseigentümer ein Interesse daran haben, festzustellen, ob und eventl. wieviel von der Gesamtentschädigung von ihnen selbständig gegenüber dem Bergwerkseigentümer eingeklagt werden kann. Es dürfte deshalb die analoge Anwendung des § 118 Zw.G. nicht ausgeschlossen sein.[2])

---

[1]) Wolff Anm. 1 c zu Art. 35.
[2]) Wolff Anm. 1 c zu Art. 35.

V. Wiederherstellung des beschädigten Grundstücks und Erlöschen der Hypothek.

1. **Das Pfandrecht des Hypothekengläubigers an der Entschädigungssumme erlischt, wenn und soweit das beschädigte Grundstück oder Zubehör wiederhergestellt ist.** Man wird anzunehmen haben, daß diese Bestimmung, zumal dies auch dem vorbildlich gewesenen § 1127 Abs. 2 B.G.B. entspricht, auf alle Fälle der Beschädigung, also an sich auch auf den der Beschädigung von Früchten und Zubehör Anwendung findet.[1]) Erstere kommen hier allerdings nicht in Betracht, weil ein Fall der Wiederherstellung bei ihnen wohl kaum denkbar sein wird.

Hat daher der Grundbesitzer selbst die Beschädigung des Grundstückes oder seines Zubehörs beseitigt und klagt nun auf Ersatz der ihm dadurch erwachsenen Kosten, so ist er in dieser Höhe allein zur Klageerhebung aktiv legitimiert. Ob dagegen der Hypothekengläubiger schon vor der Wiederherstellung verpflichtet ist, in die Auszahlung des Geldes an den Grundstückseigentümer zu willigen, damit dieser mit dem Gelde das Grundstück selbst wiederherstelle, kann zweifelhaft sein.[2]) Jedenfalls hat aber der Grundstückseigentümer, sobald er das Grundstück wiederhergestellt hat, Anspruch auf Auszahlung des bis dahin etwa gemäß § 1288 B.G.B. angelegten Geldes.

2. Fraglich kann sein, welche Rechtsfolgen entstehen, wenn die Entschädigungsforderung zur gänzlichen oder teilweisen Befriedigung des ersteingetragenen Hypothekengläubigers verwendet wird. **Fällt insbesondere die dadurch ganz oder teilweise getilgte Hypothek dem Grundeigentümer dergestalt zu, daß dieselbe im Grundbuche als Eigentümerhypothek oder Eigentümergrundschuld auf seinen Namen zu umschreiben ist**[3]) oder erlischt sie und muß deshalb zur Löschung gebracht werden? (§ 1181 B.G.B.) M. E. wird

---

[1]) Niedner Anm. 3 zu Art. 53.

[2]) Dafür Turnau-Foerster Anm. 3 zu § 1128; dagegen Planck III Anm. 3c zu § 1128 B.G.B. vergl. auch oben S. 296.

[3]) §§ 1143, 1163, 1177 B.G.B., Planck III S. 444 ff. Anm. 2 zu § 1143.

man regelmäßig das erstere anzunehmen haben, namentlich dann, wenn die Zahlung der Entschädigungsforderung an den Hypothekengläubiger auf Grund freiwilliger Zustimmung des Grundeigentümers erfolgt oder wenn sie an den Hypothekengläubiger geleistet wird, nachdem sie ihm auf persönliche Klage im Wege der Zwangsvollstreckung in das bewegliche Vermögen überwiesen war. Nur dort, wo seitens des Hypothekengläubigers die dingliche Klage erhoben, also mit dem Antrage geklagt ist, daß der Beklagte bei Vermeidung der Zwangsvollstreckung in das Grundstück bezw. die mithaftenden Gegenstände zahlen solle,[1]) und dann im Zwangsvollstreckungswege die Befriedigung des Gläubigers aus der Entschädigungsforderung stattfindet, ist der Fall des § 1181 gegeben, daß die Befriedigung aus den Gegenständen erfolgt, auf die sich die Hypothek erstreckt.« Denn Befriedigung »aus« dem Grundstücke bezw. dem mithaftenden Gegenstande ist im Sinne des § 1181 B.G.B. nur diejenige, welche auf Grund der dinglichen Klage im Wege der Zwangsvollstreckung herbeigeführt wird.[2]) Ist in diesem Falle, also auf die dingliche Klage Zwangsvollstreckung bewirkt, so ist es dabei im übrigen gleichgültig, auf welchem Wege dieselbe betrieben wird. Die Wirkung des § 1181 tritt also nicht bloß dann ein, wenn die Beschlagnahme der Entschädigungsforderung im Wege der Einleitung der Zwangsversteigerung oder Zwangsverwaltung des Grundstückes, sondern auch dann, wenn sie im Wege der Zwangsvollstreckung in das bewegliche Vermögen, der Mobiliarpfändung und Überweisung bloß der Forderung selbst herbeigeführt ist.[3]) In diesem Falle der Befriedigung der vorstehenden Hypothekengläubiger aus der Bergschädenforderung im Wege der dinglichen Klage, aber auch nur in diesem steht deshalb den nacheingetragenen Hypothekengläubigern der Berichtigungsanspruch auf Löschung der Hypothek gemäß § 894 B.G.B. zu. Ist die Hypothek, welche aus der Entschädigungsforderung

[1]) Foerster-Turnau I S. 571.

[2]) Planck Anm. 1 zu § 1181 B.G.B.; Endemann II § 117 Anm. 1; Neumann Anm. 1 zu § 118 B.G.B.

[3]) Turnau-Foerster I S. 795 Anm. 2 zu § 1181, Planck Anm. 2a dazu; Neumann Anm. 1 dazu.

ganz oder teilweise gedeckt wird, eine Gesamthypothek, so trifft alsdann auch § 1182 B.G.B. zu.

VI. Zwangsversteigerung des beschädigten Grundstücks.

Das rechtliche Schicksal des Entschädigungsanspruches bedarf noch der näheren Erörterung für den Fall, daß **die Zwangsversteigerung oder Zwangsverwaltung des beschädigten Grundstücks** herbeigeführt wird.

In dieser Beziehung ist zunächst bezüglich der **Zwangsversteigerung** folgendes hervorzuheben:

1. Da wie bereits oben (S. 285) ausgeführt, die Hypothek sich auf die Entschädigungsforderung erstreckt, so ergibt sich daraus, daß gemäß §§ 20 und 21 des Zw.V.G. **die Beschlagnahme im Zwangsversteigerungs- und Zwangsverwaltungsverfahren auch die Entschädigungsforderung des Grundeigentümers mit ergreift.**

Die Entschädigungsforderung wird indes **nur soweit** von der Beschlagnahme betroffen, **als sie noch der Hypothek unterliegt.** Soweit sie aus der Haftung ausgetreten ist, was z. B. bei der Forderung für die Beschädigung von Früchten und Zubehör mit dem Ablauf eines Jahres nach Entstehung des Schadens oder innerhalb des Jahres mit dem Eintritt einer der oben (S. 293) erwähnten drei Voraussetzungen der Fall ist, verbleibt die Schadensforderung der freien Verfügung des Grundeigentümers.

Andererseits ergreift aber die Beschlagnahme nicht bloß die zur Zeit ihres Eintritts bereits existente Schadensforderung, sondern **auch die erst nachträglich bis zum Zuschlag existent werdende.**[1])

2. Über den Zeitpunkt des Eintritts der Beschlagnahme gegenüber Grundstückseigentümer und Bergwerksbesitzer ist bereits an anderer Stelle (S. 289) gehandelt, ebenso über die Wirkungen derselben (S. 291).

3. Aus §§ 20, 21 in Verbindung mit §§ 55 Abs. 1 und 90 des R.Zw.G. ergibt sich weiter, daß die **Entschädigungsforderung** in demselben Umfange, wie sie von der Beschlag-

---

[1]) Jaeckel Anm. 6 zu § 90 R.Zw.G.

nahme ergriffen wird, **durch den Zuschlag auf den Ersteher des Grundstücks mit übergeht**, was eine wichtige Neuerung gegenüber dem gegenwärtigen Rechtszustande darstellt.[1])

4. Da die Entschädigung gemäß Art. 52, 53, 67 E.G. und § 148 Abs. 2 nur der Hypothek, Grundschuld und Rentenschuld mit verhaftet ist, anderen dinglichen Rechten am Grundstücke dagegen nicht, so kann es bezüglich **der Verteilung des Kaufgeldes zu erheblichen Bedenken** kommen, wenn eine Hypothek, Grundschuld oder Rentenschuld, welche an dem beschädigten Grundstücke besteht, mit einem daran begründeten, anderweiten, dinglichen Recht z. B. einem Nießbrauchsrecht kollidiert. Nach dem zu 3. Ausgeführten stellt das Kaufgeld das Äquivalent nicht bloß für das Grundstück in seinem gegenwärtigen Zustande, sondern auch für den Erwerb der Schadensforderung dar. Die übrigen am Grundstück dinglich Berechtigten, deren selbständiger Schadensanspruch gegen den Bergwerksbesitzer durch die Versteigerung nicht berührt wird, haben dagegen nur Rechte an demjenigen Teile des Kaufgeldes, welcher für das Grundstück selbst, nicht auch an demjenigen, welcher für die Schadensforderung gezahlt wird. Wie hat der Subhastationsrichter in solchen Kollisionsfällen zu verfahren?

Man wird § 112 R.Zw.G. analog anzuwenden haben, am zweckmäßigsten aber in Gemäßheit des § 65 R.Zw.G. die Schadensforderung abgesondert vom Grundstücke versteigern. Derselbe Kollisionsfall kann übrigens auch eintreten, wenn auf dem Grundstück außer den Hypotheken, welchen der Ersatzanspruch mitverpfändet ist, auch solche eingetragen sind, denen die Entschädigungsforderung deshalb nicht haftet, weil der Schadensfall bereits vor ihrer Eintragung eingetreten war.

5. **Soweit die Hypotheken durch die Zwangsversteigerung in ihrer Existenz nicht berührt werden, bleibt ihnen ihr Pfandrecht, wie an dem Grundstück selbst, so auch an der Entschädigungsforderung erhalten.** Insbesondere ist dies also bezüglich der in das geringste Gebot fallenden Hypotheken

[1]) Vergl. auch Turnau-Foerster I S. 48 und Jaeckel Anm. 1 zu § 55 R.Zw.G. oben S. 285 a. M. ohne weitere Begründung Fischer u. Schäfer S. 126.

der Fall § 52 Zw.G.). Dagegen kann zweifelhaft sein, ob die Haftung der Entschädigungssumme zugunsten derjenigen Hypotheken, welche durch Vereinbarung gemäß § 91 Zw.G. von dem Ersteher übernommen sind, erlischt oder nicht, und zwar deshalb, weil nach § 91 Abs. 3 diese Vereinbarung „im übrigen wie die Befriedigung der Berechtigten aus dem Grundstück" wirkt.[1]) Man wird die Frage wohl dahin zu beantworten haben, daß der Bergschädenanspruch auch für solche Hypotheken weiter haftet. Denn nach dem Wortlaut des Abs. 1 und 3 des § 91 bleibt die Hypothek am versteigerten Grundstücke selbst, also doch wohl einschließlich des Zubehörs und der sonst mithaftenden Gegenstände bestehen und gilt nur **im übrigen**, d. h. bezüglich mithaftender anderer Grundstücke oder persönlicher dritter Schuldner als aus dem Grundstück befriedigt.[2]) Dagegen haftet die Schadensforderung mit Rücksicht auf ihre Surrogationsnatur nach dem oben Ausgeführten nicht für solche Hypotheken, welche der Ersteher neu aufnimmt. (Vergl. S. 287).

VII. Zwangsverwaltung des beschädigten Grundstücks.

Bezüglich der **Zwangsverwaltung** ist folgendes zu bemerken:

1. Aus § 152 Zw.G., wonach der **Verwalter** das „Grundstück in seinem wirtschaftlichen Bestande zu erhalten" und „die Ansprüche, auf welche sich die Beschlagnahme erstreckt, geltend zu machen" hat, ergibt sich, daß **er die Bergschädenforderungen einzuziehen und nötigenfalls einzuklagen ebenso berechtigt wie verpflichtet ist.**[3]) Selbstredend reicht diese seine Legitimation nur soweit, als es sich um Bergschädenforderungen im eigentlichen Sinne, also um solche, welche auf Grund des § 148 A.B.G. geltend gemacht werden, handelt. Ansprüche ex delicto, wozu z. B. regelmäßig die Schadensansprüche wegen Zuleitung schädlicher Grubenwasser in Privatflüsse gehören, ist er zu erheben nicht legitimiert. Dagegen wird

---

[1]) Vergl. Jaeckel S. 317.
[2]) Jaeckel S. 317. Fischer u. Schäfer Anm. 5 zu § 91, Wolff Anm. 2 dazu.
[3]) Jaeckel Anm. 3e zu § 152, Wolff Anm. 9 dazu; Fischer und Schaefer S. 510, vergl. aber auch S. 126.

er negatorisch auf Einstellung der Zuleitung klagen können. Denn wenn dieser Anspruch auch nicht der Beschlagnahme unterliegt, so gehört seine Erhebung doch deshalb mit in den Verwaltungskreis des Zwangsverwalters, weil die negatorische Klage darauf gerichtet ist, „das Grundstück in seinem wirtschaftlichen Bestande zu erhalten.“[1])

2. Soweit der Zwangsverwalter zur Einziehung und Einklagung der Schadensansprüche nach dem zu a) Ausgeführten berechtigt ist, ist dem **Grundeigentümer die entsprechende Befugnis genommen** (arg. § 148 Abs. 2 Zw.G.), darüber hinaus aber nicht. Er kann also Ansprüche ex delicto, z. B. nach diesseitiger Ansicht solche wegen Beschädigung von Grundstücken durch Einführung schädlicher Grubenwasser, nach dem zu a) Ausgeführten trotz Einleitung der Zwangsverwaltung selbständig verfolgen.[2])

3. **Prozesse wegen Bergschäden** in dem zu a angegebenen Umfange, **welche zur Zeit der Einleitung der Zwangsverwaltung bereits anhängig sind**, werden durch dieselbe nicht unterbrochen.[3]) Der Grundstückseigentümer verliert durch die Einleitung der Zwangsverwaltung auch nicht etwa teilweise seine Prozeßfähigkeit. Wohl aber verliert er mit Beziehung auf die der Beschlagnahme unterworfenen Vermögensstücke, die Sachlegitimation zur Prozeßführung, die von ihm auf den Zwangsverwalter übergeht. Es tritt also der Fall des § 53 C.P.O. mit der Einleitung der Zwangsverwaltung ein,[4]) d. h. fortab gilt der Zwangsverwalter als gesetzlicher Vertreter des Grundeigentümers für den weiteren Verlauf des Prozesses, unbeschadet aber der fortdauernden Gültigkeit der bis dahin von dem Grundstückseigentümer vorgenommenen Prozeßhandlungen.[5])

4. **Die Klageansprüche der Hypothekengläubiger werden durch die Einleitung der Zwangsverwaltung überhaupt nicht berührt.** Der Zwangsverwalter ist bezüglich des der Zwangs-

---

[1]) Jaeckel Anm. 2g zu § 152; a. M. Wolff Anm. 5 dazu.
[2]) Jaeckel Anm. 2g zu § 152.
[3]) Jaeckel Anm. 2g zu § 252, Wolff Anm. 5 dazu.
[4]) Gaupp-Stein C.P.O. Anm. I 7 dazu.
[5]) Gaupp-Stein Anm. III zu § 53, Anm. Ia zu § 241; Wolff Anm. 5 zu § 152; a. M. Jaeckel Anm. 2g dazu und Fischer u. Schaefer S. 512.

verwaltung unterworfenen Vermögens nur gesetzlicher Vertreter des Schuldners, nicht auch derjenige der bei der Verwaltung beteiligten Gläubiger. Nur dem Schuldner wird gemäß § 148 Abs. 2 R.Zw.G. das Recht der Verwaltung bezüglich der Zwangsverwaltungsmasse entzogen, nicht auch den Gläubigern.[1]) Trotz der Einleitung der Zwangsverwaltung können daher die Hypothekengläubiger je nach Fälligkeit oder Nichtfälligkeit ihrer Forderung, auf Zahlung oder Hinterlegung der Schadensforderung selbständig klagen.

5. **Soweit der Bergschädenersatz für Beschädigung oder Entziehung von Früchten oder für Ausfall an Miet- und Pachtzinsen zu leisten ist, fließt er in die Zwangsverwaltungsmasse** und ist zur Befriedigung der Gläubiger gemäß § 155 R.Zw.G. vom Zwangsverwalter zu verwenden.[2]) **Schadensersatz für darüber hinausgehende Beschädigungen,** z. B. der Kapitalbetrag des dauernden Minderwerts für die Substanzbeschädigung kann und muß zwar vom Zwangsverwalter auch eingeklagt, darf aber nicht in dem Verfahren der Zwangsverwaltung zur Verteilung gebracht werden, sondern ist verzinslich anzulegen. Nur die Zinsen fließen zur Zwangsverwaltungsmasse, der Kapitalbetrag selbst bleibt den Rechten des Grundstückseigentümers, des Hypothekengläubigers und des Erstehers in gleichem Maße unterworfen, wie die Substanz des Grundstücks selbst.[3])

VIII. Konkurs des Grundeigentümers.

Im **Konkurse des Grundstückseigentümers** steht den Hypothekengläubigern an der Bergschädenforderung, auch wenn sie im Übrigen zur Konkursmasse gehört, was der Fall ist, mag der Schaden zur Zeit der Konkurseröffnung bereits entstanden sein oder nicht (vergl. oben S. 48) gemäß § 47 R.K.O. **ein Absonderungsrecht** zu. Die Schadensforderung gehört nach dem Vorausgeführten zu denjenigen Gegenständen, „welche der Zwangsvollstreckung in das unbewegliche Vermögen unterliegen.[4])

---

[1]) Jaeckel Anm. 1 zu § 152. Wolff desgl.
[2]) Jaeckel Anm. 2e zu § 252.
[3]) Jaeckel Anm. 2e, Wolff Anm. 9 zu § 152 R.Zw.G.
[4]) Wolff Anm. 2 zu § 47, Wilmowsky Anm. 1 zu § 39 R.K.O.

IX. Zeitliche Wirksamkeit des § 148 Abs. 2.

Bezüglich der **zeitlichen Wirksamkeit** des jetzigen Abs. 2 des § 148 A.B.G. wird man davon auszugehen haben, daß für seine Anwendungssphäre jedenfalls der Zeitpunkt der Eintragung der Hypothek nicht entscheidend ist. Ist der Entschädigungsanspruch nach dem 1. Januar 1900 entstanden, so unterliegt er der Haftung der Hypothek, mag dieselbe auch schon vor dem 1. Januar 1900 eingetragen sein. Denn auch bezüglich der vor diesem Zeitpunkt begründeten Hypotheken richtet sich ihr Inhalt, und dazu gehört auch der Umfang der der Hypothek unterworfenen Objekte, von der Zeit der Geltung des B.G.B. ab nach diesem.[1])

Dagegen werden Schadensansprüche, welche vorher entstanden sind, bezüglich der daran den Hypothekengläubigern zustehenden Rechte lediglich nach dem alten Rechte zu beurteilen sein.[2]) Sie unterliegen deshalb der Haftung für die Hypothek nach dem oben (S. 274) Ausgeführten nicht. Andererseits werden aber die Hypothekengläubiger nach richtiger, aber nicht unbestrittener Ansicht einen selbständigen Anspruch bezüglich solcher Beschädigungen erheben können. Dasselbe wird auch für alle diejenigen Berggesetze anzunehmen sein, welche Abs. 2 § 148 des jetzigen Preuß. A.B.G. nicht übernommen haben. (Vergl. oben S. 278).

[1]) Art. 192—195 E.G., Habicht S. 429, 489; Niedner Anm. 4 zu Art. 192 E.G.
[2]) Art. 170 E.G. zum B.G.B., O.L.G. Hamm 2/10. 00 XLII S. 233.

Erläuterungen zu § 149.

I. Einleitung.

1. **Früheres Recht.**

Die Frage der Haftung mehrerer Bergwerksbesitzer war schon unter der früheren, landrechtlichen Berggesetzgebung Gegenstand gerichtlicher Entscheidung geworden.[1]) Das O.Tr. hatte zunächst in einem Falle, wo es sich um Austrocknung von Brunnen handelte, angenommen, daß die Klage wegen Beweisfälligkeit abzuweisen sei, wenn nicht der Anteil eines jeden der an der Schadenszufügung beteiligten Bergwerksbesitzer festgestellt werden könne. An diesem Grundsatze wurde eine zeitlang festgehalten, später aber und zwar zuerst durch den Plenarbeschluß vom 7. November 1849 davon abgegangen und in demselben ausgesprochen, daß die mehreren Bergwerksbesitzer dem Grundstückseigentümer gegenüber zwar nicht solidarisch, wohl aber gemeinschaftlich und zu gleichen Teilen hafteten, falls nicht von ihnen ein anderes Teilnehmerverhältnis dargetan werde.

Daran knüpfte die Regierungsvorlage des A.B.G. an und gab demzufolge dem § 149 A.B.G. folgenden Wortlaut:

„Ist der Schaden durch den Betrieb zweier oder mehrerer Bergwerke verursacht, so sind die Besitzer dieser Bergwerke gemeinschaftlich und zwar zu gleichen Teilen zur Entschädigung verpflichtet, soweit nicht von ihrer Seite ein anderes Teilnahmeverhältnis nachgewiesen wird."

Zur Begründung wurde lediglich angeführt, daß der Grundsatz des § 149 ebenfalls gesetzlich festgestellt werde,

---

[1]) Vergl. R.G. 10./3. 83 Daubenspeck I S. 340.

sei deshalb sachgemäß, weil „derselbe erst durch die neuere Gerichtspraxis zur Anerkennung gelangt sei.“

Die mit der Beratung des Gesetzentwurfes betraute Herrenhaus-Kommission erklärte sich zwar im wesentlichen mit der Vorlage einverstanden, stieß sich aber an dem Schlußsatze des Paragraphen, welcher in der von der Regierung vorgeschlagenen Fassung dem Grundeigentümer wenig nutze. „Es sei nur die Beweislast geändert; dagegen würde der Eigentümer sich auf alle Weiterungen im Prozesse einlassen müssen, die daraus entstehen, wenn einzelne Bergwerksbesitzer es versuchen, ein anderes Teilnahmeverhältnis nachzuweisen. Ein solcher Nachweis dürfe aber das Recht des Grundeigentümers nicht benachteiligen und könne nur auf die Rechtsverhältnisse der Bergwerksbesitzer unter sich von Einfluß sein.“[1]) Das Abgeordnetenhaus billigte diese Ausführung des Herrenhauses. Der § 149 erhielt demgemäß den folgenden, zum Gesetz erhobenen Wortlaut:

„Ist der Schaden durch den Betrieb zweier oder mehrerer Bergwerke verursacht, so sind die Besitzer dieser Bergwerke gemeinschaftlich und zwar zu gleichen Teilen zur Entschädigung verpflichtet. Im Verhältnis der Bergwerksbesitzer unter sich ist der Nachweis eines anderen Teilnahmeverhältnisses und der Anspruch auf Erstattung des Zuvielgezahlten nicht ausgeschlossen.“

Nach Vorstehendem war demnach der bisher bestehende Rechtszustand der, daß der Grundeigentümer jedenfalls berechtigt war, gegen die mehreren Bergwerksbesitzer auf Ersatz des Schadens gemeinschaftlich Klage zu erheben, ohne das Teilnahmeverhältnis dem Einzelnen näher dartun zu brauchen Er war aber nach der herrschenden Ansicht auch berechtigt, den einzelnen Besitzer auf einen der Zahl der Beteiligten entsprechenden Kopfteil einzuklagen[2]) und auch darüber hinaus

---

[1]) Bericht I in Brassert Zeitschrift VI S. 53.

[2]) O.L.G. Hamm 23./9. 98 XL S. 97; desgl. 3./4. 00 XLI S. 373; 16./12. 90 XXXIV S. 517, Daubenspeck Haftpflicht S. 39ff., Fürst-Klostermann Anm. 2 zu § 149, Brassert Anm. 1 dazu, Oppenhoff Anm. 2; Arndt Anm. 3 dazu; a. M. O. Tr. 6./3. 74 XV S. 525.

auf einen größeren Betrag,[1]) falls er beweisen konnte, daß der beklagte Bergwerksbesitzer in diesem höheren Maße die Schadenszufügung verursacht hatte.[2]) Dem Bergwerkseigentümer seinerseits war im Verhältnis zum Grundeigentümer der Nachweis eines anderen Teilnahmeverhältnisses an der Beschädigung nach dem Wortlaut und den Motiven des § 149 A.B.G. versagt.[3])

2. **Entstehungsgeschichte der Novelle vom 7. Juli 1902.**

Der durch § 149 nach dem Vorgesagten gewährte Rechtsschutz erwies sich schon bald als unzulänglich. Namentlich aus dem rheinisch-westfälischen Industriegebiet, wo zahlreicher, aneinander angrenzender, in verschiedenen Händen befindlicher Bergbau an der Schadenszufügung beteiligt war, wurden immer dringendere Klagen laut über die Umständlichkeiten, Kosten und Gefahren, welche dem Grundeigentümer bei einer Verfolgung seiner Ersatzansprüche wegen Beschädigung durch Bergbau erwuchsen.[4]) Die als berechtigt anzuerkennenden Bedenken dieses Rechtszustandes gaben der Staatsregierung Veranlassung in einem im Februar 1901 dem Abgeordnetenhause vorgelegten Gesetzentwurf u. a. auch eine Abänderung des bisherigen § 149 durch Einführung der solidarischen Haftung mehrerer Bergwerksbesitzer für Bergschäden vorzuschlagen. Die Begründung dieses Entwurfes führte bezüglich der Mängel, welche sich bei der praktischen Anwendung des bisherigen § 149 herausgestellt hatten, zutreffend folgendes aus:

„Der Fall, daß mehrere Bergwerke an ein und demselben Schaden beteiligt sind, kann namentlich dort leicht vorkommen, wo zahlreiche, dicht nebeneinander belegene Steinkohlengruben verschiedener Besitzer betrieben werden. Beschwerden über die Fassung des § 149 sind daher bis jetzt auch aus-

---

[1]) O.L.G. Hamm 23./9. 98 XL S. 96; 16./12. 90 XXXIV S. 517, Fürst-Klostermann Anm. 2 zu § 149; Brassert Anm. 1 dazu; Oppenhoff Anm. 2; Arndt Anm. 3.

[2]) Daubenspeck Haftpflicht S. 39 ff.

[3]) Daubenspeck Haftpflicht S. 41, Brassert Anm. 1 zu § 149.

[4]) Vergl. darüber Hense Rechtsverfolgung bei Bergschäden XXXIX S. 85, Westhoff Bericht XLI S. 75 ff., Bericht der Justiz-Kommission des Abgeordnetenhauses XXXI S. 304 ff., vergl. auch das Urteil des O.L.G. Hamm 3./4. 00 XLI S. 366.

schließlich aus dem rheinisch-westfälischen Steinkohlenbezirk (Ruhrkohlenbezirk) laut geworden. Die Frage nämlich, welche von mehreren unter einem beschädigten Grundstücke oder in größerer oder geringerer Nähe desselben bauenden Gruben an dem Schaden beteiligt sind, bietet häufig sehr große Schwierigkeiten. Nicht immer sind es die unmittelbar unter dem Grundstücke bauenden oder dem Grundstück zunächst belegenen Gruben, namentlich bei der Beschädigung durch Wasserentziehung ist es häufig der Fall, daß der Betrieb einer sehr weit entlegenen Grube nachteilige Einflüsse äußert, während der Betrieb einer sehr nahe belegenen Grube ohne nachteilige Folgen geblieben ist. Der Grundbesitzer wird daher von vornherein nur mittels sachverständiger Beihülfe in der Lage sein, diejenigen Gruben, welche mutmaßlich an dem Schaden beteiligt sind, ausfindig zu machen. Aber selbst unter den Sachverständigen schwanken erfahrungsgemäß die Ansichten über eine solche Mitbeteiligung oft im erheblichsten Maße. Sind aber die gerichtlichen Sachverständigen über die Urheber des Schadens anderer Ansicht als die Sachverständigen, auf deren Gutachten der Grundbesitzer seine Klage begründet hat, so wird diese allen oder einzelnen Beklagten gegenüber abgewiesen und jedenfalls wird dann der klagende Grundbesitzer mit einem Teile der bei Bergschädenprozessen gewöhnlich sehr erheblichen Gerichtskosten belastet. Erhebt er in solchem Falle gegen die von den gerichtlichen Sachverständigen in dem Vorprozesse festgestellten Schädiger eine neue Klage, so ist er doch nicht sicher, daß nicht in dem neuen Prozeß andere Sachverständige wieder einer anderen Auffassung über die eigentlichen Urheber des Schadens zuneigen, was dann zur kostenfälligen Abweisung auch der zweiten Klage führen kann. Selbst in dem für den Kläger noch verhältnismäßig günstigen Falle, daß seine Klage zwar gegen einen oder mehrere der Beklagten abgewiesen wird, daß die übrigen Beklagten aber zum Ersatze des vollen Schadens an ihn verurteilt werden, wird er, wenn von einem verurteilten Bergwerksbesitzer Berufung eingelegt wird, durch die Ungewißheit des Ergebnisses der Beweisaufnahme der zweiten Instanz gezwungen, auch seinerseits gegen das Urteil, insoweit es einzelnen Beklagten gegenüber die Klage abgewiesen hat, Berufung einzulegen, obgleich er durch die Verurteilung eines oder mehrerer Bergwerke in der ersten Instanz bereits zufriedengestellt ist und im Falle der Bestätigung des Erkenntnisses erster Instanz ihm die Kosten seiner Berufung unvermeidlich zur Last bleiben müssen. Ferner kann sich der Fall zu Ungunsten des Grundbesitzers auch so gestalten, daß die Beweisaufnahme zwar alle eingeklagten Bergwerke als Schädiger hingestellt, gleichzeitig aber auch die Gewißheit ergeben hat, daß noch andere Bergwerke, deren genaue Zahl nicht festgestellt werden kann, an der Beschädigung beteiligt sind. Mit einem Falle dieser Art ist in neuerer Zeit ein Westfälisches Landgericht wiederholt befaßt gewesen. Es ist kaum zweifelhaft, daß bei dieser Sachlage nach dem jetzigen Rechte die Klage abgewiesen werden muß, weil der Kopfteil, der den gesetzlichen Anteil an der Haftpflicht für jeden einzelnen Mitschädiger bildet, nicht festgestellt werden kann, sofern es nicht etwa gelingen sollte, die wirkliche Quote zu ermitteln, mit der die bekannten Bergwerke an dem Schaden beteiligt sind; dieser Nachweis wird aber in der Regel auf unüberwindliche Schwierigkeiten stoßen.

Es läßt sich hiernach nicht verkennen, daß die jetzige Fassung des § 149 geeignet ist, die Möglichkeit der Verwirklichung der Ersatzansprüche des Grundbesitzes aus Bergschäden unter Umständen gänzlich auszuschließen, und daß auch im günstigeren Falle der auf Grund des § 149 klagende Grundbesitzer, selbst bei umsichtiger und verständiger Wahrnehmung seiner Rechte und sorgfältiger Vermeidung jeder Zuvielforderung, der Gefahr der Belastung mit erheblichen Kosten ausgesetzt ist, die unter Umständen den Betrag des einzuklagenden Schadens übersteigen und von der Rechtsverfolgung abschrecken müssen usw.

Aus diesen Erwägungen hat man auf den schon früher gemachten Vorschlag[1]) zurückgegriffen, die Besitzer zweier

---

[1]) Vergl. Verhandlungen des Abgeordnetenhauses 1890, Bd. III Anl. S. 2066.

oder mehrerer Bergwerke, durch deren Betrieb ein Schaden verursacht wird, als Gesamtschuldner zur Entschädigung zu verpflichten.

Dem gegen diesen Vorschlag früher vielfach[1] erhobenen Einwande, daß darnach beabsichtigt werde, die Solidarhaft auf ein Verhältnis anzuwenden, daß durchaus keinen Deliktscharakter an sich trage, wird man eine durchschlagende Bedeutung um so weniger beimessen können, als das inzwischen in Kraft getretene Bürgerliche Gesetzbuch für das Deutsche Reich die Solidarhaft auch in einer Anzahl von Fällen zugelassen hat, in denen lediglich eine Gemeinschaft von vermögensrechtlichen Beziehungen die Gesamthaftung angemessen erscheinen ließ; vergl. u. a. die §§ 1108, 1388, 1480, 1530, 2058 a. a. O.

Auch läßt sich für die Einführung der Gesamthaftung im Fall des § 149 anführen, daß dieser Schritt keineswegs außer Zusammenhang mit der bisherigen Rechtsentwickelung steht. Denn nach der jetzigen Fassung des § 149, die er unter Abweichung von der Regierungsvorlage bei ihrer Beratung im Landtage erhalten hat, muß beispielsweise ein Bergwerksbesitzer, der neben einem zweiten ein Grundstück beschädigt hat, dem Besitzer des letzteren unter allen Umständen die volle Hälfte des Schadens ersetzen, auch dann, wenn er den Beweis in Händen haben sollte, daß seine Einwirkung nur einen ganz verschwindend kleinen Teil des Schadens veranlaßt habe. Von diesem Standpunkte aus ist es aber in der Tat nur als ein weiterer Schritt in derselben Richtung anzusehen, wenn man jeden einzelnen Schädiger dem Grundbesitzer gegenüber gleich in solidum haften läßt.

Für den in Anspruch genommenen Bergwerksbesitzer ist aber die Einführung der Solidarhaft nicht als eine unbillige Erschwernis anzusehen. Zwar hat er den Nachweis der Mitschuld anderer Schädiger und nicht minder die Gefahr ihrer etwaigen Zahlungsunfähigkeit zu übernehmen. Doch wird ihm der Nachweis der Mitschuld anderer Bergwerke durch

[1]) Vergl. auch den Bericht der Justizkommission des Abgeordnetenhauses vom 5. Mai 1890, Drucksache Nr. 193.

die eigene fachmännische Bildung oder die fachmännische Bildung seiner Organe wesentlich erleichtert werden. Auch läßt sich erwarten, daß wenn erst einmal ein Schaden gegen einen Bergwerksbesitzer festgestellt worden ist und dieser sich hierbei erforderlichenfalls des Rechts der Streitverkündung an den mutmaßlichen Mitschädiger bedient hat, sich die Frage der Mitschuld unter den in Betracht kommenden Bergwerksbesitzern leicht im Wege der gütlichen Einigung erledigen lassen wird. Selbst die Erwartung erscheint nicht unberechtigt, daß nach Einführung der Solidarhaft in § 149 die Besitzer solcher Bergwerke, deren Betrieb nach ihrer Lage zueinander leicht zu gemeinschaftlicher Beschädigung der Oberfläche Veranlassung geben kann, sich aus eigenem Antriebe zu Verbänden zur gemeinsamen Tragung der Entschädigungspflicht zusammenschließen werden."

Der aus diesen Erwägungen hervorgegangene, dem jetzigen Wortlaut des Gesetzes entsprechende Entwurf fand, nachdem die gegen seine vielleicht etwas zu weit gehende Fassung von einzelnen Seiten, z. B. dem Verein für die bergbaulichen Interessen im Oberbergamtsbezirk Dortmund und dem Verfasser geäußerten Bedenken (XLII S. 421 ff.) keine Berücksichtigung gefunden hatten, unverändert die Genehmigung der gesetzgebenden Faktoren und wurde sodann als Art. 1 des Gesetzes betr. die Abänderung einzelner Bestimmungen des A.B.G. vom 7./7. 02 in der Gesetzessammlung am 22./7. 02 veröffentlicht.

3. In den übrigen Staaten des Preußischen Bergrechtes ist es bisher bei der früheren Fassung des § 149 A.B.G. verblieben, sodaß dort noch jetzt der oben unter 1. geschilderte Rechtszustand des bisherigen Preußischen Bergrechts gilt. Dagegen wird für die Gruppe des Sächsischen Bergrechts (Sachsen, Sachsen-Weimar, Reuß ä. L.), wo eine besondere, gesetzliche Spezialbestimmung bezüglich der Haftung mehrerer Bergwerksbesitzer fehlt,[1]) aus den oben S. 127 ff. entwickelten, auch hier zutreffenden Gründen mit Rücksicht auf § 431 B.G.B. solidarische Haftung anzunehmen sein.

---

[1]) Wahle Anm. 8 zu § 139 Sächsischen B.G.

Im Badischen Berggesetz ist bestimmt, daß „mehrere Bergwerksbesitzer im Falle des vorsätzlichen Handelns samtverbindlich, sonst zu gleichen Teilen“ haften, was dem bisherigen Preußischen Bergrecht entspricht.

II. Voraussetzungen des § 149.

Nach Inhalt des jetzigen § 149 sind seine **Voraussetzungen** folgende:

1. **Der Schaden** muß durch den Betrieb zweier oder mehrerer Bergwerke verursacht sein, es muß Identität und Einheitlichkeit des verursachten Schadens vorliegen, derselbe Schaden, welcher durch den Betrieb eines Bergwerks verursacht ist, muß auch auf den Betrieb eines zweiten oder mehrerer anderer Bergwerke ursächlich sich zurückführen lassen.

Daraus und aus den bereits bei der Darstellung der Lehre vom Kausalzusammenhang gemachten Ausführungen (vergl. zu § 148 Abs. 1 unter F) ergibt sich:

a) daß **§ 149 A.B.G. nicht zutrifft,** wenn der dem Grundbesitzer erwachsene Schaden zu einem Teil lediglich auf den Betrieb eines Bergwerks, zu einem anderen, **räumlich oder zeitlich zu sondernden Teil** allein durch den Betrieb eines anderen Bergwerks verursacht ist. Hier haftet jeder Bergwerkseigentümer nur für den durch ihn verursachten Schaden. Das ist der Fall, wenn z. B. der eine räumliche Teil einer Wiese durch den Betrieb ausschließlich des einen Bergwerks, der andere Teil dagegen lediglich durch den Betrieb eines zweiten Bergwerks beschädigt ist. Der Fall ist ferner gegeben, wenn frühere Beschädigungen an einem Gebäude lediglich durch den Betrieb des Bergwerks A, spätere zeitlich davon gesonderte Risse dagegen allein durch den Betrieb des Bergwerks B verursacht sind. In diesem Falle haftet für den ersten Teil des Schadens nur der Besitzer von A, für den zweiten Teil allein B. Dieselben Grundsätze müssen gelten, wenn ein zeitlich oder örtlich zu sondernder Schaden zum Teil durch den Betrieb eines Bergwerks, zum anderen Teil durch den Betrieb desselben und eines zweiten Bergwerks verursacht ist. Hier haftet für den ersten Teil des Schadens der Eigentümer des ersteren Bergwerks allein und nur für den weiteren Teil des Schadens beide Bergwerkseigentümer solidarisch. Der Fall ist praktisch geworden und den obigen Ausführungen entsprechend entschieden, als Risse, welche sich an einem Gebäude in früheren Jahren infolge des Bergbaubetriebes des Bergwerks A gebildet hatten, durch Reparaturen beseitigt waren, nach Beseitigung derselben aber durch den Bergbaubetrieb von A und des Bergwerks des B neue Bodenbewegungen verursacht wurden, die zu neuen Beschädigungen des Hauses führten.[1]) In demselben Falle würden A und B auch bezüglich des dauernden Minderwertes, welcher nach möglichster Wiederherstellung des früheren Zustandes verblieb, nur insoweit solidarisch gehaftet haben, als dieser Minderwert nicht bereits durch den Bergbau von A allein herbeigeführt war. Da gewöhnlich der dauernde Minderwert eines Gebäudes schon durch die erste Senkung im vollen Umfange herbeigeführt wird, so haftet in solchem Falle B solidarisch neben A regelmäßig nur für die Naturalbeseitigung der neuerdings eingetretenen Schäden bezw. den dazu erforderlichen Geldbetrag, sowie für die Erhöhung der Unterhaltungskosten, welche etwa durch die zweite Senkung verursacht ist.

b) Aus dem Erfordernis der Identität des Schadens folgt nicht auch die Notwendigkeit der **Gleichartigkeit der Schadenzufügung.** Es macht daher keinen Unterschied bezüglich der gesamtschuldnerischen Haftung, wenn auch der Schaden durch den Bergbau der mehreren Bergwerksbesitzer auf verschiedene Art herbeigeführt ist. Wenn z. B. eine Wiese durch den Bergbau von A gesenkt wird, dadurch die schädlichen Grubenwasser von B auf die Wiese gelangen, was sonst nicht der Fall gewesen wäre, so haften, soweit § 148 A.B.G. überhaupt zutrifft und speziell die Wasserzu-

[1]) R.G. 10./3. 83 XXV S. 122 Daubenspeck Bergschaden S. 75.

führung aus dem Bergwerk B sich als Betriebshandlung im Sinne von § 148 qualifiziert, beide solidarisch auf Grund des § 149.

c) Ebensowenig ist **Gleichzeitigkeit des Betriebes** der Bergwerke, welche den Schaden verursachen, erforderlich. Liegt der Betrieb des einen Bergwerks zeitlich noch so weit zurück, führt er aber gemeinschaftlich mit dem späteren Betriebe eines anderen Bergwerks den Schaden herbei, werden z. B. durch den neuen Betrieb eines zweiten Bergwerks alte, längst verlassene Baue eines anderen Bergwerks in Bewegung gesetzt, so haften beide Bergwerkseigentümer solidarisch.[1]) Dabei ist es, wie schon an anderer Stelle (S. 65) ausgeführt, unerheblich, ob das letztgenannte Bergwerk sich noch im Eigentum desselben Eigentümers befindet, zu dessen Besitzzeit der alte Betrieb geführt ist. Der jetzige Eigentümer ist vielmehr solidarisch auch für den Schaden verhaftet, der auf den Betrieb seines Rechtsvorgängers zurückzuführen ist, vorausgesetzt, daß, worüber gleichfalls an anderer Stelle (S. 66ff.) bereits gesprochen ist, sein jetziges Bergwerk rechtlich identisch ist mit dem seines Rechtsvorgängers.

d) **Gleichzeitigkeit** wird auch nicht bezüglich der **Schadenszufügung** selbst erfordert. § 149 A.B.G. ist auch dann gegeben, wenn die mehreren Bergwerksbetriebe hintereinander auf die Erdoberfläche schädlich einwirken, vorausgesetzt nur, daß sie in demselben einheitlichen Schaden zusammentreffen.[2])

2. Der Schaden muß durch den Betrieb mehrerer Bergwerke **verursacht** sein. Das ist nach dem bereits oben bei der Lehre vom Kausalzusammenhang Ausgeführten (vergl. zu § 148 Abs. unter F) in folgenden Fällen gegeben:

a) J e d e s d e r b e t e i l i g t e n B e r g w e r k e w ü r d e f ü r s i c h a l l e i n k e i n e n S c h a d e n v e r u r s a c h t h a b e n, nur durch das Zusammenwirken der mehreren ist der Schaden

---

[1]) R.G. 23./1. 86 XXVII S. 380, 27./4. 89 XXX S. 355; R.G. 25./2. 82 XXIV S. 105; O.L.G. Hamm 12./2. 81 XXII S. 389.

[2]) R.G. 10./3. 83 XXV S. 123ff., Daubenspeck Bergschaden S. 75, Fürst-Klostermann Anm. 1 zu § 149.

entstanden.[1]) Alte Baue z. B. des eines Bergwerks, die allein keine Einwirkung auf die Oberfläche ausgeübt hätten, werden durch den Betrieb eines anderen Bergwerks, das ohne diese alten Baue keinen Schaden angerichtet haben würde, in Bewegung gesetzt und wirken schädlich auf die Erdoberfläche ein.[2])

b) Jedes der beteiligten Bergwerke würde auch allein Schaden verursacht haben, es ist aber durch dies gemeinsame Zusammenwirken ein größerer, räumlich und zeitlich untrennbarer Gesamtschaden entstanden.[3]) Jedes Bergwerk würde z. B. in dem zu a erwähnten Falle auf die Erdoberfläche schädlich eingewirkt haben, es ist durch das Zusammenwirken beider ein größerer, einheitlicher Schaden hervorgerufen.

c) Das eine Bergwerk würde auch allein Schaden verursacht haben, das zweite aber nicht, es hat aber den durch das erstere verursachten Schaden vergrößert.[4]) Der Betrieb des einen Bergwerksbesitzers, der allein auch Schaden verursacht hätte, setzt ältere Baue eines anderen Bergwerks in Bewegung, die allein keinen Schaden verursacht hätten, denselben aber jetzt vergrößern.[5]) Mit Recht ist hier Kausalzusammenhang angenommen auch bezüglich des letzteren Bergwerks, weil ohne die alten Baue der in konkreto vorliegende, räumlich und zeitlich untrennbare, vergrößerte Schaden nicht eingetreten wäre.[6])

3. Der Schaden muß verursacht sein durch den Betrieb **mehrerer Bergwerke**, welche sich im Eigentum **mehrerer Bergwerksbesitzer** befinden. Steht daher das eine von zwei an der Schadenszufügung beteiligten Bergwerken nicht mehr im Eigentum eines Bergwerksbesitzers, weil dasselbe, sei es auf Grund des früheren oder jetzigen Rechtes in's Bergfreie gefallen ist, so haftet der Besitzer des zweiten Bergwerks allein.

---

[1]) Daubenspeck Bergschaden S. 75.
[2]) O.L.G. Hamm 11./2. 81 XXII S. 389; R.G. 25./2. 82 XXIV S. 105.
[3]) Daubenspeck Bergschaden S. 75.
[4]) Daubenspeck Bergschaden S. 75.
[5]) R.G. 27./4. 89 XXX S. 355.
[6]) a. M. O.L.G. Hamm 11./1. 89 XXX S. 248; dagegen vergl. auch O.Tr. 30./9. 72 XV S. 118 und oben S. 133.

Die Mitwirkung des Betriebes des ersteren Bergwerks muß als mittelbarer Schaden von ihm in vollem Umfange gerade so mitvertreten werden, als wenn irgend ein anderer Hohlraum in der Erde bei der Schadenszufügung mitgewirkt hätte.[1]) Selbstredend ist Voraussetzung dabei, daß das Erlöschen des Eigentums an dem ersteren Bergwerk gemäß den zu der in Betracht kommenden Zeit maßgeblichen Gesetzen rechtsgültig erfolgt ist. Bloßer Nichtbetrieb des Bergwerks, auch während einer längeren Zeitperiode, führt jedenfalls weder nach heutigem Recht (arg. §§ 156ff. A.B.G.) noch nach früherem Recht, z. B. der cleve-märkischen Bergordnung ein solches Erlöschen herbei.[2]) Dasselbe wird von der Aufgabe des Bergwerkseigentümers durch bloß tatsächliche Dereliktion zu gelten haben, da eine solche nach richtiger, wenngleich nicht unbestrittener Ansicht bei der Aufgabe von Bergwerkseigentum gegenüber §§ 156ff. A.B.G. nicht zulässig ist.[3]) § 928 B.G.B. trifft jedenfalls auf die Dereliktion vom Bergwerkseigentum nicht zu, weil dieser Paragraph nicht zu den in Art. 37 Abs. 3 aufgeführten Bestimmungen gehört, welche auf das Bergwerkseigentum Anwendung finden.[4])

Das Vorgesagte muß auch dann gelten, wenn der Feldesteil, durch dessen früheren Betrieb der Schaden mitverursacht ist, zwar sich jetzt wieder im Eigentum eines Dritten befindet, das Bergwerk, zu welchem das Flötz gehört, sich aus rechtlichen oder tatsächlichen Gründen aber nicht als identisch mit demjenigen Bergwerke erweist, durch dessen Betrieb der Schaden verursacht ist. Denn auch hier ist, wie bereits an anderer Stelle (S. 66ff.) berührt, der Schaden nicht durch den Betrieb des Bergwerks, welches jetzt existiert, sondern durch Betrieb eines anderen Bergwerks, welches nicht mehr vorhanden ist, mitverursacht. Es ist deshalb mit Recht die Anwendung des § 149 A.B.G. in einem Falle abgelehnt, obwohl dort der Schaden durch den Zusammenbruch von alten, von

---

[1]) O.L.G. Hamm 13./5. 98 XXXIX S. 482ff.

[2]) O.L.G. Hamm 13./5. 98 XXXIX S. 482ff.

[3]) Brassert S. 434, Oppenhoff Anm. 914, Westhoff XXXI S. 212ff.; a. M. Arndt zu § 161, Fürst-Klostermann dazu.

[4]) Stranz u. Gerhard S. 251 Anm. 14 zu Art. 40.

einem früheren Besitzer geführten Bauen mitverursacht war, die in dem Felde des einen der jetzt beklagten Bergwerksbesitzer lagen. Entscheidend für die Ablehnung war der Umstand, daß der letztere auf Grund neuer Verleihung sein jetziges Bergwerk erworben hatte, das überdies auch nur zum Teil aus Partien des alten, gemäß Kap. 75 § 1 der clevemärkischen Bergordnung ins Freie gefallenen Bergwerks, zum Teil aus anderen Bergwerksteilen bestand.[1])

4. Aus dem Zusammenhang des § 149 A.B.G. mit dem § 148 ergibt sich weiter, daß § 149 nur dort zutrifft, wo der Schadensanspruch **gegen beide Bergwerksbesitzer sich auf den § 148 A.B.G. stützt.** Wird gegen den einen Bergwerksbesitzer auf Grund des § 148 A.B.G., gegen den anderen ex delikto geklagt, was z. B. nach diesseitiger, aber bestrittener Ansicht (S. 92ff.) regelmäßig der Fall ist, wenn Grundstücke durch den Bergbau der einen Zeche sinken und dadurch schädliche Grubenwasser einer anderen Zeche auf sie gelangen, so trifft § 149 nicht zu.[2]) In solchen Fällen richtet sich die Haftung der beiden Bergwerksbesitzer nach denselben Grundsätzen, welche maßgebend sind, wenn der Schaden durch Bergbaubetrieb eines Bergwerksbesitzers und die vertretbare Handlung eines Dritten verursacht ist. Das hierüber Wesentliche ist bereits bei der Frage des Kausalzusammenhanges erörtert. (S. 127ff.)

5. Die Grundsätze des § 149 A.B.G. müssen auch bezüglich mehrerer Bergwerksbesitzer dann Anwendung finden, **wenn neben etwaigen mehreren Bergwerken noch die vertretbare Handlung eines Dritten bei der Schadenszufügung konkurriert.**[3]) Hier haften alle Beteiligte, sowohl die mehreren Bergwerksbesitzer, wie der dritte auf's ganze. Zwar entscheidet nicht § 830 B.G.B., weil nicht Delikt mit Delikt, sondern Delikt mit einer obligatio ex lege konkurriert. Die solidarische Haftung sämtlicher Beteitigten rechtfertigt sich aber aus den S. 127ff. entwickelten Gründen.

---

[1]) R.G. 23./1. 86 XXVII S. 380.

[2]) vergl. einen solchen Fall nach früherem Recht O.L.G. Hamm 23./2. 94 XXXV S. 363, wo ausgeführt ist, daß der Bergwerksbesitzer, welcher das schädliche Grubenwasser zulenkt, jedenfalls in solidum haftet.

[3]) vergl. auch O.L.G. Hamm 23./9. 98 XL S. 97.

III. Inhalt des Anspruches des Grundeigentümers.

Inhaltlich richten sich die Ansprüche und die Rechtsbeziehungen **des Grundbesitzers gegenüber den mehreren Bergwerksbesitzern,** soweit dafür die gesamtschuldnerische Haftung mitbestimmend ist, nach den §§ 421—425 B.G.B.

Im einzelnen mag dabei folgendes hervorgehoben sein:

1. Da das **Gesamtschuldverhältnis** nach B.G.B. **kein alternatives Schuldverhältnis** ist, so treffen die §§ 262 ff. B.G.B. nicht zu. Der Grundbesitzer ist daher, auch wenn er die Schadensersatzleistung von dem einen Bergwerksbesitzer zu verlangen erklärt oder eingeklagt oder gar zur Zwangsvollstreckung gestellt hat, nicht behindert, sich auch noch an die anderen Bergwerksbesitzer zu halten.[1] Nur durch die wirkliche Leistung in den Formen des § 422 B.G.B. seitens eines Bergwerksbesitzers erlischt dem Grundeigentümer gegenüber die Verpflichtung auch der mithaftenden Bergwerksbesitzer.[2]

2. Ein zwischen dem Grundeigentümer und einem der mehreren Bergwerksbesitzer abgeschlossener **Vergleich** kommt den anderen Bergwerksbesitzern nur dann zugute, wenn dies unter den Vertragsschließenden vereinbart wird und die anderen Bergwerksbesitzer auch die Verpflichtungen dieses Vergleiches gegen sich gelten lassen.[3]

3. Die Unterbrechung der **Verjährung** z. B. durch Klageerhebung gegen den einen Bergwerksbesitzer unterbricht die Verjährung gegen den anderen nicht. Ähnliches gilt von der Hemmung wie auch von dem Beginn des Laufes der Verjährung. Der letztere braucht gleichfalls gegenüber den mehrerer Bergwerksbesitzer kein einheitlicher zu sein. Erfährt daher der Grundeigentümer erst im Laufe des Prozesses gegen den Eigentümer des Bergwerks A, daß auch das Bergwerk B an der Schadenszufügung mitbeteiligt sei, so beginnt die Frist

---

[1]) Planck Anm. 2 zu § 421 B.G.B., Neumann Anm. 2 dazu.

[2]) Planck Anm. 1 zu § 422 B.G.B.

[3]) Planck Anm. zu § 423 B.G.B. Abs. 2, Rehbein II S.454, Crome II S. 380, 381.

gegen den Eigentümer von B erst von diesem Augenblicke an zu laufen. Dasselbe gilt von der Vollendung der Verjährung, die gleichfalls nur zu Gunsten desjenigen Bergwerksbesitzers wirkt, in dessen Person sie eintritt. Auch das Urteil entreißt den Anspruch nur gegenüber demjenigen, gegen den es erlassen ist, nicht auch gegenüber den anderen Bergwerksbesitzern der kurzen dreijährigen Verjährung.[1])

4. Überhaupt wirkt das **rechtskräftige** Urteil nur für und gegen denjenigen Bergwerksbesitzer, gegen den es ergangen ist (§ 425 Abs. 2 B.G.B.), und zwar gleichgültig, ob das Urteil freisprechend oder verurteilend gelautet hat.[2]) Der nicht zugezogene Bergwerkseigentümer kann also in dem vom Grundstückseigentümer später gegen ihn angestrengten Prozesse den Einwand erheben, daß das dem früheren Urteile zugrunde liegende Gutachten, wonach auch er mitverpflichtet oder allein verpflichtet sein soll, unrichtig, er in Wahrheit an der Schadenszufügung nicht beteiligt, oder daß die Entscheidung in quanto verfehlt sei,[3]) und zwar dies auch dann, wenn ihm von dem Eigentümer des erstverklagten Bergwerks in dem Prozesse gesetzmäßig der Streit verkündet ist. (§§ 72, 68 C.P.O.). Die §§ 74, 68 C.P.O. dürften in diesem Falle deshalb nicht zutreffen, weil der Streitverkündigte nur in dem späteren Prozesse mit dem Streitverkünder, nicht auch in einem solchen des Gegners des Streitverkünders gegen ihn mit den im § 68 C.P.O. aufgeführten Einreden präkludiert ist. Die §§ 74, 68 C.P.O. würden daher nur dann zu seinen Ungunsten zutreffen, wenn der Grundstückseigentümer ihm in dem Vorprozesse gesetzmäßig den Streit verkündet hätte.[4]) Das ist aber nicht möglich: Denn wenn der Grundeigentümer gegen den Bergwerksbesitzer A deshalb abgewiesen wird, weil nach dem Gutachten des Sachverständigen der Bergwerksbesitzer B der allein Schuldige ist, oder gegen

---

[1]) Planck Anm. 2d zu § 425 B.G.B., Rehbein II S. 457 Anm. 17d.
[2]) Oertmann Anm. 1g zu § 425, Rehbein II S. 455 Anm. 15 u. S. 458 unter f.
[3]) Planck Anm. 2f zu § 325.
[4]) R.G. 4. 11. 99 Entsch. Bd. 45 S. 353.

A durchdringt, weil dieser mit B zusammen den Schaden verursacht hat, so erhebt der Grundeigentümer, wenn er mit einer neuen Klage gegen B vorgeht, keinen Anspruch auf „Schadloshaltung" oder „Gewährleistung" im Sinne des § 72 C.P.O., sondern einen selbständigen Schadensanspruch, der rechtlich von der Existenz oder Nichtexistenz seiner Forderung gegen A nicht abhängig ist.

5. Der vom Grundeigentümer verklagte Bergwerksbesitzer kann dem Kläger nur diejenigen **Einreden** entgegenstellen, welche nach den §§ 422—424 B.G.B. eine gesamtzerstörliche Wirkung haben oder sonst allen Schuldnern (wie z. B. die Einrede des Vergleichs in dem Falle oben ad 2) gemeinsam sind oder endlich ihm persönlich gegenüber dem Grundeigentümer zustehen. Dagegen ist der Bergwerksbesitzer A nicht berechtigt, Einreden zu erheben, welche dem Bergwerksbesitzer B gegen den Grundeigentümer persönlich zustehen.[1]) Zu den letzteren gehört m. E. auch der Einwand aus § 150 A.B.G. Die Tatsache, daß ein Teil des Schadens an dem Gebäude des Klägers auch durch den Bergwerksbetrieb des B mitverursacht ist und dieser Schaden schon bei Errichtung des Gebäudes voraussehbar war, gewährt aber dem Bergwerksbesitzer A den Einwand des konkurrierenden Versehens des Grundeigentümers aus § 254 B.G.B.

6. Geht die Forderung des Grundeigentümers durch **Konfusion** gegenüber einem der mehreren Gesamtschuldner unter, z. B. dadurch, daß der Eigentümer des einen Bergwerks das beschädigte Grundstück freihändig erwirbt und dabei sich gleichzeitig die Schadensansprüche des Grundeigentümers wegen Bergschäden abtreten läßt oder das Grundstück in der Zwangsversteigerung durch Zuschlag ersteht, so bleibt die Schadensforderung den übrigen Bergwerksbesitzern gegenüber bestehen. Der Bergwerksbesitzer, welcher jetzt auch Grundeigentümer ist, steht deshalb den übrigen Bergwerksbesitzern wie bisher der Grundeigentümer gegenüber, er muß sich aber auf seine Ersatzforderung mit Rücksicht auf § 149 Abs. 2 und 3 und § 426 B.G.B.

[1]) Crome I S. 380.

denjenigen Teil des Schadenbetrages anrechnen lassen, welchen er bei der Ausgleichung selbst zu tragen hat.[1])

IV. Die Ausgleichungspflicht der Bergwerksbesitzer untereinander.

Über die **Ausgleichungspflicht** der mehreren Bergwerksbesitzer untereinander entscheidet, soweit § 149 Abs. 2 darüber nichts enthält, nunmehr § 426 B.G.B.

Daraus und aus § 149 Abs. 2 A.B.G. ergibt sich im einzelnen folgendes:

1. Die Eigentümer der mehreren Bergwerke haften untereinander zunächst **zu gleichen Teilen**, es steht aber jedem der Nachweis offen, daß der andere zu einem größeren Anteil an der Schadenszufügung beteiligt sei mit der Wirkung, daß der letztere alsdann für diesen größeren Anteil aufkommen muß. Dabei bleibt zu beachten, daß für die Feststellung der Teilbeträge, welche von den einzelnen Bergwerksbesitzern untereinander aufzubringen sind, nach Inhalt des § 148 Abs. 2 nur die als Schädiger **ermittelten** Bergwerksbesitzer in Frage kommen, d. h. diejenigen, von denen durch die Gutachter in dem Prozesse der Bergwerksbesitzer untereinander festgestellt wird, daß sie an der Schadenszufügung tatsächlich beteiligt sind. Bergwerksbesitzer, von denen die Sachverständigen feststellen, daß sie nur möglicherweise an der Schadenszufügung beteiligt seien, kommen daher für die Feststellung des von den einzelnen Bergwerksbesitzern aufzubringenden Teilbetrages nicht in Betracht.[2])

2. Die **Besitzer** der als Schädiger ermittelten Bergwerke haften und zwar zu gleichen Teilen, nicht diese Bergwerke selbst. Daraus folgt, daß, wenn der Bergwerksbesitzer A mit zwei Bergwerken an der Schadenszufügung beteiligt ist, B bloß mit einem, A im Verhältnis zu B zunächst nur

---

[1]) Planck Anm. 2a zu § 425, Rehbein II S. 457 unter e, vergl. auch über einen ähnlich liegenden Fall nach früherem Recht O.Tr. 30./9. 72 XV. S. 116.

[2]) Vergl. Motive der Berggesetznovelle XLII S. 182.

auf $^1/_2$ und nicht etwa auf $^1/_3$ haftet. Es ist also, obwohl die beiden Bergwerke des A den Schaden mitherbeigeführt haben, doch Sache des Beweises von B, daß die Schadenszufügung von den beiden ersteren Bergwerken in einem höheren Maße, wie bloß zu $^1/_2$ mitverursacht sei.

3. Hat der jetzt klagende Bergwerksbesitzer in einem Vorprozeß des Grundstückseigentümers gegen ihn dem jetzt beklagten Bergwerksbesitzer **den Streit verkündet,** so kann der letztere die im § 68 C.P.O. näher bezeichneten Anführungen nicht mehr machen. Das Urteil in dem Prozesse zwischen Grundeigentümer und dem jetzt klagenden Bergwerksbesitzer macht auch dem jetzigen Beklagten gegenüber in dem beschränkten Umfange der §§ 68, 74 C.P.O. materiell Rechtskraft dergestalt, daß der letztere mit allen tatsächlichen und rechtlichen Anführungen nicht mehr gehört werden kann, die in dem Vorprozeß geltend gemacht sind oder doch hätten geltend gemacht werden können, soweit auf ihnen die der Rechtskraft fähige Entscheidung beruht.[1]) Dazu gehört jedenfalls die Festsetzung der Höhe des Schadens, der Unmöglichkeit oder zu großen Kostspieligkeit der Wiederherstellung des früheren Zustandes, regelmäßig aber wohl nicht die wesentlichste Frage nämlich die nach der Mitschuld des jetzigen beklagten Bergwerksbesitzers, da diese Frage für die Entscheidung des Vorprozesses unerheblich ist. Möchte deshalb auch in dem Vorprozesse der gerichtliche Sachverständige sich dahin ausgesprochen haben, daß nicht bloß der dort verklagte, jetzige klagende Bergwerksbesitzer A, sondern auch der jetzige Beklagte B den Schaden mitverursacht habe, so würde doch diese Feststellung nicht damit gegenüber dem B gemäß § 68 C.P.O. rechtskräftig geworden sein. Das richterliche Urteil beruht, soweit eine in Rechtskraft übergehende Entscheidung vorliegt, lediglich auf der Feststellung, daß A an der Schadenszufügung schuldig oder resp. mitschuldig ist. Die weitere tatsächliche Feststellung, daß dieser Mitschuldige B ist, ist bloß ein der Rechtskraft nicht fähiges Element des Urteils

[1]) R.G. 4./11. 99 Entsch. Bd. 45 S. 353ff., Gaupp-Stein II zu § 68.

und bildet nicht den endlichen Ausspruch des Richters über den damals in litem deduzierten Anspruch.[1])

4. Soweit der Anteil **von dem einen der mehreren Bergwerksbesitzer wegen Insolvenz desselben nicht beigetrieben werden kann,** muß der Anteil desselben von den übrigen in demselben Anteilverhältnisse, wie sie überhaupt untereinander dafür aufzukommen haben, mitgetragen werden. Wenn z. B. A für $^1/_6$, B für $^1/_6$, C zu $^2/_3 = {}^4/_6$ des Schadens aufzukommen verpflichtet ist und B unpfändbar befunden wird, so muß der Schaden von A und C untereinander in der Weise getragen werden, daß A außer seinen ursprünglichen $^1/_6$ noch $^1/_{30}$, C weitere $^4/_{30}$ des Schadens zu begleichen hat.[2])

Sollte indes der vom Grundbesitzer zuerst in Anspruch genommene C den Rückgriff gegen den früher solvent gewesenen B kulposer Weise verzögert und dadurch die jetzige Unmöglichkeit der Beitreibbarkeit dieses Anspruches verschuldet haben, so kann A daraus einen Einwand, in Höhe des auf B sonst entfallenen Anteils nicht zum Ersatz verpflichtet zu sein, herleiten. Denn da die mehreren Bergwerksbesitzer infolge der unter ihnen bestehenden Ausgleichungspflicht in einem Gemeinschaftsverhältnisse stehen, so sind sie wegen desselben auch einander die im Verkehr erforderliche Sorgfalt zu prästieren verpflichtet.[3])

5. Der Bergwerksbesitzer hat nicht erst dann den Rückgriff gegen den mithaftenden Bergwerksbesitzer, wenn er selbst den Grundbesitzer bereits ganz oder teilweise befriedigt hat, sondern er ist auch schon vorher auf Grund des § 426 Abs. 1 B.G.B. **berechtigt, von dem anderen zu verlangen, daß derselbe die Leistung zu dem ihm obliegenden Anteile an den Grundstückseigentümer bewirke.**[4]) Im ersteren Falle macht er in Höhe desjenigen Betrages, welchen der zweite

---

[1]) Gaupp-Stein I S. 717 und 195, R.G. 12./12. 87 bei Gruchot XXXII S. 729.

[2]) Oertmann Anm. 3 zu § 426.

[3]) Planck Anm. 2 zu § 427 B.G.B., Oertmann Anm. 3 dazu; Kipp-Windscheid II S. 207, Crome II S. 385 Anm. 58.

[4]) Planck Anm. 1 zu § 426 B.G.B., Oertmann Anm. 1 dazu, Crome I S. 384.

Bergwerkseigentümer zu der Schadenssumme beitragen muß, wenn auch nicht regelmäßig (vergl. darüber unter 6), aber möglicherweise die Forderung des Grundstückseigentümers, im letzteren Falle dagegen stets ein eigenes Recht geltend.[1]) Der praktische Unterschied besteht im wesentlichen darin, daß, wenn der Bergwerksbesitzer das Recht des Grundeigentümers geltend macht, auch seinem Anspruche die Hypotheken, Pfandrechte und Bürgschaften zur Seite stehen, welche der Grundstückseigentümer etwa zugunsten seiner Forderung gegenüber dem mithaftenden Bergwerksbesitzer erworben hat, ein Fall, der namentlich praktisch werden kann, wenn der Grundeigentümer gegen einen der mithaftenden Bergwerksbesitzer auf dem Wege der einstweiligen Verfügung eine Sicherstellung seiner Schadensforderung herbeigeführt hat. Dort, wo der Bergwerksbesitzer seinen Regreßanspruch auf Grund des eigenen selbständigen Rechtes einklagt, stehen ihm diese akzessorischen Rechte nicht zu.[2])

6. Nicht unbedenklich ist die Frage der **Verjährung** des Anspruches, den der eine Bergwerksbesitzer gegen den anderen auf Grund des § 148 Abs. 2 A.B.G. erhebt. Soweit der erstere gezahlt hat und nun lediglich den durch cessio legis auf ihn übergegangenen Schadensanspruch des Grundeigentümers geltend macht, kann es m. D. nicht zweifelhaft sein, daß dem jetzt beklagten Bergwerkseigentümer gegenüber dem Klagenden der Einwand der Verjährung in demselben Umfange zusteht, wie er ihn gegenüber der Klage des Grundstückseigentümers würde haben erheben können, d. h. der Klageanspruch des Bergwerksbesitzers A, welcher gezahlt hat, gegen den Bergwerksbesitzer B ist verjährt, wenn in dem Augenblicke seiner Klageerhebung gegen B der Schadensanspruch des Grundstückseigentümers gegen B verjährt war.[3]) Wie aber, wenn der Bergwerksbesitzer, was man, selbst wenn er bereits gezahlt hat, als das bezüglich des Einwandes der Verjährung ihm günstigere und deshalb von ihm präsumtiv Gewollte regelmäßig wird unterstellen müssen,

---

1) Kipp-Windscheid II S. 206, Rehbein II S. 460 Anm. 21.
2) Planck Anm. 3 zu § 426 B.G.B.
3) Rehbein I S. 326 u. II 460 Anm. 21.

auf Grund des ihm nach § 426 Abs. 1 B.G.B. zustehenden eigenen Rechtes klagt? Hier wird man annehmen müssen, daß die gegenüber dem Grundstückseigentümer eingetretene Verjährung dem Beklagten B im Verhältnis zu dem klagenden Bergwerkseigentümer A nicht zur Seite steht.[1]) Der beklagte Bergwerksbesitzer B hat infolge des Eintritts der Verjährung nur gegenüber dem Grundstückseigentümer die ausschließende Einrede erlangt, „die Leistung zu verweigern" (§ 222 Abs. 1 B.G.B.), der davon unabhängige, selbständige Anspruch des mithaftenden Bergwerkseigentümers, von ihm den gesetzlichen Beitrag zur Ausgleichung der Schadenssumme beanspruchen zu dürfen, ist dadurch nicht berührt.[2]) Man wird also davon auszugehen haben, daß dieser Anspruch einer selbständigen Verjährung unterliegt, und man wird weiter annehmen müssen, daß diese Verjährung die gewöhnliche, dreißigjährige ist, da der § 151 A.B.G. nach seinem zweifellosen Wortlaut die dreijährige Verjährung nur gegenüber dem Anspruche des „Beschädigten", d. h. des Grundstückseigentümers gewährt, den Ausgleichungsanspruch des einen Bergwerksbesitzers gegenüber dem anderen aber unberührt läßt. Dieser letzte Anspruch unterfällt also überall den allgemeinen Grundsätzen der Verjährung, insbesondere auch dem § 198 B.G.B., d. h. die dreißigjährige Verjährungsfrist beginnt mit dem Augenblicke der gemeinschaftlichen Schadenszufügung und nicht etwa erst mit dem Augenblicke, wo die Person des mitschädigenden Bergwerksbesitzers zur Kenntnis des anderen gelangt ist.[3])

7. Kann der Bergwerksbesitzer, welcher im Prozesse dem Grundeigentümer unterliegt, von dem mithaftenden Bergwerksbesitzer auch Ersatz der ihm erwachsenen **Gerichts- und Anwaltskosten** beanspruchen? M. E. wird die Frage zu verneinen sein. Die Prozeßkosten dürften regelmäßig als Folge des Verzuges des vom Grundstückseigentümer zuerst beklagten Gesamtschuldners anzusehen sein. Jedenfalls gehört die Prozeß-

---

[1]) Rehbein II S. 458 Anm. 18.

[2]) Planck Anm. 1 zu § 426 B.G.B., Rehbein II S. 458 Anm. 18 u. S. 460 Anm. 21.

[3]) Rehbein I S. 306 unter III 2.

erhebung mit ihrer Folge der Zahlung der daraus entstehenden Kosten nicht zu denjenigen Tatsachen, welche nach §§ 422 bis 424 B.G.B. gegen alle Gesamtschuldner wirken. Die in der Person des einen Gesamtschuldners entstehende Verpflichtung zur Tragung der Kosten des gegen ihn angestrengten Prozesses vergrößert daher den Bestand der Gesamtschuld zu Lasten der übrigen Gesamtschuldner nicht.[1])

8. Kann der zahlende Bergwerksbesitzer von dem mithaftenden auch **Zinsen** vom Tage der durch ihn geleisteten Zahlung ab beanspruchen? Die Frage dürfte mit Rücksicht auf § 256 B.G.B. zu bejahen sein.[2])

V. Die zeitliche Wirksamkeit der Novelle von 1902.

In **zeitlicher Beziehung** ist für die Anwendung des jetzigen § 149 der Abs. 3 desselben maßgebend. Darnach trifft das neue Recht auch bezüglich des unter der Herrschaft des früheren § 149 A.B.G. verursachten Schadens dann zu, wenn zur Zeit des Eintritts der Gesetzeskraft der Novelle „die Klage auf Ersatz des Schadens noch nicht erhoben war.“ Ob und in welchem Umfange eine Klage auf Ersatz des Schadens als erhoben anzusehen ist, wird im einzelnen Falle streitig sein können. Ist in quanto nur ein Teilbetrag eines bereits früher erwachsenen Schadens eingeklagt, so gilt jedenfalls für diesen noch das ältere, für den nichteingeklagten das neue Recht. Dagegen wird fraglich sein können, ob und in welchem Umfange der Schaden als eingeklagt anzusehen ist, wenn nur auf Ersatzleistung in quali geklagt war. Man wird anzunehmen haben, daß für die Frage der Geltung des früheren oder jetzigen Rechtes im einzelnen Falle der Umfang der durch die Klageerhebung eingetretenen Rechts-

[1]) § 425 B.G.B., vergl. Verhandlungen im Abgeordnetenhause XLIII S. 389.

[2]) Für bisheriges Recht ebenso Daubenspeck Bergschaden S. 77.

hängigkeit und der resp. demnächst eintretenden Rechtskraft zu entscheiden hat. Demgemäß wird nach dem an anderer Stelle bereits Ausgeführten (S. 254 ff.) anzunehmen sein, daß in einem solchen Falle, wo in quali auf Ersatz des in separato zu ermittelnden Schadens geklagt ist, der gesamte später in quanto geltend zu machende Schadensanspruch dem früheren Recht unterliegt, deshalb also die solidarische Haftbarkeit der mehreren Bergwerksbesitzer ausgeschlossen ist.

Erläuterungen zu § 150.

A. Einleitung.

I. Der § 150 A.B.G. hatte seinen Vorläufer in folgender Bestimmung des § 116b II 16 A.L.R.:

„Hat jemand Gebäude, Wasserleitungen, Teiche, Bleichen und dergleichen in einem Reviere, wo ein Bergbau schon in solcher Nähe getrieben wird, daß eine weitere Ausdehnung desselben bis zu diesen neuen Anlagen vernünftigerweise vorausgesehen werden konnte, dennoch angelegt, ohne sich von dem Bergamte die Stelle, wo es ohne seine Gefahr geschehen kann, anweisen zu lassen, so ist er wegen der durch den fortgehenden Bergbau daran entstehenden Schäden zu keiner Vergütung berechtigt."

Im Anschluß an diesen Paragraphen schlug der Entwurf des preußischen Berggesetzes von 1865 den jetzigen § 150 Abs. 1 in derselben Fassung, wie er jetzt Gesetz geworden ist, vor, nur hieß es dort an Stelle der jetzigen Worte: „bei Anwendung gewöhnlicher Aufmerksamkeit", „nicht ohne eigenes grobes Versehen".[1]) Der jetzige Abs. 2 § 150 fehlte in der Regierungsvorlage, die damit, abgesehen von der Veränderung, welche die Aufhebung des Direktionsprinzips und die dadurch wesentlich verschieden gestaltete Stellung der Bergbehörde bedingte, im übrigen materiell dasselbe bestimmte wie der § 116b a. a. O.

Zur Begründung der Bestimmung des § 150 Abs. 1 war ausgeführt in den Motiven:

[1]) Zeitschr. f. Bergr. Bd. VI S. 172 u. 173.

„Die wichtige Frage, ob und unter welchen Voraussetzungen die Entschädigungsverbindlichkeiten des Bergbautreibenden gegenüber dem Grundbesitzer ausgeschlossen sein soll, hat deshalb ihre besondere Schwierigkeit, weil einesteils der Grundbesitzer in der vollen Ausübung seines Rechts nicht durch den Bergbau gehindert, anderenteils aber auch der Bergbau nicht der unbeschränkten Willkür des Grundbesitzers preisgegeben werden darf."

Nachdem sodann kurz die Bestimmungen des Landrechts und der übrigen damaligen deutschen Berggesetze gestreift waren, führte die Begründung weiter aus, daß darnach

„die Ansicht den Vorzug verdient, wonach jede singuläre Ausnahmebestimmung von der bergrechtlich festgestellten Entschädigungspflicht des Bergbautreibenden gegenüber dem Grundbesitzer zu vermeiden und vielmehr lediglich auf die allgemeine Rechtsregel zurückzugehen ist, daß der Beschädigte, welchem ein eigenes grobes Versehen bei der Beschädigung zur Last fällt, keinen Schadensersatz beanspruchen kann, sofern nicht etwa auf Seiten des Beschädigers ebenfalls grobes Versehen vorliegt (cfr. § 20 T. I Tit. 6 A.L.R.). Damit aber über die Anwendbarkeit dieses Grundsatzes dadurch kein Zweifel verursacht wird, daß das Berggesetz die Entschädigungspflicht des Bergbautreibenden im übrigen weiter ausdehnt, als das Civilrecht, erscheint es zweckmäßig, jene Rechtsregel, angewandt auf den Fall des Bergbaues, im Berggesetze selbst auszudrücken".

Die Herrenhaus-Kommission (VI S. 340) erklärte sich mit dem Entwurf im allgemeinen einverstanden, nahm aber zunächst diejenige Abänderung bezüglich des Abs. 1 vor, die oben bereits angegeben ist und wie folgt begründet wurde:

„Der § 150 schließt die Vergütigung des Schadens aus, wenn bei Errichtung der Anlage dem Grundbesitzer die bereits durch den Bergbau drohende Gefahr nicht ohne eigenes grobes Versehen unbekannt bleiben konnte.

Das Allgemeine Landrecht stützt die Ausschließung des Schadensersatzes darauf, daß die Ausdehnung des

Bergwerks bis zu den neuen Anlagen vernünftigerweise vorausgesehen werden konnte. Was vernünftigerweise vorausgesehen werden kann, dürfte mit dem, was ohne grobes Versehen nicht unbekannt bleiben kann, auf eins hinauslaufen, und wenn der Bergbau schon in solcher Nähe getrieben wird, daß eine Ausdehnung desselben bis zu den neuen Anlagen vernünftigerweise sich voraussehen läßt, so ist eine durch den Bergbau drohende Gefahr für denjenigen, der dennoch die Anlage macht, offenbar vorhanden."

Außerdem erwog die Herrenhaus-Kommission,

„daß der § 150 nur von dem Schaden spreche, der an Gebäuden oder anderen Anlagen in den vorausgesetzten Fällen entstehe; darüber, was geschehen solle, wenn der Grundeigentümer infolge einer durch den Bergbau drohenden Gefahr von der Errichtung von Gebäuden und anderen Anlagen Abstand nehmen müsse, sei nichts gesagt. Es verbleibe also in dieser Beziehung bei den allgemeinen Rechtsgrundsätzen. Es seien jedoch Zweifel darüber angeregt, ob nicht der § 150 die Entschädigung auch für diesen Fall ausschließe. Um jeden Zweifel hierüber, sowie auch die vorstehend angedeutete Besorgnis der spekulativen Ausbeutung zu beseitigen",

wurde der jetzige Abs. 2 seitens der Kommission zugefügt (Bericht VI S. 342).

Die Kommission des Abgeordnetenhauses erklärte sich mit der von der Herrenhaus-Kommission vorgeschlagenen Abänderung und Ergänzung einverstanden und begründete diese seine übereinstimmende Auffassung in folgender Weise:

„Der § 150 der Regierungsvorlage behandelte nur den Fall, daß an bereits errichteten Gebäuden und Anlagen Schaden entstehe, er sagte nichts über den anderen Fall, daß der Grundbesitzer infolge drohenden Schadens von Errichtung neuer Gebäude u. s. w. Abstand zu nehmen genötigt werde. Unstreitig treten für diesen Fall die allgemeinen Grundsätze der allgemeinen Gesetzgebung in Geltung. Man hielt es aber in der Herrenhaus-

Kommission aus praktischen Gründen für zweckmäßig, ausdrücklich die Nichtverpflichtung zur Entschädigung für den Fall auszusprechen, daß der Grundeigentümer die Absicht, neue Anlagen zu errichten, nur kundgegeben habe, um eine Vergütung für die angebliche Wertsverminderung zu erzielen, während er doch in Wahrheit die Anlage garnicht beabsichtigt habe, also durch ihre Unterlassung eine Wertverminderung nicht habe eintreten können. Die Aufnahme dieser Bestimmung, welche mit den allgemeinen Rechtsgrundsätzen über dolus im Einklange steht, unterlag nach Ansicht der Kommission keinem Bedenken" (Bericht II, IV S. 342).

II. Aus der vorwiedergegebenen Entstehungsgeschichte des § 150 und seinem Wortlaut ergibt sich folgende allgemeine Rechtslage:

Der § 150 beschränkt den Schadensanspruch des § 148 unter den im Abs. 1 näher angegebenen Voraussetzungen nur bezüglich der Gebäude und sonstigen Anlagen, indem er bezüglich dieser bestimmt, daß wegen ihrer Beschädigung Schadensersatz nicht verlangt werden kann, wenn trotz der Kenntnis bezw. Kennenmüssens der Gefahr ihre Errichtung erfolgt. Abs. 2 des § 150 A.B.G. regelt daneben die Frage, wann und in welchem Umfange Schadensersatz insbesondere wegen Entwertung der Grundstücksfläche selbst geleistet werden muß, falls mit Rücksicht auf die „drohende Gefahr" des Abs. 1 die Errichtung des Bauwerks oder der sonstigen Anlage unterblieben ist. Abs. 2 regelt diese Frage allerdings ausdrücklich nur nach der negativen Seite hin, insofern er bestimmt, wann im Falle der Unterlassung der Errichtung mit Rücksicht auf den Tatbestand des Abs. 1 Schadensersatz nicht gefordert werden kann. Und zwar versagt Abs. 2 im Falle des Unterlassens der Errichtung der Anlage diesen Schadensanspruch, „wenn sich aus den Umständen ergibt, daß die Absicht, solche Anlage zu errichten, nur kundgegeben wird, um jene Vergütung zu erzielen". Enthält aber der Abs. 2 auch ausdrücklich nur diese negative Bestimmung, so ergibt sich doch andrerseits aus der Umkehrung dieses Satzes (arg. e contrario) nach der positiven

Seite ebenso bestimmt der Wille des Gesetzgebers dahin, daß, wenn dieser Ausnahmefall einer dolosen Kundgebung des in Wahrheit nicht vorhandenen Errichtungswillens fehlt, wohl der Ersatz des Schadens, welcher dem Grundeigentümer durch die Unterlassung der Errichtung der Anlage erwächst, verlangt werden darf. Daß dies der Sinn des Abs. 2 ist, daß er jenen positiven Satz gleichfalls hat aussprechen wollen, ergibt sich evident aus der oben wiedergegebenen Entstehungsgeschichte des Abs. 2 und der für seine Aufnahme in das Gesetz maßgebend gewesenen Auffassung der Kommissionen der beiden Häuser des Landtages, die keinen Zweifel darüber läßt, daß, soweit Abs. 1 des § 150 den Ersatzanspruch nicht ausschließt, bei Verlust der Bebauungsfähigkeit eines Grundstücks Schadensersatz nach den allgemeinen Grundsätzen des Gesetzes gefordert werden kann. Überhaupt muß für das richtige Verständnis des § 150 davon ausgegangen werden, daß § 150 A.B.G. nichts von der allgemeinen Rechtsregel Abweichendes hat festsetzen wollen. Nach den oben wiedergegebenen Motiven der Staatsregierung, welche von den beiden anderen gesetzgebenden Faktoren gebilligt worden sind, hat der § 150 Abs. 1 lediglich für einen besonders naheliegenden Fall zum Ausdruck bringen wollen, daß auch beim Bergschadensanspruch auf die „allgemeine Rechtsregel" zurückzugreifen ist, wonach der Beschädigte, welchem eigenes grobes Versehen bei der Beschädigung zur Last fällt, keinen Schadensersatz erheben könne, und dieselbe Auffassung, daß diese allgemeine Rechtsregel erst recht bei dolosem Verhalten des Grundeigentümers zur Anwendung kommen müsse, ist auch für den Abs. 2, wie sich namentlich aus dem Berichte des Abgeordnetenhauses klar ergibt, leitend gewesen. § 150 Abs. 1 wie Abs. 2 haben darnach nur für einen Fall, der bei dem Bergschädenanspruch besonders oft praktisch wird, eine Spezialentscheidung treffen, nur bezüglich des am häufigsten vorkommenden Beispielsfalles festlegen wollen, daß bei diesem, wie überhaupt beim Bergschaden und jedem Schadensanspruch doloses oder kulposes Verhalten des Beschädigten den Schadensanspruch ausschließt. Der Gedankengang des

Gesetzgebers in den §§ 148 u. 150 des A.B.G. läßt sich darnach in folgende vier Sätze zusammenfassen:

1. Regelmäßig muß der Bergwerksbesitzer bei Beschädigung von Grundeigentum in vollem Umfange Schadensersatz leisten (§ 148 A.B.G.).

2. Liegt aber kulposes Verhalten des Grundstückseigentümers vor, werden beispielsweise trotz Vorhandenseins der Voraussetzungen des § 150 Abs. 1 Gebäude oder sonstige Anlagen errichtet, so braucht der an diesen Anlagen entstandene Schaden nicht ersetzt zu werden.

3. Unterbleibt dagegen die Errichtung dieser Anlagen mit Rücksicht auf § 150 Abs. 1, so trifft Satz 1 wiederum zu, d. h. es muß auch der Bergwerksbesitzer Schadensersatz leisten für die durch ihn notwendig gewordene Unterlassung der Errichtung.

4. Satz 3 tritt aber seinerseits wieder außer Kraft, wenn bezüglich der Unterlassung der Errichtung doloses Verfahren des Grundeigentümers konkurriert, d. h. wenn beispielsweise für die Unterlassung von Anlagen, die in Wahrheit garnicht beabsichtigt waren, Schadensersatz gefordert wird.

III. Die übrigen deutschen Berggesetze enthalten durchweg eine dem § 150 Pr. A.B.G. entsprechende Bestimmung. Das Berggesetz für das Königreich Sachsen geht aber noch weiter und versagt außer dem Falle des § 150 des Pr. A.B.G. dem Grundeigentümer den Schadensanspruch auch dann, „wenn die Grubenbaue, welche Ursache des Schadens sind. schon eher vorhanden waren, als die beschädigten Gebäude oder Anlagen errichtet sind“, während die Berggesetze von Sachsen-Weimar (§ 135) und Reuß ä. L. sich überhaupt auf diese letztere Bestimmung beschränken.

Für die Anwendung dieser Bestimmung des Sächsischen Rechtes ist dabei nicht entscheidend, ob die schädigenden Bergwerksunternehmungen an sich schon älter sind, wie die betreffenden Anlagen, sondern ob sie sich zur Zeit der Errichtung der Anlage bereits bis zu einer Stelle erstreckten, von wo aus sie auf das betreffende Grundstück einen schädlichen Einfluß zu äußern anfingen.[1])

[1]) O.L.G. Dresden 5./4. 92 XXXIV S. 376.

B. Absatz 1.

Nach vorstehendem und nach Inhalt des § 150 Abs. 1 ist der Wegfall des dem Grundeigentümer für die Beschädigung von Gebäuden und sonstigen Anlagen an und für sich gemäß § 148 A.B.G. zustehenden Schadensanspruches von folgenden beiden **Voraussetzungen** abhängig gemacht:

a) in **objektiver** Beziehung:

Es muß zur Zeit der Errichtung der Anlage „die“ derselben „durch den Bergbau drohende Gefahr“ vorliegen;

b) in **subjektiver** Beziehung:

Es muß zur Zeit der Errichtung der Anlage diese Gefahr dem Grundbesitzer entweder bekannt sein oder ihm „bei Anwendung gewöhnlicher Aufmerksamkeit nicht unbekannt bleiben“.

Die Beweislast für beides liegt bei dem Bergwerkseigentümer. Denn der beklagte Bergwerksbesitzer, der auf Grund des § 150 Abs. 1 von der Schadenspflicht befreit zu sein behauptet, bestreitet an sich nicht das Vorliegen des Tatbestandes des § 148, sondern behauptet nur, daß demselben Tatsachen, nämlich die des § 150 Abs. 1 entgegenstehen, welche die Wirksamkeit des Klageanspruches aus § 148 hemmen.[1])

Nach allgemeinen Rechtsgrundsätzen hat also auch jetzt für das Herrschaftsgebiet des Bürgerlichen Gesetzbuches, welches die Aufnahme der im I. Entwurf vorgesehenen besonderen Bestimmungen über die Beweislast abgelehnt hat,[2]) der beklagte Bergwerkseigentümer die Voraussetzungen des § 150 Abs. 1 darzutun.

I. Der Beklagte hat somit nach dem oben Ausgeführten zunächst **als objektive Voraussetzungen** des Einwandes nachzuweisen:

1. daß eine Gefahr zur Zeit der Errichtung des Gebäudes bereits **gedroht** hat.

---

[1]) O.L.G. Hamm 12./1. 92 XXXIII S. 251, Hamm 4./10. 81 XXIII S. 244.
[2]) Planck I S. 43 ff.; Kipp-Windscheid I S. 586 u. 594.

Was man unter **„drohender Gefahr“** zu verstehen hat, ist aus dem Gesamtinhalte des Paragraphen zu entnehmen. Die bloße Möglichkeit einer Gefahr genügt jedenfalls nicht. Mit Rücksicht auf den weitergehenden Wortlaut des Gesetzes, wonach einmal die Gefahr eine drohende und andrerseits auch eine erkennbar drohende sein muß, wird man den Begriff der drohenden Gefahr dahin abzugrenzen haben, daß bereits zur Zeit der Errichtung der Anlage tatsächliche Verhältnisse vorliegen müssen, deren Vorhandensein die später eingetretene Schädigung nicht bloß als möglich, sondern nach der gewöhnlichen Erfahrung und unter der Voraussetzung des gewöhnlichen Laufes der Dinge als mit Sicherheit eintretend hat voraussehen lassen. Die Gefahr muß als in solchem Maße wahrscheinlich erscheinen, daß man nach menschlichem Ermessen sich sagen muß, daß die Gefährdung der Anlage unvermeidlich sei, wenn nicht außergewöhnliche Umstände dazwischen treten.[1])

Eine solche **drohende Gefahr** liegt namentlich dann vor, wenn folgende beide Voraussetzungen gegeben sind, wenn

a) unter dem betreffenden Grundstücke **bereits Bergbau betrieben** wird und zwar

b) unter solchen Abbauverhältnissen und bei einer solchen Flötzlagerung, daß nach dem gewöhnlichen Laufe der Dinge eine Schädigung des darauf zu errichtenden Gebäudes eintreten muß, objektiv also als wahrscheinlich zu befürchten ist.

Ein objektives Drohen der Gefahr liegt aber ferner auch dann schon vor, wenn unter dem später beschädigten Grundstück zur Zeit der Errichtung der Anlage **noch kein Bergbau betrieben** worden ist, wenn nur die **zukünftige Ausdehnung** des Bergbaues zur Zeit der Errichtung der Anlage bereits tatsächlich in die Erscheinung getreten ist, d. h. wenn objektiv erkennbar ist, daß nach dem gewöhnlichen Laufe der Dinge der Bergbau auch unter dieses beschädigte Grundstück sich erstrecken werde. In diesem Falle, wenn unter dem Grundstücke selbst der Bergbau zur Zeit der Anlage

---

[1]) O.L.G. Hamm 20./2. 94 XXXV S. 357, O.L.G. Hamm 11./2. 98 XXXIX S. 475, R.G. 13./7. 98 XL S. 78.

noch nicht umgeht, ist dem Obigen entsprechend zum Nachweise der „drohenden Gefahr“ der doppelte Beweis zu erbringen:

a) daß der Bergbau nach dem gewöhnlichen Laufe der Dinge sich auch unter das später beschädigte Grundstück erstrecken wird. Dieser Beweis wird nach dem oben Ausgeführten auch hier nicht schon geführt durch den Nachweis der bloßen Möglichkeit der Ausdehnung des Bergbaues unter das in Rede stehende Grundstück.[1]) Die Tatsache, daß das Grundstück im Grubenfelde einer bestimmten Zeche liegt oder daß die Schachtanlagen einer solchen sich in der Nähe befinden, reicht deshalb zum Erweise der drohenden Gefahr in objektiver Beziehung an sich niemals aus. Es muß vielmehr auch dargetan werden, daß die Ausdehnung des Bergbaues auf diesen Teil des Bergwerksfeldes sich als eine tatsächliche technische und wirtschaftliche Notwendigkeit[2]) oder, wie das Reichsgericht sich treffend an anderen Stellen ausgedrückt hat, als eine nach der Sachlage vernünftigerweise zu erwartende Erweiterung des zur Zeit schon betriebenen Bergbaues, als eine naturgemäße Fortsetzung desselben darstellt.[3])

b) Daneben muß weiter noch dargetan sein, daß diese Erweiterung des Bergbaues mit Rücksicht auf die bereits zur Zeit der Errichtung des Bauwerks erkennbaren Flötz- und Ablagerungsverhältnisse eine Gefährdung der betreffenden Anlage nach dem gewöhnlichen Laufe der Dinge mit Wahrscheinlichkeit erwarten ließ.[4]) Der hiernach bezüglich des objektiven Erfordernisses der drohenden Gefahr dem Bergwerksbesitzer obliegende Beweis wird sich

---

[1]) O.Tr. 20./10 73 XVI S. 103; O.L.G. Hamm 11./3. 87 XXVIII 257, R.G. 4./2. 85 XXVII 109, R.G. 11./6. 87 XXIX 226, R.G. 24./10 88 XXX 101, O.L.G. Hamm 26./2. 89 XXX 361, O.L.G. Hamm 16./3. 00 XLI S. 484.

[2]) O.L.G. Hamm 11./3. 84 XXVII 257, 2./12. 84 XXVIII 503.

[3]) O.Tr. 2./5. 79 XXI S. 385, R.G. 4./2. 85 XXVII 109, R.G. 11./6. 87 XXIX 226, R.G. 24./10. 88 XXX 101, O.L.G. Hamm 26./2. 89 XXX 361, R.G. 14./10. 91 XXXIII 226, R.G. 14./11. 94 XXXVI 338, R.G. 21./2. 83 Daubenspeck I S. 368.

[4]) R.G. 14./11. 94 XXXVI 338, welches das Erfordernis der drohenden Gefahr bezüglich des dort zur Entscheidung stehenden Falles besonders klar entwickelt.

gegebenenfalls nach Lage der Dinge durch ein bergmännisches Gutachten unschwer erbringen lassen. Bei der Würdigung dieses Beweises werden andererseits aber auch solche Tatumstände in Rücksicht gezogen werden müssen, welche objektiv das Drohen einer Gefahr auszuschließen geeignet sind, z. B. die Tatsache, daß das betreffende Grundstück auf einem Sicherheitspfeiler liegt, der aus Gründen öffentlichen Interesses, zum Schutze von Chausseen, Eisenbahnen u. dergl. liegen bleiben muß.

2. Der § 150 Abs. 1 verlangt aber in objektiver Beziehung noch ein weiteres: Es muß **die** Gefahr gedroht haben, d. h. es muß diejenige Gefahr objektiv als mit Wahrscheinlichkeit eintretend bereits begründet gewesen sein, welche später den Schaden wirklich herbeigeführt hat.[1]) Darnach ist z. B. das objektive Erfordernis der drohenden Gefahr mit Recht nicht als dargetan angesehen worden, wo das Flötz 30 den späteren Schaden verursacht hatte, während in einer früheren Warnung des Bergwerksbesitzers das Flötz 29 als gefahrdrohend bezeichnet war,[2]) oder wo die Gefahr seitens des Betriebes im Schachte A drohte, während schließlich später der Bergbau in der Schachtanlage B den Schaden verursacht hat,[3]) oder wo die Kohlenentnahme aus den unterliegenden Flötzpartien den Schaden herbeizuführen drohte, während später tatsächlich der Schaden durch die von den seitwärts liegenden Kohlenflötzen aus herbeigeführte Abtrocknung des Mergelgebirges verursacht war.[4])

Auch dieser Teil des dem Bergwerksbesitzer obliegenden Beweises wird gegebenen Falles leicht zu erbringen sein und namentlich dann vom Standpunkt des Bergwerksbesitzers aus keine Bedenken haben, wenn er sich bei Erlaß der begründeten Warnung, über welche unten noch weiter zu sprechen ist, einer zu großen Spezialisierung enthalten hat.

---

[1]) R.G. 4./4. 00. XLII S. 105, desgl. 26./4. 02 XLIV S. 245.
[2]) O.L.G. Hamm 26./2. 89 XXX 361.
[3]) R.G. 11./6. 87 XXIX 226.
[4]) R.G. 13./7. 98 XL 78.

II. **In subjektiver Beziehung** ist erforderlich, daß dem Grundbesitzer diejenigen einzelnen Tatbestandsmerkmale, welche die „drohende Gefahr“ nach dem zu II Ausgeführten enthalten, zur Zeit der Errichtung der Anlage entweder bekannt waren oder „bei gewöhnlicher Aufmerksamkeit“ nicht unbekannt bleiben konnten.

1. Es muß ihm also, wenn bereits Bergbau unter dem betreffenden Grundstücksteile umgeht, nachgewiesen werden:

a) daß er die Tatsache, daß unter dem Grundstück Bergbau betrieben werde, gekannt hat oder kennen mußte und

b) daß er kannte und resp. kennen mußte, daß der Bergbau unter solchen Ablagerungs- und Abbauverhältnissen geführt werde, die eine Beschädigung seines projektierten Gebäudes als wahrscheinlich erscheinen ließ.[1])

In gleicher Weise muß ihm bezüglich einer zukünftigen Erweiterung des Bergbaues noch weiter das Kennen resp. Kennenmüssen der Tatsache nachgewiesen werden, daß das naturgemäße Fortschreiten des Bergbaues sich auch auf den unter seinem Grundstück befindlichen Feldesteil erstrecken werde und zwar unter den ad b angegebenen Abbauverhältnissen.

2. Hinsichtlich der Frage, was unter der Anwendung der **„gewöhnlichen Aufmerksamkeit“** im Sinne dieses Paragraphen zu verstehen sei, herrschte für das bisherige preußische Recht Streit, ob dasjenige Versehen, welches den Schadensanspruch des Grundbesitzers ausschließt, in der Begriffsabgrenzung des Allgemeinen Landrechts sich als **„grobes“ oder als „mäßiges“ Versehen** darstellte. In der Judikatur speziell des Reichsgerichts wurde durchweg die erstere Auffassung vertreten und zwar mit Rücksicht auf die oben wiedergegebene Entstehungsgeschichte des Paragraphen, welche es allerdings nicht zweifelhaft ließ, daß Herrenhaus wie Abgeordnetenhaus die jetzige Fassung „Anwendung gewöhnlicher Aufmerksamkeit“ als identisch mit dem Vorschlage des Entwurfs „nicht ohne eigenes grobes Ver-

---

[1]) R.G. 14./10. 91 XXXIII 226, O.L.G. Hamm 12./1 92 XXXIII 251, O.L.G. Hamm 20./2. 94 XXXV 357, R.G. 2./6. 94 XXXV 373, R.G. 14./11. 94 XXXVI 338.

schulden" angesehen und somit nur „grobes Versehen" haben berücksichtigen wollen.[1]) Die entgegengesetzte, vor allem von Daubenspeck eingehend vertretene Auffassung, daß schon mäßiges Versehen genüge, verdiente indes m. D. den Vorzug.[2]) Nicht darauf, was der Gesetzgeber oder einzelne Faktoren desselben haben festsetzen wollen, kommt es an, sondern darauf, was wirklich im Gesetze festgesetzt ist. Das, was im Gesetze schließlich niedergelegt ist, „Anwendung gewöhnlicher Aufmerksamkeit", entspricht aber zweifellos mehr dem § 20 I 3 A.L.R., welcher mäßiges Versehen beim Mangel „des gewöhnlichen Grades von Aufmerksamkeit" annimmt, wie dem § 18 eodem, welcher als grobes Versehen ein solches ansieht, welches „ohne Anstrengung der Aufmerksamkeit bei gewöhnlichen Fähigkeiten" vermieden werden konnte.[3])

Für das heutige Recht dürfte die Frage indes kaum noch eine praktische Bedeutung haben. Wenn man nicht annehmen will, daß der § 150 eine besondere Art von Versehen statuiert, welche als Teil dieses durch das E.G. zum B.G.B. Art. 67 aufrecht erhaltenen Spezialgesetzes unberührt geblieben, so wird man wohl nicht daran zweifeln können, daß das Verschulden des Grundeigentümers im Sinne des § 150 sich mit der „Fahrlässigkeit" des § 276 B.G.B. deckt. Denn die nach letzterem Paragraphen regelmäßig zu prästierende, „im Verkehr erforderliche Sorgfalt" ist auch in dem Sinne gemeint, daß diejenige Sorgfalt anzuwenden ist, welche der gesunde und normale Verkehr im allgemeinen für erforderlich hält.[4]) Das wird aber praktisch auf dasselbe herauskommen, was der § 150 mit „Anwendung gewöhnlicher Aufmerksamkeit" bezeichnet.

3. Ob der nach den Ausführungen zu 1 und 2 dem Bergwerksbesitzer in subjektiver Beziehung obliegende Beweis als erbracht anzusehen ist, ist nach **Lage des einzelnen**

---

[1]) R.G. 24./5. 82 XXIII 511, L.G. Essen 8./11. 81 XXIV 226, R.G. 5./6. 84 XXVI 380, O.L.G. Hamm 2./12. XXVIII 502.

[2]) Daubenspeck, Bergschaden S. 84ff.

[3]) Brassert S. 412.

[4]) Planck I S. 36, Kipp-Windscheid I S. 453.

Falles konkret zu prüfen. Dabei ist die Gesamtheit aller vorliegenden Umstände entscheidend.[1])

Daraus, daß für die Beurteilung der Frage, ob das subjektive Erfordernis des § 150 Ab. 1 zutrifft, die Lage des einzelnen Falles entscheidend ist, ergibt sich von selbst, daß die hierzu ergangenen Entscheidungen der höchsten Gerichtshöfe nicht überall von prinzipieller Bedeutung sind, sowie ferner, daß sie auch hinsichtlich der rechtlichen Würdigung einzelner Tatbestände eine nicht unerhebliche Schwankung aufweisen. Während früher die Judikatur des Ober-Tribunals dem Einwande des Bergwerksbesitzers gegenüber eine verhältnismäßig günstige war, ging die Tendenz der Judikatur des Reichsgerichts zeitweise ersichtlich dahin, an die tatsächlichen Voraussetzungen des subjektiven Erfordernisses des Einwandes aus § 150 erheblich schärfere Anforderungen zu stellen.

Trotz des bunten tatsächlichen Bildes und der verschiedenartigen rechtlichen Würdigung, welche die zur Begründung dieses Einwandes vorgebrachten Tatumstände seitens der Judikatur gefunden haben, erscheint es bei der großen praktischen Bedeutung des Einwandes aus § 150, für welche die überaus reichhaltige Judikatur der höchsten Gerichtshöfe einen lebendigen Beweis bietet, zweckmäßig, auf dieselbe im einzelnen näher einzugehen und zwar umsomehr, als sich in den vorliegenden Erkenntnissen eine Reihe von stereotyp wiederkehrenden Tatbeständen findet, bezüglich deren Würdigung für die Annahme oder Nichtannahme eines Versehens sich zum Teil doch eine mehr oder weniger feststehende Judikatur gebildet hat.

Im einzelnen werden nämlich gewöhnlich zur Begründung des subjektiven Erfordernisses der Erkennbarkeit der drohenden Gefahr von den Bergwerksbesitzern folgende Tatsachen angeführt und der richterlichen Würdigung unterbreitet:

a) Nähe der Schachtanlagen des beklagten Bergwerks;[2])

---

[1]) R.G. 24./10. 88 XXX 101, O.L.G. Hamm 26./2. 89 XXX 361, R.G. 7./5. 90 XXXII 127, R.G. 28./1. 91 XXXII 393, R.G. 2./6. 94 XXXV S. 373, R.G. 22./12. 94 XXXVI S. 347.

[2]) O.Tr. 20./10. 1873 XVI S. 103.

b) Belegensein des beschädigten Grundstückes im verliehenen Felde der Beklagten;[1])

c) Offenliegen des Ausgehenden eines Kohlenflötzes auf dem Grundstücke des Klägers;

d) Bereits entstandene Schäden auf dem Grundstücke selbst oder

e) in unmittelbarer Nähe desselben;

f) Verankerung alter anstoßender Gebäude oder des neu errichteten Gebäudes selbst;

g) Nichteinziehung von Erkundigungen trotz besonderer Größe und Wichtigkeit der Anlage,[2]) trotz Warnungen seitens des Bergwerksbesitzers[3]) oder dritter Personen, namentlich solcher, die sich durch besondere Sachkunde auszeichnen;[4])

h) Besondere Kenntnis der Lagerungs- und Abbauverhältnisse oder überhaupt besondere bergtechnische Kenntnisse.[5])

Andererseits werden ebenso stereotyp seitens der Grundbesitzer zur Beseitigung des Einwandes in subjektiver Beziehung folgende **Exkulpationsgründe** angeführt:

a) Tatsache der Nichtwarnung durch den Bergwerksbesitzer oder gar direkte Erklärung des Bergwerksbesitzers, daß an der betreffenden Stelle ohne Gefahr gebaut werden dürfe;

b) Weigerung des Bergwerksbesitzers, die Entschädigung aus Abs. 2 zu zahlen[6]) oder Nichtanbietung derselben, wenn eine Warnung erst nach Beginn des Baues erfolgt;[7])

c) eine von dem Bergwerksbesitzer an dem später beschädigten Hause bei der Errichtung desselben vorgenommene Verankerung;

d) Nähe von Chausseen oder sonstiger durch Sicherheitspfeiler geschützten Anlagen;

e) die Annahme, daß der Bergwerksbesitzer die Beschädigungen des Hauses durch Stehenlassen eines Sicherheitspfeilers vermeiden werde;

---

[1]) O.Tr. 20./10. 73 XVI S. 103.

[2]) Daubenspeck Haftpflicht S. 49.

[3]) Daubenspeck Haftpflicht S. 49, R.G. 7./5. 90 XXXII 127.

[4]) O.Tr. 20./10. 73 XVI 103, R.G. 7./5. 90 XXXII 127, R.G. 13./12. 92, Daubenspeck I 383, O.L.G. Hamm 29./11. 81 XXIII 508.

[5]) R.G. 21./2. 83, Daubenspeck I 368.

[6]) R.G. 14./11. 94 XXXVI 338.

[7]) R.G. 26./4. 02 XLIV S. 244.

f) Eintritt des Schadens erst nach mehreren Jahren.

Eine systematische Darstellung, **unter welchen dieser einzelnen Voraussetzungen** bezw. bei dem Zusammentreffen welcher mehreren dieser Voraussetzungen das Versehen des Grundeigentümers als dargetan oder als nicht dargetan zu erachten, ist, weil es sich überall um die Lage des einzelnen konkreten Falles handelt, unmöglich. Immerhin mag auch hier aus der Judikatur folgendes hervorgehoben sein:

a) Regelmäßig wird das Vorhandensein eines der oben aufgeführten tatsächlichen Momente, z. B. auch Schäden auf Nachbargrundstücken[1]) die culpa des Grundeigentümers nicht dartun können. Eine Ausnahme macht allein die begründete Warnung des Bergwerksbesitzers. Davon abgesehen hat die Judikatur selbst in solchen Fällen, wo 3 oder 4 der oben angegebenen tatsächlichen Momente zusammentrafen, häufig das Vorhandensein der culpa geleugnet. So hat durchweg das bloße Zusammentreffen der Gründe ad a) und b) (Liegen im Felde des Bergwerks oder in unmittelbarer Nähe der Schachtanlage) mit Recht niemals den Einwand begründet, weil für die gefahrdrohende Einwirkung es vor allem doch auf die Kenntnis der speziellen Lagerungs- und Abbauverhältnisse ankommt.[2]) Dagegen ist beim Zusammentreffen dieser Gründe mit den Gründen sub c) und e) (Schäden auf benachbarten Grundstücken) der Einwand aus § 150 Abs. 1 in subjektiver Weise in einem Falle für begründet,[3]) in einem anderen Falle freilich wieder für unbegründet erachtet, obwohl hier der Kläger noch dazu Bergmann war.[4])

In der Entscheidung des O.Tr. vom 2./5. 79 XXI 385 ist der Einwand aus § 150 Abs. 1 durchgedrungen beim Zusammentreffen des Umstandes ad d) (Risse auf dem Grundstück selbst) mit einer auch nur unbegründeten Warnung des Bergwerksbesitzers,[5]) desgleichen in einem anderen Falle, wo auf dem

---

[1]) R.G. 21./9. 89 XXXI 129, O.L.G. Hamm 5./3. 01 XLIII S. 508.

[2]) R.G. 4./2. 85 XXVII 109, R.G. 14./10. 91 XXXIII 226, O.L.G. Hamm 20./2. 94 XXXV 357, R.G. 2./12. 99 XLI 216.

[3]) R.G. 24./10. 88 XXXV 101.

[4]) R.G. 2./6. 94 XXX 373; ebenso O.L.G. Hamm 25./1. 95 XXXVI 394.

[5]) Ebenso R.G. 22./12. 94 XXXVI 347.

Grundstück selbst schon sich Erdrisse zeigten, eine Warnung aber nicht erlassen war.[1])

b) Was die **Warnung** seitens des Bergwerksbesitzers angeht, so kommt derselben mangels jeglicher, dies festlegenden, gesetzlichen Bestimmung jedenfalls eine selbständige Wirkung nicht zu, d. h. trotz einer Warnung des Bergwerksbesitzers und trotz eines später eintretenden Schadens ist der Einwand aus § 150 Abs. 1 nicht unbedingt begründet.[2]) Auch eine Warnung des Bergwerksbesitzers bildet nur eines der tatsächlichen Momente,[3]) welche den Richter dahin führen können, nach Lage des einzelnen Falles ein Versehen des Grundeigentümers anzunehmen, wie andererseits die Tatsache der Nichtwarnung mit dazu führen kann, aber nicht dazu führen muß, ein Versehen des Grundbesitzers zu verneinen.[4]) Auch besteht weder eine Pflicht des Bergwerkseigentümers, eine Warnung zu erlassen, noch andererseits eine solche des Grundstückseigentümers, technische Gutachten einzuholen, selbst wenn eine Warnung des Bergwerksbesitzers an ihn ergangen ist, und noch weniger eine Pflicht, sich beim Bergwerksbesitzer bezüglich der Sicherheit des Baugrundes zu erkundigen, wenn eine solche Warnung nicht erlassen ist.[5])

Bei dem einen wie dem anderen ist lediglich nach Lage des einzelnen konkreten Falles zu beurteilen, ob darnach in Verbindung mit den übrigen Tatumständen das Versehen des Grundstückseigentümers dargetan[6]) oder ein etwa sonst vorhandenes wegen Nichtwarnung ausgeschlossen erscheint.

Nur darüber ist die Judikatur einig, einerseits, daß eine begründete Warnung des Bergwerkseigentümers, auch ohne daß es noch weiterer begleitenden Tatumstände bedarf, eine Erkundigungspflicht des Grundstückseigentümers bedingt, so-

---

[1]) O.L.G. Hamm 31./1. 99 XL 359.
[2]) R.G. 12./7. 98 XL 78.
[3]) R.G. 2./6. 94 XXXV 373.
[4]) R.G. 4./2. 85 XXVII 109.
[5]) O.L.G. Hamm 26./2. 89 XXX 361, R.G. 7./5. 90 XXXII 127, R.G. 14./11. 94 XXXVI 344.
[6]) O.L.G. Hamm 12./1. 92 XXXIII 251, O.L.G. Hamm 20./2. 94 XXXV 357, O.L.G. Hamm 1./7. 98 XL 93.

daß er, falls nachgewiesen werden kann, daß er bei eingezogener Erkundigung über die Gefährdung seines Baues unterrichtet worden wäre, später eintretenden Schaden nicht ersetzt verlangen kann. Andererseits ist die Judikatur auch darüber einig, daß eine unbegründete Warnung des Bergwerksbesitzers, wenn nicht erhebliche weitere Tatumstände hinzutreten, eine Erkundigungspflicht und damit ein Versehen des Grundstückseigentümers nicht erzeugt.[1]) Warnungen seitens anderer Personen als des Bergwerksbesitzers können jedenfalls nur dann in Frage kommen, wenn diese Persönlichkeiten derartige sind, daß der Grundstückseigentümer Veranlassung hat, auf ihre Ansicht Wert zu legen. In der Beziehung sind z. B. die Aussagen einfacher Bergleute für gewöhnlich nicht für ausreichend erachtet.[2])

c) Unter einer begründeten Warnung versteht die Judikatur eine mit Begründung versehene, also eine solche, die im einzelnen erkennen läßt, welche konkrete Gefahr dem Hause durch den Bergbaubetrieb das Bergwerksbesitzers droht. Auch hier ist der Würdigung im einzelnen Falle vorbehalten, was als ausreichende Begründung einer derartigen Warnung anzusehen ist. Die Rechtsprechung des Reichsgerichts speziell ist in dieser Beziehung durchaus keine übereinstimmende gewesen. So hat z. B. die Begründung des Urteils vom 14./11. 1884 (XXXVI 338) zwei Briefe des Repräsentanten an den Grundstückseigentümer, worin er demselben unter Hinweis auf § 150 mitteilte, daß das vom Grundstückseigentümer projektierte Haus „durch den Grubenbetrieb der Hedwig-Wunsch-Grube wahrscheinlich bald zu Bruche gebaut werde, in welchem Falle ihm keinerlei Entschädigungsansprüche zuständen", nicht als genügend erachtet. In der Begründung dieses Urteils wird ausgeführt, daß die Gefährdung des Grundstückes von den Tiefenverhältnissen, der Lagerung und Mächtigkeit der Flötze, der Festigkeit des Deckgebirges usw. abhänge, der Bergwerkseigentümer dürfe sich deshalb nicht auf allgemeine Wendungen beschränken,

---

[1]) R.G. 2./6. 94 XXXV 373, R.G. 13./7. 98 XL 78, R.G. 2./12. 99 XLI 216, R.G. 7./11. 91, Daubenspeck I 362, R.G. 26./4. 02 XLIV S. 243.

[2]) O.Tr. 20./10. 1873 XVI S. 103.

die nichts weiteres besagen, als daß das Grundstück in dem in Betrieb zu nehmenden Feldesteil liege und darum eine Gefährdung möglich sei, es müsse vielmehr in der Warnung die speziell drohende Gefahr unter Berücksichtigung der konkreten Verhältnisse möglichst bestimmt bezeichnet und begründet werden. Während das Reichsgericht darnach in dieser Entscheidung für die Begründung einer Warnung wenigstens im allgemeinen die Darlegung der geognostischen Verhältnisse, des Standes und des Fortschreitens der Grubenbaue zu verlangen scheint, sind in anderen Entscheidungen die Anforderungen bezüglich des Inhaltes einer solchen begründeten Warnung erheblich heruntergesetzt, z. B. in den Entscheidungen vom 21./2. 1883 und vom 4./4. 1900[1]). Im ersteren Falle hatte der Repräsentant wiederholt geschrieben, daß das Terrain, auf welchem der Kläger eine Ziegelei anlegen wollte, „nicht wasserhaltend bleiben, vielmehr mit Abzapfung des dort bereits vor längerer Zeit niedergebrachten Bohrloches das Wasser verlieren werde. Es müsse ihm (dem Grundbesitzer) dies schon durch den Umstand klar werden, daß gerade in letzter Zeit die nächsten Brunnen dort, wie des A., B., C., D. trocken gelegt seien“. In dem letzteren Falle hatte der Betriebsleiter des dort in Frage kommenden, übrigens fiskalischen Bergwerks mitgeteilt, daß „unsere Förderanlagen auf Schmieder- und Minerva-Schacht in allernächster Zeit so weit fortgeschritten sind, wo die Frage wegen Zubruchebauens Ihres Bauplatzes in Frage kommt. Sie werden verwarnt, ohne vorherige Auseinandersetzung mit uns den Bau zur Vollendung zu bringen.“

In beiden letztgenannten Fällen ist Versehen des Grundeigentümers im Sinne des § 150 Abs. 1 A.B.G. angenommen, obwohl doch eine spezialisierte Warnung, unter Darlegung der konkreten geognostischen Verhältnisse, wie sie das Urteil vom 14./11. 1884 verlangt, nicht vorlag.

Nach Lage der vorstehenden Judikatur ist es für den Bergwerksbesitzer ratsam, jeder Warnung eine Karte beizulegen, welche den Stand seiner Grubenbauten in den letzten

[1]) Daubenspeck I 368 und XLII. 105.

Jahren dartut und erkennbar macht, daß dieselben sich entweder bereits unter dem Grundstücke befinden oder bei naturgemäßem Fortschreiten sich unter dasselbe demnächst erstrecken werden. Außerdem werden Angaben über das Einfallen und die Mächtigkeit der Flötze, sowie über die Beschaffenheit des Deckgebirges nicht fehlen dürfen. Im übrigen muß mit Rücksicht auf das, was oben bezüglich des Erfordernisses der drohenden Gefahr gesagt ist, die Warnung möglichst weit gegriffen sein, deshalb möglichst alle Flötze des betreffenden Feldes und auch die aus den seitwärts gelegenen Flötzen etwa drohende Gefahr, z. B. einer Abtrocknung des Mergelgebirges, mit zur Erwähnung bringen.

d) Was die unter Nr. 4 aufgeführten **Exkulpationstatsachen des Grundbesitzers** anbetrifft, so wird

α) der unter e) angeführte Grund, Annahme des Grundbesitzers, daß der Bergwerksbesitzer zum Schutze des beschädigten Gebäudes einen **Sicherheitspfeiler** stehen lassen werde, regelmäßig nicht geeignet sein, ein sonst vorhandenes Versehen des Grundstückseigentümers zu beseitigen. Im Gegenteil muß der letztere sich bei ordnungsmäßiger Aufmerksamkeit sagen, daß der Bergwerksbesitzer gar keine Veranlassung hat, eine solche Sicherheitsmaßregel zu treffen, wenn zu seinen Gunsten ohnehin schon § 150 Abs. 1 zutrifft.[1]) Wohl aber wird regelmäßig ein Versehen des Grundeigentümers nicht angenommen werden können, wenn er in solcher Nähe von Chausseen oder anderen gegen Bergbau geschützten öffentlichen Anlagen sich angebaut hat, daß er nach Lage des Falles auch sein Gebäude durch den zum Schutze solcher Anlagen erforderlichen **Sicherheitspfeiler** als geschützt ansehen konnte.[2]) Selbstredend trifft dieser Exkulpationsgrund dort nicht zu, wo das betreffende Gebäude außerhalb des betreffenden Sicherheitspfeilers errichtet wurde.[3])

β) Eine **Erklärung des Bergwerksbesitzers,** der Grundeigentümer könne an einer bestimmten Stelle unbesorgt

---

[1]) R.G. 24./10. 88 XXX 101.

[2]) R.G. 14./11. 94 XXXVI 344, O.L.G. Hamm 25./1. 95 XXXVI 394, O.L.G. Hamm 16./3. 00 XLI 484, R.G. 7./11. 91 Daubenspeck I 362.

[3]) R.G. 4./4. 00 XLII 105.

bauen, schließt selbstredend den Einwand aus § 150 Abs. 1 regelmäßig aus.[1] Eine solche Erklärung des Bergwerksbesitzers kann auch in konkludenten Handlungen erfolgen. Insbesondere ist eine solche in einer beim Beginn des Hausbaues für denselben gelieferten **Verankerung** gefunden worden, eine Tatsache, die vom Bergwerksbesitzer häufig zu seinen Gunsten angezogen, aber in der Judikatur niemals als erheblich für die Annahme eines Versehens des Grundstückseigentümers angesehen worden ist. Im Gegenteil ist umgekehrt bei Vornahme einer Verankerung seitens des Bergwerkseigentümers, der dabei eine weitere Warnung dem Grundstückseigentümer nicht hatte zukommen lassen, ein Versehen des Grundstückseigentümers als ausgeschlossen erachtet worden, weil letzterer habe annehmen dürfen, daß das so verankerte Gebäude der Gefahr einer Beschädigung durch den Bergbau nunmehr entzogen sei,[2] zumal der Bergwerksbesitzer, wenn er eine solche Beschädigung trotz der Verankerung als wahrscheinlich erachtete, ihn darauf hätte aufmerksam machen müssen.[3] Abgesehen hiervon richtet sich das Gewicht der vom Grundbesitzer vorgebrachten Exkulpationsgründe gleichfalls nach der Lage des einzelnen Falles und der Bedeutung der entgegenstehenden, für die Annahme seines Versehens angeführten Tatsachen.

III. Dem **Grundbesitzer** muß die drohende Gefahr bekannt gewesen sein, bezw. bei gehöriger Aufmerksamkeit nicht unbekannt haben bleiben können.

1. Selbstredend steht die **Kenntnis des gesetzlichen Vertreters,** z. B. Vormundes, derjenigen des Grundeigentümers selbst gleich. Ebenso kommt es bei einer juristischen Person auf die Kenntnis deren gesetzlichen Vertreters, beim Fiskus also auf die Kenntnis desjenigen Beamten oder derjenigen Behörde an, welche den Fiskus nach Maßgabe der gesetzlichen Vorschriften nach außen hin vertritt. Es schadet aber dem Grundeigentümer auch die Kenntnis **seines Bevoll-**

---

[1]) R.G. 17./4. 89, Daubenspeck I 206.
[2]) R.G. 13./12. 99 XLI 219.
[3]) O.L.G. Hamm 1./7. 98 XL 93.

mächtigten oder sonstigen Dritten, soweit er sich ihrer als **Gehülfen** bei der Errichtung der Anlage bedient, z. B. also dem Gutsbesitzer die Kenntnis seines den Bau leitenden Rentmeisters, dem Fiskus diejenige des mit der Bauleitung betrauten Baumeisters.[1])

2. Nach dem Wortlaut des § 150 muß die Gefahr dem **Grundbesitzer zur Zeit der Errichtung** bekannt gewesen sein, bezw. nicht haben unbekannt bleiben können.

a) Daraus ergibt sich, daß es für die Anwendbarkeit des § 150 nur darauf ankommt, ob **demjenigen Eigentümer, welcher gebaut hat,** bezw. zu dessen Eigentumszeit der Bau errichtet ist, damals die Gefahr bekannt war, bezw. nicht unbekannt bleiben konnte. War die Annahme eines Versehens ihm gegenüber begründet, so steht dem Bergwerkseigentümer der Einwand nicht bloß gegen den ursprünglichen Erbauer zu, sondern auch gegen seinen **Rechtsnachfolger** und zwar nicht bloß seinen allgemeinen Rechtsnachfolger, z. B. seine Erben oder die mit ihm in Gütergemeinschaft lebende Ehefrau,[2]) sondern auch gegen alle, welche durch einen speziellen Rechtstitel, z. B. durch Kauf, das Grundstück später erwerben.[3]) Die Grundsätze über die Deliktsklage können hier, wo es sich lediglich um einen Anspruch ex lege handelt, nicht entscheiden, ebensowenig der Umstand, daß der Bergschädenanspruch einen rein persönlichen Charakter hat, der z. B. durch den Verkauf des Hauses nicht ohne weiteres auf den Ankäufer übergeht. Maßgebend kann vielmehr nur der Wortlaut des § 150 sein, welcher zu seiner Voraussetzung lediglich den Umstand hat, daß dem erbauenden Eigentümer zur Zeit der Errichtung die Gefahr hat bekannt sein müssen, ohne daß dabei ein Unterschied gemacht wird, ob zur Zeit der Schadenszufügung der Erbauer noch Eigentümer des beschädigten Grundstückes ist oder nicht. Ob für die Gestaltung dieses Rechtsverhältnisses, wie das Reichsgericht in

---

[1]) § 254 Abs. 2 S. 2 B.G.B., Planck Anm. 4 u. 5 dazu; § 278 B.G.B., Planck Anm. 1 u. 2 dazu; vergl. auch R.G. 14./12. 92 XXXIV S. 253.

[2]) O.L.G. Hamm 31./1. 99 XL 359.

[3]) R.G. 22./12. 94 XXXVI 347, Brassert S. 415, Fürst-Klostermann S. 472; a. M. L.G. Dortmund 17./2. 83 XXVII 92.

der Entscheidung vom 12./12. 1894 ausführt,[1]) deutschrechtliche Anschauungen maßgebend gewesen sind, derzufolge gleichsam das Grundstück selbst dem Bergwerk als Person und schadensberechtigt gegenübersteht, gerade wie umgekehrt auch das Bergwerk dem Grundbesitzer gegenüber ebenfalls als personifiziert erscheint, mag dahingestellt bleiben. Jedenfalls entspricht die obige, dem Wortlaut des § 150 entsprechende Auffassung allein auch denjenigen gesetzgeberischen Zwecken, die der Gesetzgeber mit den §§ 148 ff. hat verfolgen wollen und die, wie oben unter A. bereits angeführt, dahin gehen, daß „einerseits den gerechten Ansprüchen des Grundeigentums vollständig Genüge geleistet, andererseits der Bergbau nicht durch Verpflichtungen belastet werden soll, welche über diese Rücksicht noch hinausgehen". Letzteres würde aber der Fall sein, wenn man den Einwand aus § 150 dem Bergwerksbesitzer nur dann zugestehen wollte, wenn derjenige Eigentümer, dem ein Versehen im Sinne des § 150 Abs. 1 zur Last zu legen ist, noch zur Zeit der Schädigung sich im Eigentumsbesitze des Grundstücks befindet. Denn dann hätte dieser es ganz in der Hand, den Einwand des Bergwerksbesitzers dadurch illusorisch zu machen, daß er vor der wirklich eintretenden Schädigung das Grundstück noch an einen Dritten aufläßt. Die dem Wortlaut des § 150 entsprechende, oben wiedergegebene Interpretation desselben genügt auch derjenigen Billigkeit, welche nach Inhalt der Motive des Gesetzes[2]) die Grundlage der Regelung der Bergschädenklage gebildet hat. Insbesondere hat bei solcher Rechtsgestaltung auch der Rechtsnachfolger des Erbauers, der auf Grund speziellen Titels, z. B. eines Kaufes das Grundstück erwirbt, keine Härte des Gesetzes zu beklagen. Denn er hat, wenn der § 150 Abs. 1 wegen eines Versehens seines Rechtsvorgängers Platz greift, immerhin diesem gegenüber diejenigen Rechte, welche dem Käufer gemäß §§ 434, 440 B.G.B. wegen eines Mangels im Rechte dem Verkäufer gegenüber zustehen. Daß „Rechte" im Sinne des § 434 auch persönliche Rechte mitumfassen, so-

[1]) XXXVI S. 347.
[2]) Brassert VI S. 172.

weit sie gegen den Käufer wirken, kann nicht zweifelhaft sein.[1]) Dem Bergwerksbesitzer steht aber nach dem oben Ausgeführten, wenn Gebäude bei Kenntnis drohender Gefahr auf dem Grundstücke errichtet werden, ein Recht gegenüber dem jeweiligen Grundstückseigentümer dahin zu, die betreffenden Gebäude beschädigen zu dürfen, ohne dafür schadensersatzverbindlich zu werden.[2])

b. Aus dem Wortlaut des § 150 Abs. 1 ergibt sich ferner, daß es nur auf das Versehen desjenigen Eigentümers ankommen kann, welcher **zur Zeit der Erbauung Eigentümer** des Grundstückes war. War dieser damals in gutem Glauben, so kommt das Versehen bezw. die Kenntnis der drohenden Gefahr des **Vorbesitzers, der nicht gebaut,** sondern an den Erbauer das unbebaute Grundstück verkauft hat, nicht weiter in Betracht.[3])

c. Wie steht es aber, wenn das Gebäude nicht vom Eigentümer errichtet wird, sondern von einem **Dritten mit Genehmigung des Eigentümers,** ohne daß dieser Dritte als gesetzlicher Vertreter oder Gehülfe des Eigentümers anzusehen ist, z. B. wenn der Käufer eines Grundstücks baut, dem dasselbe erst nach durchgeführter Bebauung vom Eigentümer aufgelassen wird? Kommt es dann auf den guten Glauben des Eigentümers oder des Erbauers an?

M. E. wird nach dem Wortlaut des Gesetzes es lediglich auf den guten Glauben des Grundeigentümers ankommen.[4]) Durch die §§ 148 ff. haben nur Grundstücke nebst ihren Bestandteilen und Zubehör geschützt werden sollen. Auch § 150 A.B.G. kann deshalb nur dort in Frage kommen, wo das betreffende Gebäude durch Errichtung Bestandteil oder Zubehör des Grundstücks wird. Das trifft im vorliegenden Falle zu. Denn wenn mit Genehmigung des Eigentümers, ohne daß ein dingliches Recht am Grundstücke besteht, ein Gebäude auf demselben nicht bloß zu

---

[1]) Planck Anm. zu § 434, Örtmann desgl. Anm. 1, Kipp-Windscheid S. 634 Anm. 1.

[2]) Vergl. R.G. 7./5. 90 XXXII 129.

[3]) R.G. 22./4. 96 Daubenspeck S. 187; vergl. auch R.G. 28./6. 93 XXXIV S. 517.

[4]) A. M. R.G. 5./1. 98 XXXIX 221.

vorübergehenden Zwecken errichtet wird, so wird das Gebäude Bestandteil des Grund und Bodens und somit Eigentum des noch eingetragenen Grundstückseigentümers.[1]) Eigentum am Grundstücke und am Gebäude ist deshalb in seiner Person vereinigt. Es kann daher nach dem allein entscheidenden Wortlaut des § 150 Abs. 1 nur auf seinen guten Glauben ankommen. War er in gutem Glauben, so kann auch das Versehen des Erbauers den Einwand aus § 150 nicht stützen, und andererseits, trifft den Eigentümer ein Versehen, so kommt dem Erbauer sein guter Glaube nicht zu statten, wenn er später durch Auflassung auch Eigentümer werden sollte. Ist dagegen das Gebäude auf Grund eines an dem Grundstücke bestehenden dinglichen Rechtes errichtet worden, so wird der Errichtende Eigentümer des Gebäudes.[2]) Das Gebäude wird dann regelmäßig nicht Bestandteil des Grundstücks und ist deshalb überhaupt nicht durch §§ 148ff. A.B.G. geschützt, sodaß auch § 150 A.B.G. nicht in Frage kommt. Das Nähere ist an anderer Stelle (S. 70ff.) bereits erörtert.

IV. Der Ersatz des Schadens an neu **errichteten Gebäuden und anderen Anlagen** ist ausgeschlossen.

1. Zu diesen anderen **Anlagen** wird man z. B. Gasrohrleitungen, Eisenbahnen, Eiskeller, Ölzisternen, Kegelbahnen, Brücken, Tennisplätze, Flutgräben,[3]) sowie die im § 116b Teil II Tit. 16 A.L.R. beispielsweise genannten Wasserleitungen, Teiche, Bleichen und ähnliche Anlagen zu rechnen haben.[4])

2. Unter **Errichtung** eines Gebäudes oder einer sonstigen Anlage wird im Sinne des Paragraphen nicht bloß die Errichtung eines ganz neuen Gebäudes zu verstehen sein, sondern auch die Neuanlage eines Teiles eines Gebäudes oder die Vornahme eines größeren **Umbaues,** sofern derselbe sich als neue Anlage und nicht lediglich als ein Reparatur-

---

[1]) §§ 94, 95, 946 B.G.B., Kipp-Windscheid I 870 u. 611, Turnau-Foerster I 19ff.

[2]) Turnau-Foerster I 27, Kipp-Windscheid I 611.

[3]) R.G. 14./10. 91 XXXIII S. 229.

[4]) Brassert S. 414.

bau darstellt.[1]) Wegen Reparaturbauten wird dagegen auf Grund des § 148 A.B.G. im vollen Umfange Schadensersatz gefordert werden können, also auch wegen der Schädigung des Gebäudes, sofern nicht aus besonders darzutuenden Gründen konkurrierendes Versehen des Grundeigentümers angenommen werden muß.

V. Der § 150 Abs. 1 kann auch bei der **Enteignung** eines Grundstückes von Erheblichkeit werden. Insbesondere ist dies der Fall, wenn es sich um ein Bauwerk handelt, welches auf einem Grundstücke steht, das zum Zwecke des planmäßigen Zubruchebauens dem Grundeigentümer enteignet werden soll. Für diesen Fall hat das Reichsgericht in der Entscheidung vom 7./5. 90 (XXXII 127) gleichfalls die Anwendung des § 150 für zulässig erachtet. Nach dem Urteil, welches den demselben zugrunde liegenden Tatbestand nicht deutlich erkennen läßt, scheint der Fall so gelegen zu haben, daß zur Zeit der Errichtung der Anlage — es handelte sich um eine Privateisenbahn — bereits die derselben durch den Braunkohlenbergbau drohende Gefahr ersichtlich war, daß aber trotzdem der Eigentümer die Eisenbahn darüber führte, daß dann nach der Errichtung der Bahn die Grundfläche selbst enteignet worden ist und der Grundbesitzer dabei auch eine Entschädigung für die Eisenbahn beanspruchte.

Nach Ansicht des Reichsgerichts, welches diesen Anspruch ablehnte, soll auch hier § 150 zutreffen. Die §§ 135 bis 147 A.B.G. über die Enteignung fänden in einem solchen Falle nur auf die Grundfläche selbst Anwendung, nicht auch auf die darauf befindlichen Anlagen. Eine Enteignung sei nur möglich, wo ein wirklicher Eingriff in die Rechte des Grundeigentümers stattfinde, das sei aber bezüglich einer solchen Eisenbahn-Anlage, wie dort, nicht der Fall. Denn der Grundeigentümer habe auf den Bestand solcher Anlagen nur noch so lange ein Recht, bis dieselben durch den Bergbau zerstört würden; träte dieser Fall ein, so fehle dem Entschädigungsanspruch des Grundeigentümers das Objekt.

---

[1]) Brassert S. 414 Nr. 10, Fürst-Klostermann S. 470, sowie O.Tr. 27./2. 65 VII 242.

M. E. ist die Entscheidung wohl insofern unrichtig begründet, als der Eigentümer der Grundfläche die Enteignung derselben in ihrem vollen tatsächlichen Umfange, also einschließlich der darauf errichteten Anlagen, verlangen konnte. Es hätte deshalb auch der Wert der Eisenbahn mit festgestellt werden müssen, natürlich unter Berücksichtigung des ihren Wert herunterdrückenden Umstandes, daß im Falle der voraussichtlichen Beschädigung des Grundstückes für die Anlage eine Entschädigung vom Bergwerksbesitzer nicht gefordert werden konnte. Dabei mochte sich in casu der Wert der Eisenbahn gleich Null stellen, sodaß materiell die richtig begründete Entscheidung vielleicht auf dasselbe Resultat herausgekommen wäre, wie die jetzt vorliegende.

VI. In folgenden Fällen erscheint die Anwendung des **§ 150 Abs. 1 ausgeschlossen:**

1. Zunächst in dem Falle, wo ein Bergschädenanspruch nicht auf Grund des § 148, sondern **auf Grund anderer gesetzlichen Bestimmungen,** insbesondere mit der actio negatoria verfolgt wird. Dies ist z. B. der Fall, wenn bei der Immission von Dampf und Asche aus den Kaminen einer Zeche, Einstellung dieser Zuleitung oder Schadensersatz verlangt wird. Einem solchen Klageanspruche kann also nicht der Einwand entgegengesetzt werden, daß dem Kläger, welcher gebaut hat, als die betreffenden Kamine bereits bestanden, bei Errichtung seines Wohnhauses bekannt sein mußte, daß dem Gebäude durch die Immission Schaden zugefügt werde.[1])

2. Der Einwand aus § 150 trifft ferner nicht zu in den **Fällen der §§ 153 ff. A.B.G.** Es kann daher, wenn wegen der Beschädigung von Chausseen, Eisenbahnen, Kanälen und anderen öffentlichen Verkehrsanstalten Schadensersatz beansprucht wird, diesem Anspruche nicht der Einwand entgegengesetzt werden, daß bei der Errichtung dieser Anlagen die drohende Gefahr bekannt gewesen sei, resp. hätte bekannt sein müssen. Aus den Bestimmungen der §§ 153 ff. ergibt

---

[1]) R.G. 12./12. 00 XLII 332.

sich vielmehr, wie bereits oben (S. 193ff.) ausgeführt, daß der Bergwerkseigentümer eine öffentliche Verkehrsanstalt überhaupt nicht beschädigen darf, sondern Vorsichtsmaßregeln treffen muß, welche eine Beschädigung solcher Anlagen ausschließen. Der Unternehmer solcher öffentlichen Verkehrsanlagen ist daher anzunehmen berechtigt, daß der Bergbaubetreibende fortab mit der Errichtung dieser öffentlichen Verkehrsanlage seinen Betrieb so einschränken bezw. mit solchen Vorsichtsmaßregeln umgeben werde, daß der Anlage ein Schaden nicht erwachsen könne. Von einem Versehen des Ersteren kann deshalb niemals die Rede sein und er darf deshalb stets Ersatz des Schadens verlangen, der seiner Anlage durch neuen Bergbaubetrieb des Bergwerksbesitzers erwächst.[1])

Der Einwand aus § 150 A.B.G. versagt aber den im § 153 A.B.G. aufgeführten Transportanlagen gegenüber nur insoweit, als es sich um künftigen Bergbau handelt. Erweitert also z. B. die Eisenbahn ihren Bahnkörper durch Neuanlegung von Schienengeleisen auf solchen Grundstücken, welche bisher noch nicht Teile des eigentlichen Eisenbahnkörpers waren, so muß der Bergwerksbesitzer insoweit mit dem Einwande aus § 150 Abs. 1, wenn dessen Voraussetzungen im übrigen gegeben sind, durchdringen, als die später eintretenden Schäden Folgen desjenigen Bergwerksbetriebes sind, der bereits vor der Erweiterung des Bahnkörpers geführt war.[2])

VII. Es kann endlich nicht zweifelhaft sein, daß der Bergwerksbesitzer, wenn er ein Interesse an solcher alsbaldigen Feststellung hat, wenn er z. B. den Abbau der betreffenden Flötzteile oder die Art des Abbaues, ob mit oder ohne Bergeversatz, davon abhängig machen will, ob § 150 Abs. 1 A.B.G. zutrifft oder nicht, auch berechtigt ist, eine negative **Feststellungsklage** gegen den Grundbesitzer dahin zu

---

[1]) R.G. 7./11. 91 XXXIII 383; R.G. 11./11. 91 XXXIII 232; O.L.G. Hamm 14./4. 91 XXXII 373.

[2]) R.G. 11./11. 91 XXXIII S. 237, 4./1. 96 XXXVII S. 237; 15./2. 02 XLIII S. 364.

erheben, daß derselbe für eine zukünftige Beschädigung der Gebäude Schadensersatz zu fordern nicht befugt sei.[1])

Die Voraussetzungen des § 256 C.P.O. liegen in solchem Falle auch im übrigen vor, da ein Anspruch, d. h. das Recht, von einem anderen ein Tun oder Unterlassen zu verlangen (B.G.B. § 194), gleichfalls ein „Rechtsverhältnis" im Sinne des § 256 C.P.O. darstellt und deshalb zum Gegenstand einer negativen Feststellungsklage gemacht werden kann.[2])

C. Absatz 2.

I. Zulässigkeit des Schadensanspruchs des Grundeigentümers im Falle des § 150 Abs. 2.

1. Wie aus dem oben (S. 338ff.) Gesagten ersichtlich, ist der Schadensanspruch im Falle des Abs. 1 des § 150 A.B.G., soweit er durch Abs. 2 desselben aufrechterhalten ist, d. h. soweit der Schaden dadurch verursacht ist, daß die Errichtung des Gebäudes oder der sonstigen Anlage hat unterbleiben müssen, oder soweit er, wenn die Errichtung trotz der drohenden Gefahr erfolgt ist, wenigstens in beschränktem Umfang besteht, ein Spezialfall des § 148 A.B.G. Er unterliegt deshalb zunächst den allgemeinen Vorschriften, welche für die Voraussetzungen und den Umfang eines Bergschadensanspruchs überhaupt maßgebend sind. Soweit solche allgemeine Grundsätze zur Anwendung zu kommen haben, sind sie bereits zu § 148 Abs. 1 erörtert. Hier bedarf der Schadensanspruch im Falle des § 150 Abs. 1 nur insofern einer Erörterung, als sein spezieller Tatbestand Besonderheiten gegenüber den allgemeinen Vorschriften über den Bergschadensanspruch bietet.

Voraussetzung des speziellen Anspruches aus § 150 Abs. 2 ist nach Inhalt desselben im einzelnen:

a) Die Errichtung eines Gebäudes oder einer sonstigen Anlage muß **unterblieben** sein. Daß sie unterblieben ist in

[1]) R.G. 1./4. 82 XXIII S. 515, Fürst-Klostermann S. 471.

[2]) Gaupp-Stein C.P.O. S. 535.

der Hand desjenigen Eigentümers, dem das Grundstück zur Zeit des Eintrittes der drohenden Gefahr gehörte, ist im Gesetze nicht gesagt. Zweifellos ist darnach also, daß die Entschädigung für die Unterlassung der Anlage nicht bloß gezahlt werden muß, wenn dieser damalige Eigentümer die Bebauung unterläßt, sondern auch dann, wenn der neue Erwerber infolge des Vorhandenseins der drohenden Gefahr von dem Kaufvertrage zurücktritt.[1]) Auch in diesem Falle ist nach allgemeinen Rechtsgrundsätzen der frühere Eigentümer der Geschädigte. Er ist also berechtigt, die Wertsverminderung des Grundstückes zu fordern.

b) Die **Errichtung** einer Anlage hat unterbleiben müssen, sei es ganz, sei es teilweise, sei es auch nur in der Form und Art, in welcher sie sonst erfolgt wäre. Der Spezialbestimmung des § 150 dürften daher auch diejenigen Fälle unterliegen, wo mit Rücksicht auf die Unsicherheit des Baugrundes besondere Mehrkosten erforderlich gewesen sind, um dem Gebäude die erforderliche Stabilität zu verleihen, z. B. die Kosten einer Verankerung, und ebenso der Schaden, welcher dem Grundeigentümer dadurch erwächst, daß er das Baugelände zur Bebauung nicht in dem Maße ausnutzen kann, wie er es ohne die drohende Gefahr des Bergbaues getan haben würde, wenn er also z. B. gefahrlos nur einstöckig oder in Fachwerk bauen kann, während er sonst mehrstöckig oder massiv gebaut haben würde.[2])

c) Die Anlage hat unterbleiben **müssen**! Dieselbe muß also entweder polizeilich wegen der drohenden Gefahr untersagt sein oder aber es muß der Fall so liegen, daß bei einer etwaigen Errichtung der Anlage einem Anspruche auf Schadensersatz wegen Beschädigung derselben der Einwand aus § 150 Abs. 1 entgegenstehen würde.[3])

Ein Unterbleiben-Müssen der Anlage liegt auch insbesondere dort vor, wo dem Eigentümer die Ansiedelungsgenehmigung auf Grund des **Ansiedelungsgesetzes** in der

---

[1]) R.G. 21./12. 92 XXXIV 508, R.G. 8./1. 98; Daubenspeck II 205.

[2]) Oppenhoff Anm. 854.

[3]) O.L.G. Hamm 29./11. 81 XXIII 508; Brassert S. 415; Fürst-Klostermann S. 473.

Fassung der Novelle vom 16. September 1899 auf Grund des § 17a untersagt wird und zwar kann in diesem Falle der Grundstückseigentümer den Schadensersatz vom Bergwerksbesitzer auch dann verlangen, wenn der Bergwerksbesitzer einen besonderen Einspruch nicht erhoben hat. Denn wenn auch der § 17a hervorhebt: „sofern sich diese Versagung auf einen Einspruch aus § 15a dieses Gesetzes stützt“, so kann daraus argumento e contrario nicht geschlossen werden, daß, sofern ein Einspruch nicht erhoben werde, eine Entschädigung seitens des Bergwerksbesitzers auch nicht gezahlt zu werden brauche. Die Novelle hat vielmehr die allgemeinen bergrechtlichen Grundsätze über die Bergschädenklage in keiner Weise ändern und in dem § 17a nur einen einzelnen, speziell liegenden Fall besonders hervorheben wollen, wie sich das aus den Motiven[1]) unzweideutig ergibt.[2])

2. Der **Umfang** des Schadensanspruches speziell im Falle des § 150 Abs. 2 ist ein verschiedener, je **nachdem der Grundstückseigentümer infolge der drohenden Gefahr von der Bebauung Abstand genommen oder trotz derselben doch gebaut hat.**

a) **Im ersteren Falle** ist dem Grundeigentümer nach Inhalt des Abs. 2 und dem Zusammenhang desselben mit Abs. 1 derjenige Schaden zu vergüten, welcher ihm dadurch entsteht, daß „wegen der drohenden Gefahr die Errichtung der beabsichtigten Anlage unterbleiben muß“. Die Entschädigung, die der Grundeigentümer zu beanspruchen hat, ist also nicht dafür zu zahlen, daß dem Grundstücke überhaupt generell und dauernd die Eigenschaft der Bebauungsfähigkeit entzogen ist, wie dies z. B. geschehen muß, wenn ein Grundstück durch den Bergbau überhaupt dauernd die Bauplatzqualität verloren hat, sondern bloß dafür, daß mit Rücksicht auf die konkrete, drohende Gefahr die konkrete, in Aussicht genommene Anlage hat unterbleiben müssen. Es kann zu erheblichen Unzuträglichkeiten, einer unbilligen Belastung des Bergwerkseigentümers einerseits und einer illoyalen Be-

[1]) Vergl. XLI S. 149.
[2]) R.G. 6./11. 01 XLIII 233.

reicherung des Grundeigentümers andererseits führen, wenn dieser Gesichtspunkt bei der Schadensbemessung in den Fällen des Abs. 2 des § 150 außer acht gelassen und die Entschädigung so bemessen wird, als wenn dem Grundstück generell und für alle Zukunft die Bebauungsfähigkeit entzogen sei. Ist dem Grundeigentümer eine Entschädigung dafür gezahlt, daß wegen des drohenden Abbaues des Flötzes 29 dem zu errichtenden Wohnhause Gefahr droht, so steht nach dem Wortlaut des § 150 Abs. 2 nichts im Wege, daß der Grundeigentümer, wenngleich er die Entschädigung auf Grund des Abs. 2 § 150 A.B.G. erhalten hat, hinterher, wenn der Boden durch den Abbau von Flötz 29 nicht mehr in Bewegung gesetzt werden kann, das Grundstück doch mit einem Wohnhause besetzt und nun, wenn das Haus durch den Abbau von Flötz 30 oder gar durch den Bergbau eines dritten Bergwerkseigentümers beschädigt wird, wegen dieser Beschädigung neuen Schadensersatz fordert. Der Bergwerkseigentümer wird, gegenüber einem solchen Schadensanspruche jedenfalls, wenn er von einem Singularsukzessor des früher entschädigten Grundeigentümers erhoben wird, auch mit dem Einwande nicht durchdringen können, daß die dem Vorbesitzer gezahlte Entschädigung tatsächlich dem generellen Verlust der Bauplatzqualität entsprochen habe. Denn der dem Vorbesitzer erwachsene Schaden bestand nur darin, daß er wegen des Abbaues des Flötzes 29 die von ihm beabsichtigte Anlage nicht errichten konnte, und ist deshalb nicht identisch mit der jetzt dem Rechtsnachfolger erwachsenen neuen Schadensforderung, über welche der Vorbesitzer überhaupt rechtsgültig nicht verfügen konnte. (Vergl. darüber auch S. 43ff.)

Es wird deshalb in den Fällen einer Entschädigungsleistung auf Grund des § 150 Abs. 2 A.B.G. notwendig sein, in dem Vergleich oder Urteil genau festzustellen, wofür die Entschädigung geleistet wird, insbesondere die konkrete drohende Gefahr genau zu spezialisieren, nötigenfalls durch bergtechnisches Gutachten auch klarzulegen, wann diese konkrete Gefahr beseitigt sein wird, und sodann dem bautechnischen Gutachter das Beweisthema dahin zu präzisieren, wieviel das klägerische Grundstück dadurch weniger wert ist, daß während der von dem bergtechnischen Gutachter festgesetzten Zeit auf dem Grundstück die beabsichtigte Anlage nicht errichtet werden kann. Nur falls durch den bergtechnischen Gutachter der Zeitpunkt der Beseitigung der Gefährdung des Grundstückes nicht festgestellt werden kann, wird die Entschädigung dafür gewährt werden dürfen und müssen, daß dem Grundstück dauernd die Eigenschaft der Bebauungsfähigkeit entzogen sei. In diesem Falle wird aber auch ein späterer Eigentümer des Grundstücks, der dasselbe bebaut und an seinem Hause Schaden erleidet, mit einem Schadensanspruche nicht durchdringen können, weil ihm bezüglich der Beschädigung des Gebäudes der Abs. 1 des § 150 A.B.G., bezüglich der Beschädigung der Grundfläche aber der Umstand entgegensteht, daß überhaupt kein neuer Schaden erwachsen ist, die jetzige Beschädigung vielmehr nur eine Folge des bereits unter seinem Vorbesitzer eingetretenen, in der generellen Entziehung der Bauplatzqualität des Grundstücks bestehenden und damals bereits vergüteten Schadens ist. Die gerichtlichen Entscheidungen, welche vielfach in den Fällen des § 150 Abs. 2 A.B.G. ohne weiteres die Entschädigung für generellen und dauernden Verlust der Bauplatzqualität zusprechen, erscheinen darnach nicht bedenkenfrei.[1])

Hervorzuheben ist auch, daß für die Schadenspflicht in quali lediglich die vom Eigentümer als Bauplatz gewählte Parzelle in Betracht kommt. Es muß also z. B. der Einwand, der Hofesbesitzer habe das Gebäude gefahrlos auf einem anderen seiner Grundstücke errichten können, in quali jedenfalls für unerheblich erachtet werden. Denn durch jene Möglichkeit wird an der Tatsache, daß auf dem in Betracht kommenden Grundstück das Gebäude nicht errichtet werden konnte, nichts geändert. In quanto kann allerdings die Frage, ob das zunächst vom Hofeseigentümer zur Bebauung in Aussicht genommene Grundstück als Baugrundstück wegen seiner Lage nicht verkäuflich war, der Hofeseigentümer selbst aber ebenso gut ein anderes Grundstück wählen

[1]) Vergl. O.L.G. Hamm 29./11. 81 XXIII 508; R.G. 1./7. 82; Daubenspeck I 382, R.G. 21./12. 92 XXXIV 508; R.G. 13./2. 92, Daubenspeck I 383.

konnte, von Bedeutung werden. In solchem Falle wird in quanto nur der Betrag als Schaden zugebilligt werden dürfen, um welchen sich der Wert des ganzen Hofes infolge der Unterlassung des Baues auf der betreffenden Parzelle gemindert hat.[1])

b) Die Frage, wie sich der Schadensanspruch desjenigen Grundstückseigentümers stellt, der, obwohl § 150 Abs. 1 zutrifft, baut, etwa weil er versehentlich die drohende Gefahr unterschätzt und demnächst durch Bildung von Rissen und Senkungen auf seinem Grundstücke zu seinem Nachteil eines anderen belehrt wird, ist im § 150 nicht behandelt. Es liegt indes auf der Hand, daß, da der § 150 Abs. 1 nur den Schadensanspruch bezüglich der Gebäulichkeiten und Anlagen ausschließt, im übrigen aber nach dem oben Ausgeführten die allgemeinen Grundsätze des § 148 A.B.G. zur Anwendung kommen, der Grundstückseigentümer jedenfalls Ersatz für Beschädigung derjenigen Grundstücksflächen, welche z. B. als Hofraum oder Hausgarten unbebaut geblieben sind und eine selbständige Verwertbarkeit gestattet hätten, in dem vollen Umfange des § 148 beanspruchen kann. Nicht unbedenklich ist dagegen die Schadensersatzfrage, wenn in solchem Falle an der bebauten Fläche selbst Bodensenkungen sich bilden, die auf die aufstehenden Gebäulichkeiten sich schädigend fortsetzen, ohne aber gerade einen Abbruch derselben notwendig zu machen. Auch in diesem Falle wird man nach richtiger Ansicht dem Grundstückseigentümer einen Schadensanspruch insofern nicht versagen dürfen, als er Ersatz beansprucht für den Verlust resp. die Minderung der Bauplatzqualität der zum Bau selbst benutzten Fläche. Die auch diesen Anspruch ablehnende Ansicht[2]) übersieht m. D., daß im gegenwärtigen Augenblicke auch die Grundfläche selbst bereits entwertet ist, daß deshalb z. B. jeder Käufer für die Besitzung auch aus diesem Grunde und nicht bloß wegen der Beschädigung des Gebäudes einen geringeren Preis zahlen wird und daß § 150 Abs. 1 den sonst

[1]) R.G. 1./7. 82 bei Daubenspeck I S. 382, anscheinend a. M.; dagegen aber schon Daubenspeck Anm. S. 383 a. a. O.

[2]) L.G. Saarbrücken 13./3. 88 u. O.L.G. Köln 16./11. 88 XXX S. 263.

aus § 148 begründeten Anspruch des Grundstückseigentümers wegen Beschädigung der Grundfläche selbst nicht beschränkt hat.

3. Festgehalten muß überhaupt werden, daß der § 150 nur einen Spezialfall der Bergschädenklage behandelt und daß deshalb aus seinem Inhalt **nicht arg. e contrario geschlossen werden darf, daß nur bei Vorhandensein seiner Voraussetzungen Schadensersatz wegen Verlustes der Bauplatzqualität** beansprucht werden kann. Schaden infolge Bergbaubetriebes liegt in dieser Richtung vielmehr jedesmal dann vor, wenn eine Wertsverminderung des unbebauten Grundstücks bezüglich seiner Bebauungsfähigkeit durch den Bergbau in irgend einer Weise verursacht wird, selbst wenn eine Absicht der Bebauung oder des Verkaufes als Bauplatz bei dem Eigentümer noch garnicht bestand, und zwar jedenfalls dann, wenn sich auf dem Grundstück eine körperliche Schädigung bemerkbar macht, sei es nun durch Bodensenkung oder durch Bildung von Rissen, Erdspalten u. dergl.[1]) Aber auch darüber hinaus ist der Grundstückseigentümer wie bereits (S. 97ff.) hervorgehoben, berechtigt, Entschädigung wegen Verlustes der Bauplatzqualität auf Grund der allgemeinen Bestimmung des § 148 A.B.G. zu verlangen, wenn die körperliche Integrität des Grundstückes noch nicht verletzt ist, sondern eine Wertsverminderung des Grundstückes ohne eine körperliche Beschädigung desselben dadurch eingetreten ist, daß wegen der dem darauf zu errichtenden Gebäude drohenden Gefahr im Sinne des § 150 Abs. 1 das Grundstück in der allgemeinen Meinung die Bauplatzqualität verloren hat, auch wenn der Eigentümer selbst zur Zeit noch nicht bauen oder als Bauplatz verkaufen will.[2])

4. Aus dem zu 3. Gesagten ergibt sich weiter, daß der Schadensanspruch wegen Beeinträchtigung der Bebauungs-

---

[1]) R.G. 13./2. 92 XXXIII 409; vergl. auch Funke XXXVIII 437ff.; Oppenhoff Anm. 853 zu § 150.

[2]) R.G. 21./12. 92 XXXIV S. 508, 8./1. 98 XXXIX S. 226, 6./11. 01 XLIII S. 233, 15./1. 02 XLIII S. 355, 15./3. 02 XLIV S. 141; a. M. R.G. 13./2. 92, 2./3. 87 u. 1./7. 82, Daubenspeck I 384, 251 u. 246, Funke XXXVIII S. 437ff., XXXVII S. 315ff.; Fürst-Klostermann S. 473 u. anscheinend Daubenspeck Haftpflicht S. 50.

fähigkeit nicht erst in dem Augenblicke **existent** wird, wo die speziellen Voraussetzungen des Abs. 2 vorliegen, sondern schon dann, wo die Wertsverminderung des Grundstücks wirklich eingetreten ist, d. h. nicht also erst in demjenigen Augenblicke, wo eine beabsichtigte Errichtung des Gebäudes unterlassen worden ist, sondern schon in dem Augenblicke, wo die „drohende Gefahr" im Sinne des Abs. 1 dergestalt eintrat, daß ein in diesem Augenblick beabsichtigter Neubau hätte unterbleiben müssen. Demjenigen, der in diesem Augenblicke Eigentümer des Grundstücks ist, gebührt deshalb die Wertdifferenz, und nicht etwa seinem Besitznachfolger, wenn auch dieser erst die Absicht der Bebauung ins Auge gefaßt hatte (vergl. darüber auch S. 45). Das Reichsgericht hat deshalb mit Recht in einem derartigen Falle die Klage des jetzigen Eigentümers B. abgewiesen, weil jede Entwertung des Grundstücks genüge, die Entziehung der Eigenschaft der Bebauungsfähigkeit des Grundstücks schon zur Zeit des Vorbesitzers A. vorgelegen habe, der Schadensanspruch somit schon in seiner Person entstanden und bei dem persönlichen Charakter dieses Anspruches durch den Verkauf des Grundstückes auf B. nicht übergegangen sei.[1])

II. Ausschluß des Schadensanspruches im Falle des § 150 Abs. 2.

Der Abs. 2 des § 150 schließt den Schadensanspruch des Grundstückseigentümers bei drohender Gefahr im Sinne des § 150 überhaupt und speziell auch bezüglich der Grundstücksfläche dann aus, wenn sich aus den Umständen ergibt, daß die Absicht, solche Anlagen zu errichten, nur kundgegeben wird, um jene Vergütung zu erzielen.

Bereits an anderer Stelle (S. 341) ist ausgeführt, daß, wie sich namentlich aus der Entstehungsgeschichte des Abs. 2 ergibt, derselbe keine ausnahmsweise Bestimmung hat treffen, sondern lediglich für diesen speziellen Fall hat festsetzen wollen, daß dort, wie überhaupt bei dolosem Verhalten des

[1]) R.G. 21./12. 92 XXXIV S. 508; vergl. dagegen Funke XXXVII S. 315ff., XXXVIII S. 437ff.

Beschädigten die allgemeinen Rechtsvorschriften zur Anwendung kommen.[1])

1. Daraus ergibt sich, daß der Anspruch des Grundstücksbesitzers auf Ersatz nicht bloß dann ausgeschlossen ist, wenn er in dem speziellen Falle des § 150 Abs. 2 geradezu dolose handelt, indem er eine Erbauungsabsicht vorgibt, die tatsächlich nicht existiert, sondern überhaupt und generell nach Maßgabe der allgemeinen gesetzlichen Bestimmungen, wenn und soweit nach denselben ein Schadensanspruch durch eigenes schuldhaftes Verhalten des Beschädigten ausgeschlossen wird. Mit Rücksicht auf Art. 4 des E.G. zum B.G.B. kann es nicht zweifelhaft sein, daß die hiernach ergänzend eintretenden allgemeinen Bestimmungen des bürgerlichen Rechtes nunmehr diejenigen des B.G.B., insbesondere also diejenigen des § 254 sind (vergl. oben S. 182ff.).

Wer also z. B. ein Grundstück kauft zur Anlage einer Fabrik und das Grundstück weit über seinen wirklichen Wert hinaus bezahlt, wird diesen Überschuß von dem Bergwerkseigentümer nicht ersetzt verlangen können, wenn er bei Erwerb des Grundstückes dessen Nichtverwendbarkeit zu dem Fabrikbau mit Rücksicht auf § 150 A.B.G. gekannt hat oder bei Anwendung gewöhnlicher Aufmerksamkeit hätte kennen müssen, den ganzen Ankauf und den Erwerb vielmehr nur vorgenommen hat, um etwa durch die Errichtung der Fabrik gerade an dieser speziellen Stelle eine Pression auf den Bergwerksbesitzer nach irgend einer anderen Richtung hin auszuüben. Allerdings wird man sowohl in diesem Falle, wie in dem Falle, den das Gesetz in Abs. 2 des § 150 speziell behandelt hat, den Ausschluß einer Schadenspflicht des Bergwerksbesitzers ganz abgesehen von seinem dolus oder seiner culpa, richtiger darauf zurückführen müssen, daß ein Schaden in der geltend gemachten Höhe garnicht entstanden ist, im Falle des Gesetzes nicht, weil ja der Schaden nur fingiert wird, tatsächlich also nicht besteht, in dem vorwiedergegebenen Falle deshalb nicht, weil nur der wirkliche W e r t des Grundstücks in Betracht kommt, nicht der ü b e r-

[1]) Daubenspeck Haftpflicht S. 49.

triebene Preis, den der Eigentümer dafür gezahlt hat. Diesen Teil des Schadens, d. h. die Differenz zwischen dem wirklichen Wert und dem zu hohen Preise hat der Grundstückseigentümer sich selbst schon dadurch zugefügt, daß er das Grundstück zu teuer gekauft hat. Der Schaden steht in Höhe dieses Betrags deshalb auch in keinem ursächlichen Zusammenhange zu dem Betriebe des Bergwerks.

2. Aus dem ad 1 Gesagten und dem bereits oben an anderer Stelle Ausgeführten, wonach durch § 150 A.B.G. an dem Schadensanspruch des Grundstückseigentümers aus § 148 A.B.G. im übrigen nichts geändert werden soll, ergibt sich weiter, daß der Grundstückseigentümer auch im Falle eines dolosen Verhaltens im Sinne des Abs. 2 nicht den ganzen Schadensanspruch bezüglich einer etwaigen Wertsverminderung der Grundstücksfläche verliert, sondern nur in dem Umfange, in welchem er denselben doloserweise fingiert hat. Soweit der Schaden wirklich besteht, darf er vom Grundstückseigentümer geltend gemacht werden, auch wenn er eine Erbauungsabsicht für seine Person fälschlich mit angegeben hat, wofern nur im übrigen feststeht, daß durch die drohende Gefahr im Sinne des Abs. 1 das Grundstück die bisher besessene Bauplatzqualität verloren hat. Der spezielle Tatbestand des Abs. 2 wird daher wohl nur in dem Falle zutreffen, wo ein Grundstück bisher Bauplatzqualität überhaupt nicht gehabt hat, der Eigentümer aber ihm diese Eigenschaft künstlich und wahrheitswidrig behufs Erreichung einer Schadenssumme durch Kundgebung einer Bebauungsabsicht beilegen will, die in Wahrheit bei ihm garnicht vorhanden ist.

Erläuterungen zu § 151.

I. Voraussetzungen der Verjährung.

Nach Inhalt des Paragraphen ist **Voraussetzung des Eintritts der Verjährung Wissenschaft des Beschädigten vom Dasein und vom Urheber des Schadens, sowie Ablauf einer dreijährigen Frist seit dieser Wissenschaft.**

1. Unter **Wissenschaft** hat man die sichere Kenntnis der für die Klageerhebung wesentlichen Tatsachen zu verstehen.[1]) Die Kenntnis muß eine so vollständige sein, daß daraufhin seitens eines vernünftigen Mannes die Anstrengung der Klage erfolgt, weil er verständigerweise an dem günstigen Ausgang des Prozesses nicht zweifeln kann. Es genügt also nicht eine bloße Vermutung, andererseits ist aber auch nicht notwendig, daß nicht mehr der mindeste Zweifel an der Berechtigung zur Klage fehlen darf. Der Beschädigte muß aber wenigstens glauben Gewißheit zu haben.[2]) Selbstredend muß auch die Wissenschaft in vollem Umfange gegeben sein, sich somit über alle Tatumstände erstrecken, welche zur Begründung des Klageantrages notwendig sind. Der Gläubiger muß also von der Person des Schuldners, der schädigenden Tatsache, dem eingetretenen Schaden und dem Kausalzusammenhang Wissenschaft erlangt haben.[3]) Es genügt also nicht die Wissenschaft davon, daß ein Schaden durch Bergbaubetrieb entstanden sei, wenn, wie

---

[1]) Daubenspeck Haftpflicht S. 95, O.Tr. 20./6. 73 XIV S. 390, O.Tr. 17./1. 76 XVII S. 101.

[2]) O.Tr. 20./6. 73 XIV S. 390; desgl. 17./1. 76 XVII S. 101; R.G. 10./3. 83 Daubenspeck I S. 386; R.G. 13./10. 88 I S. 387; R.G. 18./2. 88 D. I S. 389.

[3]) Daubenspeck Haftpflicht S. 95, O.L.G. Hamm 3./5. 92 XXXIII 397.

dies in Gegenden mit zersplittertem Bergwerksbesitz oft der Fall, es noch zweifelhaft ist, welche der mehreren in Betracht kommenden Gruben den in Rede stehenden Schaden hervorgerufen hat.[1])

Ob hiernach die Wissenschaft dem Kläger in einem bestimmten Zeitpunkte beigewohnt hat, ist nach Lage des einzelnen Falles zu beurteilen.[2]) Amtliche Mitteilungen der Bergbehörde an den Grundeigentümer, gutachtliche Feststellungen in einem Vorprozesse,[3]) Schreiben des Grundeigentümers an den Bergwerksbesitzer, können ein Beweis dafür sein, daß zur Zeit der Kenntnisnahme von solchen Vorgängen oder der Absendung dieser Briefe der Grundeigentümer die „Wissenschaft" im Sinne dieses Paragraphen gehabt hat. Notwendig und zwingend ist aber diese Schlußfolgerung nicht! In schriftlichen oder mündlichen Aufforderungen des Grundeigentümers zum Schadensersatz ist z. B. sogar regelmäßig nicht das Vorhandensein einer „Wissenschaft", sondern bloß diejenige einer Vermutung gefunden,[4]) und zwar erst recht dann, wenn der Beklagte seine Ersatzpflicht noch im Prozesse bestritt[5]) oder wenn Kläger seinerseits gar bewies, daß er in seiner ursprünglichen Annahme, daß der Beklagte der Schadenspflichtige sei, durch anderweitige Gutachten wieder zweifelhaft geworden war.[6]) Unter solchen Umständen ist selbst in der früheren, preußisch-rechtlichen Klageanmeldung, eine Wissenschaft nicht gefunden,[7]) wenn nicht die sonstige Lage des einzelnen Falles zu einer solchen Annahme zwang.[8])

2. Der **Beschädigte** muß die Wissenschaft gehabt haben, d. h. entweder er selbst persönlich oder derjenige, welcher ihn bezüglich dieser „Wissenschaft" im Rechtssinne vertritt. Als solchen wird man nicht nur den gesetzlichen Vertreter (Vorstand einer juristischen Person, Vormund) oder

---

[1]) Daubenspeck Haftpflicht S. 95.
[2]) O.Tr. 20./6. 73 XIV 390, 17./1. 76 XVII S. 101.
[3]) R.G. 13./10. 88 Daubenspeck I S. 387.
[4]) O.L.G. Hamm 12./1. 92 XXXIII S. 251; desgl. 3./5. 92 XXXIII S. 398, R.G. 18./2. 88 Daubenspeck I S. 389.
[5]) O.L.G. Hamm 12./1. 92 XXXIII S. 251.
[6]) R.G. 7./2. 94 Daubenspeck II S. 210.
[7]) O.Tr. 17./1. 76 XVII S. 101.
[8]) Hamm 24./3. 76 XVII S. 271.

denjenigen, welcher den Beschädigten bezüglich der Erhebung der Klage und der Wahrnehmung der durch dieselbe zu schützenden Rechte kraft rechtsgeschäftlicher Vollmacht vertritt (§ 166 B.G.B. in analoger Anwendung), sondern auch den „Gehülfen" im Sinne des § 278 B.G.B. anzusehen haben (§ 254 Abs. 2 Satz 2). Zu diesen gehören insbesondere auch diejenigen Beamten einer staatlichen Behörde, welche mit der Beaufsichtigung des betreffenden Betriebes betraut sind, wenngleich sie auch nicht berechtigt sein mögen, die Vertretung des Fiskus in rechtlicher Beziehung nach außen hin wahrzunehmen. Die „Wissenschaft" des Eisenbahnfiskus beginnt bei Geleisesenkungen daher nicht etwa erst mit der Kenntnisnahme derjenigen Behörden oder Beamten (Eisenbahndirektion bezw. Präsident derselben), welche ihn im Rechtsverkehr vertreten, sondern schon mit der Wahrnehmung derjenigen Personen, welche in Ausübung ihrer staatlichen Funktion mit der Beaufsichtigung der Bahnstrecken betraut sind, z. B. Bauinspektoren, Bahnmeister und ähnliche Beamte.[1])

3. Der Beschädigte muß Wissenschaft vom **Dasein des Schadens** gehabt haben.

Darnach setzt § 151 zunächst voraus, daß ein Schaden ins Dasein getreten ist. Die Frage, wann und in welchem Umfange ein Schaden als eingetreten zu gelten hat, ist bereits an anderer Stelle (S. 100ff.) erörtert. Sofern und soweit nach dem dort Gesagten der Schaden als entstanden gilt, beginnt auch die Verjährung, vorausgesetzt, daß auch im übrigen ihre Voraussetzungen gegeben sind, zu laufen und zwar bezüglich des ganzen Schadens in seinem vollen Umfange.[2]) Insbesondere gilt dies auch bezüglich etwaiger, späterer Folgen der Beschädigung. In dieser Beziehung behält deshalb auch für das heutige Recht der Plenarbeschluß des O.Tr. vom 20./3. 46[3]) seine volle Bedeutung, in welchem rechtsgrundsätzlich ausgesprochen war: „Die dreijährige Verjährung des Anspruches auf Ersatz eines außerhalb dem

[1]) R.G. 14./12. 92 XXXIV S. 253.
[2]) R.G. 2./3. 87 Daubenspeck I S. 251.
[3]) Entsch. XIII 19, vergl. auch Rehbein O.Tr. I S. 615ff.

Falle eines Kontraktes erlittenen Schadens trifft auch in den Fällen das ganze Recht, wo der aus einer Handlung entstehende, dem Beschädigten bekannt gewordene Schaden so beschaffen ist, daß er, obwohl in wechselndem Umfange, sich auch in der Zukunft erneuert.“ Voraussetzung des Eintritts der Verjährung in solch' weitgehendem Umfange ist aber nach diesem Präjudiz, daß ein einheitlicher Schaden entstanden ist. Wo dies nicht der Fall, wo nicht eine einzige Schadenszufügung, sondern mehrfache, neue Schadenszufügungen vorliegen, beginnt auch für jede einzelne beschädigende Handlung mit ihrer Begehung eine neue Verjährungsfrist zu laufen.[1]) Über die Frage, wann nach Lage des einzelnen Falles Identität des Schadens oder Eintritt neuen Schadens anzunehmen, ist gleichfalls bereits S. 100ff. gehandelt.

Der Satz, daß der Verjährungseinwand den ganzen Anspruch in dem Umfange ergreift, wie er als existent geworden anzusehen ist, erleidet indes dadurch eine Einschränkung, daß nach dem Wortlaut des § 151 A.B.G. auch das Dasein des Schadens zur Wissenschaft des Beschädigten gekommen sein muß. Darnach ist also der Umfang der Verjährung bezüglich späterer Folgen eines jetzt **eingetretenen Schadens** dahin zu begrenzen, daß die Verjährung nur soweit reicht, **als sich diese** späteren Folgen der Schädigung bereits jetzt mit Bestimmtheit übersehen lassen. Denn nur dann kann man sagen, daß dem Grundstückseigentümer das Dasein dieser Schadensansprüche zur Wissenschaft gelangt ist. Dabei ist für den Umfang der Wissenschaft auch hier die Lage des einzelnen Falles entscheidend. Wissenschaft von den sämtlichen, auch den späteren Folgen der Beschädigung ist angenommen in dem Falle, der dem oben wiedergegebenen Plenarpräjudize des O.Tr. zugrunde lag. Dort war durch einen Querschlag einem Grundbesitzer eine Quelle und ein Teich trocken gelegt, der Beschädigte hatte aber esrt 7 Jahre später auf Vergütung des dadurch erlittenen und ferner zu erleidenden

---

[1]) Vergl. z.B. R.G. 16./11. 96 XXXVIII S. 237; R.G. 9./10. 82 XXIV S. 500.

Schadens geklagt. Der dem Anspruche entgegengestellte Einwand der Verjährung drang in vollem Umfange durch, insbesondere auch bezüglich des Ertragsausfalles der letzten 3 Jahre vor Klageerhebung, da die bloße Anlage des Querschlages den Abfluß des Wassers, welches bis dahin Quelle und Teich speiste, bewirkt hatte, dem Grundbesitzer dies seit mehr wie 3 Jahre vor Klageerhebung bekannt geworden war, ihm auch nach Lage des Falles nicht verborgen bleiben konnte, daß die eingetretene Ertragsminderung des bisher durch diesen Teich beflößten Grundstückes eine dauernde sein werde. In gleicher Weise ist in einem Erkenntnis des O.Tr. vom 10./2. 69[1]) Wissenschaft auch der späteren Folgen des Schadens angenommen und deshalb der ganze Schadensanspruch für verjährt erklärt, als aus einer Grube schwefelsaure Wasser in die Teiche des Kläger eingeströmt und diese infolgedessen dauernd zur Fischzucht, sowie zur Jagd auf Wasservögel untauglich geworden waren. Ebenso ist der Einwand der Verjährung in vollem Umfange zugelassen, als es sich um späteren Ertragsausfall einer Wiese infolge Abtrocknung derselben handelte, da der Grundbesitzer auch diese spätere Erneuerung des Schadens sofort bei seiner Entstehung vorausgesehen haben mußte.[2])

Dagegen ist in anderen Fällen und zwar im Anschluß an das Plenarpräjudiz des O.Tr. vom 22./4. 50[3]) und das Erkenntnis des O.Tr. vom 11./3. 62,[4]) der Einwand der Verjährung zutreffend bezüglich der späteren nachteiligen Folgen eines Bergbaubetriebes verworfen, wenn sich dieselben zurzeit des Eintritts des ersten Schadens nicht bestimmt voraussehen ließen. So ist der Einwand der Verjährung nicht zugelassen, als eine Wiese durch Zuführung schädlicher Abwasser beschädigt und der Ertragsausfall der letzten 3 Jahre eingeklagt war, weil die Kläger nach Lage des Falles bei der ersten Einleitung der schädlichen Grubenwasser nicht annehmen konnten, daß auch in Zukunft diese Zuleitung ihren Wiesen schädlich sein

[1]) Erwähnt bei Brassert XVII 266.
[2]) O.Tr. 13./10. 76 XIX S. 233.
[3]) Entsch. Bd. 19 S. 1 ff.
[4]) Strieth. Arch. Bd. 41 S. 316.

werde.[1]) Die Nichtvoraussehbarkeit des späteren Schadens wurde in dem Umstande gefunden, daß den Grubenbesitzern seitens der beteiligten Behörden aufgegeben war, bestimmte Vorkehrungen zu treffen, durch welche die Grubenwasser von ihren schädlichen Bestandteilen befreit werden sollten. Infolgedessen waren auch tatsächlich Klärteiche und Klärvorrichtungen verschiedener Art angelegt, auch war den Grundeigentümern von den beteiligten Behörden (Regierung, Oberbergamt) wiederholt amtlich mitgeteilt, daß diese Vorkehrungen zur Verhütung weiteren Schadens ausreichend seien.

Der Einwand der Verjährung ist ferner bezüglich späterer Geleisesenkungen einer Eisenbahn verworfen, weil die Eisenbahnverwaltung bei Eintritt der ersten, mehr wie 3 Jahre zurückliegenden Geleisesenkung nach Lage des Falles den Eintritt der späteren nicht hatte voraussehen können.[2])

4. Wenn weiter Kenntnis von dem **Urheber des Schadens** verlangt wird, so ist dies ein nicht ganz korrekter Ausdruck des Gesetzes. Denn nicht an die vom Beklagten vorgenommene Handlung des Betriebes, sondern an den Besitz des Bergwerkes in Verbindung mit dem von irgend jemand geführten Betriebe desselben knüpft das Gesetz die Verpflichtung zum Schadensersatz. Der Grundstückseigentümer hat also im Sinne dieses Paragraphen Wissenschaft vom Urheber des Schadens, wenn er einmal weiß, daß der Schaden durch den Betrieb eines bestimmten Bergwerks verursacht ist, und wenn er ferner weiß, wer Besitzer dieses Bergwerks zur Zeit des Schadenseintrittes ist. Über den Begriff des „Bergwerksbesitzes“ ist das Erforderliche an anderer Stelle gesagt. (Vergl. zu § 148 Abs. 1 unter B.)

5. Zur Begründung des Einwandes der Verjährung gehört endlich, daß seit Eintritt dieser Wissenschaft **3 Jahre** vergangen sind. Bezüglich der Berechnung dieser Frist entscheiden nunmehr die §§ 187, 188 und 193 B.G.B.[3]) Darnach beginnt regelmäßig die Frist mit dem Tage zu laufen, der demjenigen folgt, in dessen Lauf der Grundeigentümer

[1]) O.Tr. 22./2. 75 XVII 268.
[2]) R.G. 7./7. 86 Daubenspeck I S. 390.
[3]) Rehbein B.G.B. I S. 303, Planck Anm. 2 zu § 195.

die Wissenschaft erlangt hat und endet mit demjenigen Tage, welcher durch seine Benennung demjenigen entspricht, an welchem dem Grundeigentümer die „Wissenschaft“ geworden ist. Hat der Kläger daher z. B. am 1. Juli 1900 „Wissenschaft“ bekommen, so muß die Klage zur Vermeidung des Einwandes der Verjährung spätestens am 1. Juli 1903 zugestellt werden. Ist der sich darnach bestimmende Endtag der Frist ein Sonntag oder allgemeiner Feiertag, so endet die Frist mit dem nächstfolgenden Werktage.[1]) Hervorgehoben mag auch sein, daß die Bestimmung des § 852 B.G.B., wonach der Schadensanspruch unter allen Umständen, auch ohne Rücksicht auf die Wissenschaft des Grundeigentümers, in 30 Jahren von dem Eintritt des Schadens an verjährt, auf die Bergschädenklage aus § 148 keine Anwendung findet. Mag also auch der Schadenseintritt noch so lange zurückliegen, so ist der Grundeigentümer immer noch berechtigt, den Schadensanspruch zu erheben, wofern er nur erst innerhalb der letzten 3 Jahre, wie dies bei komplizierten Bergschädenfällen immerhin der Fall sein kann, von der Person des Schadenspflichtigen Kenntnis erhält.

Für das bisherige Preußische Recht wurde zwar von der herrschenden Ansicht[2]) die entgegengesetzte Auffassung vertreten, weil § 151 A.B.G. lediglich an Stelle der Deklaration vom 31. März 1838 zu § 54 I 6 A.L.R. getreten und deshalb daneben § 55 I 6 A.L.R. in Kraft geblieben sei. Diese Auffassung war schon für das bisherige Recht bedenklich gegenüber dem allein maßgeblichen Wortlaut des § 151 A.B.G. Um so weniger darf dies für das heutige Recht gelten, da § 852 B.G.B. auf die Bergschädenklage nach dem an anderer Stelle S. 13 Ausgeführten auch nicht ergänzend zutrifft.

Mit diesen Ausführungen in Übereinstimmung ist in einzelnen Berggesetzen Bayern (Art. 187 der jetzigen Fassung), Braunschweig (Art. 17 des Nachtragsgesetzes vom 12./6. 1899), Coburg-Gotha § 169 des B.G.), Reuß j. L. (§ 66 A.G. zum B.G.B.) eine dem § 852 B.G.B. entsprechende Vorschrift,

---

[1]) § 193 B.G.B., Cosack I S. 262.

[2]) Oppenhoff Nr. 859, Daubenspeck Haftpflicht S. 90, Brassert S. 415, Fürst-Klostermann S. 474.

daß der Bergschadensanspruch jedenfalls in 30 Jahren verjähre, besonders aufgenommen.

In denjenigen Staaten endlich, in deren Berggesetzen eine Spezialbestimmung über die Verjährung des Bergschädenanspruches fehlt (z. B. Sachsen, Sachsen-Weimar, Reuß ä. L.) wird jetzt die allgemeine dreißigjährige Verjährungsfrist des B.G.B. eintreten.

II. Hemmung und Unterbrechung der Verjährung.

Der Einwand aus § 151 A.B.G. qualifiziert sich, wie nach Inhalt dieses Paragraphen nicht zweifelhaft sein kann, als wirklicher Verjährungseinwand, die vorgesehene **dreijährige Frist als wirkliche Verjährungsfrist und nicht etwa als Präklusivfrist.** Dem nach § 151 A.B.G. erlöschenden, bis dahin bestandenen Anspruch auf Ersatz des Schadens entsprach auf der anderen Seite bis zum Ablauf der Frist die korrespondierende Verpflichtung zur Leistung des Schadensersatzes. Damit ist der charakteristische Unterschied von der Präklusivfrist gegeben.[1]) In der Judikatur ist deshalb mit Recht der Einwand aus § 151 A.B.G. stets als wahrer Verjährungseinwand angesehen worden.[2]) Daraus, daß der Einwand aus § 151 wirklicher Verjährungseinwand, folgt, daß, soweit nicht der positive Inhalt des § 151 A.B.G. entscheidet, die weiteren an den Einwand sich anknüpfenden Fragen, insbesondere **Unterbrechung und Hemmung der Verjährung, sich nach den §§ 194 ff. B.G.B. richten.**

1. Ist das aber der Fall, so wird nicht bloß nach der positiven Vorschrift des § 151 A.B.G., sondern auch gemäß § 209 B.G.B. die Verjährung vor allem unterbrochen durch **Klageerhebung.** Die sich an dieselbe anknüpfenden Einzelfragen sind nunmehr durch die §§ 209 ff. B.G.B. geregelt. Im einzelnen ist dazu folgendes hervorzuheben:

---

[1]) O.Tr. 6./12. 58 Strieth. Bd. 33 S. 87; desgl. 16./5. 79 Entsch. Bd. 83 S. 278, Rehbein Entsch. I S. 929 ff., Rehbein B.G.B. I S. 301.

[2]) R.G. 22./2. 82 XXIV S. 107 ff., O.L.G. Hamm 2./12. 84 XXVIII S. 503 ff.

a) Die Wirkungen der Unterbrechung der Verjährung treten nunmehr mit der **Zustellung** der Klage (§ 209 B.G.B., §§ 254, 267 C.P.O.) und resp. bei der Widerklage mit der Geltendmachung in der mündlichen Verhandlung ein (§§ 278, 281 C.P.O.). Die frühere Streitfrage, ob nach Preuß. Recht bereits die Klageanmeldung die Verjährung unterbreche, wie die herrschende Ansicht annahm,[1]) hat für jetziges Recht nur noch historisches Interesse.

b) **Die eingelegte Klage unterbricht die Verjährung des Schadensanspruches regelmäßig so weit, als der Anspruch nach Inhalt des Klageantrages rechtshängig wird.** Daraus folgt zunächst, daß die Klageerhebung in quali die Verjährung für den ganzen Anspruch unterbricht, weil sie ihn, wie bereits an anderer Stelle (S. 255) ausgeführt, in vollem Umfange rechtshängig macht.[2]) Mit Recht ist daher in solchen Fällen, wo lediglich mit dem Antrage geklagt und verurteilt war, daß die Beklagte schuldig, den gesamten in separato zu ermittelnden Schaden zu ersetzen, der dem Kläger durch das Zubruchebauen eines Grundstücks[3]) durch die stattgehabte Wasserentziehung,[4]) durch die Beschädigung eines Geschäftshauses[5]) entstanden war, die dreijährige Verjährung bezüglich sämtlicher Ansprüche, welche in quanto bezüglich dieser Beschädigung späterhin geltend gemacht wurden, für ausgeschlossen erachtet.[6]) Abgesehen davon unterbricht die Klageerhebung die Verjährung regelmäßig nur soweit, als der Klageantrag reicht. Unter Umständen kann jedoch auch in der Erhebung einer Teilklage z. B. auf Ersatz des Ertragsausfalles für ein Jahr die Unterbrechung der Verjährung des ganzen Anspruches gefunden werden. Wenn nämlich die Klage den ganzen Tatbestand darlegt und die Feststellung des ganzen Anspruches erforderlich macht, so steht nichts entgegen, in ihr die Feststellungsklage

---

[1]) R.G. 22./2. 82 XXIV S. 107, O.L.G. Hamm 2./12. 84 XXVIII S. 503; a. M. Hamm 24./3. 76 XVII S. 272.

[2]) Rehbein I S. 316, Endemann I S. 391, Crome I S. 516, Cosack I S. 263.

[3]) R.G. 6./10 86 XXIX S. 132.

[4]) R.G. 12./3. 98 XXXIX S. 487.

[5]) O.Tr. 18./9. 74 XVI S. 500.

[6]) Vergl. auch O.Tr. 22./6. 63 Strieth. 49 S. 299.

für den ganzen Anspruch zu sehen und damit die Verjährung des ganzen Anspruches unterbrechen zu lassen, trotz der Beschränkung des Antrages auf einen ziffermäßigen Teil, vorausgesetzt natürlich, daß in dieser Beschränkung nicht ein Verzicht auf den Rest der Schadensforderung zu finden ist.[1])

c) Die Klageerhebung **unterbricht grundsätzlich die Verjährung nur für den, der sie erhebt und gegen den, gegen welchen sie erhoben wird.** Die Klage gegen den Bergwerksbesitzer A unterbricht daher regelmäßig nicht die Verjährung gegenüber dem Bergwerksbesitzer B, welcher etwa neben A gemäß § 149 A.B.G. gesamtschuldnerisch haftet.[2]) Ebenso unterbricht die Klageerhebung durch den Eigentümer des Grundstücks nicht auch die Verjährung zu gunsten derjenigen Personen, welche neben ihm selbständige Schadensansprüche, z. B. als Nießbraucher, Mieter und Pächter und dergl., zu erheben haben. Noch weniger unterbricht die Klageerhebung durch den jetzigen Grundstückseigentümer A die Verjährung des Anspruches seines Vorbesitzers B. Wird A deshalb mit seiner Klage abgewiesen, weil nicht ihm, sondern seinem Vorbesitzer B der Schaden erwachsen, so kann er, wenn er demnächst neue Klage als Zessionar des B auf Grund der unterdes von diesem ihm erteilten Abtretung erhebt, den Verjährungseinwand nicht durch den Hinweis auf die von ihm angestellte, erste Klage beseitigen.[3])

d) Die Unterbrechung der Verjährung durch **die Klageerhebung dauert so lange**, als die Parteien das tun, was zum Betriebe der Sache von ihnen geschehen kann und muß.[4]) Erscheinen beide Parteien im Verhandlungstermine nicht, oder erscheint eine von beiden nicht und stellt die andere keine Anträge, vereinbaren die Parteien, daß das Verfahren ruhen soll, unterläßt die Partei bei Unterbrechung oder Aussetzung des Verfahrens oder der Verhandlung, z. B. in den Fällen der §§ 148, 149, 239 ff. C.P.O. die Stellung der zur

---

[1]) Rehbein B.G.B. I 319, R.G. 19./12. 94 Entsch. Bd. 34 S. 261; 10./2. 97 Bd. 39 S. 217.

[2]) § 425 Abs. 2 B.G.B., Planck Anm. 2d dazu, Rehbein II S. 457 Anm. 17 d.

[3]) Rehbein B.G.B. I S. 317, Neumann Anm. I 3 zu § 209 B.G.B.

[4]) § 211 Abs. 2 B.G.B. Rehbein B.G.B. I 320.

Fortsetzung der Sache erforderlichen Anträge, sobald sie dieselben stellen kann, so hört die Wirkung der Klageerhebung mit der letzten Handlung der Parteien oder des Gerichtes auf (§ 211 Abs. 2 B.G.B.). Es beginnt eine neue dreijährige Verjährungsfrist zu laufen[1]) und diese wird erst wieder unterbrochen, wenn eine Partei die zum Weiterbetriebe der Sache erforderlichen Anträge stellt.[2]) Die bloße Zustellung eines vorbereitenden Schriftsatzes, der keine Ladung enthält, hat solche unterbrechende Wirkung nicht.[3]) Säumnis des Gerichtes, die die Parteien nicht verschuldet, z. B. in Erledigung eines eingeleiteten Beweisverfahrens, hebt die Wirkung der Unterbrechung nicht auf.[4]) Zu beachten bleibt auch, daß im Falle des Stillstandes des Prozesses die Unterbrechung nicht mit dem Zeitpunkt des Stillstandes, sondern mit der letzten Partei- oder Gerichtshandlung aufhört.[5]) Erscheinen z. B. beide Parteien in einer mündlichen Verhandlung nicht, so beginnt diese neue Verjährungsfrist nicht von dem Tage der mündlichen Verhandlung, sondern von dem der Ladung zu derselben.[6])

e) Gemäß § 212 B.G.B. gilt die Unterbrechung durch Klageerhebung als nicht erfolgt, wenn die **Klage zurückgenommen oder durch ein nicht in der Sache selbst entscheidendes rechtskräftiges Urteil abgewiesen** wird.

Im einzelnen ist dazu folgendes zu bemerken:

α) Eine teilweise Zurücknahme der Klage hebt die Wirkung der Unterbrechung der Verjährung bezüglich des zurückgenommenen Teilbetrages auf.

Wird daher z. B. die zunächst in quali auf Ersatz des gesamten Schadens gerichtete Klage, welche wie oben (S. 382) ausgeführt, bezüglich des ganzen Schadensanspruches die Verjährung unterbricht, dahin geändert, daß ein bestimmtes Quantum gefordert wird, so hört damit die Unter-

---

1) § 217 B.G.B., Rehbein I S. 324.
2) § 211 Abs. 2 Rehbein I 321.
3) Neumann Anm. 4 zu § 211 B.G.B.
4) Rehbein B.G.B. I 321, Planck Anm. 3 zu § 211 B.G.B., Neumann Anm. 4 zu § 211; Crome I S. 518; Endemann I S. 392.
5) Planck u. Rehbein a. a. O.
6) Rehbein I 321.

brechung der Verjährung bezüglich des über dieses Quantum hinausgehenden Schadensanspruches auf.[1])

β) Ein „nicht in der Sache selbst entscheidendes Urteil" liegt namentlich dann vor, wenn eine Klage angebrachtermaßen abgewiesen wird, z. B. deshalb, weil Art und Umfang des Schadens wegen des in dieser Richtung gänzlich fehlenden Parteivorbringens nicht feststellbar, weil das angerufene Gericht nicht zuständig, weil der klagende, wirklich Berechtigte seine Legitimation nicht vollständig dargetan hat, oder weil sonstige Prozeßmängel vorliegen.[2])

γ) In beiden Fällen wird aber die **Unterbrechung der Verjährung durch die erste Klage erhalten, wenn sie innerhalb sechs Monaten von neuem erhoben wird.** Es muß aber dieselbe, wenngleich ergänzte oder verbesserte Klage wieder erhoben werden. Das ist in dem oben sub α) behandelten Falle gegeben, wenn die auf ein bestimmtes Quantum ermäßigte Klage durch Geltendmachung in der mündlichen Verhandlung wieder auf den gesamten Anspruch in quali oder doch auf ein größeres Quantum erweitert wird. Das gleiche gilt, wenn die erste Klage wegen nicht genügend klargelegter Aktivlegitimation des Klägers abgewiesen war, nunmehr aber seitens des Klägers das dazu Erforderliche in der neuen Klage nachgeholt wird.

Daß dagegen § 212 B.G.B. nicht zutrifft, wenn der bisherige Kläger die neue Klage auf Grund anderer Legitimation, z. B. einer ihm nachträglich erteilten Cession erhebt, ist bereits oben hervorgehoben.[3])

f) Wird **der Anspruch des Klägers rechtskräftig festgestellt, so unterliegt er von da ab nur noch der 30jährigen Verjährung** (§ 218 B.G.B.) und zwar in demjenigen Umfange, in welchem durch die Klageerhebung bezüglich des im Urteil zuerkannten Anspruches die Unterbrechung der Verjährung herbeigeführt ist. Ist daher z. B. in quali geklagt und nach dem Klageantrage erkannt, so ist damit für jeden

---

[1]) R.G. 12./3. 98 XXXIX S. 487.

[2]) Rehbein I 322, O.Tr. 22./2. 75 XVII S. 268, Neumann Anm. 2 zu § 212 B.G.B.

[3]) Rehbein I S. 32.

in quanto demnächst zu erhebenden Anspruch die 30jährige Verjährungsfrist gewonnen.[1]) Eine Ausnahme von der dreißigjährigen Verjährungsfrist judikatmäßig festgestellter Ansprüche gilt nur für den auch beim Bergschädenanspruch möglichen Fall, daß dem Kläger eine bestimmte, jährlich wiederkehrende Rente durch das Urteil zugebilligt wird. Hier verjähren die zukünftig fällig werdenden Renten jedesmal in vier Jahren.[2]) Auch tritt die 30jährige Frist nur bezüglich solcher Urteile ein, welche den Prozeß endgültig erledigen, mögen sie nun auf Leistung oder bloß auf Feststellung gehen. Dagegen unterliegen Urteile, welche innerhalb des Prozesses ergehen, z. B. Urteile gemäß § 304 C.P.O., durch welche bloß der Grund des Anspruches festgestellt wird, der gewöhnlichen dreijährigen Verjährung. Es muß also binnen spätestens drei Jahren seit Erlaß eines solchen Urteils dem Prozesse Fortgang gegeben werden, andernfalls ist der Anspruch verjährt.[3])

2. Der Klageerhebung stehen diejenigen Akte gleich, **welche in den §§ 208 ff. B.G.B. aufgeführt sind.** Denn wenn auch im § 151 A.B.G. als geeignetes Mittel zur Unterbrechung der Verjährung allein die gerichtliche Klage aufgeführt ist, so darf man daraus nicht entnehmen, daß darnach nur durch Erhebung der Klage die Verjährung unterbrochen werde, sondern man wird für das richtige Verständnis des § 151 davon ausgehen müssen, daß er die Deklaration vom 31. März 1838, welche den § 54 I 6 A.L.R. u. a. auch auf Ansprüche wegen Bergschäden für anwendbar erklärte, hat aufrecht erhalten wollen. Nach der Entstehungsgeschichte des § 151 bezweckte derselbe lediglich auch auf die Bergschädenklage die kürzere Frist der Deliktsklage und die besondere Voraussetzung derselben, die Abhängigkeit des Beginnes der Verjährungsfrist von der „Wissenschaft" des Klägers zur Anwendung zu bringen. Im übrigen sollte aber die Verjährung, wie dies auch bezüglich des § 54 a. a. O. an-

[1]) R.G. 12./3. 98 XXXIX S. 487; R.G. 6./10. 86 XXIX 132; O.Tr. 22./6. 63 Strieth Bd. 49 S. 299; Rehbein B.G.B. I S. 331.

[2]) § 218 Abs. 2 B.G.B., vergl. auch R.G. 6./10. 86 XXIX S. 132 Daubenspeck Haftpflicht S. 93 u. 94

[3]) Neumann Anm. 1 a) zu § 218 B.G.B.

erkannten Rechtens war,[1]) den allgemeinen Grundsätzen unterliegen.

Zu den einzelnen in den §§ 208 ff. aufgeführten Mitteln der Unterbrechung der Verjährung ist als für den Bergschädenanspruch von besonderer Bedeutung folgendes hervorzuheben:

a) Das praktisch wichtigste Mittel zur Unterbrechung der Verjährung ist neben der Klageerhebung das **Anerkenntnis.** Nach Inhalt und Wortlaut des § 208 B.G.B. ist dasselbe nichts anderes als eine formlose, einseitige, ausdrückliche oder stillschweigende Willenserklärung des Schuldners gegenüber dem Gläubiger, aus der zu entnehmen, daß der Schuldner die Schuld als bestehend zugibt.[2])

Ein vertragsmäßiges Anerkenntnis mit der Absicht, sich zu verpflichten, wie es für wirksames Anerkenntnis verjährter Schuld gefordert wird, ist für die Unterbrechung der noch laufenden Verjährung nicht erforderlich.[3]) So kann schon in der fortgesetzten Führung von Vergleichshandlungen ein sich fortsetzendes Anerkenntnis gefunden werden,[4]) während bei der Unterwerfung unter ein Schiedsgericht ohne weiteres ein Solches nicht angenommen werden kann.[5])

Das Anerkenntnis muß aber, um wirksam zu sein, dem Berechtigten gegenüber abgegeben werden.[6]) Bloße Erwähnung des Schadensanspruches in dem Jahresbericht und der Bilanz eines Bergwerksbesitzers genügt daher nicht.[7]) Ebensowenig unterbricht das Anerkenntnis, welches gegenüber dem Pächter abgegeben wird, die Verjährung hinsichtlich des Schadensanspruches des Verpächters wegen der Substanzschädigung und umgekehrt.[8])

---

[1]) Rehbein Entsch. I S. 622.

[2]) Rehbein I S. 315, Planck Anm. 2 zu § 208, Neumann Anm. 1 zu § 208, B.G.B. Endemann I S. 391, Enneccerus-Lehmann I S. 346, Crome I S. 515.

[3]) Rehbein I S. 315; vergl. auch Enneccerus-Lehmann I S. 346.

[4]) Rehbein I 316.

[5]) O.L.G. Hamm 12./1. 92 XXXIII 251.

[6]) Crome I S. 515, Endemann I S. 391, Neumann I Anm. 1 zu § 208, Rehbein I S. 315.

[7]) Neumann Anm. 1 zu § 208 B.G.B.

[8]) R.G. 30./5. 00 XLII S. 113.

Das Anerkenntnis reicht weiter regelmäßig nur so weit, als es abgegeben ist. In dem Anerkenntnis eines Teilbetrages kann aber ein solches der ganzen Schadensforderung liegen. Ein besonders praktischer Fall ist der der Abschlagszahlung. In der Vergütung z. B. des Ertragsausfalles für ein Jahr liegt Anerkenntnis der ganzen, dem jährlichen Ertrage entsprechenden kapitalisierten Schadenssumme, wenn die erstere erkennbar in der Absicht geleistet wird, damit die Schadensverbindlichkeit überhaupt anzuerkennen.[1]) In der Wiederbeschaffung des durch den Bergwerksbesitzer entzogenen Wassers in dem zunächst benötigten Umfange liegt ebenso regelmäßig ein Anerkenntnis der gesamten Schadensforderung, sodaß, allerdings in den Grenzen des § 252 B.G.B. (vergl. oben S. 173) auch nach Ablauf von 3 Jahren seit Wasserentziehung für eine spätere, ganz neue Anlage (z. B. Ziegelei) auf dem beschädigten Grundstücke die Deckung des Wasserbedarfs verlangt werden kann, wenn gleich der Bergwerksbesitzer bis dahin nur das geringere benötigte Wasserquantum geliefert hat.[2]) Die Unterbrechung durch Anerkenntnis hört auf, sobald dasselbe erfolgt ist. Es beginnt mit seiner Abgabe also eine neue dreijährige Verjährungsfrist.[3])

b) Von den übrigen Unterbrechungsmitteln der Verjährung nach B.G.B. verdient noch der **Zahlungsbefehl** Hervorhebung. Gemäß § 701 C.P.O. muß binnen sechs Monaten nach Ablauf der einwöchigen Zahlungsfrist, falls Widerspruch nicht erhoben wird, der Vollstreckungsbefehl beantragt werden, andernfalls gilt die Unterbrechung als nicht erfolgt.[4])

Dasselbe ist anzunehmen, wenn Widerspruch erhoben ist, die Sache vor das Landgericht gehört und binnen sechs Monaten seit Benachrichtigung vom Widerspruche nicht die ordentliche Klage zugestellt wird. (§ 213 B.G.B., § 697 C.P.O.) Gehört die Sache vor das Amtsgericht, so gilt der Anspruch

---

[1]) Rehbein I 315.
[2]) R.G. 12./3. 98 XXXIX S. 489.
[3]) Rehbein I S. 316, Planck Anm. 3 zu § 208 B.G.B.
[4]) § 213 B.G.B., Rehbein I S. 322.

im Falle der Erhebung des Widerspruchs als mit der Zustellung des Zahlungsbefehls bei dem Amtsgerichte erhoben. (§ 796 C.P.O.) Der Gläubiger muß aber, sobald er die Benachrichtigung von der Widerspruchseinlegung erhält, den Beklagten zur mündlichen Verhandlung laden. (§ 696 Abs. 2 C.P.O.) Tut er das nicht, so ist der Fall des § 211 Abs. 2 B.G.B. gegeben, der Prozeß ist in Stillstand geraten und es läuft deshalb seit der letzten Prozeßhandlung, hier also seit dem Tage der Zustellung des Zahlungsbefehls, die neue dreijährige Verjährungsfrist.[1]) Dasselbe gilt zwar auch für den Fall, daß die Sache vor das Landgericht gehört. Auch hier beginnt also, falls Widerspruch erhoben und nicht sofort geladen wird, eine neue Verjährungsfrist, die aber nach dem oben Erwähnten schon dann zu laufen aufhört, wenn nicht spätestens binnen sechs Monaten nach Erhebung des Widerspruches zur Verhandlung vor das Landgericht geladen wird.[2]) Der praktische Unterschied bei der Widerspruchserhebung zwischen Landgerichts- und Amtsgerichtssache besteht also darin, daß bei den ersteren, wenn innerhalb der sechs Monate nicht Klage im ordentlichen Verfahren erhoben wird und der Zahlungsbefehl erst während des letzten halben Jahres der dreijährigen Verjährungsfrist zugestellt war, der Bergschädenanspruch definitiv verjährt ist, während dies bei einem vor das Amtsgericht gehörigen Anspruch nicht der Fall ist, dort vielmehr unter allen Umständen eine neue dreijährige Frist zu laufen begonnen hat.[3])

c) Nach dem Berggesetz von Anhalt (§ 140 A.B.G.) erfolgt die Unterbrechung der Verjährung „durch schriftliche Eingabe bei der Oberbergbehörde". Ebenso hat man bei den übrigen Berggesetzen, welche zunächst die Entscheidung einer Verwaltungsbehörde (Sachsen, Sachsen-Weimar) oder schiedsgerichtliches Verfahren erfordern (Lippe-Detmold) anzunehmen, daß die Unterbrechung der Verjährung durch die Anrufung dieser Behörden bez. die Stellung der sonst erforderlichen Anträge erfolgt (§§ 210, 220 B.G.B.).

---

[1]) Kuhlenbeck Anm. 1 zu § 213 B.G.B.
[2]) Planck Anm. 2 zu § 213. B.G.B.
[3]) PlanckAnm. 2 zu § 213 B.G.B., Rehbein I S. 323.

3. **Die vorstehenden Grundsätze gelten auch, wenn der Grundeigentümer die Schäden selbst beseitigt hat und den Ersatz der dafür aufgewendeten Kosten von dem Beklagten fordert,**[1] z. B. wenn eine Eisenbahn den Ersatz der Auslagen verlangt, welche zur Beseitigung von Geleisesenkungen erforderlich gewesen sind. Unerheblich ist dabei ob man den Anspruch in solchem Falle aus § 148 A.B.G., § 249 B.G.B. oder aus rechtloser Bereicherung für begründet erachtet.[2] Denn auch bei letzterer Annahme ist damit die kurze Verjährungsfrist grundsätzlich nicht beseitigt.[3]

III. Die Beweislast.

Die **Beweislast** für die den Einwand der Verjährung begründenden Tatsachen liegt beim Bergwerksbesitzer.[4] Er muß also den Nachweis führen, daß der Kläger von dem Dasein des Schadens und der Person des Verpflichteten seit mehr wie drei Jahren vor Klagezustellung Kenntnis gehabt hat. Hemmung oder Unterbrechung hat dahingegen als exzeptionelle Tatsache der Grundeigentümer zu beweisen.[5]

IV. Die Wirkung der Verjährung.

Die **Wirkung** der Verjährung ist die, daß der Bergwerkseigentümer berechtigt ist, die Leistung des Schadensersatzes zu weigern.[6] Es steht ihm also gegen die Klage des Grundeigentümers eine ausschließende Einrede zu, die als solche von Amts wegen nicht zu berücksichtigen[7] und gegen die dem Kläger auch die Replik zusteht, daß die Verjährung durch Arglist herbeigeführt sei.[8] Der Schadensanspruch wird also nicht völlig zerstört, sondern kann noch nach

[1] Rehbein I S. 326.
[2] Hamm 14./4. 91 XXXII 373, R.G. 11./11. 92 XXXIII 232, vergl. auch Rehbein B.G.B. I 326.
[3] Rehbein I S. 326, Neumann Anm. 2 zu § 196 B.G.B.
[4] Hamm 14./4. 91 XXXII 373; Hamm 3./5. 92 XXXIII 397.
[5] Rehbein I 335.
[6] § 222 B.G.B. Abs. 1, Rehbein I S. 332.
[7] Rehbein I S. 332, Planck Anm. 1 zu § 222 B.G.B.
[8] R.G. 14./12. 93 Bd. 32 S. 141.

verschiedenen Richtungen hin seine Wirksamkeit äußern. So kann der Bergwerksbesitzer dasjenige, was er nach Eintritt der Verjährung in Unkenntnis derselben dem Grundeigentümer bereits geleistet hat, nicht zurückfordern. Ebensowenig kann er ein in gleicher Weise abgegebenes Anerkenntnis aus dem Grunde anfechten, daß er erst nachträglich von der Verjährung Kenntnis bekommen (§ 222 Abs. 2 B.G.B.). Vielmehr bleibt das vertragsmäßige Anerkenntnis[1]) einer bereits verjährten Schadensforderung, das auch durch formloses Anbieten und Annehmen erfolgen kann,[2]) z. B. dadurch, daß der Grundeigentümer Wiederherstellung des früheren Zustandes fordert, der Bergwerkseigentümer dagegen bittet, dieselbe so lange auszusetzen, bis der Boden wieder gänzlich zur Ruhe gekommen, auch in solchem Falle in Kraft.[3]) Ebenso ist gültiger Verzicht auf den Einwand der Verjährung mit Recht angenommen, als ein Bergwerksbesitzer dem Anwalt des Klägers geschrieben hatte, die Ansprüche des letzteren seien zwar gemäß § 151 A.B.G. verjährt, „es liege ihm aber gänzlich fern, letzteren Umstand für sich geltend zu machen".[4])

Endlich sei noch darauf hingewiesen, daß gemäß § 390 B.G.B. der Grundeigentümer gegenüber einem Anspruche des Bergwerkseigentümers auch mit einer verjährten Bergschädenforderung aufrechnen kann, vorausgesetzt nur, daß sie zu der Zeit noch nicht verjährt war, wo sie gegen die Forderung des Bergwerkseigentümers aufgerechnet werden konnte, d. h. wo sie entstanden war.

V. Ausschließung der Verjährung.

Auf die Verjährung der Bergschädenklage trifft nunmehr auch § 225 B.G.B. zu, wonach die Verjährung durch

[1]) Planck Anm. 3 zu § 222 B.G.B.

[2]) So Rehbein I S. 333, Neumann 1 b zu 222 B.G.B.; a. M. Enneccerus-Lehmann I S. 352, welche mit Rücksicht auf § 781 B.G.B. Schriftlichkeit fordert, ebenso Endemann I S. 397, Crome I S. 521, der aber S. 520 auch stillschweigenden Verzicht auf Verjährungseinwand zuläßt.

[3]) Rehbein I S. 333;

[4]) R.G. 21./12. 01 Jur. Wochenschr. de 1902 S. 122.

Rechtsgeschäft weder ausgeschlossen, noch erschwert werden kann. Damit ist also die Möglichkeit, dem Einwande der Verjährung durch gerichtlichen Vertrag zu entsagen, wie dies z. B. § 566 I 9 A.L.R. zuließ, auch bezüglich der Bergschädenklage fortab ausgeschlossen. Fraglich kann dagegen sein, ob und inwieweit ein vor dem 1. Januar 1900 abgeschlossener derartiger Vertrag auch jetzt noch Gültigkeit hat. Man wird anzunehmen haben, daß die Verjährung solcher Ansprüche jedenfalls am 1. Januar 1903 vollendet war. Art. 169 trifft zu, weil er nicht von „gesetzlichen Verjährungsfristen", sondern von Fristen spricht, „welche nach den bisherigen Gesetzen" länger waren. Dazu gehört aber auch eine nach § 566 I 9 A.L.R. vertraglich verlängerte Frist.[1]) Die Entscheidung des O.L.G. Hamm, wonach ein solcher Vertrag auch ein vertragliches Anerkenntnis der beim Vertragsabschluß bereits verjährten Schadensansprüche für den Fall, daß dieselben auf den Bergwerksbetrieb der kontrahierenden Bergwerkseigentümer erweislich als Ursache zurückzuführen seien, enthalte,[2]) hat deshalb für heutiges Recht keine Bedeutung mehr.

§ 225 B.G.B. kann m. D. auch dadurch nicht umgangen werden, daß der Grundeigentümer den Schadensanspruch einseitig „stundet" (§ 202 B.G.B). Man wird unter Stundung im Sinne des § 202 B.G.B., wenn man nicht den § 225 B.G.B. praktisch illusorisch machen will, wohl nur diejenige Stundung zu verstehen haben, welche durch den Schuldbegründungsakt vereinbart ist, z. B. Vereinbarung der Rückzahlung eines am 1. Januar gegebenen Darlehns erst zum 1. Juli gleich bei Hingabe desselben.[3]) Stundung nach Beginn der Verjährung kann deshalb nur als Unterbrechung in Frage kommen, wenn nämlich die Stundung vom Verpflichteten nachgesucht und damit der Anspruch anerkannt wird.[4])

---

[1]) So Habicht S. 145, a. M. Rehbein I S. 336.
[2]) 23./4. 01 XLIII S. 507.
[3]) So Rehbein S. 307; a. M. Neumann Anm. 3 zu § 201 B.G.B.
[4]) Rehbein I S. 307.

Erläuterungen zu § 152.

I. **Umfang des § 152.** 1. **Das Verhältnis des § 152 zu den §§ 5ff. A.B.G.** ist dasselbe, wie dasjenige des § 148 A.B.G. zu den §§ 135ff. A.B.G. § 152 trifft deshalb nur dort zu, wo nicht eine „Benutzung" des fremden Grundstücks, d. h. eine unmittelbare Herrschaft über das Grundstück vom Schürfer in Anspruch genommen wird. Soweit solche „Benutzung" eines fremden Grundstücks für die Schürfarbeiten, die Aufstellung des Bohrturmes, des etwaigen Geräteschuppens, des Aufenthaltsraums für die bei der Bohrung beschäftigten Arbeiter, für den Zufahrtsweg und dergl. eintreten soll, braucht der Grundeigentümer dieselbe erst zu dulden, nachdem ihm gemäß § 6 A.B.G. für die entzogene Nutzung jährlich im voraus Entschädigung geleistet und für die eventuell zukünftige Wertsminderung des benutzten Grundstücks Kaution bestellt ist. Soweit dagegen eine solche „Benutzung" nicht vorliegt, müssen sich die Grundeigentümer, insbesondere also die Eigentümer der an das Schürfgrundstück anstoßenden Parzellen die Schürfarbeiten ohne Sicherheitsleistung auch dann gefallen lassen, wenn die ihren Grundstücken durch die Schürfarbeiten drohende Gefahr voraussehbar ist. Sie sind denselben gegenüber auf den Schadensanspruch aus § 152 A.B.G. beschränkt.

2. Dagegen trifft der § 152 A.B.G. bei seinem generellen Wortlaut bei allen Schürfarbeiten zu, also auch bei denjenigen, welche **der Schürfer auf eigenem Grund und Boden** vornimmt. Diese Auffassung wird auch durch die amtlichen Motive (VI S. 173) zum § 152 bestätigt, welche ausführen: „der Umstand, daß der Schürfer und der Muter noch

keinen Bergwerksbetrieb führen, sondern nur die bergmännischen und bergrechtlichen Vorbereitungen hierzu treffen, bedingt keine Verschiedenheit ihres Verhältnisses zum Grundbesitzer von demjenigen, in welchem der Bergwerksbesitzer zu letzterem in Beziehung auf die Schadensersatzpflicht steht." Da aber der Bergwerksbesitzer, der in seinem eigenen Grundstück verliehenen Bergbau betreibt, gemäß § 148 A.B.G. für den den Nachbargrundstücken zugefügten Schaden aufkommen muß (vergl. S. 36), so muß Gleiches darnach auch für den Schürfer auf eigenem Grund und Boden gelten. Es entspricht dies auch der Judikatur des Obertribunals für das frühere, preußische Recht, welche, wie wiederholt betont (S. 4), von dem A.B.G. im wesentlichen in den §§ 148—152 A.B.G. hat wiedergegeben werden sollen.[1])

II. **Nach Inhalt des § 152 A.B.G.** finden die §§ 148—151 A.B.G. auf die Beschädigungen infolge der Vornahme von Schürfarbeiten gleichfalls Anwendung. Hervorzuheben ist dazu im einzelnen nur folgendes:

1. **Die Zulässigkeit der negatorischen und aquilischen Klage** ist demnach dieselbe, wie dies oben unter J zu § 148 Abs. 1 bezüglich der Beschädigung durch Betrieb verliehenen Bergwerkseigentums bereits hervorgehoben. Der Grundeigentümer kann deshalb auch in den Fällen des § 152 A.B.G. regelmäßig negatorisch nicht auf Einstellung der Schürfarbeiten klagen, auch wenn ihre Schädlichkeit für seinen Grundbesitz gewiß ist. Ebenso haftet der Schürfer bei Voraussehbarkeit des Schadens nicht etwa ex delicto, da die Schürfarbeiten sich ebensowenig als unerlaubte Handlung darstellen, wie der Betrieb des späteren Bergwerks selbst. Auch die Deliktsklage bei Beschädigungen durch Schürfarbeiten setzt deshalb ein anderweit zu begründendes widerrechtliches Handeln des Schürfers voraus, erfordert also den Nachweis, daß z. B. Schürfarbeiten entgegen den Vorschriften des § 4 A.B.G. vorgenommen sind.

2. **Mehrere Beteiligte an einer Bohrung haften solidarisch,** aber nicht auf Grund des § 149 A.B.G., sondern auf

[1]) Präjudiz des O.Tr. No. 2068 b Fürst-Klostermann Anm. 1 zu § 152, Oppenhoff Nr. 864, Arndt S. 163, Brassert S. 418.

Grund des § 431 B.G.B. Wie bereits oben S. 127 ausgeführt, stellt die Verpflichtung zur Naturalrestitution einen Anspruch auf eine unteilbare Leistung dar, verliert diesen Charakter auch dann nicht, wenn auf Grund der §§ 249, 251 B.G.B. an Stelle derselben Geldzahlung tritt. Gleiches wurde übrigens auch schon bisher für preußisches Recht angenommen.[1])

§ 149 A.B.G. trifft nur dann zu, wenn der Schaden durch mehrere selbständige Bohrunternehmungen verursacht wird.[2])

III. Eine besondere Besprechung verdient noch die **Haftung der sog. Bohrgesellschaften** für die Schäden, welche durch die von ihnen vorgenommenen Schürfarbeiten dem Grundeigentum zugefügt werden.

Diese Bohrgesellschaften pflegen sich nach einem hergebrachten Formular zum Zwecke der gemeinschaftlichen Aufsuchung von Mineralien als Gesellschaften nach Art der Gewerkschaften durch Vertrag zu konstituieren, indem sie im Anschluß an das gewerkschaftliche Normalstatut der §§ 94ff. A.B.G. eine bestimmte Anzahl von Geschäftsanteilen (meistens 1000) fixieren, die sie in der Form der Kuxe für übertragbar erklären und über welche sie Anteilscheine ausgeben. Wechsel der Mitglieder löst die Gesellschaft nach diesen Statuten nicht auf. Die Beschlüsse der Gesellschafter in den gemeinschaftlichen Angelegenheiten werden in Generalversammlungen mit Stimmenmehrheit und mit verbindlicher Kraft für alle Gesellschafter gefaßt. Auch ist gewöhnlich die Ausschreibung von Zubuße in begrenzter oder unbegrenzter Höhe vorgesehen, nicht minder ein regelmäßig dem früheren Gewerkschaftsrechte nahe kommendes Kaduzierungsverfahren. Die Geschäfte dieser Bohrgesellschaften werden durch einen sog. Vorstand geführt, welcher auch regelmäßig die Bohrarbeiten leitet und die zur Durchführung derselben erforderlichen Verträge mit den Grundbesitzern und den Bohrunternehmern abschließt. Die Zulässigkeit einer solchen Gesellschaft, die nach früherem Preußischen Recht als reine Erwerbsgesellschaft den Bestimmungen des Tit. 17 Teil I Abschnitt 3 des A.L.R. unter-

---

[1]) Vergl. O.L.G. Hamm i. S. Smith c/a v. Königswarter 22./5. 03.
[2]) Grosse bei Gruchot Bd. 19 S. 738ff.

lag,[1]) kann auch für das B.G.B. nicht zweifelhaft sein. Derartige Vereinigungen gelten jetzt als nicht rechtsfähige Vereine gemäß § 54 B.G.B. und werden darnach rechtlich als Gesellschaften behandelt. Die Rechtsverhältnisse dieser Bohrgesellschaften nach aussen und innen sind deshalb den Vorschriften der §§ 705ff. B.G.B. unterworfen, soweit nicht die statutarischen Bestimmungen eine rechtsgültige Abänderung gegenüber den in weitem Umfange bloß dispositiven Vorschriften des B.G.B. über die Gesellschaft bedingen oder ausdrücklich vorsehen.[2])

Hinsichtlich der Haftung dieser Bohrgesellschaften und derjenigen ihrer einzelnen Mitglieder für die durch ihre Schürfarbeiten bewirkten Grundstücksbeschädigungen ist hiernach folgendes anzunehmen:

1. **Für die Schadensansprüche haftet zunächst die Bohrgesellschaft selbst mit ihrem Vermögen.** Daß diese Gesellschaften ein von dem Privatvermögen ihrer Mitglieder gesondertes Vermögen besitzen, welches den einzelnen Gesellschaftern zur gesamten Hand zusteht, kann nach den §§ 719ff. und 725 B.G.B. nicht zweifelhaft sein.[3]) Dieses Vermögen steht den jeweiligen Mitgliedern der Gesellschaft zu. Mit dem Austritt verlieren die ausscheidenden Mitglieder ihre Rechte an demselben, neu eintretende werden durch ihren Eintritt auf Grund der Satzung an demselben beteiligt und zwar regelmäßig unmittelbar, bezüglich der im Grundbuche — gewöhnlich auf den Namen des Vorstandes — eingetragenen Rechte wenigstens mittelbar durch Erwerb des entsprechenden, obligatorischen Anspruches gegen den Vorstand. Mit dem Austritt aus der Gesellschaft erlöschen deshalb auch die Verpflichtungen der Ausscheidenden, soweit sie dieses Vermögen betreffen, wie andererseits die Eintretenden, da sie das Vermögen der Bohrgesellschaft in der Rechtslage übernehmen müssen, wie sie dasselbe vorfinden,

---

[1]) R.G. Entsch. Bd. 9 S. 109; Bd. 16 S. 189ff., Rehbein Entsch. III S. 311ff.

[2]) Vergl. Crome I S. 259ff., Rehbein I S. 42ff, Planck Anm. 2 zu § 54 B.G.B., Leonhard S. 143ff., Neumann I S. 57ff.

[3]) Crome I S. 259, Rehbein a.a.O., Neumann Anm. 2d zu § 54 B.G.B., Planck Anm. 2f B.G.B. dazu.

auch in die Schuldverbindlichkeiten soweit eintreten, als wegen derselben Befriedigung aus dem Gesellschaftsvermögen beansprucht werden kann.[1]) Daraus ergibt sich, daß für den auf Befriedigung aus dem Gesellschaftsvermögen selbst gerichteten Schadensanspruch des Grundeigentümers der Wechsel im Mitgliederbestande der Bohrgesellschaft irrelevant ist. Da die in der obigen Form konstituierte Bohrgesellschaft, mag sie nun vor oder nach dem 1. Januar 1900 begründet sein, als solche verklagt werden kann,[2]) macht die Verfolgung des Schadensanspruches für den Grundeigentümer keine Schwierigkeit, wenn ihm die Befriedigung aus dem Gesellschaftsvermögen allein genügt. Er braucht bloß die Gesellschaft als solche, vertreten durch den Vorstand, einzuklagen, um dann auf Grund des ergehenden Urteils die Zwangsvollstreckung in die einzelnen Vermögensobjekte der Bohrgesellschaft betreiben zu können.

2. **Für die Schulden dieser Bohrgesellschaften haften aber auch die einzelnen Mitglieder derselben mit ihrem Privatvermögen.** Denn die Schulden der Gesellschaft sind in Wahrheit Schulden der einzelnen Genossen.[3]) Auch für den Schadensanspruch des Grundstückseigentümers haftet deshalb auch der einzelne Bohrgesellschafter und zwar nach den Ausführungen unter Nr. II 2 gemäß § 431 B.G.B. solidarisch. Daran ändert auch nichts, wenn im Gesellschaftsstatut vorgesehen ist, daß die einzelnen Bohrgesellschafter nur mit dem Gesellschaftsvermögen und nicht auch persönlich verpflichtet sein sollen. Bei den vom Vorstande vertraglich übernommenen Verpflichtungen mag man mit Recht die Auffassung vertreten können, daß eine solche Statutbestimmung auch ohne besondere Vereinbarung dem kontrahierenden Dritten gegenüber Wirksamkeit gewinnt,[4]) weil in solchem Falle die Vertretungsmacht des Vorstandes auf das Limitum der Haftung mit dem Gesellschaftsvermögen begrenzt ist und deshalb diese Begrenzung auch mit dem das Statut

---

[1]) Crome a. a. O.; Neumann a. a. O.

[2]) § 50 C.P.O., Gaupp-Stein VIII dazu. Habicht S. 124.

[3]) Grosse a. a. O. Neumann Anm. 3a zu § 54, Planck Anm. 2h, Rehbein I S. 43.

[4]) Dafür Crome I S. 262, Neumann Anm. 3a zu § 54, Planck Anm. 2h dazu; dagegen Rehbein I S. 43.

kennenden Dritten als konveniert zu gelten hat. Diese rechtliche Konstruktion einer Ausdehnung der statutarischen Begrenzung der Schuldhaftung auch dritten Gläubigern gegenüber entfällt aber offensichtlich dort, wo, wie hier, die Verpflichtung nicht ex contracte, sondern allein ex lege originiert. Daß deshalb bei solchen kraft Gesetzes eintretenden Verpflichtungen jeder Gesellschafter mit seinem ganzen Vermögen haftet, mag das Statut lauten, wie es wolle, kann nicht zweifelhaft sein.[1])

Für diese persönliche Haftung der Bohrgesellschafter ist aber im Gegensatz zur Haftung des Gesellschaftsvermögens selbst der Wechsel der Mitglieder von erheblicher Bedeutung. Denn die persönliche Verpflichtung ex lege trifft naturgemäß zunächst diejenigen Gesellschafter, welche zur Zeit der Entstehung der Verpflichtung der Bohrgesellschaft angehören. Diese können sich deshalb derselben nicht einseitig durch ihren Austritt aus der Bohrgesellschaft ohne Genehmigung des Gläubigers entziehen. Andererseits treten aber auch die hinzutretenden Gesellschafter durch ihren Beitritt zur Gesellschaft nach allgemeinen Rechtsgrundsätzen nicht persönlich in diejenigen Verpflichtungen ein, welche bereits vor ihrem Eintritt konstituiert waren, wenn nicht ein besonderer Rechtsgrund (Schuldübernahme oder dergl.) hinzutritt.[2]) Da der Schadensanspruch des Grundeigentümers aus §§ 148, 152 A.B.G. nicht durch die Schürfhandlung, welche demnächst den Schaden verursacht, sondern allein durch die schädigende Einwirkung derselben auf die Erdoberfläche begründet wird (vergl. S. 101 ff.), so haften dem Grundeigentümer also persönlich und solidarisch allein diejenigen Bohrgesellschafter, welche zur Zeit dieses Schadenseintrittes der Gesellschaft angehören.

---

[1]) Neumann Anm. 3a u. Rehbein a. a. O.
[2]) Neumann Anm. 3c zu § 54, Rehbein, Crome a. a. O.

Sachregister.

Druck von Georg Reimer in Berlin W. 35.

FSC
www.fsc.org
MIX
Papier | Fördert gute Waldnutzung
FSC® C083411

Kolibri 360 GmbH
Ferdinand-Jühlke-Straße 7
99095 Erfurt, Deutschland
produktsicherheit@kolibri360.de